上海并购金融集聚区
Shanghai M&A Financial Agglomeration District

蓝发钦　国文婷　编著

中国证券市场典型并购2018

上海遠東出版社

图书在版编目(CIP)数据

中国证券市场典型并购. 2018 / 蓝发钦，国文婷编著. —上海：上海远东出版社，2019

ISBN 978-7-5476-1523-2

Ⅰ. ①中… Ⅱ. ①蓝… ②国… Ⅲ. ①证券公司—企业合并—案例—中国 Ⅳ. ①F832.39

中国版本图书馆 CIP 数据核字(2019)第 151875 号

责任编辑 程云琦
封面设计 李 廉

中国证券市场典型并购 2018

蓝发钦 国文婷 编著

出　　版 上海遠東出版社
(200235 中国上海市钦州南路 81 号)
发　　行 上海人民出版社发行中心
印　　刷 昆山亭林印刷有限公司
开　　本 710×1000 1/16
印　　张 25.25
插　　页 1
字　　数 412,000
版　　次 2019 年 9 月第 1 版
印　　次 2019 年 9 月第 1 次印刷
ISBN 978-7-5476-1523-2/F·645
定　　价 88.00 元

前言

收购兼并作为企业较高层次的经营方式,其意义不仅体现在企业规模的迅速扩张,还体现在企业资产质量的快速提升,这在海内外跨国企业的发展史中得到了充分印证。中国企业此轮并购重组浪潮开始于2013年,主阵地选择在中国证券市场。此轮浪潮一开始就体现出典型的两大特征,其一是自发性,上市公司自发的纯市场行为;其二是市值管理的痕迹明显,通过并购重组,尤其是跨界并购互联网资产、文化传媒资产、健康医疗资产等进军热门概念行业,实现公司市值的快速提高。2016年9月,中国证监会出台了"史上最严"的重组新规,2017年一系列针对并购重组市场的监管新规陆续出台,再融资新政、减持新规、信息披露新规等一系列重拳组合,对忽悠式、跟风式及盲目跨界重组均采取了高压态势,中国证券市场并购重组开始降温。

不过,进入2018年,监管层对于促进行业整合、产业升级的并购重组却加大了支持力度,尤其是2018年下半年推出了多项并购利好政策,如针对不构成重大资产重组的小额交易推出"小额快速"并购重组审核机制,规定直接由上市公司并购重组审核委员会审议,简化行政许可、压缩审核时间;再如,证监会新增十余类并购重组豁免、适用快速通道的产业类型(包括高档数控机床和机器人、航空航天装备、新能源、生物产业等在内的产业)。在这样一个大背景下,2018年下半年并购热度温和反弹,同时,并购重组市场开始告别野蛮生长,逐渐回归理性,比如并购搁浅成为一个常态,航母级并购不是那么比比皆是,并购溢价不再离谱,等等。

本书选取2018年发生在中国证券市场的45宗典型并购案例,涵盖国企重组并购、产业链整合并购、跨界并购、借壳上市、中概股回归、跨境并购、"一带一路"并购、其他典型并购等八个部分。每个案例的写作过程努力体现如下两个特点:一是在精简案例的同时提高案例本身的还原度,本书的每个案例都精确地介绍并购交易相关方、并购事件发生时间表、并购方案的主要手段和重点，高度还原了并购交易的本身。二是深度挖掘案例特点，从政策法规、时代背景、并购手段、并购主旨、并购前景等方面对并购交易进行解读和述评，与市场关注点和业界讨论面实现完美的对接。

此外，为了让读者更确切地了解2018年中国证券市场并购重组的整体特点和发展变化，本书在介绍45宗并购典型案例之前提供了一份中国证券市场2018年并购市场报告，该报告根据2018年中国证券市场特点，对上市公司并购交易活动进行统计和描述，具体从交易规模、并购溢价、并购监管、并购产业、主体性质、行业分布、地区分布、海外并购和热点标的等维度，系统、全面地展示中国证券市场并购交易的整体特点以及与2015—2017年相比的发展变化。

本书作为华东师范大学与上海市普陀区人民政府联合成立的上海并购金融研究院的研究成果之一，编写工作得到了上海并购金融集聚区、普陀区金融办的大力支持，在此深表感谢！同时，华东师范大学金融专业硕士研究生蔡娜婷、段秋平、牟彦丞、杨姗姗、陈思佳、王思敏、刘清纯、施维、王舒妮、蒋运雯、杨柳、张鹤、金子杰、许平平等参与了案例的编写工作，在此一并致谢！

目录 contents

第三辑　跨界并购 / 147

第四辑　借壳上市 / 187

第五辑　中概股回归 / 231

第六辑　跨境并购/ 261

第七辑　"一带一路"并购 / 301

导论

并购重组广义而言是兼并(Merger)和收购(Acquisition)的合称,主要表现为公司控制权的竞争。① 尽管内部积累是企业成长的基本途径,但很多大企业主要不是通过内部扩张成长起来的,而是通过对其他企业的兼并(Stigler,1971)。纵观历史上发生的五次并购浪潮,从早期的横向并购、纵向并购,再到中期的混合并购和杠杆并购,以及当前阶段的跨境混合并购,并购规模不断扩大、涉及范围持续扩张,企业并购步伐也从单一的区域选择拓展至全球范围内的主要国家和经济体。并购重组已成为企业优先考虑的发展路径。

中国自改革开放以来,资本市场实现从无到有的质变,上市公司在总体经济中已占据约三分之一,中国成为世界最大的资本市场之一。但经济飞速发展的背后,往往导致需求的大幅波动,甚至是大国的产能过剩。2015 年以来,中国经济进入新阶段,主要经济指标之间的联动性出现背离,如经济增长持续下行、CPI 指数持续走低、居民收入有所增加但企业利润率显著下滑;与此同时,宏观调控层面货币政策效果不彰,经济结构性分化愈趋明显。为适应这种变化,迫切需要改善供给侧环境、优化供给侧机制,激发微观经济主体活力,提升经济长期稳定发展的动力。事实上,微观企业主体的兼并收购正是整合企业资源、实施产业结构调整的一大重器,中国资本市场也自 2015 至 2016 年呈现出有史以来最为活跃的并购态势。但持续性的疯狂扩张会引起资本市场的变质,因此 2017 年中国证监会相继发布若干政策监管指导意见,如再融资新政、并购重组监管新规等,严控并购重组中的交易风险。所以 2017 年以来,中国证券市场并购重组开

---

① 本书对是否发生并购的判断依据为:公司的实际控制权是否发生转移,以及是否达到控制或共同控制。本书从新浪财经、巨潮资讯、同花顺等公开披露上市公司信息的渠道手工收集 2015 年、2016 年、2017 年和 2018 年中国主板、中小板及创业板的上市公司成功完成并购交易的相关数据。成功完成并购交易的判断标准为:a.重大资产重组需证监会审核的情形,经证监会审核批准;b.非重大资产重组不需证监会审核的情形,以股东大会表决通过为准;c.不需股东大会投票表决的情形,以董事会表决通过为准。

始趋于理性，小额交易成为当年并购重组的代名词。

2018年下半年多项利好政策的推出，如证监会针对不构成重大资产重组的小额交易推出“小额快速”并购重组审核机制，规定直接由上市公司并购重组审核委员会审议，简化行政许可、压缩审核时间；再如证监会新增的十余类并购重组豁免、适用快速通道的产业类型（包括高档数控机床和机器人、航空航天装备、新能源、生物产业等在内的产业），使2018年下半年并购热度温和反弹，但受2017年再融资新政、减持新规、信息披露新规等政策制度，以及严控并购融资、加大打击“忽悠式、跟风式”重组监管力度等的影响，2018年中国证券市场并购活动延续上年小额并购的风格，“蛇吞象”并购和“航母级”并购基本处于相对平稳的水平。

2018年中国证券市场并购交易特征较2017年稳中有变。就失败并购案例而言，交易双方未能达成一致意见仍是并购失利的首因，市场、政策变化及监管因素对并购成败的影响持续加码；就并购行业和产业而言，以制造业为主，高科技产业并重；就并购支付方式而言，现金支付仍占主导，并购溢价更趋理性；就并购地区而言，东部地区仍引领并购，西部地区持续发力，新兴城市群并购蒸蒸日上；就热点并购而言，“互联网+”、科技金融热情不减，大健康大医疗、文创并购重新回暖。此外，在中国改革开放40周年以及新时代“一带一路”倡议背景下，跨境并购俨然成为国内上市公司落实“走出去”、实现证券市场布局全球战略的重要方式。

本部分将根据课题组对2018年中国上市公司并购交易活动的统计数据，从上市公司并购规模、并购支付及溢价、并购失败案例分析、并购产业战略布局、并购主体性质、并购行业分布、并购地区及新兴城市群划分、海外并购浪潮和并购热点行业等九个维度，全方位反映2018年中国证券市场上市公司并购交易的特点及规律。

一、并购宗数略有回落，小额交易风格延续

2018年中国并购重组市场受资本寒冬的影响，交易热度较2017年有所下降。2018年中国证券市场共完成并购交易1 024起，涉及交易规模达7 664.20亿元人民币，与2017年的1 114起并购事件、7 612.18亿元并购规模相比，交易

宗数略有回落、并购规模基本持平。从单宗交易金额来看,2018 年的 7.48 亿元/宗较 2017 年的 6.83 亿元/宗仅增长 9.52%,延续 2017 年小额并购交易的风格。

从发生并购交易的上市公司所处板块来看,主板上市公司仍是并购交易的主力军,全年成功实施 594 起并购交易,涉及金额达 5 284.80 亿元,分别占全年并购宗数的 58%、并购规模的 69.43%;中小板上市公司发生 279 起并购交易,占全年的 27.25%,与 2017 年的 26.75%基本持平;创业板上市公司当年发生并购交易数量最少,仅占比 14.75%,较 2017 年的 25.76%大幅滑落。这与不同板块上市公司所拥有的资金实力、企业规模、市场影响力等不无关系(图 a)。

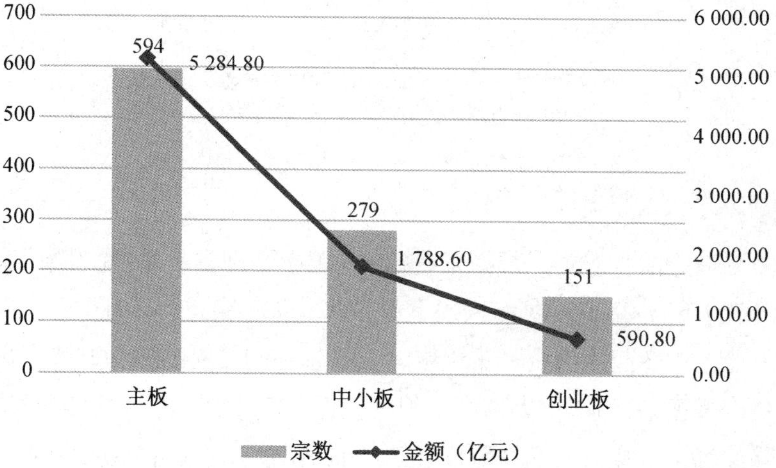

图 a 2018 年 A 股市场上市公司并购交易板块分布状况
数据来源:本书作者收集整理的上市公司并购相关数据(下同)。(主坐标轴为宗数、次坐标轴为金额)

在 2018 年并购宗数较 2017 年略有回落的情况下,2018 年主板上市公司并购宗数依然超 2017 年 12.5 个百分点,这意味着主板上市公司并购热度依旧不减。归根结底在于优厚的税制改革政策和强大的资金支持,以及公司日渐成熟的经营方式和积极寻求扩张的公司战略;反观中小板上市公司和创业板上市公司,2018 年的交易规模和交易宗数较 2017 年均有所下降,尤其是创业板上市公司,交易宗数和交易规模下滑近 50%,但单宗交易规模 3.91 亿元与 2017 年的 3.64 亿元基本持平(图 b)。类似地,2018 年主板上市公司和中小板上市公司的单笔交易金额较 2017 年也不存在较大幅度的变化。这表明中国证券市场 2018 年并购交易延续了 2017 年的小额并购风格。

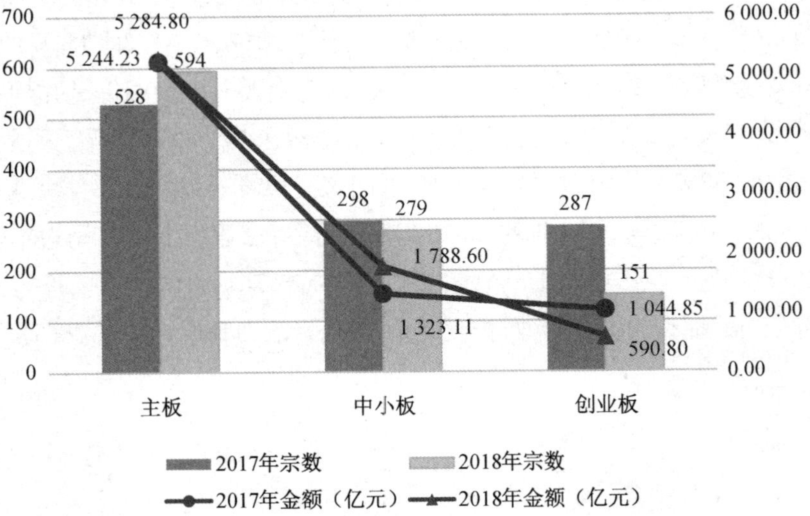

图 b　2017 年与 2018 年上市板块并购情况对比

注：主坐标轴为宗数、次坐标轴为金额

从交易双方的相对资产规模来看，2018 年中国证券市场“蛇吞象”宗数占比 4.23%，较 2015 年和 2016 年有大幅下滑、较 2017 年略有提升(图 c)。其中 2018 年全年发生的 183 起重大资产重组中，有 36 起并购交易的标的方资产规模超过收购方资产规模，占当年重大资产重组案例近 1/5。如三毛派神(000779.SZ)近五年扣除非经常性损益后的净利润连连亏损，即便在收购甘肃工程咨询集团有限公司的公告发布之前，三毛派神的经营业绩仍持续下滑，净利润亏损 546 万元、扣除非经常性损益后的净利润亏损甚至高达 1 136 万元，而标的公司 2017 年的资产总额、资产净额、营业收入基本为三毛派神的 4 至 5 倍；三毛派神是典型的国有企业，此次装进来的资产也是国企，符合资产证券化及国企改革的大政方针；在三毛派神连年亏损的情况下，此举被行业分析师视为保壳之举，加之标的公司较快的行业增速及甘肃省国资委对此次交易的大力推动，三毛派神未来业绩主要增长点也将聚焦于此。与三毛派神此次“蛇吞象”并购不同，盈峰环境(000967.SZ)收购长沙中联重科环境产业有限公司并“不差钱”，盈峰环境的经营业绩相对三毛派神也更卓越；此次并购交易，盈峰环境主要是从公司打造固废全产业链业务的战略层面考虑的：长沙中联重科环境产业有限公司的环卫装备业务、环卫一体化服务业务与盈峰环境的垃圾处置业务可以形成产业链上下游的协同串联，可以大幅提升盈峰环境的行业竞争力。另一方面，对于标的公司来说,它们之所以甘愿被业绩不及自己的公司吸纳,最主要的原因莫过于融资渠道的拓宽和公司估值的提高。

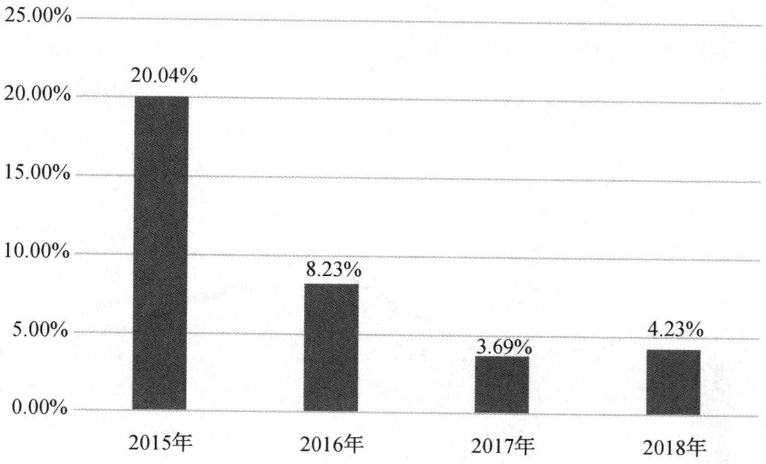

图 c 2015—2018 年中国证券市场“蛇吞象”并购交易宗数占比

2018 年是改革开放四十周年,中国也面临更复杂的内外部环境,尤其是经济运行中的结构性矛盾依然突出,在这样的大背景下,实体经济和民营企业需要承担更大压力。同年 9 月,习近平总书记在辽宁考察民营企业中提道:党中央始终关心、支持、爱护民营企业;毫不动摇地发展公有制经济,毫不动摇地鼓励、支持、引导、保护民营经济发展;为民营企业营造良好的法治环境,优化营商环境,为民营企业提供资金支持。2018 年中国证券市场百亿元级的“航母”并购亦积极响应了习近平总书记这一“国民共进、抱团取暖”的理念和宗旨。

当年中国证券市场共涉及 11 笔超百亿元的“航母级”并购,其中国企“航母级”并购仅发生 6 起、占比 54.55%,较 2017 年的 71.43%下降了 16.88%,即 2018 年国企百亿元并购交易占比让位民企 16.88 个百分点(图 d)。但全年并购金额最大宗依然是国有上市公司主导的,即万华化学(600309. SH)斥资 5 221 758.20 万元吸收合并烟台万华化工有限公司,以使其实现整体上市。这一操作不仅成就了国企改革典型案例,还使万华化学顺利成为全球第一大 MDI 供应商;此项案例从 2018 年 5 月首发并购公告,到同年 9 月证监会核准通过,短短 4 个月的时间顺利过会,这不仅表明证监会对此项交易的肯定,更体现国家政策对国有高科技上市公司改革发展的大力支持。其次是民营上市公司江南嘉捷

(601313.SH)通过重大资产置换及发行股份方式收购三六零科技股份有限公司,交易规模高达 5 041 642.33 万元人民币,促成三六零借壳回归 A 股战略的实现。从 2015—2018 年中国证券市场百亿元"航母级"并购趋势来看,"天价"收购案宗数在 2017 年和 2018 年锐减,这意味着严审核、严监管制度的有效落地;除 2017 年外,国企百亿元级并购占比基本稳定在 50%的水平意为国企改革渐见成效(图 d)。

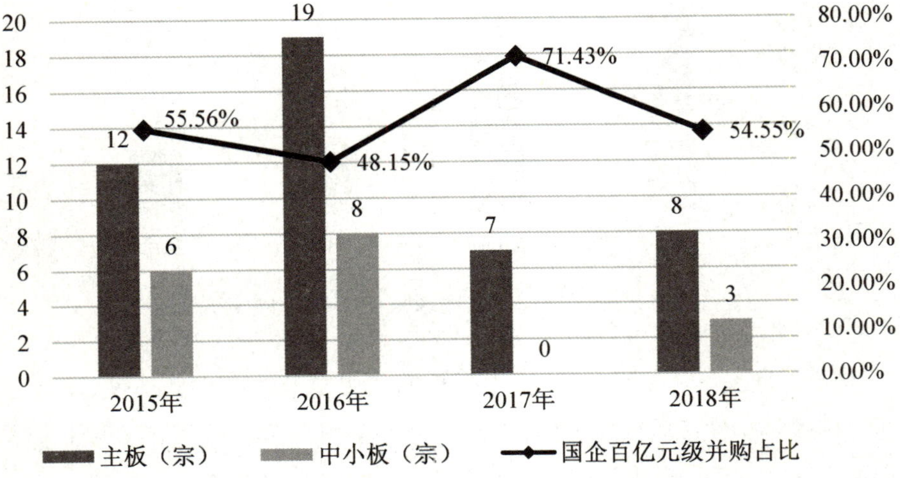

图 d 2015—2018 年中国证券市场百亿元级并购对比

二、并购溢价再创新低,现金支付偏好依然普遍

标的公司定价往往是并购活动谈判的核心问题,它反映了交易双方的意愿,体现了并购公司的价值。并购溢价①不仅可以反映标的公司本身的价值,还可以反映交易双方对并购后企业价值的预期。2018 年上市公司并购市场总体溢价倍数再创新低。2018 年并购溢价倍数为 2.06 倍,略低于 2017 年的 2. 68 倍、远低于 2016 年的 11.38 倍、略高于 2015 年的 1.94 倍,是继 2016 年直线飙升后的又一次理性回归,这与严监管的主旋律和日趋理性的市场环境相契合。

从并购交易板块分布来看,创业板上市公司平均愿意支付的溢价倍数最低,为 0.89 倍,其次是主板上市公司的 2.1 倍,中小板上市公司则愿意支付最高的

① 并购溢价:报告以并购交易成交价格与并购主体应享有的交易标的净资产账面价值份额之比作为并购溢价倍数。

溢价,溢价倍数为3.28倍(图e)。对比2016年至2018年的并购溢价倍数,三板并购溢价倍数的高低顺序有所改变,2018年创业板并购溢价倍数最低,仅为0.89,而2016和2017年溢价最低的板块均为主板;从2016至2018年的变动趋势来看,各板块的溢价倍数逐年趋于理性(表a)。

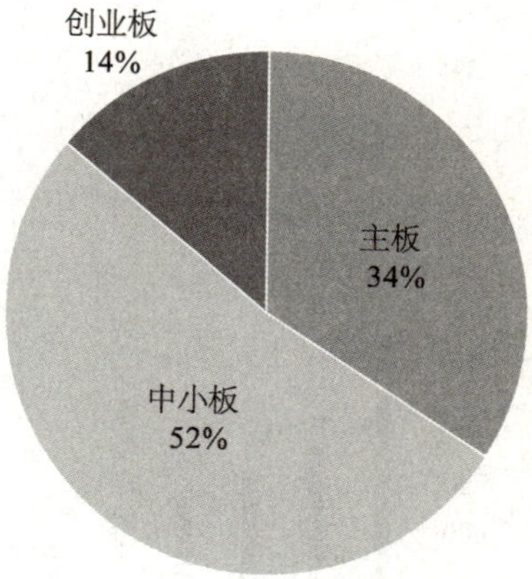

图e　2018年不同板块并购主体愿意支付的溢价倍数

从并购交易涉及的产业分布来看,第一产业的并购溢价倍数最高,为2.40倍,但较2017年下降比例最大,高达34.34%;其次是第三产业的2.23倍;第二产业的并购溢价倍数最低,为1.95倍。与2016年、2017年并购溢价倍数相比,2018年不同产业的收购方所愿意支付并购溢价倍数的高低顺序保持不变,但数值较2017年均有所下降(表a)。

表a　2016—2018年上市公司并购溢价倍数对比

	并购板块			并购行业			合　计
	主板	中小板	创业板	第一产业	第二产业	第三产业	
2016年	8.96	11.41	9.59	15.06	7.97	13.49	11.38
2017年	2.28	4.48	3.07	3.65	2.33	3.02	2.68
2018年	2.10	3.28	0.89	2.40	1.95	2.23	2.06

从标的资产所处行业来看,标的方是否处于热点行业以及并购方对标的方所处行业的未来预期等因素都会直接影响并购方支付并购溢价的意愿。2018年,当收购教育行业标的公司时,收购方愿意支付最高的并购溢价,溢价倍数为7.97倍,是2018年全年平均溢价倍数2.06的3.87倍。其次是信息传输、软件和信息技术服务业的4.21倍以及科学研究和技术服务业的4.10倍(图f)。随着人力资本概念的普及,教育与科技成为未来社会进步的双旋律,这些行业也因此拥有较高的发展潜力。

对比2018年与2017年不同标的行业的并购溢价倍数,除了水利、环境和公共设施管理业的3.54倍高于2017年的2.77倍、制造业的2.19倍高于2017年的2.03倍、金融业的1.88倍高于2017年的0.81倍外,其余标的行业在2018

年的并购溢价倍数均低于2017年的水平。这表明，一方面随着中央经济工作会议确定了稳中求进的政策基调，基建投资被认为是未来"稳增长"的重要方式，实体经济也因此更受青睐；另一方面，随着科技金融概念的提出，金融服务科技、科技优化金融被视为新时代经济发展的重要手段，金融产业也因此备受瞩目。

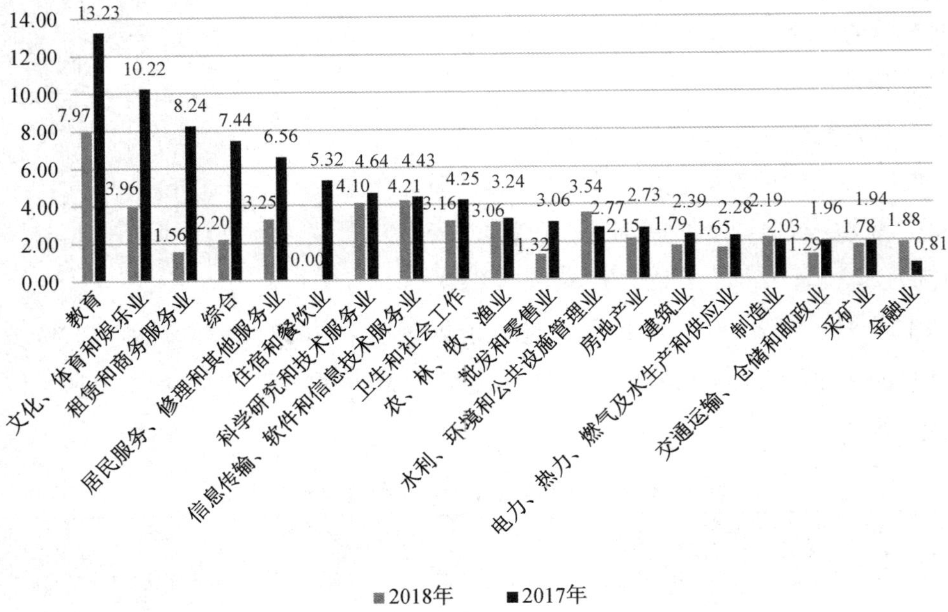

图f 2018年和2017年不同标的行业并购溢价倍数对比

从并购方所选择的支付方式上来看，多样化的创新支付手段层出不穷，如资产置换、换股合并、无偿划转等，但现金支付方式仍是当前最为主流的形式。2018年并购交易中单纯使用现金进行支付的案例数高达836起，占所有交易数量的比例为81.64%，交易金额约为2 995.25亿元。2018年现金支付方式所占比例与2017年的74.86%相比略有抬头，说明现金支付方式仍然更受上市公司的青睐。其余188宗并购交易则采用一系列创新支付方式，包括：股票、无偿划转、换股合并、资产置换等，宗数占比为18.36%，交易金额约为4 668.95亿元，与2017年的交易金额相比增加19.55%。

在证监会对并购重组"监管从严"的政策背景下，上市公司选择支付方式时尽量避免触碰监管"红线"。由于发行股份购买资产类等重组方案历时长、被否率高，现金收购方式的灵活性优势得以充分体现。绕开监管要求及成效极快的现金支付方式成为期望在短时间内完成并购的上市公司的不二之选。纵观2018年中国证券市场,以现金为支付手段的交易频繁出现,如天齐锂业(002466.SZ)斥资258.93亿元购买Sociedad Quimica y Minera de Chile S.A.股权,实现跨境收购;美年健康(002044.SZ)则以8.07亿元将19家标的公司一并收入囊中。但可以看到,占比81.64%的836宗现金交易涉及金额约为2 995.25亿元,仅占全年总金额的39.08%,平均单笔交易金额仅为3.58亿元,远低于创新支付方式的24.83亿元。由于单纯使用现金支付不仅会占用上市公司的大量现金流,还容易造成公司沉重的财务负担,因此以现金支付的并购交易规模会受到一定的限制。

2018年,创新支付方式主要用于大额并购交易,或适用于设计较为复杂的并购交易中。整体上来看,我国的并购支付手段创新度还不算高,股票支付以及现金与股票支付相结合的方式仍是并购交易最主要的创新支付工具,其他创新支付方式虽然继续存在,但使用主体寥寥无几。总体而言,2018年中国上市公司并购交易中采用股票支付(包括现金与股票同时使用)的宗数共有155起,占创新支付总宗数的82.45%;交易金额高达3 992.27亿元,大大高于纯现金交易总额2 995.25亿元,占创新支付交易总金额的比例达到85.51%,可见股票仍然是上市公司面对巨额收购时最偏好的创新支付工具(图g和图h)。如双林股份(300100.SZ)发行股份高价接盘股东资产DSI项目;露天煤业(002128.SZ)发行股份购买霍煤鸿骏资产,拟购完整产业链,实现资产再整合。

其次,资产置换方式被认为是各类重组方式当中效果最快、最明显的一种方式,它可以快速盘活上市公司的不良资产。2018年证券市场涉及资产置换的并购交易共有9宗(包括资产置换与现金或股票的结合),其交易金额共计594.8亿元,占创新支付交易总金额的比例为12.74%(图g和图h)。此外,承债式收购与换股合并也在一定程度上丰富了多层次的支付方式,如中公教育资产置换与发行股票相结合借壳亚夏汽车(002607.SZ);粤电力(000539.SZ、200539.SZ)换股合并茂名热电厂;溢多利(300381.SZ)发行可转债取得长沙世唯科技的控制权。

值得注意的是,无偿划转成为国企并购交易中常常采取的支付手段,在国企混合所有制的改革大浪潮下,无偿划转密集出现。虽然无偿划转具有浓厚的政治色彩,但也有着其内在的经济规律。2018年证券市场共有8宗并购交易采用

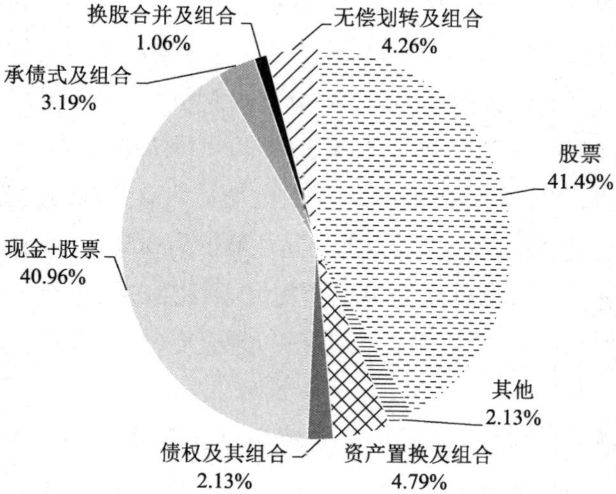

图 g　2018 年中国并购创新支付方式宗数占比

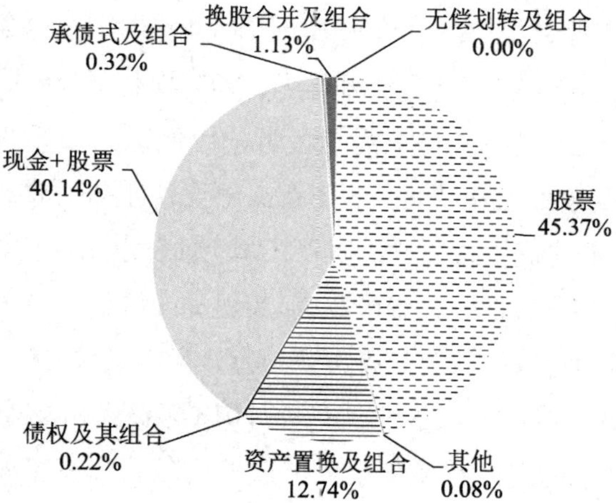

图 h　2018 年中国并购创新支付方式金额占比

无偿划转的形式,且这 8 宗交易都体现了借壳上市的特殊并购目的。如深圳市投资控股有限公司借壳深物业集团(000011.SZ、200011.SZ),北京国资委将其持有的中青旅(600138.SH)100%股份无偿划转给其同时持有的中国光大集团股份公司,充分利用了“壳”资源。国资委通过旗下子公司的股权划转,实现国有资产的证券化及再整合过程,最终确保国有资产的保值增值。

随着监管环境趋于严格,2018 年上市公司的并购表现为明显的理性回归态势。当然,上市公司不仅关注标的公司的短期收益成效,也更看重并购后的整体发展潜力。尤其对于并购热点行业,由于预期其发展潜力巨大,上市公司往往愿意在审慎标的公司现有权益构成基础上选择更适合的支付方式以及更高的支付溢价。

三、监管力度持续加码,并购搁浅已为常态

自 2017 年以来,金融政策日趋严厉,围绕金融去杠杆推出的一系列政策新规给上市公司的业务开展带来极大压力。2018 年中国证券市场仍旧处于"强监管"高压状态,上市公司并购失败已成常态。2018 年上市公司并购失败 303 例,同比增长 17.44%。其中,"未能达成一致意见"是并购失败的主要原因,占比 45.21%。其次是"市场及政策环境发生变化",占比17.16%。而"未获相关部门批准"的并购案例占据 6.93%的比重,略高于 2017 年的 5.04%,大概率是监管加强所致(图 i)。占比 11.22%的其他并购失败的原因中,有 4 例是同时由于"未能达成一致意见和市场及政策环境发生变化"所致,占 2018 年全年并购失败案例的 1.32%。

2018 年中国证券市场由于市场、政策环境的变化以及监管因素所导致的案例占 25.41%("市场及政策环境发生变化"占 17.16%、"未获相关部门批准"占

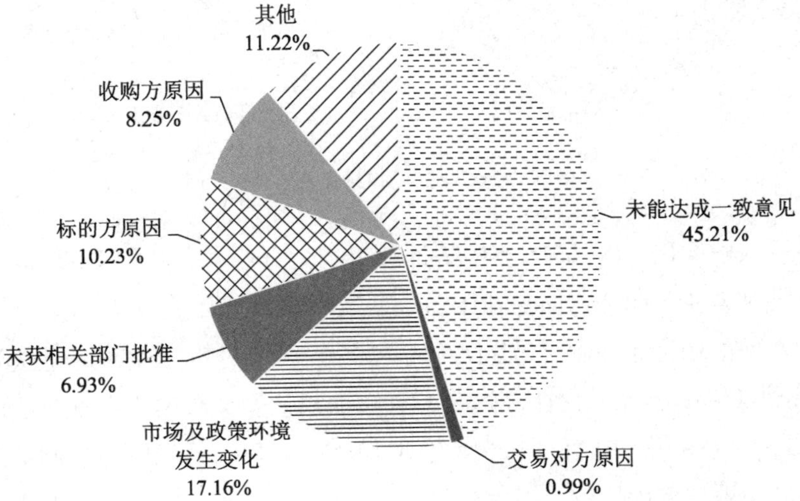

图 i 2018 年失败并购案例失败原因占比

6.93%、"未能达成一致意见和市场及政策环境发生变化"占 1.32%),与 2017 年的 29.85%("市场及政策环境发生变化"占 24.81%、"未获相关部门批准"占 5.04%)相比略有回落,但仍处于相对高水平,尤其是 2018 年的未过会率较 2017 年的 5.04%增长了 1.89 个百分点。如远望谷(002161.SZ)收购上海希奥信息科技股份有限公司和龙铁纵横(北京)轨道交通科技股份有限公司、国旅联合(600358.SH)收购上海度势体育文化传播有限公司、神州信息(000555.SZ)收购恒鸿达科技有限公司等并购事件的失败原因是证监会不予核准。

从并购失败案例收购方行业来看,2018 年中国证券市场并购失败的行业主要集中于制造业,占比 59.74%;其次是信息传输/软件和信息技术服务业的 8.58%;再次是批发零售业的 4.62%(图 j)。失败案例收购方行业分布与 2017 年基本趋于一致。

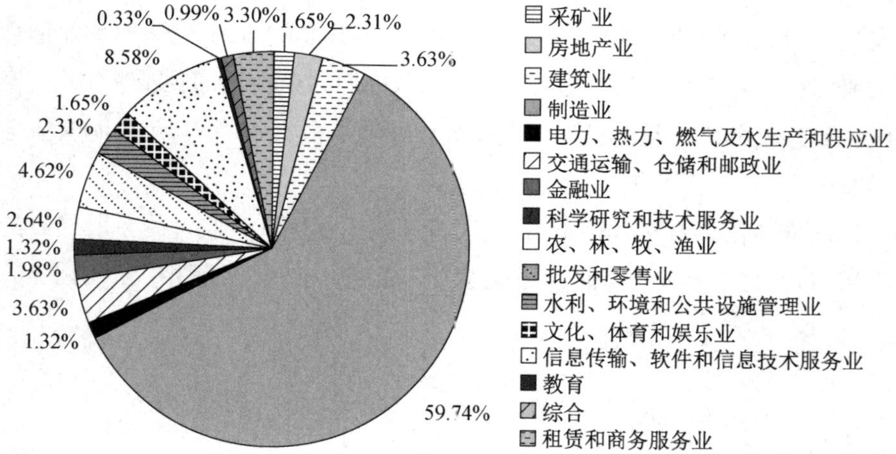

图 j　2018 年中国证券市场并购失败案例收购方行业分布情况

包括失败案例在内,2018 年中国证券市场全行业发生并购 1 327 宗,其中,教育行业共发生 1 起并购交易,但由于标的方的原因导致失败,因此当年教育行业失败案例占全行业并购交易之比为 100%(图 k)。另外,虽然制造业失败案例占 2018 年全部失败案例之比高达 59.74%,但制造业失败案例在其行业内占比仅为 23.57%(图 k),该比例在 2018 年处于中下游地位。由此可见,制造业在收购方行业失败案例中排位第一,主要是由于中国是制造业强国、制造业大国这一现实情况所引起的。

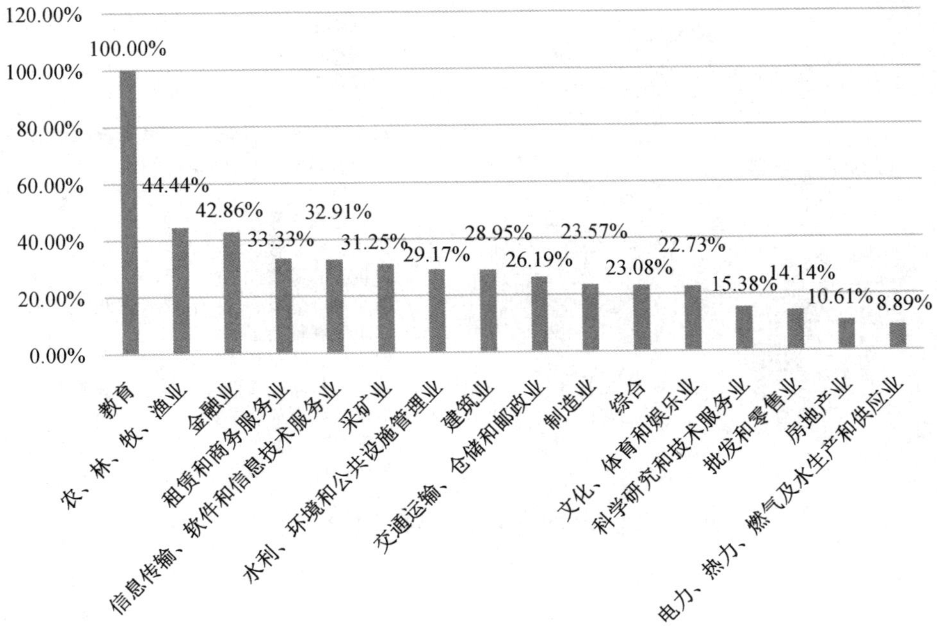

图 k　2018 年中国证券市场并购失败案例占当年收购方行业全部并购案例之比

从并购失败案例标的方行业来看，制造业的 31.86%仍然排第一位，其次是科学研究和技术服务业的 14.58%，再次是租赁和商务服务业的 11.53%；第四是信息传输/软件和信息技术服务业的 11.19%(图 l)。

2018 年中国证券市场发生并购 1 327 宗(包括失败案例)，其中 8 宗未公告标的方行业，因此在当年发生的全部 1 319 宗并购交易中，标的方为制造业的失败案例占 2018 年并购的全部制造业行业中的占比仅为 21.08%，位于中下游水平(图 m)，标的方为制造业的并购之所以排在失败案例宗数的第一位，是因为 2018 年中国证券市场并购标的方为制造业的宗数和规模为最大。

在监管政策和监管力度双双趋严，以至于较 2017 年更多并购交易未能过会的背景下，2018 年 10 月证券市场八大政策连发，出台了一系列鼓励并购重组的政策，包括拓展重组配套融资的用途，简化小额快速并购重组的审核，还从审核速度、可并购资产和方向、模糊地带监管和创新方案设计、信息披露四大维度对并购重组政策进行松绑。预计 2019 年政策将会不断地放松，这对国内的并购重组市场来说是一个好的机遇，市场也将逐渐回暖。

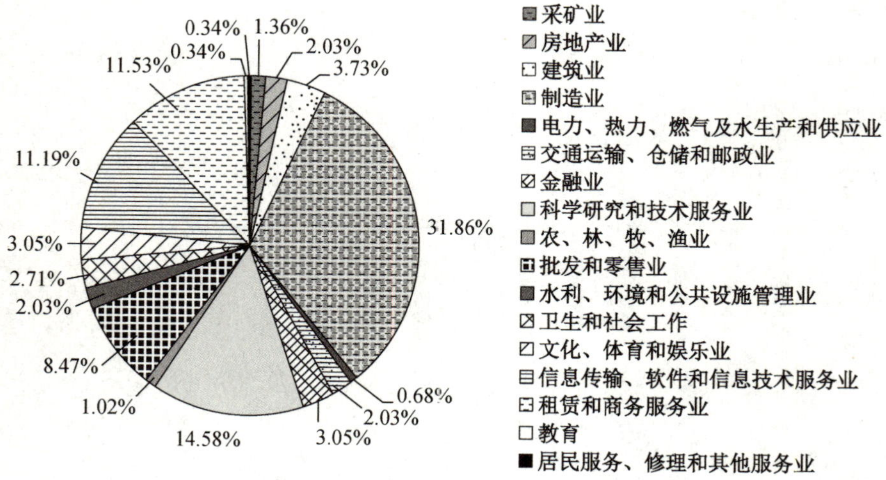

图 l 2018 年中国证券市场并购失败案例标的方行业分布情况

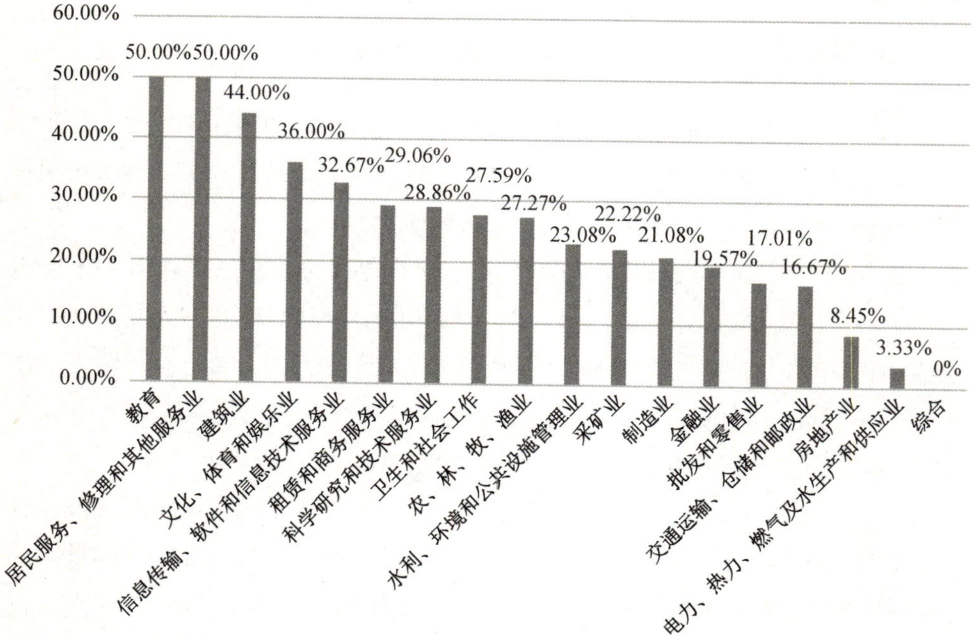

图 m 2018 年中国证券市场并购失败案例占当年标的方行业全部并购案例之比

四、跨界并购持续发力，产业链整合蓄势待发

并购重组作为企业扩大规模、提升业绩的重要手段，近年来不断为中国上市公司所用。2014 年至 2016 年，横向并购交易在总并购交易中所占比重持续稳定在 50%以上。2017 年，横向并购交易数量占比 46.59%，2018 年占比48.63%。虽然比重跌破 50%，但是横向并购一如既往领跑中国证券市场并购重组，仍是我国上市公司的并购主体。从整体交易数量来看，横向并购交易全年共发生 498 起，较 2017 年减少 21 起，占比 48.63%。纵向并购发生 185 起，比上年少 10 起，占比 18.07%。混合并购 341 起，较上年减少 59 起，占比 33.30%。由此可见，2018 年不论是横向、纵向还是混合并购数量较 2017 年都有所下降，全年成功并购交易总量较 2017 年下降 8.07%，这与监管政策的持续加强密不可分。从整体交易金额来看，2018 年横向并购的交易规模仍位列第一，涉及金额 3 001.33 亿元，占比 39.16%。纵向并购和混合并购交易规模分别为 2 023.07 亿元和 2 639.80 亿元，所占比重分别为 26.40%、34.44%。虽然纵向并购和混合并购宗数与横向并购宗数差距显著，但是交易金额趋同，对并购总交易金额贡献较大，正持续发力(图 n)。

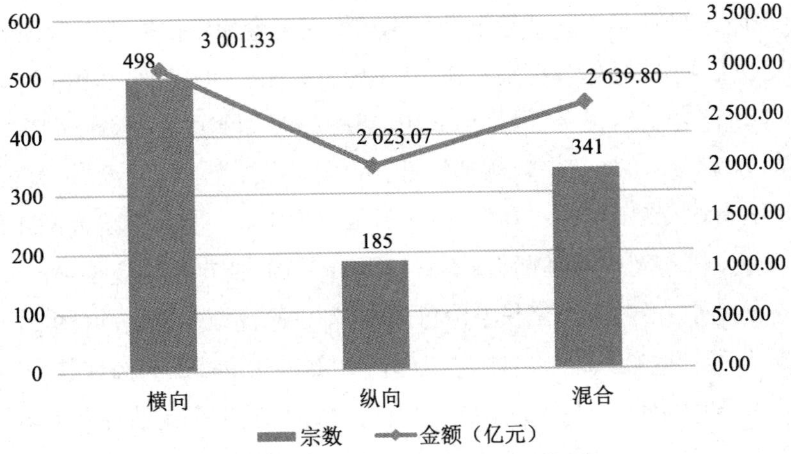

图 n　2018 年中国证券市场并购类型分布情况(主坐标轴为宗数;次坐标轴为金额)

自 2014 年以来，横向并购交易占比逐年下降，虽然 2018 年有所回升，但是幅度很小，纵向并购一直保持着较为稳定的状态，而混合并购异军突起，占比不断提升(图 o)。随着我国经济由高速增长阶段转向高质量发展阶段，供给侧结

构性改革如火如荼，很多企业已经丧失了原有的竞争优势，亟待调整产业链、寻求新业务改善经营状况，因此产业链整合蓄势薄发，跨界并购也成绝佳途径。东方新星(002755.SZ)收购江苏奥赛康药业股份有限公司便是如此。东方新星上市三年便因业绩不佳沦为壳股，却通过并购进军医药行业摆脱原有的困境，迎来了新的春天，这正是跨界并购的神奇之处，而它也将逐渐成为中国上市公司企业扩大规模、混合经营、扭转命运的重要选择。

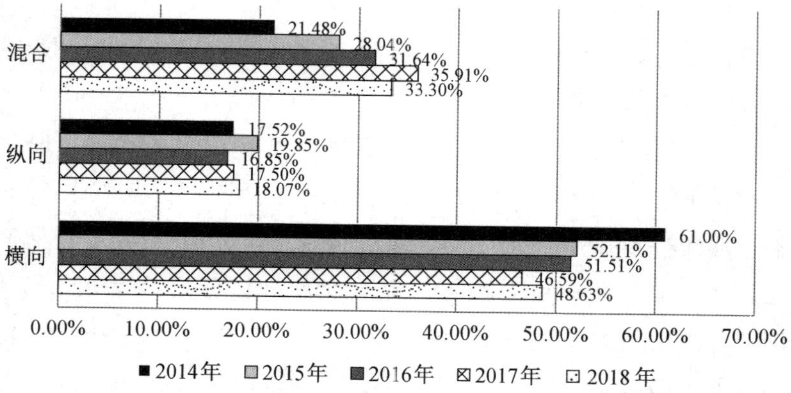

图 o 2014—2018 年中国证券市场并购类型交易宗数占比

从 2015—2018 年中国证券市场并购平均交易金额变化趋势来看，混合并购的平均交易金额波动最大，特别是在 2017 年，金额由 24.12 亿元骤降到 5.75 亿元。虽然 2018 年有所提升，但是与 2016 年的高峰相比而言，差距仍旧十分大。纵向并购前几年的平均交易金额都较低，近年来随着产业链整合升级的不断推进，2018 年平均交易金额破 10 亿元，上升了 93.97%。横向并购近两年的平均交易金额呈下降趋势。总体而言，不管是混合并购、纵向并购还是横向并购，平均交易金额趋于一致，市场交易溢价自 2017 年以来逐渐趋于理性(图 p)。

2018 年混合并购共发生 341 起，占当年并购交易的 33.30%。其中，制造业位居混合并购中标的资产行业分布的榜首，一方面是由于制造业作为我国目前的支柱型产业之一，基数较大；另一方面是由于“中国制造 2025”的推出，政策鼓励“传统制造”向“智能制造”转变，加速推进产业链整合和优化升级。科学研究和技术服务业虽退居第二，但仍占据很大比重，这和国家在政策上大力支持科技的发展密切相关；排在第三位的是租赁和商务服务业(图 q)。

总的来说，制造业和包括科学研究及软件信息等在内的网络科技行业成为

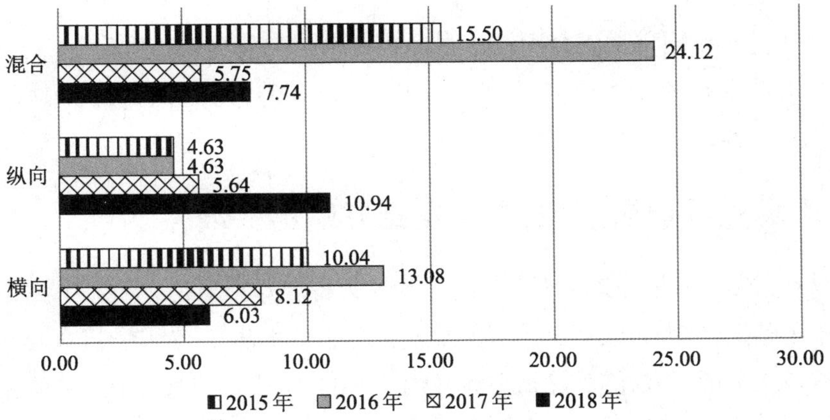

图 p 2015—2018 年中国证券市场并购类型平均交易金额(亿元)

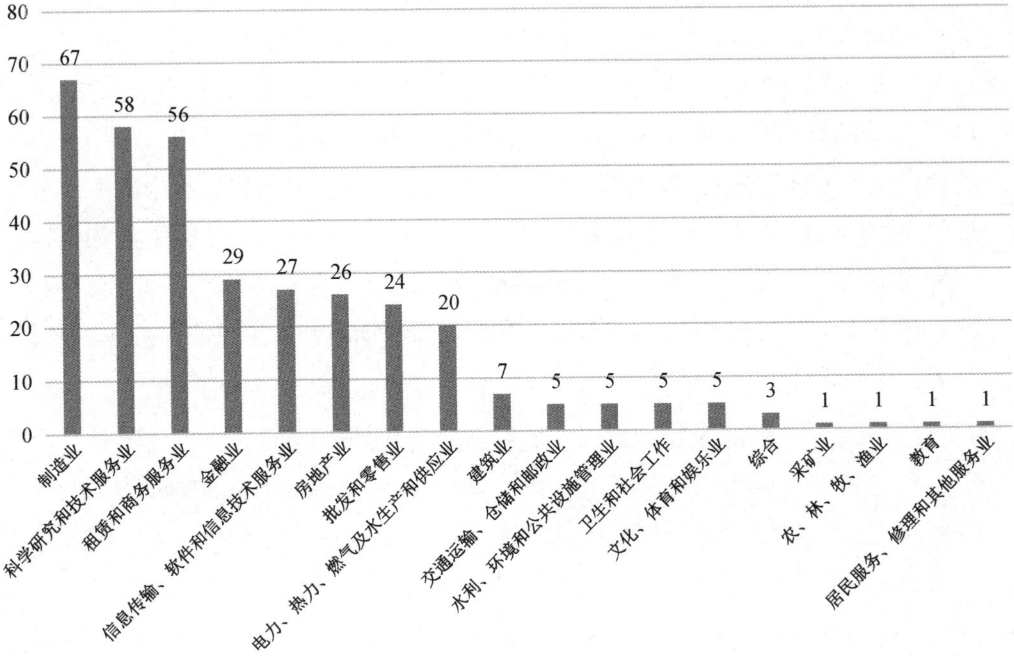

图 q 2018 年中国证券市场混合并购中标的资产行业分布(宗数)

寻求混合并购目标的首选(图 q),这也意味着中国证券市场的混合并购正积极向传统与新兴、实体与虚拟相融合的体系过渡。例如,2018 年中国证券市场涉及百亿元级规模的混合并购交易共发生三起,其一是东方盛虹(000301.SZ)斥资

127 亿元收购制造业江苏国望高科纤维有限公司；其二是亚夏汽车(002607.SZ)斥资 185 亿元收购科学研究和技术服务业北京中公教育科技股份有限公司；其三是三六零斥资 504 亿元借壳江南嘉捷(601313.SH)，完成中概股的回归。

五、市场主导仍居主位，国企重组并购势头渐盛

纵观我国企业的并购历程，政府一直扮演着重要的角色。随着中国市场化改革的不断推进、国企改革持续深入及民营企业不断发展壮大，民营企业开始主导并购市场。近年来，随着民营主体并购交易的“井喷式”增长，中国并购市场迎来了民营经济的时代，市场自主性并购成为新型的并购交易模式。

从并购主体来看，2018 年以国企为主体的并购交易迎来增长，而以民营企业为主体的并购交易有所下滑，但以民企为主体的并购仍然占据主导地位。从交易宗数来看，以国企为主体的并购交易共 291 宗，较 2017 年同比增长了 7.78%，而以民企为主体的并购交易总量为 733 宗，较 2017 年同比下降了 13.15%。从交易金额来看，以国企为主体的并购交易规模为 3 430.23 亿元，以民营企业为主体的并购交易金额为 4 233.97 亿元，在全年并购总规模的占比分别为 44.76%和55.24%，增长率分别为 31. 66%和 − 15. 43%。并购宗数和金额的跨期增长趋势表明，大型国企的改革愈加活跃，国企重组并购势头渐盛；并购宗数和金额的同期占比情况表明，民营企业仍然扮演着并购主体的主力军角色，市场主导的优势仍然未被取代(表 b)。

表 b　2018 年和 2017 年上市公司并购主体交易对比

	2018 年		2017 年		增长率	
	宗数	金额(亿元)	宗数	金额(亿元)	宗数	金额
国企	291	3 430.23	270	2 605.44	7.78%	31.66%
民营	733	4 233.97	844	5 006.75	− 13.15%	− 15.43%

从交易数量来看，总体上民企与国企并购在各月份的增减趋势基本保持一致。民企并购交易每月份的交易宗数都大于国企并购交易，全年呈现出平稳波动的趋势，从 1 月的 63 宗，围绕年均 61 宗上下波动，至 12 月重新回归 68 宗；国企并购交易全年平稳，但在 12 月出现弹簧式的拉升，从 1 月的 20 宗开始小幅波动，直至 12 月交易宗数暴增，高达 61 宗，占全年比例为 20.96%。从交易金额来

看,民营企业并购金额在1月就达到全年最高点917亿元,占全年民营并购金额21.67%,遥遥领先其他月份,主要归功于江南嘉捷(601313.SH)斥巨资504.16亿元购买三六零资产,最终实现三六零回归主板上市;国企并购金额具有明显的季度末效应,在3、6、9、12月分别出现小高峰,其中9月交易金额最高,达到683.62亿元,占全年并购规模的19.93%(图r)。

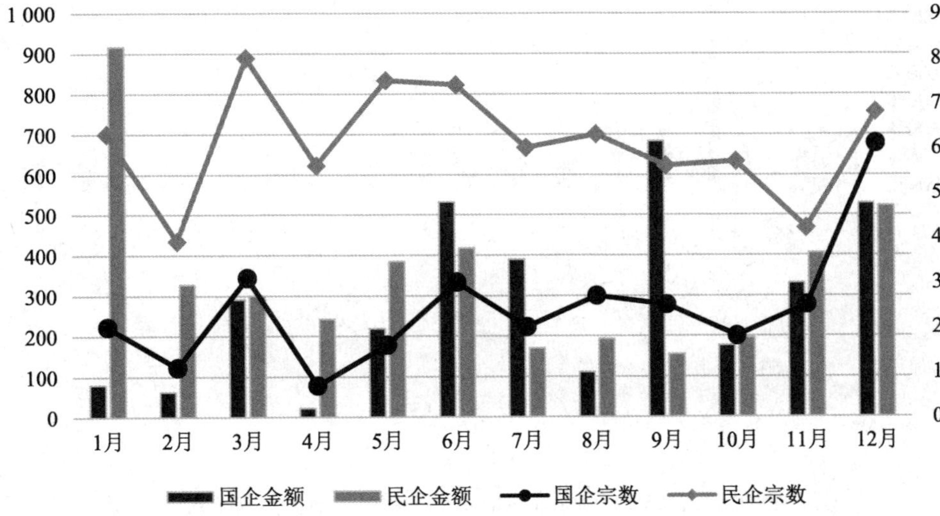

图r 2018年中国上市公司并购主体交易宗数和金额走势
(主坐标轴为金额:亿元;次坐标轴为宗数)

从并购标的行业分布来看,制造业仍然独占鳌头,无论并购主体是国企还是民企,制造业的交易宗数和交易规模都处于绝对领先地位。从交易宗数来看,以国企为主体的并购交易前三位行业分布分别为制造业、批发和零售业、电力/热力/燃气及水生产和供应业,分别占国企并购交易金额的32.99%、11.68%和10.65%,前三位行业排序与2017年保持一致;以民营企业为主体的并购交易前三位行业分布分别为制造业、科学研究和技术服务业、批发和零售业,分别占民营企业并购总宗数的34.92%、12.14%和12.01%。就交易规模而言,以国企为主体的并购交易前三位行业分布分别为占比29.82%的制造业、18.83%的批发和零售业和10.28%的交通运输、仓储和邮政业;以民营企业为主体的并购交易前三位行业分布分别为占比35.14%的制造业、17.27%的信息传输、软件和信息技术服务业以及12.44%的科学研究和技术服务业(图s)。这表明,国企并购主体更倾向于实体、基建标的,而民企并购主体更偏好高科技、大数据标的,这是由企业性质及其经营、战略目标决定的。总体而言,中国证券市场并购以传统制造业为基础,以科技创新为依托,积极践行“中国制造 2025”的战略行动纲领。

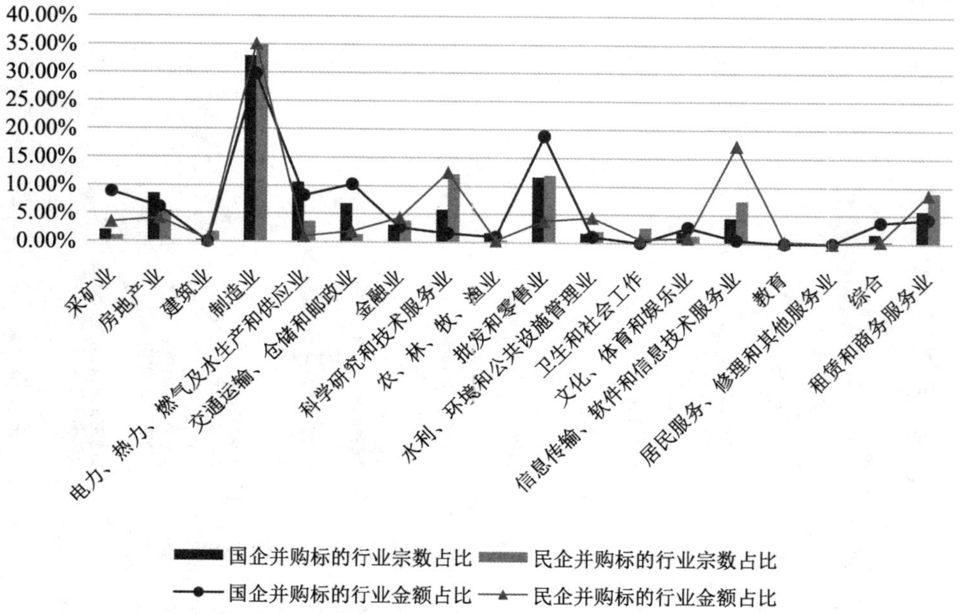

图 s　2018 年中国上市公司并购主体并购各标的行业交易宗数和金额占比

考虑国有企业参与的并购交易,并购市场依旧以市场主导为主。2018 年政府主导的并购交易数量有 304 宗,金额为 3 519.52 亿元,分别占全年并购的 29.69% 和 45.92%;与 2017 年相比均有所增加,增长率分别为 2.01% 和 22.99%。市场主导的并购虽然保持活跃,但交易宗数由 816 宗下降到 720 宗,金额由 4 750.44 亿元下降到 4 144.68 亿元,下降比例分别为 11.76%和 12.75%(表 c)。从交易金额来看,虽然政府主导的并购数量仅占总并购交易的29.69%,但其交易金额却占并购市场的近半壁江山,高达 45.92%。可以看到,2018 年政府主导的并购交易平均单宗金额为 11.58 亿元,市场主导的并购交易平均单宗金额为 5.76 亿元,政府主导的单宗金额超过市场主导的 101.12%。对比 2017 年的数据,2017 年政府主导与市场主导的并购交易平均单宗金额分别为 9.60 亿元和 5.82 亿元,政府主导的并购交易平均单宗金额超过市场主导64.96%。总体来看,政府主导的并购不仅日渐活跃,而且平均交易规模也迅速增长。

表 c 2018 年和 2017 年上市公司并购主导方交易对比

	2018 年		2017 年		增长率	
	宗数	金额(亿元)	宗数	金额(亿元)	宗数	金额
政府主导	304	3 519.52	298	2 861.75	2.01%	22.99%
市场主导	720	4 144.68	816	4 750.44	−11.76%	−12.75%

“十三五”期间,国资国企改革已经进入深水区、攻坚期,近年来国企并购热度不断升温。虽然并购是一种市场化行为,理应提倡民营企业遵守市场规律,对标的行业进行市场化甄选,实现最后的优胜劣汰,但由于我国特殊的制度背景,国有企业在市场化改革中仍然担任重要的角色。“混合所有制改革”的提出更是将并购重组作为其改革的重要手段之一。并购重组不仅可以优化国有资本的结构布局,还能带动行业的发展方向。随着国企改革的步伐进一步加快,以政府为主体的交易层出不穷,国企重组势力渐盛,民营企业也将遵循国企改革的方向,借助改革利好的东风乘势前行。

六、制造业领跑并购,地产并购热情回落

2018 年,中国证券市场制造业领跑并购,地产类并购数量继承上一年的下降继续较大幅度的下跌,传统的批发零售业并购数量显著增加。不论是制造业还是批发零售业并购的繁荣,都揭示了中国证券市场并购“脱虚向实”的发展趋势。

2018 年第一产业中的并购宗数仅 9 起,交易金额约 62.10 亿元,分别同比减少 18.18% 和同比增长 5%;第二产业的并购宗数为 666 起,涉及金额约为 4 530.62 亿元,占全年交易金额的 59.11%,宗数同比下降 4.96%、金额同比增长 14.55%;2018 年第三产业的并购宗数为 349 起,占全年交易宗数的 34.08%,交易金额约为 3 071.48 亿元,占全年交易金额的 40.08%,同比下降 15.19%(表 d)。

分季度来看,各季度中每个产业的并购数量没有明显的季度差异,但从金额上来看,第一产业中第一、第四季度的并购金额分别为 23.79 亿元和 20.54 亿元,高于其他两个季度;第二产业在第三季度明显最为活跃;而第三产业在第一与

表 d　2018 年和 2017 年中国上市公司并购交易产业分布状况

产业	2018 年并购情况			2017 年并购情况		
	宗数	金额（亿元）	平均金额（亿元）	宗数	金额（亿元）	平均金额（亿元）
第一产业	9	62.10	6.9	11	59.14	5.38
第二产业	666	4 530.62	6.80	700	3 955.20	5.65
第三产业	349	3 071.48	8.80	403	3 597.85	8.93
合计	1 024	7 664.20	7.48	1 114	7 612.18	6.83

第四季度从并购金额上来看最为活跃，分别为 976.39 亿元与 993.45 亿元(图 t)。2018 年第二产业、第三产业并购交易与 2017 年相比在交易宗数上均有一定数量的减少，但交易金额却在总体上与 2017 年持平，但却不足 2016 年的 1/2。因此与 2016 年相比，2017 年、2018 年的并购交易以小额交易为主，平均单笔成交价格分别为 6.83 亿元和 7.48 亿元，显著低于 2016 年的 15. 15 亿元，但 2018 年比 2017 年从平均单笔成交价格上看略有回升。

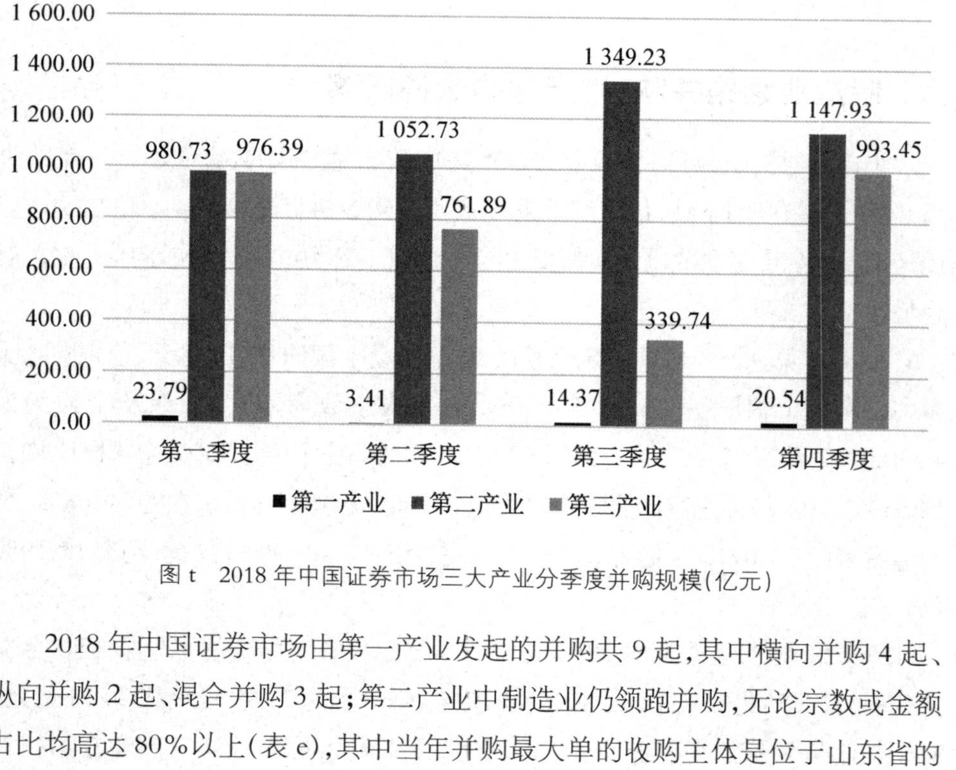

图 t　2018 年中国证券市场三大产业分季度并购规模(亿元)

2018 年中国证券市场由第一产业发起的并购共 9 起，其中横向并购 4 起、纵向并购 2 起、混合并购 3 起；第二产业中制造业仍领跑并购，无论宗数或金额占比均高达 80%以上(表 e)，其中当年并购最大单的收购主体是位于山东省的制造业万华化学(600309.SH)斥资500多亿元收购烟台万华化工有限公司100%股权,成就国企化工巨头;与2017年第三产业并购活跃度不同,2018年批发和零售业超越房地产业成为当年活跃度最高的并购主体,其中江南嘉捷(601313.SH)亦斥资500多亿元完成对三六零科技股份有限公司的收购,这也是三六零回归中国A股市场的一大壮举。

表e 2018年并购主体三大产业细分行业并购交易情况

板块	大类行业	宗数	宗数占比	金额(亿元)	金额占比
第一产业	农、林、牧、渔业	9	100%	62.10	100%
第二产业	制造业	587	88.14%	3 794.16	83.74%
	电力、热力、燃气及水生产和供应业	41	6.16%	456.24	10.08%
	建筑业	27	4.05%	177.23	3.91%
	采矿业	11	1.65%	102.99	2.27%
	合计	666	100%	4 530.62	100%
第三产业	批发和零售业	85	24.36%	983.34	32.02%
	房地产业	59	16.91%	778.73	25.35%
	信息传输、软件和信息技术服务业	53	15.19%	245.16	7.98%
	交通运输、仓储和邮政业	31	8.88%	461.03	15.01%
	卫生和社会工作	25	7.16%	17.95	0.58%
	科学研究和技术服务业	22	6.30%	94.91	3.09%
	租赁和商务服务业	20	5.73%	164.55	5.36%
	文化、体育和娱乐业	17	4.87%	169.25	5.51%
	水利、环境和公共设施管理业	17	4.87%	31.19	1.02%
	综合	10	2.87%	33.62	1.09%
	金融业	8	2.29%	88.83	2.89%
	居民服务、修理和其他服务业	1	0.29%	0	0%
	农、林、牧、渔服务业	1	0.29%	2.90	0.09%
	合计	349	100%	3 071.46	100%

单就第三产业而言,批发与零售业在2018年一跃成为并购最为活跃的行业,交易宗数和规模占比近1/3,并购金额相对于第三产业的占比较2017年排位第一的房地产行业还高5.19个百分点;其次是房地产业;再次是信息传输/软件和信息技术服务业。这三大类行业贡献了第三产业当年并购交易额的一半以上,是第三产业并购的核心力量(图u)。追溯到2010年,中国第三产业增加值

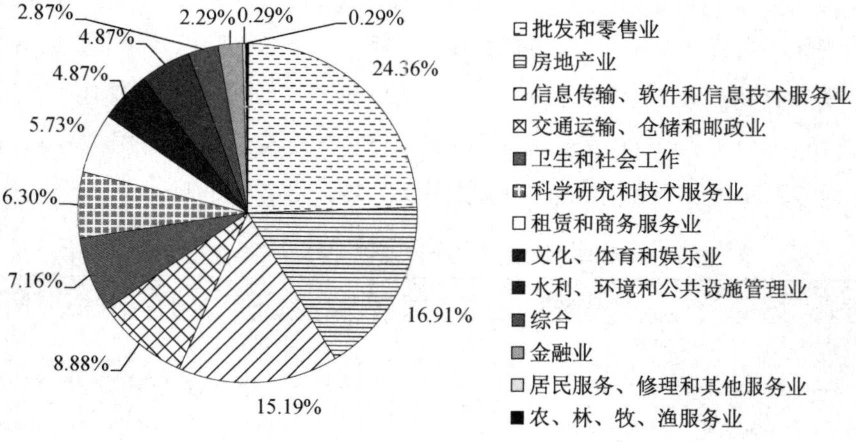

图 u　2018 年并购主体第三产业并购宗数占比

占 GDP 仅为 40%左右；而近年该比例达 50%以上，占全国 GDP 总值的一半多。但有学者认为，近年来包括房地产行业在内的第三产业增加值累计涨幅近 160%，同期百城住宅平均价格的累计涨幅高达 60%，这意味着房价是统计第三产业增加值的主要价格因素，由此房地产泡沫化风险引起国民的广泛关注。2017 年底，财政部长在《人民日报》发表题为《加快建立现代财政制度(认真学习宣传贯彻党的十九大精神)》的文章中明确指出：按照“立法先行、充分授权、分步推进”的原则，推进房地产税立法和实施。对工商业房地产和个人住房按照评估值征收房地产税，适当降低建设、交易缓解税费负担，逐步建立完善的现代房地产参税制度。更进一步地，财政部长还明确指明房地产税的时间表：2019 年完成全部立法程序、2020 年完成“落实税收法定”原则的改革任务。文章一出各方表示观望态度，这也就不难解释为何 2018 年中国证券市场房地产业并购主体开始放缓并购步伐、实施小额并购交易。

七、地区并购热度不一，新兴城市群并购崭露头角

受历史、交通和产业政策等因素的影响，中国经济发展呈现明显的东西部差异，东部地区经济活动活跃，国际化程度高，创造的国内生产总值高于中西部地区，上市公司也多集中在东部地区。因此东部地区证券市场的并购交易热度高于西部地区。

2018 年东部的并购交易共有 753 起,交易金额达 5 773.86 亿元,宗数和金额分别占全年总量的 73.54%和 75.34%。其中交易宗数同比下降了 8.73%,而交易金额同比增长了 15.77%,可见虽然总体交易数量减少,总体交易金额却呈增长态势,即平均每宗并购交易的规模扩大了。2018 年中部地区的并购宗数为 130 起,同比降低 31.94%,交易金额约为 1 043.28 亿元,同比下降 8.47%。其中,湖南、湖北和安徽等地的并购交易数量较多,雷鸣科化(600985.SH)以209.16 亿元收购淮矿股份成为中部地区并购规模最大的一例。西部地区在 2018 年共计发生并购 141 起,同比增长 43.88%,交易金额约 847.06 亿元,同比下降 42.97%,分别占全年总量的 13.77%和 11.05%。其中,交易地区主要集中在川、滇、渝等地,天齐锂业(002466.SZ)以 258.93 亿元跨境收购智利的 Sociedad Quimica y Minera de Chile S.A.成为西部地区交易规模最大的一例(表 f)。

总的来看,2018 年东部和中部的并购交易宗数相比 2017 年有所减少,西部地区的并购交易宗数相比 2017 年有所增加;东部地区的并购金额相比 2017 年有所增大,中部和西部的并购金额总体呈缩减态势。

表 f 2018 年和 2017 年中国上市公司并购地区分布状况

	2018 年		2017 年	
	宗数	金额(亿元)	宗数	金额(亿元)
东部	753	5 773.86	825	4 987.16
中部	130	1 043.28	191	1 139.86
西部	141	847.06	98	1 485.17
合计	1 024	7 664.20	1 114	7 612.18

新兴城市群并购方面,主要集中于以东部城市群为代表的长三角、珠三角和环渤海经济带;以长江沿线城市群为代表的长江经济带;以广东、香港、澳门为代表的粤港澳大湾区。

2018 年三大经济带共发生 607 笔并购交易,涉及金额 5 286.95 亿元,分别占中国证券市场全年并购交易的 59.28%和 68.98%,较 2017 年宗数占比略有缩减,但规模占比略微扩张。其中长三角经济带并购宗数依旧是三大经济带并购之最,但并购规模相较环渤海经济带差近 160 亿元(表 g)。环渤海经济带 2018 年并购规模之最是万华化学(600309.SH)斥资 520 多亿元收购烟台万华化工有限公司,这也是当年中国证券市场发生的并购交易最大单。

表 g　2018 年和 2017 年中国三大经济带并购交易变化情况

板块	2018 年并购情况		2017 年并购情况	
	宗数	金额(亿元)	宗数	金额(亿元)
长三角	290	1 909.84	320	1 633.33
珠三角	144	1 309.36	209	942.48
环渤海	173	2 067.75	209	1 625.08
合计	607	5 286.95	738	4 200.88
中国证券市场合计	1 024	7 664.20	1 114	7 612.18
经济带并购占比	59.28%	68.98%	66.25%	55.19%

从 2018 年三大经济带的同业和混业并购情况来看，无论是横向并购、纵向并购还是混合并购，位于长三角经济带中的并购主体实施的并购交易宗数均超环渤海经济带和珠三角经济带；但长三角经济带的并购规模在横向并购交易中反而位列三大经济带的最末端，而混合并购交易规模又远超珠三角经济带和环渤海经济带(图 v)。随着国家对于产业整合、跨界重组支持力度的不断加码，以江、浙、沪为代表的长三角经济带上市公司在政策落实的道路上一直处于领先地位。

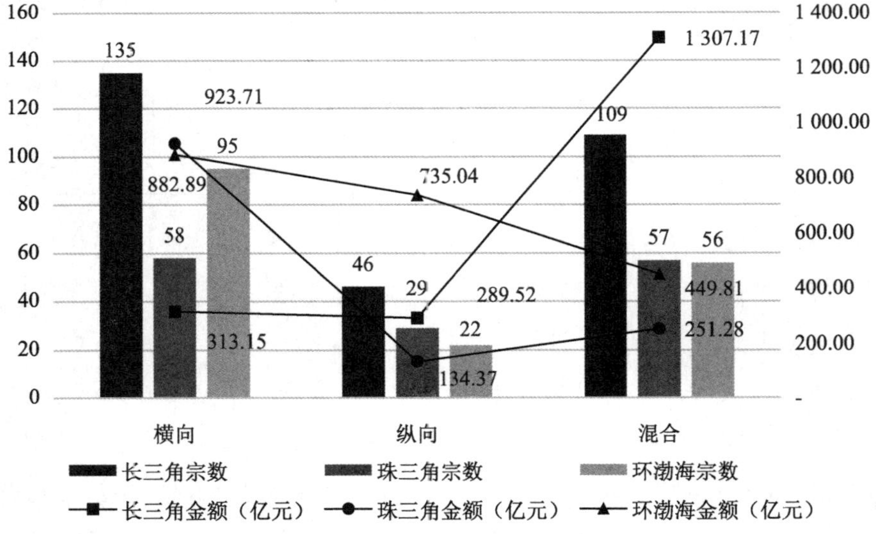

图 v　2018 年中国证券市场三大经济带并购分布情况

2018 年以上海、武汉和重庆三大城市为核心的长江经济带共发生 487 笔并购交易,涉及金额 3 260.05 亿元。其中,上海贡献了长江经济带并购宗数的 16.43%、并购规模的 10.06%;武汉贡献了长江经济带并购宗数的 2.46%、并购规模的 2.67%;重庆贡献了长江经济带并购宗数的 1.85%、并购规模的 1.07%(表 h)。武汉市 2018 年并购规模超 10 亿元的交易共 4 宗,分别是当代明诚(600136.SH)以 32.08 亿元收购英国租赁和商务服务业公司 Super Sports Media Inc.,该金额在长江经济带三大核心城市并购中仅次于上海市的上海医药(601607.SH)以 36.22 亿元收购马来西亚的批发和零售业公司 Cardinal Health (L) Co. Ltd.;而重庆市 2018 年发生 10 亿元规模以上的并购交易只有迪马股份(600565.SH)以 13.46 亿元获得深圳市创曙企业管理有限公司的股权。

表 h 2018 年长江经济带三大核心城市并购分布情况

	宗数	宗数占比	金额(亿元)	金额占比	平均金额(亿元)
上海市	80	16.43%	328.05	10.06%	4.10
武汉市	12	2.46%	87.04	2.67%	7.25
重庆市	9	1.85%	34.76	1.07%	3.86
长江经济带并购合计	487	100%	3 260.05	100%	6.69

2018 年以广东、香港、澳门为代表的粤港澳大湾区共发生 143 笔并购交易,涉及金额 1 296.02 亿元①。其中,深圳市和广州市的并购宗数占大湾区并购之比合计 74.82%(图 w),是粤港澳大湾区大陆地区并购的主流城市;而单单深圳市的并购规模占比也在大湾区之中占 65.16%(图 x),成为粤港澳大湾区大陆地区并购最为活跃的城市。位于深圳市的深赤湾(股票代码由“000022.SZ”变更为“001872.SZ”)收购招商局港口控股有限公司、中粮地产(000031.SZ)收购 Joy City Property Limited 的并购规模都属百亿元“航母级”并购。

八、跨境并购继续推进,“一带一路”布局日趋完善

自“一带一路”发展倡议提出以来,我国对于“走出去”的企业提供多项优惠政策,跨境并购日趋活跃。2015 年,我国跨境并购如火如荼,2015 年、2016 年连

① 由于本书的研究样本是中国上交所和深交所的上市公司,因此除非香港或澳门公司收购上交所或深交所上市公司,否则并购主体为香港或澳门的公司不包括在粤港澳大湾区的数据统计中。

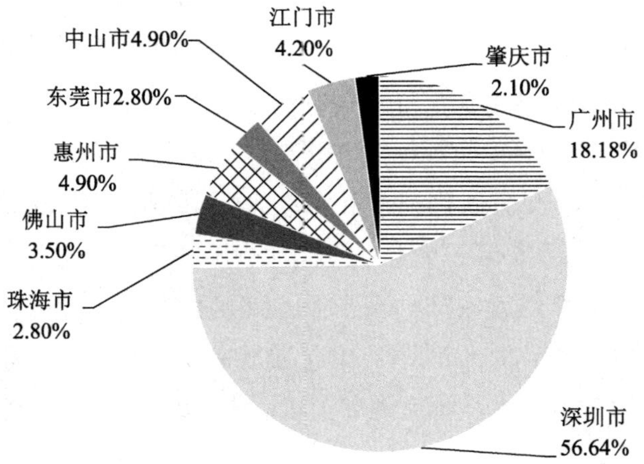

图 w　2018 年粤港澳大湾区城市群并购宗数占比

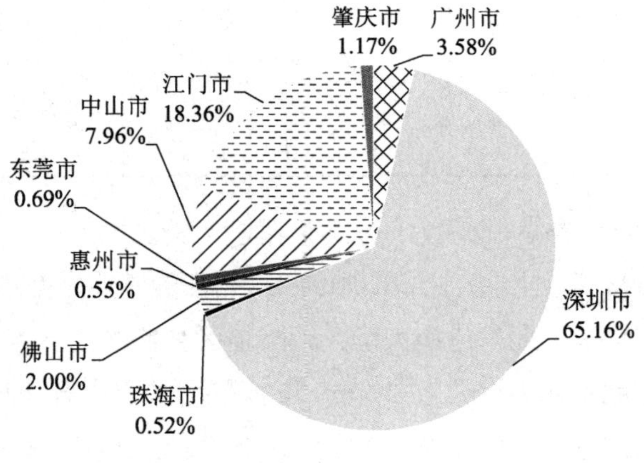

图 x　2018 年粤港澳大湾区城市群并购金额占比

续两年海外并购数量有较大幅度的增长。而 2017 年跨境并购交易规模较 2016 年略有回落，2018 年跨境并购交易规模较 2017 年继续回落。全年共发生 91 起跨境并购案例，占全年交易总数的8.89%，共涉及交易金额 1 263.34 亿元，占全年交易总规模的 16.48%（表 i）。与 2017 年的 115 宗海外交易相比，2018 年的海外并购数量减少了 20.87%，有很多现实原因共同造就这样的状态：中美贸易摩擦的持续、市场对经济减速抱有担忧态度、全球股市的波动、我国政策上对理性跨境并购的提示等。

表 i 2018 年并购市场类型分布状况

并购类型	数量	数量占比	并购金额(亿元)	金额占比
国内并购	933	91.11%	6 400.86	83.52%
海外并购	91	8.89%	1 263.34	16.48%
合计	1 024	100%	7 664.20	100%

中国的制造业企业一直在试图通过海外并购来弥补在技术上的短板,实现高质量发展。在贸易保护和孤立主义日盛的当下,唯有拥有核心技术才能突破市场的封锁。跨境并购的制造业中,高端制造、智能制造并购占主流。制造业在跨境并购中共计有 66 起境外并购交易,占 2018 年境外并购交易宗数的 72.53%。最大额的并购交易发生于天齐锂业(002466.SZ)收购智利的 Sociedad Quimica y Minera de Chile S.A.公司,交易额超过 250 亿元。第三产业的批发和零售业共计开展 7 笔境外并购交易,占当年全部境外交易宗数的 7.69%,最典型的当属上海医药(601607.SH、2607.HK)收购马来西亚的 Cardinal Health (L) Co. Ltd.公司,交易额约为 36 亿元;另外第三产业的交通运输、仓储和邮政业虽仅有 5 起境外并购交易,但交易金额总计 311.31 亿元,占境外并购总金额的 24.64%,这主要是由于深赤湾(股票代码由"000022.SZ/200022.SZ"变更为"001872.SZ/201872.SZ")斥资 246.5 亿元收购招商局港口控股有限公司,直接拉高了跨境并购中第三产业的金额占比。而第一产业的农、林、牧、渔业仅发生 1 起境外并购交易,为开创国际(600097.SH)并购加拿大的 FRENCH CREEK SEAFOOD LTD 公司,隶属于第一产业的渔业之中(图 y)。

响应中国"走出去"与"一带一路"重大倡议,中国民营企业规模化、国际化布局的呼声越来越高,相当数量的民营企业选择跨境并购提高自己的行业竞争力与业务广度。在 2018 年发生的 91 起境外并购案中,71 起是由民营企业发起的,占交易总数的 78.02%,其中规模最大的民营企业"走出去"的交易为天齐锂业(002466.SZ)斥资 258.93 亿元收购智利的 Sociedad Quimica y Minera de Chile S.A.;而国有企业发起的海外并购交易仅有 20 起,占总数的 21.98%,其中规模最大的国企跨境并购案例为深赤湾(股票代码由"000022.SZ/200022.SZ"变更为"001872.SZ/201872.SZ")收购招商局港口控股有限公司,交易金额高达 246.5 亿元;另外,超过百亿元的大型国有跨境并购案还有中粮地产(000031.SZ)收购 Joy City Property Limited(大悦城地产有限公司),交易金额高达

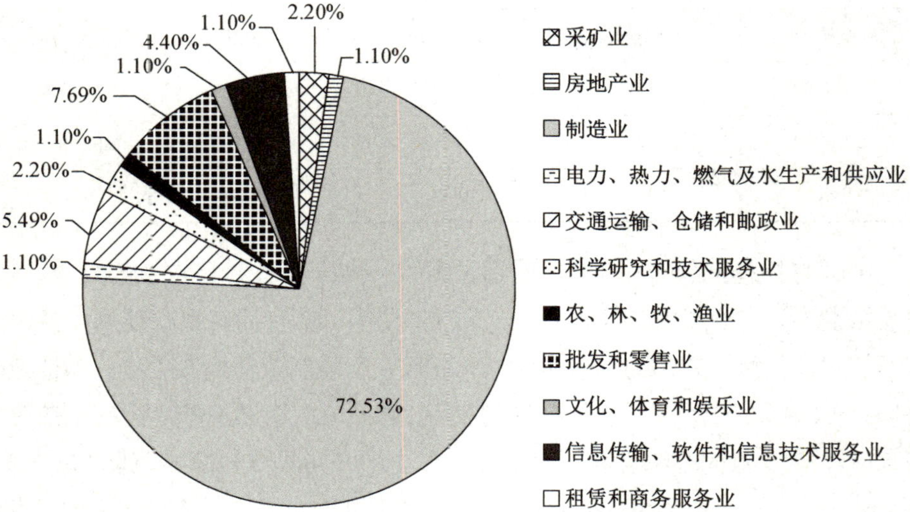

图 y　2018 年跨境并购方所处行业分布状况

147.56 亿元。

扩大业务规模仍旧是上市公司进行跨国并购的首要目的。2018 年全年共发生 47 起境外横向并购交易,占总数的 51.65%;另外,一部分企业倾向于借助跨境平台拓展其他业务的混合并购交易 31 起,占总数的 34.07%;纵向并购发生宗数最少,共计发生 13 起,占总数的 14.28%。相比 2017 年,2018 年纵向并购类型占比明显提升,混合并购占比保持稳定,横向并购类型显著下降。总的来说,2018 年中国上市公司的并购更多地由业务匹配性、协同效应所驱动,同时更加看重产业链的整合。

从并购的标的资产在三个产业的分布状况看,第二、第三产业具有绝对的优势。2018 年海外并购标的资产分布于第一产业的仅有 1 宗,为开创国际(600097.SH)并购加拿大的 FRENCH CREEK SEAFOOD LTD 公司,占比 1.10%。2018 全年发生的以制造业为主的第二产业占全部跨境交易总宗数的 75.82%,从分布于第二产业的并购标的所处的行业来看,除了传统的制造业,金融业也占据了 10 例,其中,蓝帆医疗(002382.SZ)并购 CB Cardio Holdings V Limited 与 CB Cardio Holdings II Limited,交易金额分别为 58.95 亿与 38.43 亿元,为其中两笔最大的交易。第三产业占全部交易总数的占比为 23.08%,相较 2017 年,第三产业的海外并购交易的活跃度显著降低,但标的资产分布的行业仍旧较广。在第三产业的 21 宗海外并购交易中，租赁和商务服务业交易宗数占第三产业交易数量的 42.86%，当代明诚(600136.SH)以 32.08 亿元收购 Super Sports Media Inc.成为其中最大的一笔交易。紧随其后的是交通运输、仓储和邮政业，占第二产业交易总数的14.29% ，但交易金额占比巨大，主要是由于深赤湾(股票代码由“000022.SZ/200022.SZ”变更为“001872.SZ/201872.SZ”)收购招商局港口控股有限公司，交易金额高达 246.5 亿元(图 z)。位于第三产业的并购标的行业横跨交通运输、仓储和邮政业、租赁和商务服务业、金融业等八大行业，第三产业并购更加趋于多样化。

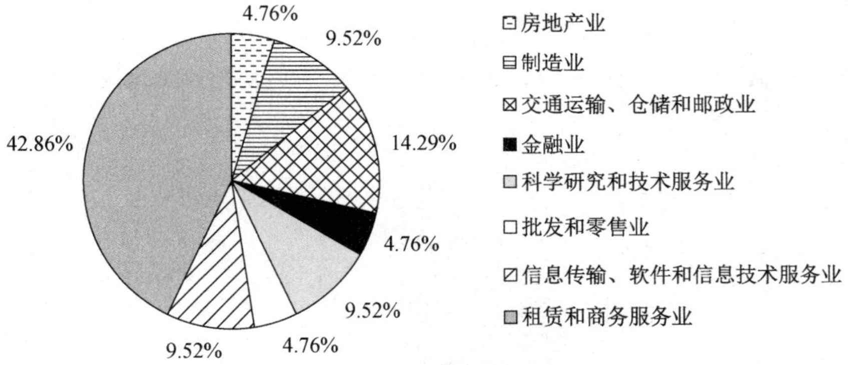

图 z 2018 年境外并购标的资产在第三产业中的分布状况

从并购标的所处地区来看，中国的跨境并购已然比之前的范围更广，各大洲都有了中国跨境并购的踪影。2018 年 41.76%的海外并购交易发生在亚洲，共计 38 宗。欧洲和北美洲则紧跟亚洲之后，分别占交易总数的 34.07%和 17.58%(图 aa)。而从交易总价来看，发生在亚洲的交易总金额达 406.92 亿元，占境外并购交易总金额的 32.21%；发生在欧洲的交易总金额达 345.16 亿元，占境外并购交易金额的 27.32%，二者之和接近海外并购总金额的 60%(图 bb)，遥遥领先其他地区。其中青岛海尔(600690.SH)以 4.5 亿欧元收购 Candy 公司，获得协同效应，强化了欧洲市场的布局。

跨境并购的主体所处的地区也有其特点，2018 年的跨境并购中，交易金额居于前三位的案例两起发生在东部地区，金额最大的案例发生在西部地区：天齐锂业(002466.SZ)以 258.93 亿元收购南美洲智利的 Sociedad Quimica y Minera de Chile S.A.，将材料行业跨越大洋进入南美洲；深赤湾(股票代码由

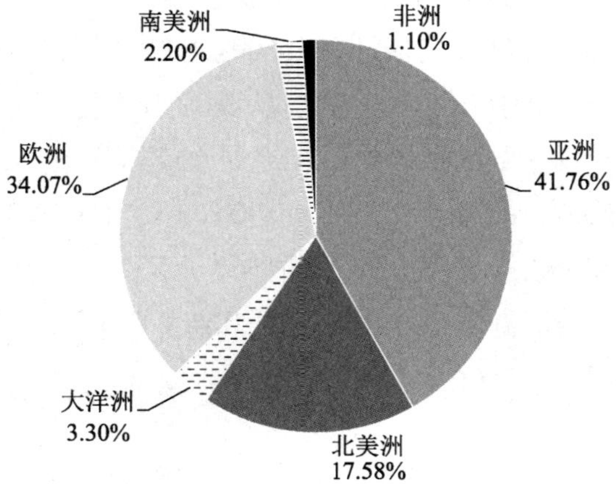

图 aa　2018 年中国证券市场跨境并购标的资产所处大洲分布(宗数占比)

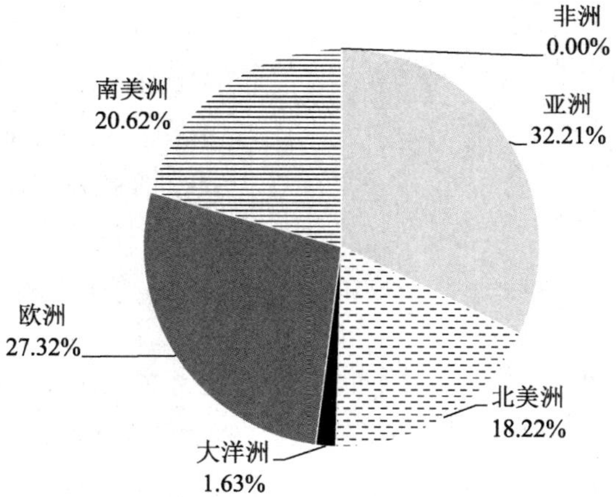

图 bb　2018 年中国证券市场跨境并购标的资产所处大洲分布(金额占比)

“000022.SZ/200022.SZ”变更为“001872.SZ/201872.SZ”)以 246.50 亿元收购香港的招商局港口控股有限公司,拓展了以深圳为母港,粤港澳协同发展的港口格局。总体而言,位处沿海地区的公司在境外扩张方面表现更为积极。东部的境外并购交易量最高,占比全年海外收购宗数的 86.81%,中部占比 4.40%,西部占比 8.79%(图 cc)。在“一带一路”国际化发展战略的推动下,中国企业俨然成为全球跨境并购交易中的一股重要力量。

中国证券市场跨境并购中,有一部分是响应国家“一带一路”重大倡议的特色性并购交易,2018 年共发生 13 起“一带一路”并购交易,占全年并购宗数的

1.27%，占全年海外并购交易宗数的14.29%；较2017年20起“一带一路”并购交易降低了35%。2018年以印度尼西亚、马来西亚、新加坡等为代表的亚洲海外并购共发生12起，占“一带一路”并购的92.31%，唯有一起“一带一路”并购发生在欧洲的波兰。

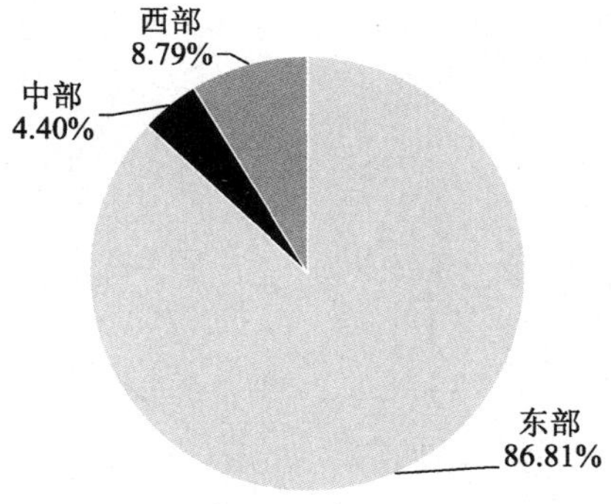

图 cc　2018年中国证券市场各地区跨境并购宗数分布

全年13起“一带一路”的并购中，以市场主导为其主要形式，2018年由市场主导发生的“一带一路”并购交易数量占全部“一带一路”并购交易的76.92%，与2017年的75%基本持平；横向并购仍占优势，2018年“一带一路”并购中横向并购占76.92%，与2017年的70%略有上升；东部地区的“一带一路”并购仍旧最活跃，2018年“一带一路”并购中东部地区占92.31%，涉及金额50.46亿元，相较2017年东部地区70%，领先地位更为显著，但2018年中部地区未发生“一带一路”并购，西部地区仅仅发生了一起“一带一路”并购，涉及金额5.24亿元(图dd)；从产业角度来看，第二产业仍是涉足的主要产业，2018年“一带一路”并购中第二产业占比92.31%，涉及金额19.48亿元，第三产业占比7.69%，涉及金额36.22亿元，反超总数最多的第二产业(图ee)。全年13起“一带一路”并购案例中，以较小额交易为主，其中只有上海医药(601607.SH、2607.HK)收购Cardinal Health (L) Co. Ltd.公司交易金额超过10亿元，为36.22亿元，为全年规模最大的“一带

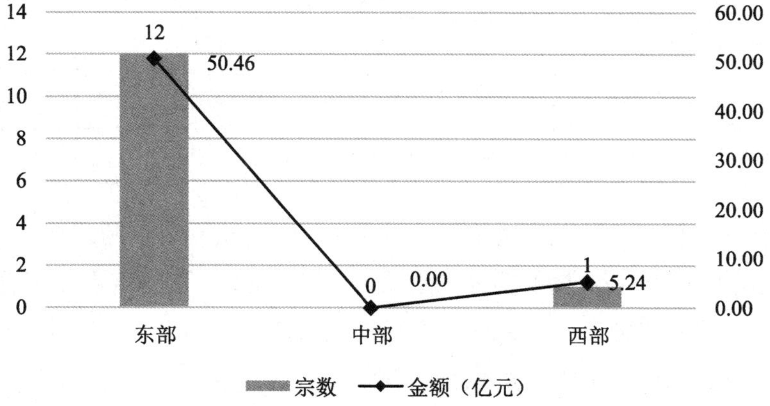

图 dd　2018年中国证券市场各地区开展“一带一路”并购情况

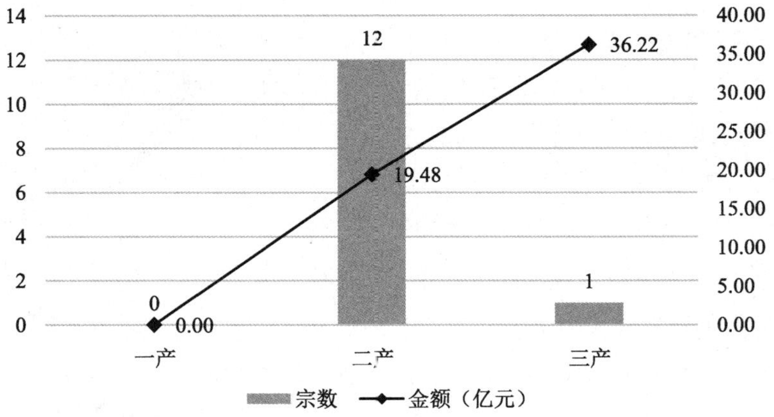

图 ee　2018 年中国证券市场各产业开展“一带一路”并购情况

一路”并购。这起并购案将我国的医药行业拓展到“一带一路”沿线的国家中，实现与沿线国家在医疗行业互帮互助、互利共赢的良好格局。

从并购标的来看，2018 年与 2017 年相比“一带一路”并购涉及的细分行业减少，仍旧以制造业为主。制造业并购 9 起，占“一带一路”并购总数的 69.23%，其余还涉及电力/热力/燃气及水生产和供应业、采矿业、批发与零售业。从并购主体所在地区来看，上海“一带一路”并购宗数占比 15.38%，金额占比 66.43%；北京“一带一路”并购宗数占比 15.38%，金额占比 5.04%，可见上海公司“一带一路”并购规模远大于北京(表 j)。

表 j　2018 年上海和北京“一带一路”并购情况

实施“一带一路”并购主体	宗数	宗数占比	并购金额(亿元)	金额占比
上海“一带一路”并购	2	15.38%	37	66.43%
北京“一带一路”并购	2	15.38%	2.81	5.04%
中国证券市场“一带一路”并购	13	100%	55.70	100%

2018 年中国证券市场开展的“一带一路”并购多集中于制造业行业，这与 2017 年类似；三大产业之间，多聚焦于第二产业(表 k)，这意味着中国近年来开展的“一带一路”并购多倾向于对实体经济的并购。这不仅延续了中国“一带一路”倡议的初衷，更是跨境并购脱虚向实的征兆。

表 k 2018 年和 2017 年"一带一路"并购标的方行业对比

标的方行业	2018 年宗数	2017 年宗数
采矿业	1	1
制造业	9	12
电力、热力、燃气及水生产和供应业	2	0
批发和零售业	1	3
信息传输、软件和信息技术服务业	—	2
建筑业	—	1
居民服务、修理和其他服务业	—	1
合计	13	20

九、科技、"互联网+"并购持续高涨，大健康、文创并购逐渐回暖

受产业政策风向变动和宏观经济波动的影响，并购的热点也有所不同。与2017 年相比，2018 年并购标的公司处于"互联网+"、大医疗大健康、文创、金融业和房地产行业的交易宗数均出现了增加，环保和科技领域的并购有较大幅度下降。2018 年并购标的为"互联网+"行业的交易从 2017 年的 103 起大幅提高至 154 起，同比增长 49.51%，占总交易数的份额也从 9.25%提高到15.04%，并购交易持续高涨；大健康大医疗行业的交易数量从 33 起增加至 53 起，同比涨幅达 60.61%；文创行业的交易宗数从 17 起增加到了 22 起，交易金额更是从 38.09 亿元增大到 170.50 亿元，增幅高达 347.61%；金融业 2018 年共发生了 37 起并购交易，较 2017 年的 30 起上涨了 23.33%；房地产业的交易宗数有小幅增加，由 60 起增加到 62 起，但交易金额降低了 50.53%，这表明房地产行业继 2017 年理性回归后持续冷却；环保和科技行业的交易宗数出现了下滑，分别同比下降38.46% 和 24.82%，但交易金额分别同比上涨了 137.53%和18.17%(表 l)。

科技金融并购继 2017 年呈现爆发式的增长后，2018 年并购宗数虽有所减少，但交易金额却相比 2017 年上涨了 18.17%，占 2018 年中国证券市场并购总交易金额的比重也提高到 7.59%，成为仅次于"互联网+"的热点并购领域。在科技并购中，科技金融并购是一个新兴的概念。科技金融并购标的企业同样是创新科技企业，但不同的是科技金融并购更提倡证券市场资金进入科技领域，

表 1　2018 年和 2017 年中国上市公司并购市场热点行业

热点行业	宗数	占总宗数之比	金额（亿元）	占总金额之比	宗数	占总宗数之比	金额（亿元）	占总金额之比
	2018 年				2017 年			
互联网 +	154	15.04%	1 294.38	16.89%	103	9.25%	607.59	7.98%
大医疗大健康	53	5.18%	186.69	2.44%	33	2.96%	250.34	3.29%
文创	22	2.15%	170.50	2.22%	17	1.53%	38.09	0.50%
金融业	37	3.61%	275.83	3.60%	30	2.69%	230.36	3.03%
房地产业	64	6.25%	386.46	5.04%	62	5.57%	781.16	10.26%
环保	16	1.56%	193.36	2.52%	26	2.33%	81.40	1.07%
科技	106	10.35%	582.01	7.59%	141	12.66%	492.53	6.47%

促进高科技企业的成长。科技金融并购包括两类：一类是政府资金建立基金或母基金引导民间资本进入科技企业；另一类是包括银行、政府、担保、保险、创投和科技服务中介等多样化的科技并购股权融资渠道。2018 年中国证券市场共发生 30 起科技金融并购，涉及交易金额 117.4 亿元。其中，北京企业共实施 2 起科技金融并购，交易金额为 3.69 亿元；上海企业共实施 1 起科技金融并购，交易金额为 2.98 亿元；广东省企业公实施 8 宗科技金融并购，交易金额为 66.09 亿元。从 2018 年中国证券市场发生的 30 起科技金融并购案例发生的地区分布状况来看，96.67%在东部地区发生，其中以上海、江苏、浙江为代表的长三角经济带和以广东省为代表的珠三角经济带为科技金融并购的主力军(图 ff)。例如，美年健康(002044.SZ)以超募资金的方式收购美因健康科技(北京)有限公司；日海智能(002313.SZ)以自有资金和银行借款等自筹资金的方式收购芯讯通无线科技(上海)有限公司。

值得注意的是，2018 年大健康和文创行业并购呈现出回暖态势。2018 年全年医疗健康领域无疑是迎来“政策东风”，一系列政策利好给沉寂一年的互联网医疗带来曙光，对进口抗癌药实施零关税、构建分级诊疗制度、深化医药卫生体制改革、新版基药目录、“4 + 7”带量采购、药房托管被叫停等一系列政策都极大促进了大健康产业的发展。随着政策红利的释放，大健康并购也开始回暖，2018 年交易宗数同比增加了 60.61%。东方新星(002755.SZ)以 76.5 亿元跨界收购江苏奥赛康药业股份有限公司，成为 2018 年大健康领域规模最大的一起并购。在文创领域，国务院办公厅发布了《文化体制改革中经营性文化事业单位转制为

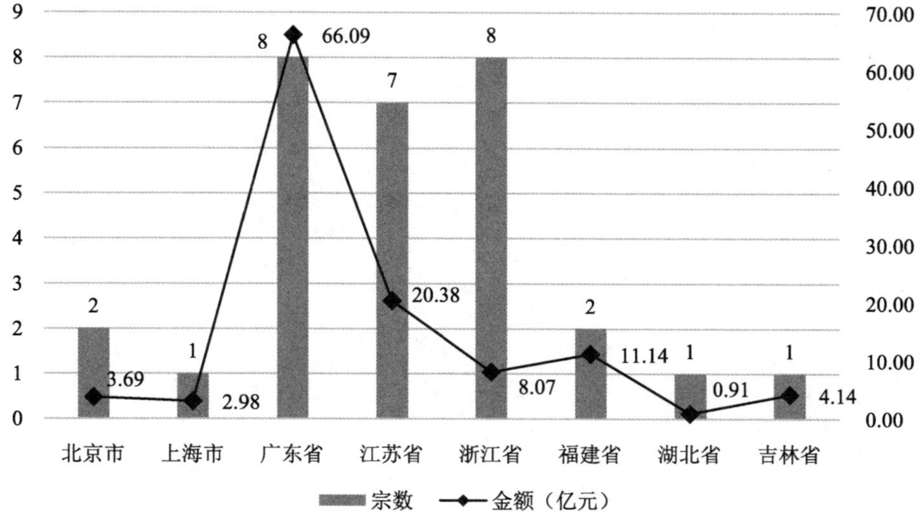

图 ff 2018 年中国证券市场科技金融并购地区分布
（主坐标轴为宗数；次坐标轴为金额）

企业的规定》和《进一步支持文化企业发展的规定》。这两个规定明确了电影发行收入免征增值税；创新文化产业投融资体制，推动文化资源与金融资本有效对接；鼓励有条件的文化企业利用资本市场发展壮大，鼓励文化企业充分利用金融资源，投资开发战略性、先导性文化项目等。在文创政策红利的刺激下，2018 年中国证券市场文创领域并购不断升温，全年交易宗数同比增加29.41%，交易金额同比大幅上涨 347.61%。芒果超媒(300413.SZ)重大资产重组收购其控股股东旗下的 5 家文娱公司，涉及交易金额共计 96.01 亿元，以构建全媒体产业链布局。

第一辑　国企重组并购

000031

大悦城(原中粮地产):
“逆势而上”,打造房地产旗舰

一、收购相关方简介

(一) 收购方:中粮地产(集团)股份有限公司

中粮地产(集团)股份有限公司(以下简称“中粮地产”)主营房地产开发经营、国内商业、物资供销业(不含专营、专卖、专控商品)、建筑技术咨询、进出口等业务。其前身为宝安县县城建设公司,属国营企业。1984 年 2 月,改组为宝安县县城建设发展总公司,注册资本 1 000 000 元,当时主要经营宝安县县城规划、设计、施工、管理和经营房地产业务。由于 1993 年 1 月宝安县撤县设区,中粮地产于次月更名为“深圳市宝安区城建发展总公司”,主要从事宝安区市政建设和房地产开发业务。1993 年 7 月 10 日,深圳市宝安区城建发展总公司通过募集设立方式改组为深圳宝恒(集团)股份有限公司。后于 2005 年 5 月 29 日,国务院国资委同意宝恒(集团)股份有限公司国家股股东深圳市宝安区投资管理有限公司将其持有的上市公司国家股 278 062 500 股转让给中粮集团,并于次年更名为“中粮地产(集团)股份有限公司”。

截至 2018 年 11 月,中粮地产的控股股东为中粮集团,实际控制人为国务院

国资委。中粮地产股本总量为 1 813 731 596 股。其中,中粮集团持有公司股份 857 354 140 股,占总股本的 47.27%,仍为公司控股股东,国务院国资委仍为公司实际控制人。

(二) 收购标的: Joy City Property Limited(大悦城地产有限公司)

Joy City Property Limited(以下简称"大悦城地产")的前身"Ming Ren Holdings Company Limited"("明仁控股有限公司",以下简称"明仁控股")于 1992 年 9 月 23 日于百慕大注册成立。2017 年 8 月,中粮集团的孙子公司 Achieve Bloom Limited(得茂有限公司,以下简称"得茂")将其持有的大悦城地产 9 133 667 644 股通过股权协议转让至其母公司——中粮集团(香港)有限公司(以下简称"中粮香港"),中粮香港以其受让的股份作为对价,认购 Vibrant Oak Limited(明毅有限公司,以下简称"明毅")发行的2 035 284 842 股股份。上述转让完成后,明毅持有大悦城地产 9 133 667 644 股普通股股份,得茂持有大悦城地产 367 692 000 股普通股股份。截至 2018 年 11 月,明毅持有大悦城地产 9 133 667 644 股普通股股份,占其已发行普通股股份总数的 64.18%,占其已发行普通股及可转换优先股合计股份数的 59.59%,为大悦城地产控股股东。

(三) 关联控股方: Vibrant Oak Limited(明毅有限公司)

2017 年 7 月 19 日,明毅于英属维尔京群岛注册成立,2017 年 8 月 21 日,参考中粮集团对大悦城地产的历史投资成本,明毅向中粮地产发行 2 035 284 842 股普通股,作为受让中粮香港所持大悦城地产 9 133 667 644 股普通股股份(占大悦城地产已发行普通股股份总数的 64.18%,占大悦城地产已发行普通股及可转换优先股合计股份数的 59.59%)的对价(等价于港币 15 922 852 752.40 元)。发行完成后,明毅授权可发行的股份数量为 2 200 000 000 股,实际已发行股份数量为 2 035 284 843 普通股股份,全部由中粮香港持有。

二、收购事件一览

- 2017 年 7 月 22 日,中粮地产筹划重大事项开始停牌。
- 2018 年 1 月 22 日,中粮地产召开投资者网上说明会,针对本次重大资产重组相关情况与投资者进行互动交流和沟通，在信息披露允许的范围内就投资者普遍关注的问题进行了回答。

● 2018 年 3 月 31 日，中粮地产发布发行股份购买资产并募集配套资金暨关联交易预案。

● 2018 年 4 月 25 日，中粮地产发布《发行股份购买资产并募集配套资金暨关联交易报告书(草案)》。

● 2018 年 6 月 14 日，中粮地产发布 2017 年年度股东大会决议公告，宣布本次重大资产重组得到股东大会审议通过。

● 2018 年 7 月 24 日，本次重大资产重组得到第九届董事会决议通过。

● 2018 年 10 月 26 日，中粮地产本次发行股份购买资产并募集配套资金暨关联交易事项未获得中国证监会上市公司并购重组审核通过，股票复牌。

● 2018 年 11 月 15 日，中粮地产收到中国证监会不予核准发行股份购买资产并募集配套资金的决定。

● 2018 年 11 月 16 日，中粮地产第九届董事会决定继续推进本次重大资产重组，并审议通过此次修正方案不构成重大调整的决定，无需股东大会再次审议。

● 2018 年 12 月 4 日，中国证监会上市公司并购重组审核委员会审核中粮地产发行股份购买资产并募集配套资金暨关联交易事项，上市公司股票停牌。

● 2018 年 12 月 5 日，本次发行股份购买资产并募集配套资金暨关联交易事项获得中国证监会上市公司并购重组审核委员会审核无条件通过，公司股票复牌。

● 2018 年 12 月 26 日，中粮地产本次并购交易获得中国证监会核准通过。

三、收购方案

本次交易方案为中粮地产拟以发行股份的方式向明毅收购其持有的大悦城地产 9 133 667 644 股普通股股份(占大悦城地产已发行普通股股份总数的 64.18%，占大悦城地产已发行普通股及可转换优先股合计股份数的 59.59%)，并拟采用询价方式向不超过 10 名特定投资者发行股份募集配套资金。募集配套资金总金额不超过 242 578.14 万元，融资规模不超过中粮地产以发行股份方式购买大悦城地产 9 133 667 644 股普通股股份交易价格的 100%，且发行股份数量不超过本次交易前中粮地产总股本的 20%，即不超过 362 746 319 股。本次交易完成后，大悦城地产将成为中粮地产的控股子公司。

本次重组的交易价格以兼顾交易双方股东的利益为原则，综合考虑了标的资产历史投资价值、净资产价值、可比公司及可比交易估值、标的资产的资产状况、盈利水平、品牌优势等因素。根据交易双方签署的《发行股份购买资产协议》与《发行股份购买资产协议之补充协议》，交易双方经协商同意，本次重组的交易对价确定为 1 475 607.94 万元，由中粮地产以发行股份的方式支付本次重组的全部交易对价。本次交易的分红派息方案已于 2018 年 7 月 9 日实施，明毅就其持有的大悦城地产 9 133 667 644 股普通股获得现金分红港币 365 346 705.76 元。鉴于本次交易作价以人民币计，按照分红派息当日的港币兑人民币汇率中间价(即港币 1 元 = 人民币 0.845 91 元)予以折算，明毅获得的现金分红折合人民币 309 050 431.87 元，本次发行股份购买资产的交易价格由 1 475 607.94 万元调整为 1 444 702.90 万元，对应发行股份数量由 2 157 321 549 股调整为 2 112 138 742 股。

四、案例评论

(一) 一波两折，对价公允性惨遭质疑

本次并购交易一波两折。中国证监会并购重组委以此项并购交易不符合《上市公司重大资产重组管理办法》为由，指出中粮地产并购大悦城地产的交易资产定价公允性缺乏合理依据，因此曾否决了此次交易事件。

从中粮地产披露的信息来看，此次并购拟以发行股份为支付方式收购标的资产 64.81%的股权。收购价约为 147.56 亿元，大悦城地产的估值约为 225.1 亿元，而 2018 年末并购完成后，大悦城地产的总市值仅为 108.29 亿元。收购的价格显然偏高，但溢价是否公允需要进一步的研究和探讨。有业界人士认为，大悦城地产的净资产是按原值测算的，而且该公司每股净资产高达 1.98 元人民币，股价却不到 0.9 港元，已深度破净，因此根据资产最新估值，有溢价出现是合理的。于是中粮地产在第一次被否决后又马上递交二次申请，并获证监会并购重组委的核准。

(二) 打破茕茕孑立的现状，多方面凸显整合优势

党中央、国务院大力推进国有企业改革和整合，本次并购重组事件便是对此倡议落实的具体举措。此次交易之前，中粮地产业务相对单一，公司收益逐年下降，报表数据显示不容乐观。整体上看，住宅地产的盈利空间有逐年缩小的趋势，但收购大悦城地产之后，中粮地产的业务板块开始变得丰富。此次并购重组将为中粮地产注入新的商业元素，强化同质业务整合和细分行业整合，既可以通过开发型物业的高周转实现现金回流，又能够分享持有型物业带来的长期稳定收益和升值红利，使大悦城地产成为中粮集团下的融合住宅地产与商业地产一体化的全业态房地产专业化旗舰平台，提高产业集中度，有利于进一步提高公司的持续经营能力与核心竞争力。具体包括：

一是融资方面。由于规模效应，企业的规模进一步扩大，大悦城地产本身的信用与中粮地产的信用迭代升值，会产生“1 + 1＞2”的有利效果，使得并购完成后的公司融资成本降低，财务状况优化改善。目前中粮地产融资成本为4.3%—8.5%，大悦城地产平均融资成本为4.28%，整合后整体融资成本将显著降低。

二是市场方面。大悦城地产业务分布广泛，在其主营业务方面占有一定量的、比较可观的市场份额；与中粮地产整合后主体的市场地位及市场份额均能得到进一步提升，在地产行业也拥有更加稳固的地位和更加强的话语权，也更有助于广泛、灵活地开展各项业务。此外，中粮地产形成“持有 + 销售”双轮驱动的商业模式，能够更有效地利用双方的市场资源，形成协同效应。

三是人才方面。两大地产公司集聚了该行业大量的专业性人才，横跨多个领域，企业相互整合后，将有更多的岗位给予更加适合的人才去把控，有利于人力资源的更优化配置，人才共享和相对自由流动将为以后的业务实施和拓展提供更加优质的保障。

四是土地获取方面。此次并购交易的强强整合，将提升交易双方的声誉、巩固合并公司的行业地位，大大提升土地获取能力与使用规划能力，为日后进一步拓展业务、实现企业业绩长期稳定的增长奠定了基础。

通过本次交易，中粮地产和大悦城地产将实现对住宅地产和商业地产的有效整合，实现彼此在融资、市场、人才、土地等方面的优势互通。

(三) 强强整合的“1＋1”一定大于“2”吗？风险犹在不可忽视

尽管本次并购重组受到社会各界的广泛认可，但其背后的风险却不容忽视。

比如,业务多样化意味着业务覆盖面宽、项目多、涉及的区域广,如果合并后不能及时地整合管理体系,或者研究设计出一个更加贴合现状的管理模式,那么中粮地产依旧会面临较大的管理风险。再如,大悦城地产遍布全国,购物中心数量很多,尤其是近十年来的迅速扩张,使其不可避免地出现了结构性产能过剩的情况。另外,随着互联网技术与人工智能技术的崛起,传统零售行业面临巨大的挑战,各个购物中心运营压力日趋增加,包括大悦城地产在内,传统线下营销的利润正在"互联网+"的浪潮中逐步失势,因此在这个潮流中大悦城地产需要调整管理模式和运营模式。再者,大悦城地产的盈利水平会受到宏观经济波动、项目开发进展、物业租赁及管理收入波动等多种因素的影响,尤其是大悦城地产所持有的销售型物业建设进展及出售价格等因素将直接影响到大悦城地产未来的利润水平,造成大悦城地产盈利水平的波动。由此可见,此次强强整合"1+1＞2"的预期能否实现尚待观察。

五、市场表现(000031)

大悦城(原中粮地产)交易前后股价变动情况见图1。

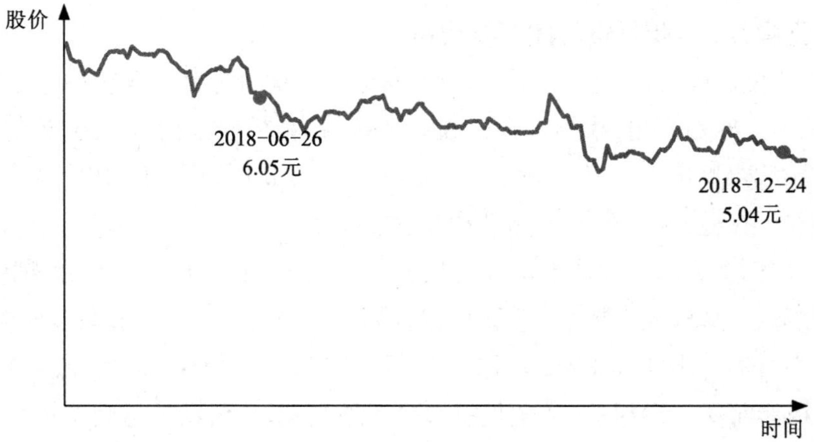

图1　大悦城(原中粮地产)交易前后股价走势

000570

苏常柴 A：
移花接木换主人，“国资并购”一阵浪

一、收购相关方简介

（一）收购方：常州投资集团有限公司

常州投资集团有限公司(以下简称“常州投资集团”)为常州市人民政府全资控股的国有独资公司,常州市人民政府直接持有常州投资集团 100%的股权。常州投资集团的出资人为常州市人民政府,由常州市国资委履行出资人职责,其中常州市国资委系常州市人民政府的工作部门。

常州投资集团主要从事市政府授权范围内的国有资产投资、经营和资产管理业务,具体涉及金融、实业和科技创新三大领域。其中,金融领域主要有证券、银行等金融机构和创投、融资租赁、资产管理、担保、典当、股权投资基金、市民卡等类金融机构;实业板块包括房地产开发、机动车驾驶员培训、基础通信管道建设、电力、药业、新材料等领域;科技创新领域主要涵盖常州国际创新基地建设。

（二）收购标的：常柴股份有限公司

常柴股份有限公司(以下简称“苏常柴 A”)于 1994 年在江苏常州市成立股

份有限公司，苏常柴A的境内上市人民币普通股A股及境内上市外资股B股分别于1994年及1996年在深圳证券交易所上市。公司主要从事以“常柴牌”为商标的中小型单缸和多缸柴油机的生产及销售。1996年苏常柴A建立了全国农机小柴行业第一家国家级的企业技术中心；1999年全国内燃机行业第一家博士后科研工作站落户苏常柴A；2001年苏常柴A有史以来第一个中外合资企业——常州富士常柴罗宾汽油机有限公司正式成立，这标志着苏常柴A的对外合资合作跨出了历史性的一步。

利润方面，20世纪90年代中后期，苏常柴A的年销售收入、利润指标曾连续三年名列全国内燃机行业之首，连续7年名列中国最大工业企业排行榜，特别是1996年，苏常柴A年产销柴油机150万台，实现销售收入25.35亿元，利润2.8亿元，成为世界上最大的小柴生产企业。

二、收购事件一览

- 2018年6月1日，苏常柴A发布控股股东拟无偿划转国有股权的提示性公告。
- 2018年8月6日，常州市国资委党委召开2018年第16次党委会，会议同意将常州市国资委直接持有苏常柴A的股份无偿划转至常州投资集团。
- 2018年8月14日，常州市人民政府发布《市政府关于同意将常柴股份国有股权无偿划转投资集团的批复》(常政复〔2018〕38号)的公告，同意将国资委持有的苏常柴A的30.43%国有股权无偿划转给常州投资集团。
- 2018年8月16日，常州投资集团召开第二届董事会第二次会议，同意常州市国资委无偿划转苏常柴A股份的事项，并同意与常州市国资委签署《常柴股份有限公司股份无偿划转协议》。
- 2018年8月29日，江苏省国资委发布《江苏省国资委关于常柴股份有限公司国有股东所持部分股份无偿划转有关问题的批复》(苏国资复〔2018〕33号)的公告，同意将常州市国资委持有苏常柴A的股份无偿划转给常州投资集团。
- 2018年9月5日，苏常柴A发布《关于控股股东国有股权无偿划转的进展公告》。

● 2018 年 10 月 19 日，常州投资集团有限公司申请豁免要约收购义务，进行控股股东国有股权无偿划转的交易获得中国证监会核准。

三、收购方案

本次收购前，常州投资集团未持有苏常柴 A 股份。常州市国资委直接持有 170 845 236 的苏常柴 A 股份，为苏常柴 A 的控股股东。本次收购前，苏常柴 A 相关股权结构如图 2 所示。

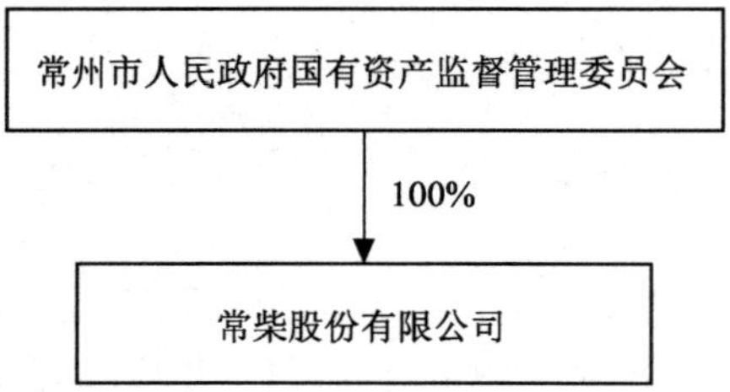

图 2　本次并购前苏常柴 A 股权结构

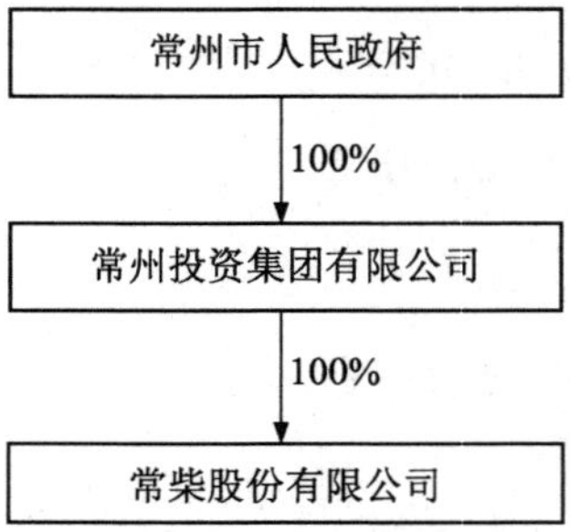

图 3　本次并购后苏常柴 A 股权结构

本次收购的方式是：常州市国资委将其持有苏常柴 A 的全部股份无偿划转至常州投资集团。本次无偿划转完成后，常州投资集团将直接持有苏常柴 A 的 170 845 236 股股份，占其总股本的 30.43%。

收购完成后苏常柴 A 相关股权结构如图 3 所示。

本次无偿划转的标的为划出方持有的苏常柴 A 的 170 845 236 股 A 股股份，占苏常柴 A 总股本的 30.43%，划转股份的种类为无限售条件的人民币普通股，划转股份的性质为国有股。本次划转完成后，划出方将不再持有苏常柴 A 任何股份，划入方将持有苏常柴 A 的 170 845 236 股 A 股股份；划入方成为苏常柴 A 控股股东，划转后该股份性质仍为国有股。此次并购重组划转股份采取国有股份无偿划转方式，不涉及对价、支付方式、期限等事项。

四、案例评论

(一) “国资并购潮”中的一阵浪

2017年以来,央企和地方国有企业在资本市场上积极收购上市公司,这一系列的举动,被称为“国资并购潮”。本次并购交易是这个大潮流中的典型案例之一。“国资并购潮”背后有非常重要的原因:2017年以来,供给侧结构性改革如火如荼地进行着,这是一个具有长远眼光的政策举措,但是在短期,可能会有一些负面的影响暂时困扰市场。祸不单行的是,美国特朗普政府发起的贸易战对我国进出口市场中的很多公司造成了巨大的冲击。从资本市场看,A股市场情况不断恶化,从公司层面到股东层面,股权质押的压力不断增加。流动性风险尤为突出,许多上市公司会通过出让控制权,缓解流动性压力。另外,在这次国资并购潮中,许多上市公司还存在着严重的债务问题。由此可见,上市公司股票爆仓或资金链承压是本次国资并购潮的重要原因。

这一阵浪潮中的主并方主要是投资类公司,占比超过6成。例如本次并购交易的主并方是隶属于投资类公司的常州投资集团,关于其收购苏常柴A股权的原因,可能是基于两个方面的考虑:一是常州投资集团为其旗下优质资产证券化做储备,推动混改,利用资本市场实现优质资产保值增值;二是像常州投资集团这种国有投资基金投资某一特定的新兴行业公司,属于初创型公司,且有较大的融资压力,但未能达到上市要求,控股苏常柴A后,国资可利用并购重组的方式实现所投资新兴企业的上市。

(二) 根源在于国有经济布局调整,国有企业改革深化

国有企业仍旧存在很多问题。例如,分布过宽、产业布局不够合理、企业组织结构老套、缺乏创新、主营业务不够突出、不具备核心竞争力等。针对这一系列问题,施行国有资本调整和国有企业重组是非常有意义的。常州投资集团是一家拥有国资背景的投资公司,主要从事国有资产投资、经营、管理,截至2015年底,常州投资集团总资产200亿元、净资产103亿元、实现净利润10亿元。江苏地区的国企改革力度逐步加强,具体表现有:推进国有企业、国有资本以混改方式开展增量改革重组;在资产管理体制改革方面不断革新并取得重大突破;国有经济布局和结构调整取得重要进展,国有企业改革不断深化,经济效益显著提

高。上述国企改革的举措、形式与成果，对于完善社会主义市场经济体制、促进国民经济持续快速健康发展发挥了重要作用。

五、市场表现(000570)

苏常柴 A 交易前后股价变动情况见图 4。

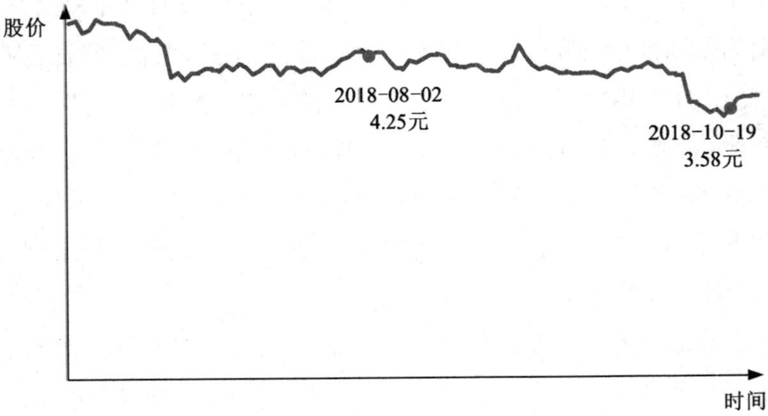

图 4　苏常柴 A 交易前后股价走势

000779

甘咨询(原三毛派神):“蛇吞象”并购,深化国企改革

一、收购相关方简介

(一) 收购方:兰州三毛实业股份有限公司

兰州三毛实业股份有限公司(以下简称“三毛派神”)的前身为兰州第三毛纺织厂,始建于 1972 年,后经扩建、改造,发展成为大型国有企业。1997 年 5 月首次向社会公开发行股份,并在深圳证券交易所主板上市。

三毛派神是全国纺织行业重点骨干企业,是目前中国西部地区唯一一家集条染复精梳、纺纱、织造、染整为一体的全能型毛精纺织企业,主要从事毛精纺呢绒的生产与销售,产品拥有国际羊毛局纯羊毛及毛混纺标志执照,其主导产品为“派神”牌精纺呢绒。三毛派神曾被国务院列为全国 100 家现代企业制度改革试点企业之一,先后被授予“全国质量效益型先进企业”“中国沿海与中西部首届百强企业”“中国毛纺行业竞争力 10 强企业”等荣誉。

(二) 收购标的:甘肃工程咨询集团有限公司

甘肃工程咨询集团有限公司(以下简称“工程咨询集团”)于 2018 年 4 月 23

日由甘肃国有资产投资集团有限公司(以下简称“甘肃国投”)出资设立,注册资本10亿元。甘肃国投以甘肃省建院、水利院、城乡院、建设监理、交通监理、招标集团共计六家企业的股权向工程咨询集团进行出资,并将土木院、乾元公司两家公司股权划转至工程咨询集团。

工程咨询集团由甘肃国投完全控股,甘肃省国资委直接及间接持有甘肃国投100%的股权,为工程咨询集团的实际控制人。股权结构具体如图5所示。

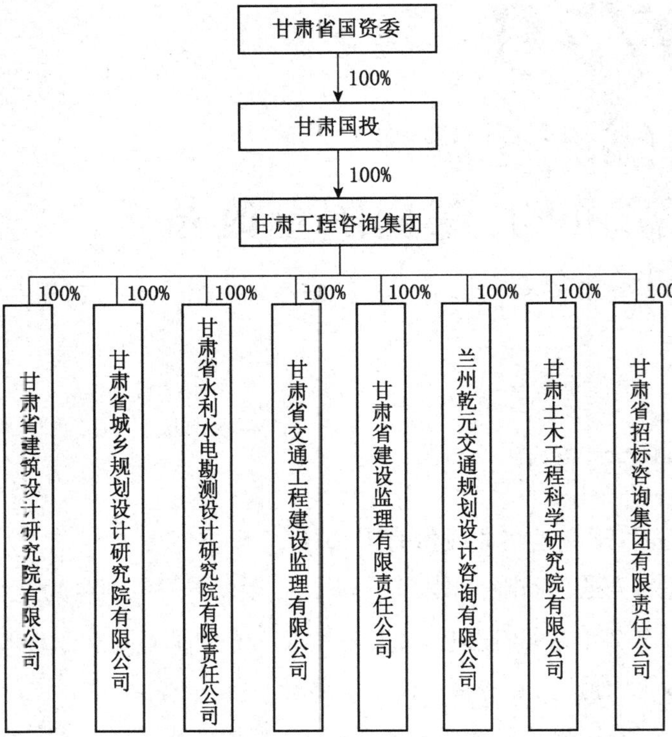

图5 甘肃工程咨询集团股权结构图

(三) 关联控股方: 甘肃省国有资产投资集团有限公司

甘肃省国有资产投资集团有限公司(原“甘肃省国有资产经营有限责任公司”,以下简称“甘肃国投”),是经过甘肃省人民政府批准于2009年6月2日通过股权增资方式更名注册的国有独资企业,其主营业务为国有资本的管理运营、股权投资等。甘肃国投已拥有控股、参股企业19家,形成了以有色冶金、电力、能源、节能、特色农业、产业投资为主导,以信托、基金等金融服务业为支撑的多元化产业发展格局,并在这些领域发挥着国有资本对省域经济的投资引导和结构调整的作用。

二、收购事件一览

- 2018 年 3 月 21 日,三毛派神因筹划重大资产重组开始停牌。
- 2018 年 8 月 6 日,三毛派神召开第六届董事会第九次会议,审议通过发行股份购买资产暨关联交易预案及与本次交易有关的其他议案。
- 2018 年 8 月 30 日,甘肃省国资委完成对本次交易评估报告的备案。
- 2018 年 8 月 31 日,三毛派神第六届董事会第十一次会议审议通过发行股份购买资产暨关联交易报告书及与本次交易有关的其他议案。
- 2018 年 9 月 14 日,甘肃省国资委对本次交易作出正式批复,原则同意本次交易方案。
- 2018 年 9 月 17 日,三毛派神召开了 2018 年第三次临时股东大会,审议通过公司发行股份购买资产暨关联交易报告书及与本次交易有关的其他议案,并豁免甘肃国投履行要约收购。
- 2018 年 9 月 21 日,三毛派神第六届董事会第十二次会议审议通过关于发行股份购买资产发行价格不进行调整的议案。
- 2018 年 11 月 23 日,三毛派神召开第六届董事会第十五次会议,审议通过了关于修改业绩承诺与补偿的议案。
- 2018 年 12 月 3 日,本次重组事项获得中国证监会上市公司并购重组审核委员会审核有条件通过。
- 2018 年 12 月 25 日,三毛派神收到中国证监会出具的《关于核准兰州三毛实业股份有限公司向甘肃省国有资产投资集团有限公司发行股份购买资产的批复》。
- 2018 年 12 月 29 日,本次交易之标的资产甘肃工程咨询集团 100%股权已完成过户手续及相关工商变更登记,成为三毛派神的全资子公司。

三、收购方案

本次交易属于重大资产重组,同时,本次重组的交易对方甘肃国投是三毛派神间接控股股东，并直接持有三毛派神股份超过 5%，其在交易完成后将成为三毛派神的直接控股股东，因此本次交易也构成关联交易。本次收购的方案为：三毛派神向甘肃国投发行股份，收购其持有的甘肃工程咨询集团 100%股权。

交易标的资产为甘肃工程咨询集团 100%股权，资产评估基准日为 2018 年 3 月 31 日，采用收益法进行评估。工程咨询集团 100%股权的净资产价值为 122 262.31 万元，评估值为 220 452.36 万元，增值率为 80.31%。根据标的资产的评估值，本次交易作价为 220 452.36 万元。

本次交易发行股份购买资产的定价基准日为三毛派神第六届董事会第九次会议决议公告日。经交易双方协商，最终确定本次发行股份购买资产的发行价格不低于定价基准日前 20 个交易日股票交易均价的 90%，即 11.37 元/股。根据该发行价格，三毛派神拟向甘肃国投发行 193 889 498 股股票。交易完成前后三毛派神股权结构变化情况如表 1 所示。

表 1　交易完成前后三毛派神股权结构变化情况

股东名称	本次交易前		本次交易后	
	持股数量（万股）	持股比例	持股数量（万股）	持股比例
三毛集团	2 847.26	15.27%	2 847.26	7.49%
甘肃国投	2 430.034	13.03%	21 818.99	57.37%
甘肃省新业资产经营有限责任公司	801.55	4.30%	801.55	2.11%
上海开开实业股份有限公司	623.789	3.35%	623.79	1.64%
兰州永新大贸贸易有限责任公司	569.85	3.06%	569.85	1.50%
赵建平	400	2.15%	400	1.05%
王坚宏	267	1.43%	267	0.70%
奇鹏	189.91	1.02%	189.91	0.50%
其他股东	10 514.72	56.04%	10 514.72	27.65%
合计	18 644.10	100%	38 033.05	100%

本次交易前，三毛派神的直接控股股东为三毛集团。交易完成后，工程咨询集团将成为三毛派神的全资子公司。根据交易作价，甘肃国投将直接持有三毛派神 57.37%的股份，并通过全资子公司三毛集团间接持有三毛派神 7.49%的股份，合计持有上市公司 64.85%的股份。三毛派神的直接控股股东将由三毛集团变更为甘肃国投，实际控制人仍然为甘肃省国资委。

四、案例评论

（一）“蛇吞象”式大举收购，转型构建双主业格局

本次并购交易中的收购方三毛派神是集条染复精梳、纺纱、织造、染整为一体的全能型综合毛精纺生产企业，主要从事毛精纺呢绒的生产与销售，其主营业务自上市以来未曾发生过重大变化。但受到行业周期、技术发展、市场竞争和人力成本上升等多方面的影响，公司原有纺织业的发展逐渐受阻。与此同时，三毛派神开始探索如何利用资本平台快速实现战略转型。

此次并购三毛派神瞄准了甘肃工程咨询集团，综合双方的资产情况，2017年度三毛派神总资产为6.35亿元，而工程咨询集团的总资产达到34.49亿元，二者体量相差悬殊，超过五倍，因此三毛派神的本次收购属于典型的“蛇吞象”交易。甘肃工程咨询集团所属的工程咨询服务业为智力密集型、人才密集型行业，目前该行业正处于快速发展时期，毛利率较高，市场集中程度较低，具有良好的发展前景。三毛派神通过并购一举将工程咨询集团收入囊中，旨在实现企业的跨越式发展，达到经营战略转型的目标。

根据并购交易报告书中关于三毛派神未来经营发展战略的讨论，其管理层表示，“本次交易完成后，上市公司将设立全资子公司承接现有毛纺织业务。新设的毛纺子公司与工程咨询集团将成为上市公司下属并列的两个全资子公司”。至此，三毛派神将成为控股型主体，形成以工程咨询业务为主、毛纺业务为辅的双主业发展格局。未来在部门设置、管理模式、人才选聘等方面，三毛派神也将以工程咨询业务为重点，加大资源投入。

但是由于工程咨询业务与三毛派神原主业毛纺织业务所处行业差异较大，此次并购无明显的协同效应，且两个行业拥有不同的客户群体、经营模式和风险特征，并购后的整合工作对三毛派神的管理能力提出了较高的要求，其是否能达到一定的管理水平以满足双主业运营模式中各项业务的发展需要，还有待后续进一步考察。

（二）并购标的资质齐全，“一带一路”利好发展

本次并购的标的公司工程咨询集团是甘肃省国资委投资运营国有资本平台甘肃国有资产投资集团旗下的全资子公司，其业务领域包括建筑、水利工程、市

政工程、岩土工程等多个行业，在规划咨询、勘察设计、工程监理和技术服务四大业务领域拥有甲级/一级资质28项，也是甘肃省内资质最齐全的工程咨询企业，能够承接建筑、交通、水利、市政等多方面的大型工程项目，且已经与甘肃省及周边省份多家企业建立合作关系。

随着"一带一路"倡议的实施以及供给侧改革的深入，国家将进一步加大对西部地区基础设施建设的投资力度。一方面，在西北市场，西部水利建设、甘肃省棚改、新增公路建设里程等都为甘肃工程咨询集团带来了良好的发展机遇；另一方面，根据国家统计局的数据显示，2017年我国对"一带一路"沿线国家直接投资额达144亿美元，在沿线国家新签承包工程合同额1 443亿美元，同比增长14.5%，"一带一路"倡议的落实为我国工程咨询行业的增长提供了强有力的支持。作为"一带一路"黄金地段的甘肃省企业，甘肃工程咨询集团应积极把握这一战略机遇，走出国门，尝试开展国际工程咨询业务。

在西部市场开发与"一带一路"建设利好的叠加影响下，工程咨询行业正稳步发展，工程咨询集团也迎来持续增长的市场空间和良好的市场环境。

（三）集团整体上市，深化国企改革

并购标的甘肃工程咨询集团成立于2018年4月，自成立至2018年底不过数月时间，其并非一家实体型企业，而是一家控股型企业。为深入贯彻《中共甘肃省委、甘肃省人民政府关于深化国有企业改革的实施意见》精神，甘肃国有资产投资集团组建了工程咨询集团，将甘肃省工程咨询领域最主要的八家公司整合进入该平台，分别是甘肃省建筑设计研究院、甘肃省水利水电勘测设计研究院、甘肃省城乡规划设计研究院、甘肃省招标咨询集团、甘肃土木工程科学研究院、甘肃省交通工程建设监理有限公司、甘肃省建设监理有限责任公司和兰州乾元交通规划设计咨询有限公司。

在整合完成后，工程咨询集团旗下的子公司囊括多个行业，形成了包含咨询规划、勘察设计、技术服务、工程施工、工程监理等工程咨询全过程的一体化服务。这八家子公司优势互补，有望在未来逐步显现集群效应和协调效应，具有较大的发展潜力。

而通过本次并购重组，整合后的工程咨询集团实现了整体上市，这是深化国企改革、优化产业结构的重要举措。此次并购有利于提高甘肃省属国有资产证

券化比率，在上市公司的平台上促进企业效率提升，充分融合技术、管理和资本，实现国有资本的保值增值。

五、市场表现(000779)

甘咨询(原三毛派神)交易前后股价变动情况见图6。

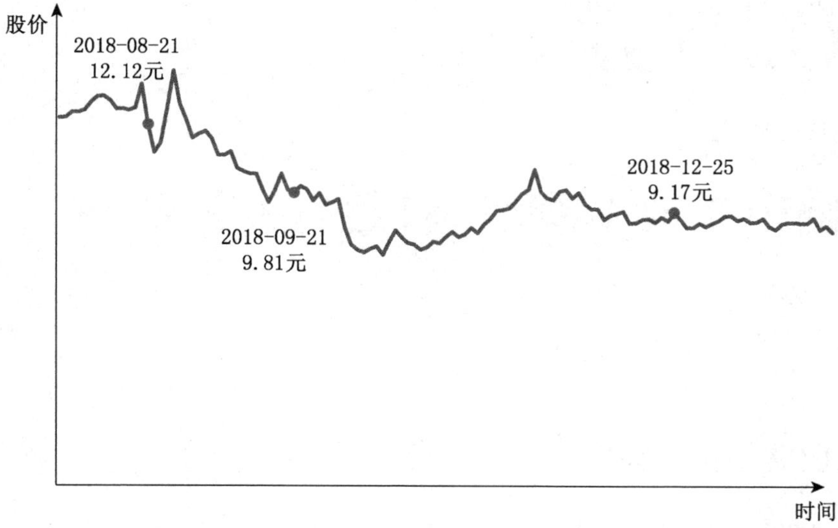

图6　甘咨询(原三毛派神)交易前后股价走势

002037

久联发展：
紧随国企改革脚步，打造行业排头兵

一、收购相关方简介

(一) 收购方：贵州久联民爆器材发展股份有限公司

贵州久联民爆器材发展股份有限公司(以下简称“久联发展”)于 2002 年经贵州省人民政府批准设立。久联发展是由久联集团、思南五峰、贵州兴泰实业有限公司、南京理工大学、贵州黔鹰五七〇八铝箔厂作为发起人设立的股份有限公司，并于 2004 年 8 月经中国证监会核准 IPO 后正式在深交所上市。2005 年股权分置改革后，久联发展的国有法人股由 63.64%变更为 51.64%。之后历经四次公积金转增股本，保利久联控股集团有限责任公司(以下简称“保利久联集团”)成为久联发展的控股股东，中国保利集团有限公司(以下简称“保利集团”)成为久联发展的实际控制人。

久联发展的主营业务为各类民用爆破器材的研发、生产及销售，以及为客户提供特定的爆破工程解决方案和技术服务。久联发展是贵州省内生产能力最大的民用爆破器材生产企业，产品品种齐全，市场份额超过 5%。拥有各项一级资质的久联发展，其爆破施工及技术服务能力在国内享有较高声誉，经过多年的发

展，久联发展已经逐渐构建了“科研、生产、销售、爆破服务”的一体化经营模式。

（二）收购标的：贵州盘江民爆有限公司、贵阳开源爆破工程有限公司、山东银光民爆器材有限公司

1. 贵州盘江民爆有限公司

贵州盘江民爆有限公司（以下简称“盘江民爆”）系经贵州省煤炭管理局批准，由贵州盘江化工（集团）有限公司（以下简称“盘化集团”）及瓮福（集团）有限责任公司（以下简称“瓮福集团”）共同投资设立的有限责任公司。作为国内较早成立的民爆器材生产企业之一，盘江民爆凭借其优质的产品品质形成了良好的品牌效应，成为贵州省民爆行业的领军企业之一。本次收购前盘江民爆的直接控股股东为盘化集团，间接控股股东为保利久联集团，实际控制人为保利集团。

盘江民爆主要从事民爆器材的生产，拥有 12.55 万吨/年的许可产能，生产力集中，盈利能力较强，2016 年和 2017 年，盘江民爆销售的工业炸药占贵州市场的份额均超过 30%，销售产值排在贵州省第二位。除生产民爆产品外，盘江民爆还通过下属企业济南绣江民爆器材有限公司（以下简称“绣江民爆”）、济南四五六爆破工程有限公司（以下简称“四五六爆破”）在山东省内分别从事民爆产品销售（流通）和爆破服务，但两项业务规模不大，均处于产销一体化的初步阶段。

2. 贵阳开源爆破工程有限公司

贵阳开源爆破工程有限公司（以下简称“开源爆破”）系经贵州省煤炭工业局批准，于 2002 年由盘化集团与自然人龙云沛、郑显芝共同投资设立的有限责任公司。自开源爆破设立以来，盘化集团在开源爆破增资与转让过程中始终保持持股 93%，一直充当着直接控股股东的角色。截至交易前，开源爆破的间接控股股东为保利久联集团，实际控制人为保利集团。

开源爆破主要从事矿山采剥、基础设施建设等爆破服务。开源爆破拥有爆破作业单位一级资质、矿山工程总承包二级资质等，能为客户提供个性化的爆破设计方案和整体化的爆破服务。

3. 山东银光民爆器材有限公司

山东银光民爆器材有限公司（以下简称“银光民爆”）于 2010 年 11 月 4 日由山东银光化工集团有限公司（以下简称“银光集团”）全额出资设立，2012 年 2 月

9日银光集团将银光民爆70%的股权转让给保利集团，保利集团成为控股股东。随着保利集团资产的注入，本次收购前银光民爆的控股股东为保利久联集团，实际控制人为保利集团。

银光民爆主要业务涉及民爆器材的生产、销售（流通）及爆破服务，是民爆一体化产业链较全的企业。通过下属子公司开展民爆产品的销售、服务业务，银光民爆逐渐构建了集“研发、生产、流通、爆破服务”为一体的经营模式。

（三）关联控股方：保利久联控股集团有限责任公司、贵州盘江化工（集团）有限公司

1. 保利久联控股集团有限责任公司

保利久联控股集团有限责任公司（以下简称“保利久联集团”）的前身是久联集团，久联集团系由贵州省人民政府批准，以原贵州涟江化工厂、贵州化工厂为基础，吸收贵州省国防科技工业供销公司、贵州省国防科技工业新联大厦，于2001年2月9日成立的国有独资公司。2014年保利集团以其持有的民爆业务资产以及自有资金对久联集团进行增资，久联集团正式更名为保利久联集团。

保利久联集团作为保利集团的控股子公司，主要从事国有资产经营管理、投资、融资。保利久联集团下属企业涉及民爆产品生产、销售及爆破服务、化工原料生产、销售、国际贸易、房地产开发、武装守押等产业，其中民爆业务是公司的核心业务。保利久联集团产能位居全国首位，是一家集研发、生产、销售与爆破服务为一体的大型民爆集团。近年来，保利久联集团在民爆全产业链上发挥协同效应，实现快速发展。

2. 贵州盘江化工（集团）有限公司

贵州盘江化工（集团）有限公司（以下简称“盘化集团”）的前身为1966年创建的贵州盘江化工厂。贵州盘江化工厂于2012年完成公司制改造，变更为有限责任公司，同年，贵州盘江化工厂名称变更为“贵州盘江化工（集团）有限公司”。2013年1月盘化集团由贵州省能源局划至贵州省国资委管理，并于2015年10月将100%股权转让给保利久联集团。

盘化集团作为保利久联集团的全资子公司，主要从事国有资产管理、资本运营、托管经营。集团下属企业主营业务涉及民爆产品生产、爆破服务、武装守押、安全技术培训、酒店经营、煤炭经营、工程施工和工程项目投资等产业。

本次交易前各方股权结构如图 7 所示。

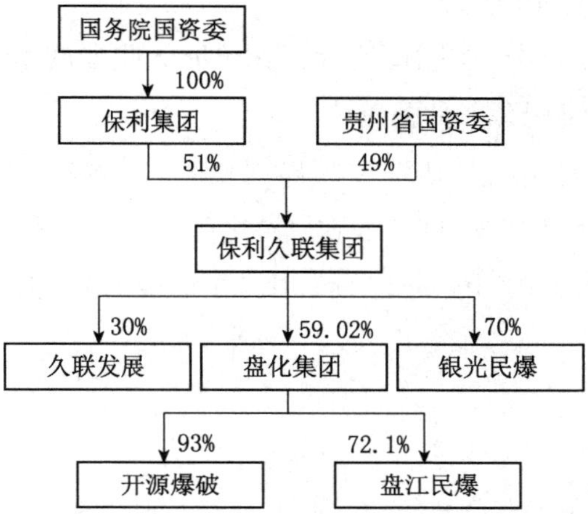

图 7　重组前各交易方股权结构

二、收购事件一览

- 2017 年 11 月 23 日，久联发展因筹划重大事项开始停牌。
- 2018 年 2 月 13 日，久联发展召开第五届董事会第十三次会议，审议通过了本次重大资产重组预案及其他相关议案。
- 2018 年 5 月 28 日，久联发展召开第五届董事会第十七次会议，审议通过了本次重大资产重组事宜及其他相关议案，并于 5 月 30 日发布了本次关联交易报告书草案。
- 2018 年 6 月 15 日，久联发展获得国务院国资委的批准，原则上同意公司本次重大资产重组的总体方案。
- 2018 年 6 月 19 日，久联发展召开 2018 年第一次临时股东大会，会议通过本次重组事项，并且同意保利久联集团及其一致行动人盘化集团免于发出收购要约。
- 2018 年 10 月 23 日，久联发展召开第五届董事会第二十一次会议，审议通过了《关于调整发行股份购买资产发行价格的议案》等议案。
- 2018 年 10 月 25 日，久联发展资产重组获得商务部反垄断局的批复，商务部反垄断局声明对本次股权收购案不实施进一步的审查，公司即日起可以实施集中。

● 2018 年 11 月 7 日，久联发展本次发行股份购买资产暨关联交易事项获得并购重组委无条件审核通过。

● 2018 年 12 月 3 日，中国证监会正式核准久联发展本次发行股份及支付现金购买资产并募集配套资金事宜。

● 2018 年 12 月 18 日，久联发展购买的盘江民爆 100%股权、开源爆破 94.75% 股权以及银光民爆 100%股权已经全部完成相应的工商变更登记，盘江民爆、银光民爆成为公司的全资子公司，开源爆破成为公司的控股子公司。

三、收购方案

本次交易属于重大资产重组，同时，本次重组的交易对象包含久联发展的控股股东保利久联集团，以及保利久联集团控制的盘化集团，因此本次交易也构成关联交易。

本次交易标的资产为盘江民爆 100%股权、开源爆破 94.75%股权以及银光民爆 100%股权。本次交易重组中，久联发展拟向盘化集团、贵州产业投资（集团）有限责任公司（以下简称“产投集团”）、瓮福集团发行股份购买其持有的盘江民爆 100%股权；向盘化集团、黔东南州开山爆破工程有限责任公司（以下简称“开山爆破”）发行股份购买其持有的开源爆破 94.75%股权；向保利久联集团、银光集团发行股份购买其持有的银光民爆 100%股权。本次交易标的资产的评估基准日为 2017 年 12 月 31 日，为了更好地体现企业整体的成长性和盈利能力，本次评估采用收益法评估结果作为最终的评估结论。盘江民爆 100%股权、开源爆破 94.75%股权和银光民爆 100%股权的账面净值分别为 44 725.99 万元、13 789.71 万元和 30 950.12 万元，评估值分别为 50 364.10 万元、15 107.14 万元和 47 029.28 万元，增值率分别为 12.61%、9.34%和 26.35%。经各方协商确认，本次交易标的盘江民爆 100%股权、开源爆破 94.75%股权和银光民爆 100%股权的交易价格分别为 50 364.10 万元、15 107.14 万元和 47 029.28 万元。本次交易对价全部以股份形式进行支付，久联发展分别向盘化集团、产投集团、瓮福集团、开山爆破、保利久联集团和银光集团非公开发行股份。

本次购买资产所发行股份的定价基准日为久联发展第五届董事会第十三次会议决议公告日。为了充分兼顾上市公司的长远发展利益、国有资产的保值增资和中小投资者的利益，本次交易的定价依据初步确认为定价基准日前 20 个交易日公司股票交易均价的 90%，即 10.85 元/股。由于自首次停牌日前一交易日(即 2017 年 11 月 22 日)至本次交易调价基准日前一个交易日(即 2018 年 10 月 22 日)，久联发展的股价累计跌幅达到 34.41%，触发了发行价格调整机制，久联发展召开董事会进一步调整发行价格，最终确认本次购买资产的股份发行价格为 7.02 元/股。按此价格计算，久联发展向交易对方购买资产发行股份数量共合计 160 257 149 股。交易对方就本次交易取得的久联发展的股份数量情况如表 2 所示。

表 2　久联发展向交易对方发行股份数量情况

序号	交易对方	标的资产	持有标的资产股权比例	交易对价(万元)	股份发行数量(股)	占发行后总股本的比例
1	盘化集团	盘江民爆 100%股权	72.101 3%	36 313.17	51 728 162	14.94%
		开源爆破 94.75%股权	93%	14 828.12	21 122 678	
2	产投集团	盘江民爆 100%股权	20.586%	10 367.95	10 367.95	3.03%
3	瓮福集团	盘江民爆 100%股权	7.312 7%	3 682.98	5 246 410	1.08%
4	开山爆破	开源爆破 94.75%股权	1.75%	279.02	397 464	0.08%
5	保利久联集团	银光民爆 100%股权	70%	32 920.50	46 895 299	9.62%
6	银光集团	银光民爆 100%股权	30%	14 108.78	20 097 977	4.12%
合计			—	112 500.52	160 257 149	32.86%

本次交易完成后，久联发展将持有盘江民爆 100%股权、开源爆破 94.75%股权以及银光民爆 100%股权。本次交易没有导致久联发展的实际控制人发生变更，实际控制人仍为保利集团。本次交易完成前后久联发展股权结构变化情况如表 3 所示。

表 3　交易完成前后久联发展股权结构变化情况

股东名称	本次交易前		本次交易后	
	持股数量(股)	持股比例	持股数量(股)	持股比例
保利久联集团	98 210 400	30%	145 105 699	29.76%
盘化集团	—	—	72 850 840	14.94%
保利久联集团及其关联方小计	98 210 400	30%	217 956 539	44.70%

（续表）

股东名称	本次交易前		本次交易后	
	持股数量(股)	持股比例	持股数量（股）	持股比例
产投集团	—	—	14 769 159	1.08%
瓮福集团	—	—	5 246 410	0.08%
开山爆破	—	—	397 464	3.03%
银光集团	—	—	20 097 977	4.12%
其他股东	—	—	229 157 760	46.99%
总股本	—	—	487 625 309	100%

四、案例评论

（一）国企改革再来袭，聚集效应尤突出

早在2013年，武汉道博股份有限公司(以下简称“道博股份”)便计划收购盘江民爆以谋求转型机会。受此消息刺激，道博股份开盘便“一”字涨停，但此次收购计划很快夭折，道博股份重组之路再次受阻。盘江民爆涉及国资，审批程序相对较为繁琐，而且相关部门对于国资控制的相对较严。据悉，贵州国资委对民爆行业的整合动作，或是此次道博股份收购遇阻的主要原因之一。盘江民爆与久联发展的实际控制人都是贵州省国资委，同属于一个老板的资产整合无疑更容易得到各方的支持。因此，与盘江民爆有着千丝万缕联系的久联发展发现了此次“捡漏”机会，在市场不断爆出传闻之际，久联发展终于一鼓作气，试图一举拿下民爆行业的领先企业——盘江民爆、开源爆破以及银光民爆。

民爆器材行业“小、散、低”以及地方分割、地方保护是我国民爆行业长期以来存在的突出问题。《民爆行业“十三五”规划》提出，要进一步提高产业集中度，培育3至5家具有一定行业带动力与国际竞争力的民爆行业龙头企业，扶持8至10家科技引领作用突出、一体化服务能力强的优质骨干企业，排前15名的生产企业的生产总值力争在全行业占比突破60%。随着国内基础设施建设的不断完善及矿山行业指数的震荡上扬，未来几年民爆行业将进入阶梯式复苏阶段，呈现持续走高的趋势。政府积极引导企业进行市场化改革，特别鼓励龙头、骨干企业开展兼并重组，发挥重组企业的协同效应，以实现资源在生产、销售、管理等方面形成优势互补，打造一批具有国际竞争力的企业集团，提升民爆行业的国际

竞争力。本次重组顺应了民爆行业兼并重组的政策导向，完美契合国企改革的政策方向。

作为唯一以民爆为主业之一的央企，保利集团始终坚持民爆板块在"十三五"战略规划中的核心地位，久联发展则是开展民爆业务的唯一平台。国企改革在民爆行业整合中首推久联发展，积极地将保利集团的非上市民爆资产注入已上市的久联发展中。本次交易有助于实现保利久联集团将现有民爆行业优质资产向上市公司久联发展集聚，进一步提升久联发展的盈利能力与核心竞争力，扩大盈利空间。久联发展也将继续引领民爆行业的横向整合、纵向一体化以及国际化进程，向国际民爆巨头的目标迈进。

(二) 资产注入应承诺，巧避同业竞争，实现产能翻倍

2014 年 8 月，保利集团以其持有的民爆业务资产以及自有资金对久联集团增资，久联发展的实际控制人变更为保利集团。另外，保利久联集团于 2016 年 8 月收购盘化集团。经过上述两次整合，保利久联集团下属子公司保利化工、保利民爆、银光民爆和盘化集团与久联发展拥有相同的民用爆炸物品的生产、销售和爆破服务等业务，存在同业竞争情形。保利久联集团为消除同业竞争现象，承诺自 2014 年 8 月保利集团收购久联集团后的六十个月内，将增资取得的民爆资产以适当方式注入久联发展，从而实现保利久联集团民爆业务的整体上市。本次重组通过注入盘江民爆、开源爆破以及银光民爆资产，恰当地履行了上述承诺，本次交易彻底消除了三家标的资产与久联发展之间的同业竞争。值得一提的是，久联发展的实际控制人保利集团和控股股东保利久联集团进一步出具了《关于避免同业竞争的承诺函》，承诺将于 2019 年 8 月之前将保利久联集团旗下剩余的民爆资产全部注入久联发展。

另外，本次交易的规模效应尤为明显。标的公司为三家民爆企业，主要业务为民用爆破器材的研发、生产、销售及爆破服务，与久联发展归属于同一行业。盘江民爆是贵州省内民用爆破器材行业领军企业之一，在业内具有较高知名度。2016 年和 2017 年，盘江民爆销售的工业炸药占贵州市场的份额均超过了 30%，销售产值在贵州省位居第二，仅次于居于首位的久联发展，此次收购可谓省内企业的强强联合。另外，银光民爆的工业总产值和销售产值在山东省排名第二，工业炸药销售量在山东省排名第一，其资质也不容小觑。2018 年上半年，久联发

展共实现营业收入220 183.41万元，而盘江民爆、开源爆破以及银光民爆营业收入分别为30 086.74万元、20 339.24万元、15 202.89万元，合计营业收入接近久联发展的30%。本次资产注入完成后，久联发展的生产规模将进一步扩大，工业炸药的年许可生产能力将增加19.35万吨，达到40.25万吨；工业雷管年许可生产能力将增加0.80亿发，达到2.10亿发；炸药产能将从20.9万吨增加到40.25万吨，新增山东区域37%的市场份额，久联发展的规模优势及竞争优势将更加明显，产能也将实现翻倍。

（三）完善一体化运行机制，巩固行业排头兵地位

过去几年，我国民爆行业在生产、销售、爆破环节上普遍存在相互分离的现象。《民爆行业"十三五"规划》要求在提高产业集中度的同时，更进一步提倡优化民爆行业的产业体系，推动民爆产业链各纽带的有机衔接，推进生产、销售、爆破作业一体化服务，鼓励民爆企业延伸产业链，完善一体化运行机制，提升一体化运作水平。久联发展的规划明确指出，久联发展将通过加快并购步伐来强化一体化竞争优势。一方面，久联发展把暂不适合直接放入久联发展的民爆资产授权由控股股东保利久联集团规范培育后再实现注入，以促进业绩提升；另一方面，保利久联集团成立民爆基金公司，设立产业基金，积极发挥基金的孵化器功能，助推并购重组。此次并购，是久联发展真正走向一体化定位的重要举措。

本次重组前，久联发展的主营业务为各类民用爆破器材的研发、生产及销售，并为客户提供特定的爆破服务。久联发展一直致力于打造民爆"科研、生产、销售、爆破服务"一体化经营模式，以保持民爆产品产销量的领先地位，巩固在爆破行业的排头兵地位。而本次收购的三家标的企业均属于保利久联集团民爆的优良资产：盘江民爆主要从事民爆器材的生产，属于民爆器材生产企业，其生产点集中，盈利能力较强；开源爆破主要从事矿山开采、基础设施建设等爆破服务，在贵州省为大型矿山企业长期提供爆破服务，收购后有利于提高久联发展的矿山服务业务占比；银光民爆主要从事民爆器材的生产、销售(流通)及爆破服务，其本身已经是民爆一体化产业链较全的企业，最大的优势在于管理精细化水平高，市场营销能力、盈利能力强。三家标的企业各有千秋，其业务贯穿民爆器材生产—流通—爆破服务整条产业链的上下游。本次收购后，标的企业将为久联发展在产业链各个关键节点注入新的活力，逐步实现各个击破，最终强化久联发展民爆一体化经营的综合实力。

五、市场表现(002037)

久联发展交易前后股价变动情况见图 8。

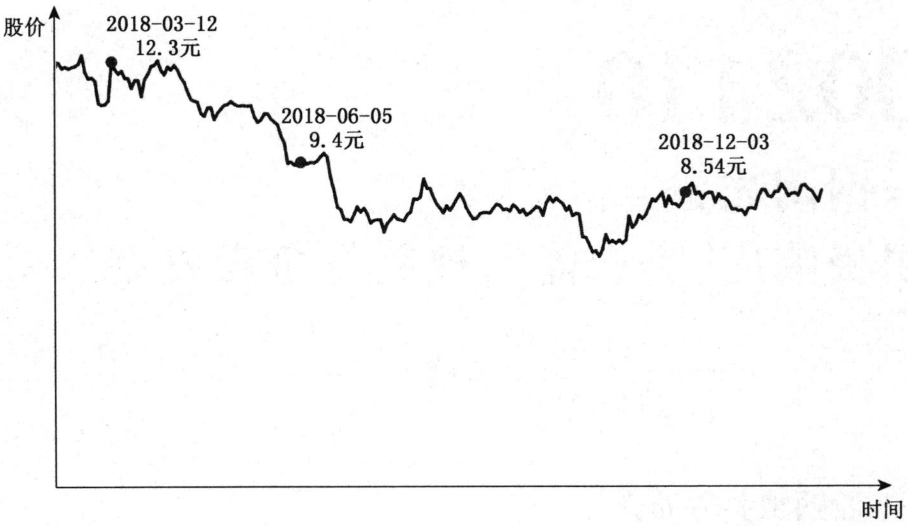

图 8　久联发展交易前后股价走势

002110

三钢闽光：积极响应“去产能”，规避竞争谋发展

一、收购相关方简介

（一）收购方：福建三钢闽光股份有限公司

2001年12月13日，福建三钢闽光股份有限公司（以下简称“三钢闽光”）由福建省三钢（集团）有限责任公司（以下简称“三钢集团”）作为主发起人，通过改制重组并联合厦门国贸集团股份有限公司、厦门港务集团有限公司、厦门市国光工贸发展有限公司、厦门鹭升物流有限公司、福建省晋江市福明鑫化建贸易有限公司、闽东荣宏建材有限公司、钢铁研究总院和中冶集团北京钢铁设计研究总院八家企业作为其他发起人，共同发起设立；并于2006年12月经中国证监会批准IPO后正式上市。

三钢闽光以钢铁为主营业务，辅以配套、延伸等附属产业，是福建省内唯一采用“焦化—烧结—高炉—转炉—连铸—全连轧”的长流程钢铁生产企业，拥有福建省最大的焦炉、烧结机、高炉、转炉和全省唯一的板坯连铸生产线，工艺技术及装备处于国内先进水平，是福建省最大的钢铁生产企业，主要有建筑用材、制品用材、中厚板材、优质圆棒和煤化工五大类产品。近几年来，三钢闽光把握机

遇、采用灵活的经营策略,紧紧围绕生产经营与资本运作“双轮驱动”,大力实施全流程降成本,推行机制体制改革,推动企业转型升级,取得了令人瞩目的成绩。目前,三钢闽光的控股股东为三钢集团,实际控制人为福建省国资委。

(二) 收购标的: 福建三安钢铁有限公司

2001 年 11 月 6 日,福建泉州三安集团(以下简称“三安集团”)有限公司与美国海发投资公司共同出资设立福建三安钢铁有限公司(以下简称“三安钢铁”),旗下主要有福建省三安环保资源有限公司(现更名为: 福建泉州闽光环保资源有限公司;以下简称“三安环保”)和安溪三安假日酒店管理有限公司(现更名为: 安溪闽光假日酒店管理有限公司;以下简称“三安假日酒店”)2 家子公司。本次收购前三安钢铁的直接控股股东为三钢集团,实际控制人为福建省国资委。

三安钢铁主要从事钢铁冶炼、轧制、加工及延压产品的生产和销售,主要产品为螺纹钢筋、线材、圆钢等建筑用钢;采用招标采购和询价比价为主、定向采购为辅的采购模式、“以销定产”、“以产定销”两种生产组织模式和经销商销售为主、直销为辅的模式。三安钢铁公司治理机制良好,产品质量过硬,曾获“2016 年福建省用户满意企业”“福建省产品质量信得过单位”“2016 年度纳税功勋企业”“2015 年度纳税功勋企业”等荣誉称号,近几年总资产更是达到539 276.96 万元,具备强劲的发展势头和综合实力。

(三) 关联控股方: 福建省三钢(集团)有限责任公司、福建三安集团有限公司

1. 福建省三钢(集团)有限责任公司

福建省三钢(集团)有限责任公司(以下简称“三钢集团”)的前身是 1958 年成立的全民所有制企业福建省三明钢铁厂。2000 年 8 月,福建省三明钢铁厂重组改制为三钢集团。三钢集团旗下有三钢闽光、福建闽光软件股份有限公司、福建罗源闽光钢铁有限责任公司、福建省闽光现代物流有限公司、福建闽鹭矿业有限公司、福建钢松房地产开发有限公司、三钢集团(龙海)矿微粉有限公司、三明市三钢建筑工程有限公司、福建三安钢铁有限公司、福建三钢(集团)三明化工有限责任公司等 16 家一级子公司。三钢集团是以钢铁业为主、多元产业并举的跨行业、跨地区、跨所有制的大型企业集团,控股股东为冶金控股。1988 年以来,三钢集团连年进入中国 500 强企业行列,在“2017 中国企业 500 强”中位居第

485 位，在“2017 中国制造业企业 500 强”中位居第 238 位。本次交易前各方股权结构如图 9 所示。

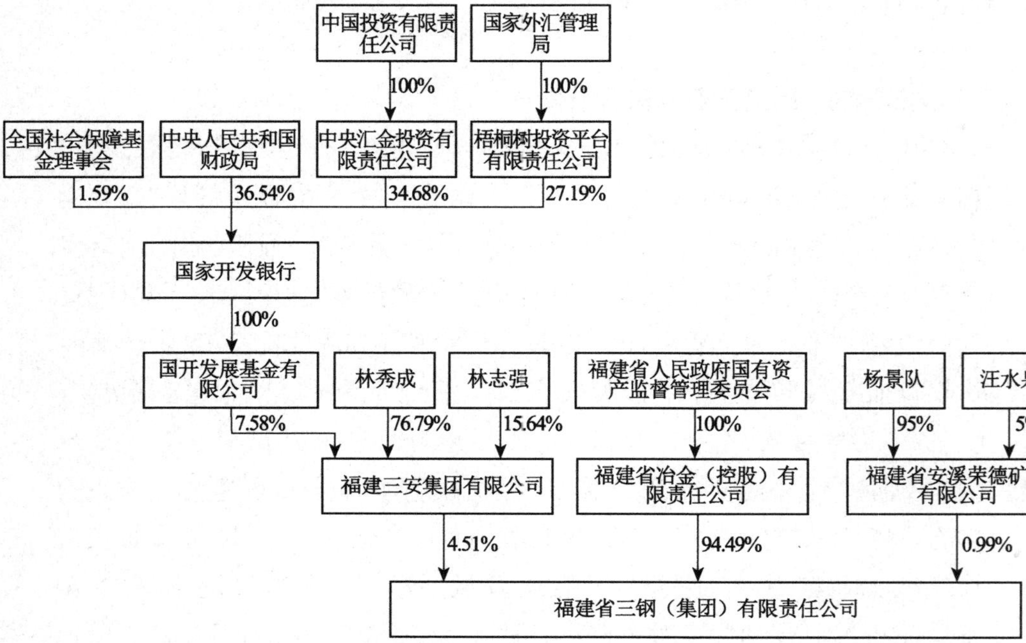

图 9　重组前各交易方股权结构

2. 福建三安集团有限公司

福建三安集团有限公司(以下简称“三安集团”)的前身是 1992 年成立的集体所有制企业福建泉州三安集团公司。2003 年 12 月，经泉州市工商行政管理局核准，福建泉州三安集团有限公司正式更名为福建三安集团有限公司。三安集团是集光电高科技、铁矿采选、商业贸易等多元化复合型的企业集团，连年在福建省企业集团 100 强排序中名列前茅。本次交易前各方股权结构如图 10 所示。

二、收购事件一览

- 2017 年 7 月 12 日，三钢闽光因筹划重大事项开始停牌。
- 2017 年 11 月 10 日，三钢闽光召开第六届董事会第十二次会议，审议通过《关于公司发行股份购买资产暨关联交易方案的议案》，并公布发行股份购买

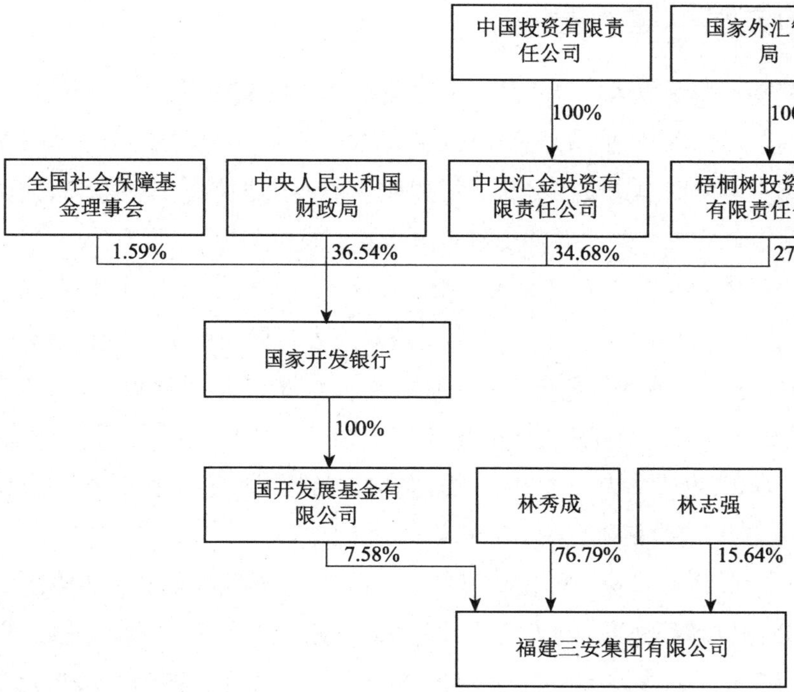

图 10　重组方前各交易股权结构

资产暨关联交易报告书(草案)。

● 2018 年 2 月 3 日,三钢闽光取消《公司发行股份购买资产暨关联交易方案》中发行股份价格调整机制的议案。

● 2018 年 3 月 12 日,三钢闽光公布发行股份购买资产暨关联交易报告书草案修订稿,对之前的草案进行了补充披露。

● 2018 年 3 月 30 日,三钢闽光关于发行股份购买资产事项获得中国证监会上市公司并购重组审核委员会无条件通过。

● 2018 年 4 月 2 日,三钢闽光股票复牌。

● 2018 年 5 月 18 日,三钢闽光关于发行股份购买资产暨关联交易事项获得中国证监会核准批复。

● 2018 年 6 月 12 日,三钢闽光本次收购标的资产完成过户。

三、收购方案

本次交易不属于重大资产重组，同时，本次重组的交易对象三安钢铁、三安集团、福建省安溪荣德矿业有限公司(以下简称“荣德矿业”)、厦门市信达安贸易有限公司(以下简称“信达安”)分别为三钢闽光的控股股东及其关联方，因此本次交易构成关联交易。本次并购交易主要是发行股份购买资产。

本次交易的标的资产为三安钢铁 100%股权。本次交易重组中，拟向三钢集团、三安集团、荣德矿业、信达安 4 名交易对方发行股份购买其合计持有的三钢闽光 100%股权。本次标的资产的评估基准日为 2017 年 8 月 31 日，采用资产基础法评估，三钢闽光 100%股权的净资产价值为 201 987.48 万元，评估值为 276 154.58 万元，增值率为 36.72%。根据发行股份购买资产协议，经各方协商确认，交易标的交易价格确定为 276 154.58 万元。

本次发行股份购买资产的定价基准日为三钢闽光第六届董事会第十二次会议决议公告日。经协商，定价基准日前 60 个交易日的三钢闽光的股票交易均价为 13.65 元/股，本次发行股份购买资产的股票发行价格为 12.29 元/股，不低于市场参考价的 90%。公司拟向三钢集团、三安集团、荣德矿业、信达安发行股份合计 228 415 698 股。交易对方就本次交易取得三钢闽光股份数量如表 4 所示。

表 4　三钢闽光向交易对方发行股份数量情况

序号	交易对方	出资比例	交易价格(万元)	现金支付(万元)	股份支付(万元)	股份支付(股)
1	三钢集团	63.400 3%	175 082.832	—	175 082.832	144 816 239
2	三安集团	25.009 5%	69 064.879 7	—	69 064.879 7	57 125 624
3	荣德矿业	9.361 5%	25 852.211	—	25 852.211	21 383 135
4	信达安	2.228 7%	6 154.655 34	—	6 154.655 34	5 090 700
合计		100%	276 154.58	—	276 154.58	228 415 698

本次交易完成前后三钢闽光股权结构变化情况如表 5 所示。

本次交易完成后，三钢闽光将持有三安钢铁 100%股权，本次交易没有导致三钢闽光的控股股东和实际控制人发生变更，公司控股股东仍为三钢集团，实际控制人仍为福建省国资委。

表 5　交易完成前后三钢闽光股权结构变化情况

股东名称	本次交易前		本次交易后	
	持股数量(万股)	持股比例	持股数量(万股)	持股比例
三钢集团	73 383.11	53.42%	87 864.73	54.85%
三明化工	1 750.67	1.27%	1 750.67	1.09%
三安集团	—	—	5 712.56	3.57%
厦门国光	253.34	0.18%	253.34	0.18%
荣德矿业	—	—	2 138.31	1.33%
信达安	—	—	509.07	0.32%
其他股东	61 974.36	45.12%	61 974.36	38.68%
合计	137 361.49	100%	160 203.06	100%

四、案例评论

(一) 积极响应“去产能”,提高产业集中度

我国的钢铁产业作为关系到国计民生的重要产业,布局分散,集中度低,发展矛盾突出。一方面产能不断快速扩张,另一方面需求增长速度不够,这使得我国钢铁行业的整体产能利用率下降,产能过剩与需求萎缩等供需矛盾日渐凸显。这不仅使得我国钢铁行业的产品缺乏竞争力,也使得各个钢铁企业之间的竞争愈发激烈。钢铁产业属于资本密集型产业,只有充分去产能,提高产业集中度才能发挥其整体规模效应,提高竞争能力。

2015 年 11 月 10 日在中央财经领导小组第十一次会议上,习近平总书记提出了“供给侧结构性改革”的概念。而去产能是“三去一降一补”供给侧结构性改革的核心首要任务,其中,钢铁产业的“去产能”更是重中之重。三钢闽光作为福建省国资委的下属企业,积极响应国家供给侧结构性改革的要求,利用本次战略重组整合过剩产能,推进技术升级,优化产业结构。三钢闽光和三安钢铁都是福建省钢铁产业发展中的佼佼者,二者的结合必将带来产业集中度的极大提升,走出质量效益和创新变革之路,打出高质量高效益发展的组合拳,联合向前。而且本次重大资产重组只是对原有产能的优化整合,不涉及新产能的增加,这有利于提高企业的产业集中度、改善经营环境、实现规模经济效应,最终带来竞争力的极大提升。

(二) 政策鼓励下实现战略重组，小阻力实现大突破

新时代我国经济发展正处于高速增长转向高质量发展阶段，目前正处在转变发展方式、优化经济结构、转换增长动力的攻坚期。要想实现经济的高质量发展，就要积极推动企业实施战略重组，实现资源的高效整合和优化配置。近年来，我国钢铁行业供给侧结构性改革成果显著，产能利用率明显提升。未来，我国钢铁行业供给侧结构性改革将继续推进，重心将偏向于兼并重组。我国政府也发布了多项政策，鼓励企业之间兼并重组，特别是优秀强干企业的兼并重组，利用双方的优势联合发展，进行资源整合，盘活存量资产，形成精英企业带动中小企业朝着"专精特新"方向稳步发展的良好局面。钢铁企业之间的兼并重组是解决钢铁产业产能过剩的高效举措，与供给侧结构性改革相契合，更是受到国家政策的支持和鼓励，有条件的钢铁企业甚至可以实施跨地区、跨所有制的"双跨"兼并重组。

2017 年 7 月三钢闽光开始筹划收购三安钢铁的重大事项。在极其有利的政策环境下，借助国企地位，此交易事项在 2018 年 3 月便获得中国证监会并购重组委员会审核无条件通过，27.62 亿元的大项目在仅仅 8 个月的时间内完成，重组之路可谓十分顺遂。本次交易后，三钢闽光的总资产较交易前增加 633 616.90 万元，增幅为 40.23%，归属于母公司的所有者权益较交易前增加 291 451.96 万元，增幅为 26.47%，营业收入较交易前增长 41.07%，净利润较交易前增长 43.95%。资源的重新整合给三钢闽光带来的效益十分显著，突破企业原有的限制，三钢闽光将迎来新的曙光。

(三) 强强联合，规避同业竞争，增强可持续发展能力

此次并购完成后，三钢闽光将成为三安钢铁的全资控股股东，持有其 100% 股权。作为福建省规模最大的两家钢铁企业，本次收购方三钢闽光和标的方三安钢铁经营相同的钢铁生产及销售业务，面向相同的市场，同业竞争问题尤为严峻。而三安钢铁的钢铁产品和生产技术都极具优势，有着较强的综合实力，在福建省的钢铁市场上有着举足轻重的地位。截至 2017 年 8 月，三安钢铁净利润达到 8.67 亿元，而截至 2017 年 9 月，新疆八一钢铁净利润也只有 8.65 亿元，8 个月的三安钢铁完胜 9 个月的八一钢铁，足见三安钢铁发展势头迅猛。本次收购三安钢铁股权，不仅有利于避免与这个强有力竞争者之间的同业竞争问题，借助

其品牌、管理和技术创新、供销网络等优势，还能增强三钢闽光自身的实力，强强联合，共同打造出福建省标杆性钢铁巨头企业。

本次交易完成后，三钢闽光的资产总额由1 575 126.88万元增至2 208 743.79万元，增长633 616.91万元，增幅为40.23%。营业收入由2 246 053.48万元增至3 168 575.97万元，增长922 522.49万元，增幅为41.07%。净利润由398 972.53万元增至574 321.43万元，增长175 348.90万元，增幅为43.95%。由此可见，通过此次并购，公司的盈利能力和可持续发展能力都有显著提升，将来也必定能够通过提高福建省市场占有率提升其行业地位，从福建省钢铁大头向国内钢铁大头迈进。

五、市场表现(002110)

三钢闽光交易前后股价变动情况见图11。

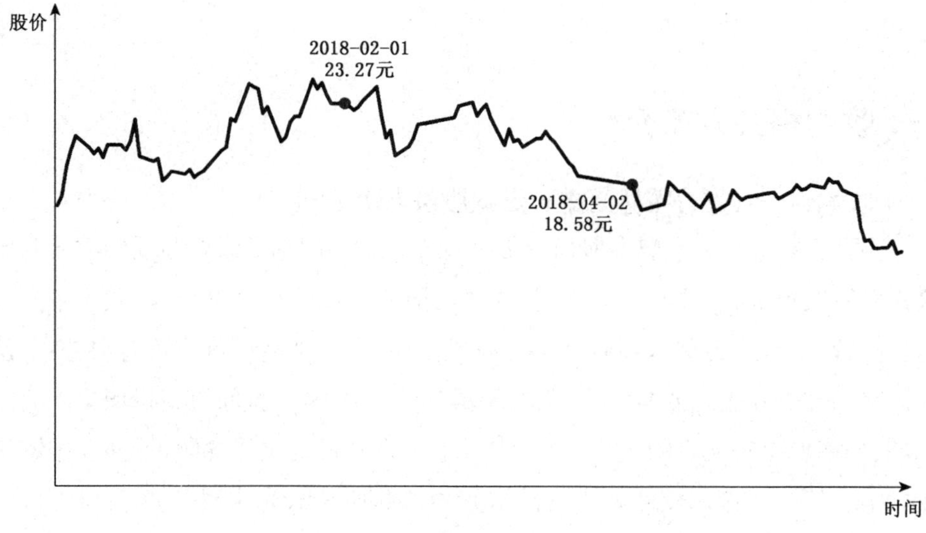

图11　三钢闽光交易前后股价走势

002128

露天煤业：
褐煤资产再整合，完善“煤电铝”产业链

一、收购相关方简介

(一) 收购方：内蒙古霍林河露天煤业股份有限公司

内蒙古霍林河露天煤业股份有限公司(以下简称“露天煤业”)经内蒙古自治区人民政府批准，于 2001 年 12 月 18 日由原霍煤集团为主发起人，联合中国信达资产管理公司、吉林省纽森特实业有限公司、大庆霍利物资经贸有限公司、沈阳铁路局经济发展总公司、沈阳东电茂霖燃料有限公司、太原重型机械集团有限公司、湘潭电机集团有限责任公司、中煤工程设计咨询集团沈阳设计院、中国矿业大学、辽宁工程技术大学共同投资设立，注册资本为人民币 23 000 万元。2007 年 4 月 18 日露天煤业在深交所挂牌上市，上市后经过几轮的转增和股份转让，中电投蒙东能源集团有限责任公司(以下简称“蒙东能源”)持有露天煤业 59.22%的股份，最终成为露天煤业控股股东；国家电力投资集团有限公司(以下简称“国家电投”)持有蒙东能源 65%的股权，为露天煤业实际控制人，国务院国有资产监督管理委员会持有国家电投 100%的股权，为露天煤业最终实际控制人。

露天煤业主要从事煤炭产品和电力产品的生产及销售业务。煤炭业务主要产品为褐煤,用于电厂燃料,主要销往内蒙古、吉林、辽宁地区。电力产品主要销售给国家电网东北分部。经过多年的发展,露天煤业已经形成了“煤 + 电”的主营业务布局,成为蒙东地区和东北地区褐煤的龙头企业,具有较好的品牌形象。露天煤业煤矿资源优势明显,近几年来积极响应控股股东“用煤发电,用电炼铝,以铝带电,以电促煤”的发展思路,积极布局火电等相关行业,不断提升自身竞争力。

(二) 收购标的: 内蒙古霍煤鸿骏铝电有限责任公司

内蒙古霍煤鸿骏铝电有限责任公司(以下简称“霍煤鸿骏”)于 2002 年 11 月 2 日由内蒙古霍林河煤业集团有限责任公司(以下简称“霍林河煤业”)、湖北鸿骏投资有限公司(以下简称“鸿骏投资”)、山东海川集团控股有限公司(以下简称“海川集团”)共同出资设立,注册资本为 2 亿元。2004 年 5 月,霍煤鸿骏变更为外商投资企业,在陆续的增资和股权转让后,中电投蒙东能源集团有限责任公司(以下简称“蒙东能源”)持股 51%,成为霍煤鸿骏的控股股东。霍煤鸿骏的实际控制人是国家电力投资集团有限公司,国务院国有资产监督管理委员会是霍煤鸿骏的最终控制人。

霍煤鸿骏属于有色金属冶炼和压延加工业中的电解铝行业,主营业务主要包括电解铝业务及其配套的自备电厂发电业务。霍煤鸿骏电解铝项目涉及产能过剩行业,但 2016 年、2017 年及 2018 年上半年霍煤鸿骏产能利用率都达到 95%以上,基本达到“以销定产、产销平衡”,霍煤鸿骏电解铝项目并不存在被列入工业行业淘汰落后和过剩产能企业名单的情况。截至目前,霍煤鸿骏拥有年产 86 万吨电解铝生产线、装机容量 180 万千瓦火电、30 万千瓦风电。最近两年,在成本端氧化铝价格快速上涨的情况下,霍煤鸿骏仍然持续盈利,分别实现扣非后的净利润为 76 703.21 万元、38 554.62 万元,盈利情况良好。

(三) 关联控股方: 中电投蒙东能源集团有限责任公司

内蒙古霍林河煤业集团有限责任公司是中电投蒙东能源集团有限责任公司的(以下简称“蒙东能源”)前身,于 1999 年 12 月由通辽市国有资产管理局独家投资设立。历经两次名称变更,蒙东能源于 2005 年 8 月 10 日变更为中电投蒙东能源集团有限责任公司。蒙东能源主营业务包括煤炭生产销售、电力业务及铝业,业务发展以煤为核心,电为保障,煤电铝一体化,清洁能源为重点。本次交易前各方股权结构如图12所示。

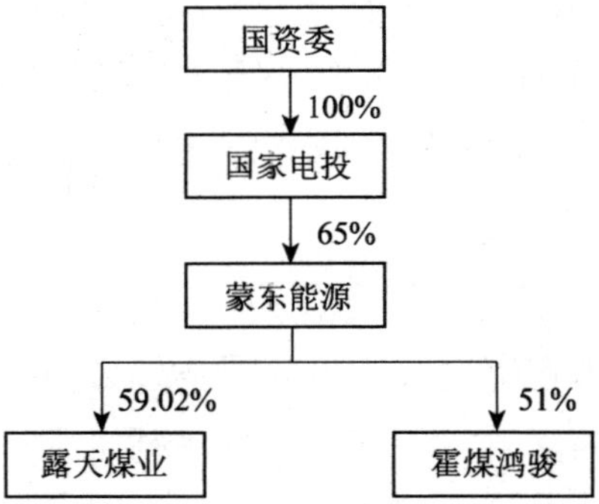

图12　重组前各交易方股权结构

二、收购事件一览

- 2017年3月17日,露天煤业因筹划重大事项开始停牌。
- 2017年7月28日,露天煤业召开2017年第七次临时董事会,会议审议通过了本次发行股份及支付现金购买资产草案及其他相关议案。
- 2018年3月30日,露天煤业召开2018年第二次临时董事会,会议审议通过本次重组方案调整的相关议案。
- 2018年6月15日,露天煤业召开2018年第五次临时董事会,会议审议通过本次关联交易的相关议案。
- 2018年6月22日,露天煤业召开2018年第六次临时董事会,审议通过本次重组报告书(草案修订稿)等议案。
- 2018年7月11日,露天煤业取得国务院国有资产监督管理委员会出具的《关于内蒙古霍林河露天煤业股份有限公司资产重组及配套融资有关问题的批复》(国有产权〔2018〕384号),原则上同意露天煤业本次资产重组及配套融资的总体方案。
- 2018年7月13日,露天煤业召开2018年第二次临时股东大会,审议通过本次交易的相关议案。
- 2018年10月18日,露天煤业召开2018年第十一次临时董事会,审议通过关于取消调价机制、与交易对方签署业绩补偿协议等议案。

- 2018 年 11 月 7 日,露天煤业发行股份及支付现金购买资产并募集配套资金暨关联交易的资产重组事项获得并购重组委有条件通过。

- 2018 年 12 月 18 日,露天煤业发行股份及支付现金购买资产并募集配套资金事项获得中国证监会的核准批复。

三、收购方案

本次交易构成重大资产重组,另外,本次重组的交易对方为蒙东能源,系露天煤业的控股股东,因此本次交易也构成了关联交易。本次重大资产重组交易由两部分构成,一是发行股份及支付现金购买资产;二是发行股份募集配套资金,但募集配套资金的成功与否并不影响本次发行股份及支付现金购买资产的实施。

(一) 发行股份及支付现金购买资产

本次交易标的资产为霍煤鸿骏 51%的股份。本次交易重组中,露天煤业拟向控股股东蒙东能源发行股份及支付现金购买其持有的霍煤鸿骏 51%股权。本次标的资产的评估基准日为 2018 年 2 月 28 日,受霍煤鸿骏最终产品价格存在较大的不稳定性的影响,为避免未来收益与成本的不确定性出现较大波动,本次交易采用资产基础法作为评估方法,霍煤鸿骏 100%股权净资产价值为 439 767.58 万元,评估值为 530 424.02 万元,增值率为 20.61%。经交易各方友好协商,最终交易标的作价 270 516.25 万元。其中,向蒙东能源支付现金总对价 131 000 万元,其余 139 516.25 万元以发行股份的方式支付。

本次交易重组向蒙东能源发行股份购买资产的定价基准日为露天煤业 2018 年第二次临时董事会决议公告日。经协商,本次交易的股份发行价格采用定价基准日前 20 个交易日公司股票交易均价的 90%,即 9.35 元/股作为定价依据。由于上市公司在 2018 年 6 月 7 日发布了权益分派公告,向全体股东每 10 股派 3 元现金,经权益分派调整,本次发行价格由 9.35 元/股调整为 9.05 元/股。按调整后的发行价格计算,露天煤业向蒙东能源发行股份购买资产的股票发行数量为 15 416.1602 万股。本次交易中向交易对方的具体支付方式如表 6 所示。

表 6　露天煤业向交易对方支付的现金与发行股份数量情况

标的资产	交易对方	交易总对价（万元）	现金对价（万元）	股份对价（万元）	股份对价（万股）
霍煤鸿骏51%股权	蒙东能源	270 516.25	131 000	139 516.25	15 416.160 2

(二) 发行股份募集配套资金

露天煤业通过询价的方式向不超过 10 名特定投资者非公开发行股份募集配套资金，募集资金总额不超过 133 000 万元，且不超过本次拟购买资产交易价格的 100%。本次募集资金的发行价格为 9.05 元/股，发行数量不超过 146 961 325股股份，募集的配套资金用于支付本次购买标的资产的现金对价和中介机构费用。交易完成前后露天煤业股权结构变化情况如表 7 所示。

表 7　交易完成前后露天煤业股权结构变化情况

股东名称	本次交易前		本次交易后			
			募集配套资金前		募集配套资金后	
	持股数量（股）	持股比例	持股数量（股）	持股比例	持股数量（股）	持股比例
蒙东能源	967 861 119	59.22%	1 122 022 721	62.73%	1 122 022 721	57.97%
其他投资者	666 517 354	40.78%	666 517 354	37.27%	666 517 354	34.44%
配套资金认购方	—	—	—	—	146 961 325	7.59%
合计	1 634 378 473	100%	1 788 540 075	100%	1 935 501 400	100%

本次交易完成后，露天煤业将持有霍煤鸿骏 51%股权，本次交易并未导致露天煤业的控股股东和实际控制人发生变更，露天煤业控股股东仍为蒙东能源，实际控制人仍为国家电投。

四、案例评论

(一) 国有资产再整合，资产证券化率显提升

2015 年以来，中共中央、国务院先后出台了一系列深化国企改革的文件，积极引导国有企业内部资产整合，鼓励国有企业积极实行改革。本次重组交易为露天煤业购买控股股东蒙东能源持有的霍煤鸿骏 51%股权，属于国有资产内部

资源整合,加快了国有企业改革的步伐。

国资委明确要求“央企要加大内部资源整合力度,推动相关子企业整合发展,并加大资本运作力度,推动资产证券化,用好市值管理手段,盘活上市公司资源,实现资产价值最大化”。同年,国务院亦明确提出“支持企业依法合规通过证券交易、产权交易等资本市场,实现国有资本形态转换,变现的国有资本用于更需要的领域和行业”,可见国有企业的资产整合与上市成为改革的重中之重。早在 2011 年 6 月,蒙东能源就做出郑重承诺,将取得的采矿权完整地转让给露天煤业,随后再通过转入、入股等方式将铝电优质资产注入露天煤业,实现集团的整体上市。由此看来,本次资产收购事宜正是蒙东能源实现资产注入承诺的一部分。

截至目前,除本次的标的资产霍煤鸿骏外,蒙东能源旗下其他未注入露天煤业的电解铝资产为中电投霍林河煤电集团绿叶股份有限公司(以下简称“霍林河铝业”)76.89%的股权,这是由于霍林河铝业公司目前处于持续亏损状态,暂不具备注入条件。为了提高国有资本配置效率,逐步兑现蒙东能源将相关资产注入露天煤业的承诺,国家电投已将其所有的铝业资产(其中蒙东能源持有露天煤业的股权除外)委托给露天煤业管理。因此,本次交易完成后,蒙东能源旗下所有电解铝业务实质上都由上市公司进行统一管理,未注入的霍林河铝业的生产经营不会损害上市公司的利益。总的来看,通过本次重组,蒙东能源旗下资产证券化率进一步提升,有利于推进国有企业改革,通过中央企业内部国有资产资源整合,提升国有资产价值。

(二) 延长产业链,打造“煤＋电＋铝”一体化循环经济链

露天煤业主要从事煤炭产品和电力产品的生产、销售,本次交易前,露天煤业已经形成了“煤＋电”的主营业务布局。露天煤业拥有两大矿田的采矿权,年煤炭产销量 4 600 万吨左右,属于国内大型的现代化露天煤矿。经过多年的发展,露天煤业已经成为其所在地区的褐煤龙头企业。露天煤业煤矿资源优势明显,近几年积极响应控股股东“用煤发电,用电炼铝,以铝带电,以电促煤”的发展思路,在不断巩固发展煤炭业务的基础上,试图布局火电等相关行业,提升核心竞争力。本次交易拟购买的资产为霍煤鸿骏 51%的股权,霍煤鸿骏以煤为原料进行火力发电,并以自己生产的电力继续从事电解铝业务。露天煤业通过本次

交易收购标的资产将克服较高的行业政策壁垒,迅速切入电解铝行业,实现在电解铝产业的布局。通过本次收购,露天煤业的煤炭产业链条得以有效延长,依托现有业务,逐步形成"煤+电+铝"一体化循环经济产业链。露天煤业所处煤炭行业属于周期性行业,标的公司霍煤鸿骏拥有充足的经营活动现金流,其负债结构符合行业特点,具备抵御电解铝行业风险的能力,因此,本次煤电铝产业链布局有助于增强露天煤业的抗风险能力。

根据露天煤业备考的财务报表,2017 年及 2018 年 1—6 月,露天煤业电解铝业务实现的营业收入合计占主营业务收入的比例分别为 60.99%、57.74%,电解铝业务将成为露天煤业的主营业务的重要组成部分。值得注意的是,受电解铝市场及国家淘汰小型发电机组政策影响,2016 年、2017 年及 2018 年 1—6 月,霍煤鸿骏的净利润分别为 78 326.32 万元、27 220.13 万元和 3 832.94 万元,因此本次交易将可能在短期内摊薄露天煤业的每股收益;但从长远来看,标的资产的电解铝行业将与露天煤业的煤炭、火电业务形成良好的协同效应,产业链的延伸将有助于降低行业的周期性风险、增强露天煤业的盈利能力和可持续发展能力。

(三) 推进供给侧改革,把握去产能成果

推进供给侧结构性改革已经成为目前我国经济转型的关键。在推进供给侧改革的过程中,化解煤电产能过剩风险成为政策的一大重点。国家发布各项通知,鼓励煤炭、电力等产业链上下游企业发挥产业链协同效应,支持企业与企业之间通过资产重组、股权合作、资产置换、无偿划转等方式整合煤电资源。2012 年至 2015 年,随着宏观经济增速放缓,电解铝下游需求动力明显不足,企业产能利用率持续下降。2017 年我国政府陆续出台一系列政策,加速推进电解铝行业供给侧改革、化解电解铝行业过剩产能。本次将电解铝行业作为供给侧改革的新重点,有效遏制了电解铝新增产能增长过快的趋势。随着供给侧改革和环保限产等政策的推进,电解铝行业供需关系得到改善,铝价相比 2016 年初上涨了 28%,电解铝成为优质资产。

本次大股东注入优质的电解铝资产——霍煤鸿骏(在产 78 万吨)具有极大的竞争优势,在 2016 年多数企业亏损的情况下每吨净利就有 1 000 元,加上供给侧结构性改革的推行,霍煤鸿骏未来产能仍有望扩张(合法在建 43 万吨)。

受益于供给侧改革,我国电解铝行业集中度将大幅提升,行业格局将进一步

优化,电解铝企业的性质结构也将发生变化。此次电解铝资产成功注入露天煤业,有助于与露天煤业现有业务形成良好的协同效应,符合上市公司的发展战略。露天煤业选择在此时进行收购,不仅符合国家供给侧改革的政策需要,还在去产能的过程中获得了更加优质的资产。另一方面,借助于露天煤业的上市平台,标的公司电解铝业务规模也得以进一步扩大。

五、露天煤业(002128)

露天煤业交易前后股价变动情况见图 13。

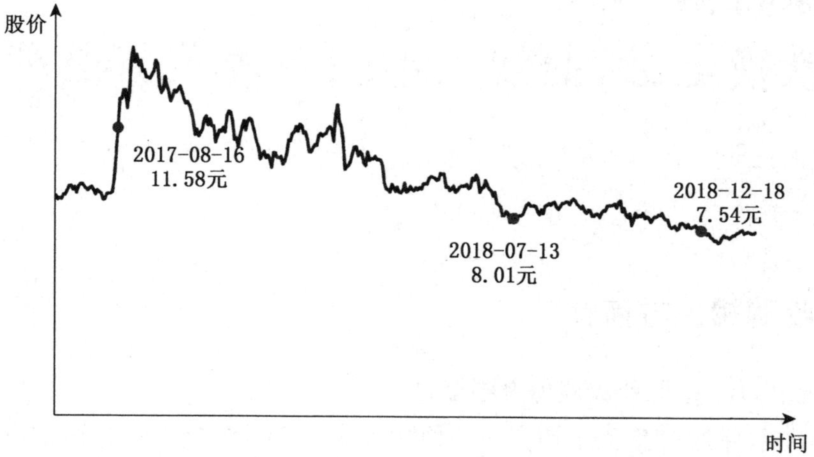

图 13　露天煤业交易前后股价走势

002423

中原特钢：
钢铁换金融，曲线上市国企改革新典范

一、收购相关方简介

（一）收购方：中原特钢股份有限公司

中原特钢股份有限公司（以下简称“中原特钢”）的前身为河南中原特殊钢集团有限责任公司，于2004年12月29日在河南省工商局注册成立，于2010年6月3日在深交所上市。2018年4月，中国南方工业集团公司将其持有的中原特钢339 115 147股股份（占中原特钢总股本的67.42%）无偿划转至中粮集团有限公司（以下简称“中粮集团”），无偿划转后，中粮集团成为中原特钢控股股东，中原特钢实际控制人仍为国务院国资委。

本次交易前，中原特钢主要从事以高品质特殊钢材料为基础的工业专用装备和高品质特殊钢坯料的研发、生产、销售和服务。工业专用装备主要包括石油钻具、限动芯棒、铸管模、瓦楞辊等，高品质特殊钢坯料主要包括大型特殊钢机加调质毛坯件、以模具钢和不锈钢为代表的大型特殊钢精锻件、大规格高洁净特殊钢连铸坯、高洁净特殊钢钢锭及电渣锭等。中原特钢产品广泛应用于军工行业和石油、化工、能源、冶金、船舶、海洋工程、机械制造等重大装备制造业，产品远销欧美、日韩、印度、南亚、东南亚及非洲等国家和地区。

(二) 收购标的：中粮资本投资有限公司

中粮资本投资有限公司(以下简称“中粮资本”)设立于 1997 年 6 月 27 日，当时的公司名称为明诚投资咨询有限公司。中粮资本控股股东为中粮集团，实际控制人为国务院国资委。

中粮资本是中粮集团旗下金融业务的专业化平台，立足于集团产业链，利用农地金融、供应链金融、消费金融，整合资产管理和财富管理资源，促进产融协同、服务三农，成为以农业金融为特色的投资控股平台。中粮资本通过控股中粮信托有限责任公司(以下简称“中粮信托”)、中粮期货有限公司(以下简称“中粮期货”)、中英人寿保险有限公司(以下简称“中英人寿”)、中粮资本(香港)有限公司(以下简称“中粮资本(香港)”)，参股龙江银行股份有限公司(以下简称“龙江银行”)等金融机构，经营信托、期货、保险、银行等业务。2017 年，中粮资本入选国家发改委第二批混改试点名单，通过公开挂牌引进实力雄厚的 7 家战略投资人，投资人进入中粮资本的董事会发挥重要作用，进一步完善了公司治理结构。

(三) 关联控股方：中粮集团有限公司

中粮集团有限公司(以下简称“中粮集团”)是国务院国资委履行出资人职责的国有独资公司，其前身是于 1949 年在天津成立的华北对外贸易公司。

中粮集团综合加工能力超过 6 000 万吨，是中国最大的农产品加工企业，涵盖了国民日常消费的各类主要农产品，如稻谷、小麦、玉米、油脂油料、糖、棉花、肉制品、乳制品、酒、茶叶等。中粮集团的 230 万家终端售点遍布中国 952 个大中城市、十几万个县乡村，为消费者提供数量充足、品质安全的粮油食品供应，在维护中国粮油食品市场稳定中，发挥着重要的支撑作用。

中粮集团也是国际领先的全球大粮商之一，是中国独一无二的全球布局、全产业链、拥有最大市场和发展潜力的农业及粮油食品企业，在全球粮食主产地和需求增量最大的新兴市场间搭设稳定的粮食走廊。作为与新中国同龄的国有企业，中粮集团历经六十余年发展，已成为以粮、油、糖、棉为核心的农业及粮油食品企业，主业涉及食品、金融、地产行业，在中国市场上占据领先优势。本次交易前各方股权结构如图 14 所示。

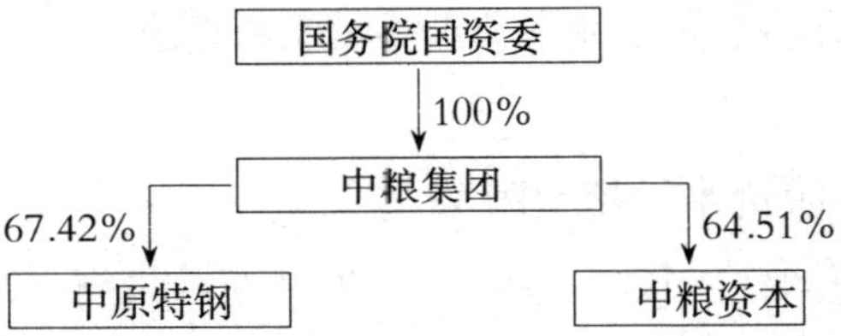

图 14　重组前各交易方股权结构

二、收购事件一览

● 2017 年 10 月 26 日，因控股股东筹划涉及重大事项，中原特钢股票开始停牌。

● 2018 年 1 月 9 日，因控股股东筹划涉及重大资产重组事项，中原特钢转入重大资产重组程序停牌。

● 2018 年 4 月 24 日，中原特钢召开第三届董事会第四十八次会议审议并通过本次重大资产重组预案及其他相关议案。

● 2018 年 5 月 25 日，中原特钢召开第三届董事会第四十九次会议审议并通过本次交易相关议案。

● 2018 年 6 月 11 日，中原特钢召开 2018 年第三次临时股东大会审议并通过本次交易相关议案。

● 2018 年 6 月 12 日，中原特钢发布《关于重大资产重组事项获得国务院国资委批复的公告》，本次交易方案获得国务院国资委的原则性同意。

● 2018 年 7 月 9 日，中原特钢召开第三届董事会第五十次会议审议并通过《关于调整公司发行股份购买资产股份发行价格的议案》等相关议案。

● 2019 年 1 月 2 日，中原特钢取得中国证监会《关于核准中原特钢股份有限公司重大资产置换及向中粮集团有限公司等发行股份购买资产的批复》（证监许可〔2018〕2217 号），核准上市公司本次重大资产置换并发行股份购买资产暨关联交易事宜。

● 2019 年 1 月 15 日，中粮资本 100%股权的过户登记手续已办理完毕，中粮资本成为中原特钢的全资子公司。

三、收购方案

本次交易由重大资产置换和发行股份购买资产两部分组成，且这两部分互为条件、同时进行。具体来说，中原特钢通过资产置换和发行股份购买资产的方式获得中粮集团持有的中粮资本 64.51%股权，并向中粮资本其他股东发行股份购买其余 35.49%股权，交易后累计取得中粮资本 100%股权。以 2017 年 9 月 30 日为评估基准日，中原特钢置出资产的评估值为 166 154.61 万元，较账面值 153 817.16 万元增值 8.02%；中粮资本 100%股东全部权益评估价值为 2 118 567.61万元，较账面价值 1 450 911.72 万元增值 46.02%。

（一）重大资产置换

中原特钢以其持有的截至 2017 年 9 月 30 日经评估的全部资产及负债与中粮集团持有的截至 2017 年 9 月 30 日经评估的中粮资本 64.51%股权的等值部分进行置换，中原特钢置出资产由中粮集团承接。中原特钢将其持有的除河南中原特钢装备制造有限公司（以下简称“特钢装备”）100%股权外的其他资产及负债注入特钢装备，于本次交易实施时，将其持有的特钢装备 100%股权作为置出资产完成交付。

（二）发行股份购买资产

中粮资本 64.51%股权经上述资产置换后的差额部分由中原特钢向中粮集团发行股份购买。同时，中原特钢向弘毅弘量（深圳）股权投资基金合伙企业（以下简称“弘毅弘量”）、广东温氏投资有限公司（以下简称“温氏投资”）、北京首农食品集团有限公司（以下简称“首农食品集团”）、中国国有企业结构调整基金股份有限公司（以下简称“结构调整基金”）、宁波梅山保税港区雾繁投资管理合伙企业（以下简称“宁波雾繁”）、中国航发资产管理有限公司（以下简称“航发资产”）、上海国际集团资产管理有限公司（以下简称“上海国际资管”）发行股份购买其合计持有的中粮资本 35.49%股权。

本次发行价格原先确定为 11.69 元/股，不低于定价基准日前 120 个交易日中原特钢股票交易均价的 90%，后为应对二级市场股价波动对重组可能带来的不利影响，并保护交易双方利益，根据《重组管理办法》相关规定，本次股票发行价格调整为调价基准日前20日交易均价的90%,即10.84元/股。

中原特钢拟向交易对方发行股份支付交易对价约1 952 413万元,约占注入资产交易价格2 118 567.61万元的92.16%。中原特钢本次交易资产置换及发行股份购买资产具体情况如表8所示。

表8 中原特钢资产置换及发行股份购买资产具体情况

序号	交易对方	出资比例	交易价格(万元)	资产置换(万元)	股份支付(万元)	股份支付(股)
1	中粮集团	64.51%	1 366 606.88	166 154.61	1 200 452.27	1 107 428 293
2	弘毅弘量	9.26%	196 163.67	—	196 163.67	180 962 793
3	温氏投资	5.14%	108 979.81	—	108 979.81	100 534 883
4	首农食品集团	4.63%	98 081.83	—	98 081.83	90 481 396
5	结构调整基金	4.12%	87 183.86	—	87 183.86	80 427 911
6	宁波雾繁	4.12%	87 183.85	—	87 183.85	80 427 908
7	航发资产	4.12%	87 183.85	—	87 183.85	80 427 908
8	上海国际资管	4.12%	87 183.85	—	87 183.85	80 427 906
合计		100%	2 118 567.61	166 154.61	1 952 413	1 801 118 998

本次交易构成重大资产重组、关联交易,但不构成重组上市。交易完成后,中原特钢的控股股东仍为中粮集团,实际控制人仍为国务院国资委。交易完成前后中原特钢股权结构变化情况如表9所示。

表9 交易完成前后中原特钢股权结构变化情况

股东	本次交易前		本次交易后	
	持股数量(万股)	持股比例	持股数量(万股)	持股比例
中粮集团	33 911.51	67.42%	144 654.34	62.78%
弘毅弘量	—	—	18 096.28	7.85%
温氏投资	—	—	10 053.49	4.36%
首农食品集团	—	—	9 048.14	3.93%
结构调整基金	—	—	8 042.79	3.49%
宁波雾繁	—	—	8 042.79	3.49%
航发资产	—	—	8 042.79	3.49%
上海国际资管	—	—	8 042.79	3.49%
南方工业资产	5 394.91	10.73%	5 394.91	2.34%
其他股东	10 992.23	21.85%	10 992.23	4.78%
合计	50 298.66	100%	230 410.56	100%

四、案例评论

(一) 钢铁换金融,中原特钢或将凤凰涅槃

本次交易完成前,中原特钢主要从事以高品质特殊钢材料为基础的工业专用装备和高品质特殊钢坯料的研发、生产、销售和服务,虽然在中高端产品领域具备一定的技术门槛、品牌效应与核心竞争力,但面对钢铁产业产能过剩的大趋势,中原特钢的经营状况依旧欠佳。

具体来看,由于中原特钢上游废钢、铁合金、镍、铝等有色金属行业去产能稳步推进,行业集中度和议价能力逐渐提高,价格相应提升,下游军工、石油、化工、能源、冶金、机械制造等行业景气度低迷,采购意愿和需求较弱,中原特钢近几年经营状况面临较大困难,2014 年、2015 两年连续亏损,2016 年实现微利,2017 年亏损 2.58 亿元。

本次交易完成后,随着钢铁资产的置出以及标的资产的注入,中原特钢将不仅持有中粮资本 100%股权,还将间接持有中粮资本下属相关金融企业股权,如中粮信托 76.01%股权、中粮期货 65%股权、中英人寿 50%股权等;中原特钢的业务范围将涵盖信托、期货、保险、银行等,成为以农业金融为特色的投资控股平台。而与中原特钢的原先资产相比,将要注入的中粮资本的经营状况也更为优异,2015 年至 2017 年,中粮资本实现的归属母公司净利润分别约为 6.62 亿元、8.6 亿元、10.94 亿元。现金流方面,中粮资本 2017 年经营活动产生的现金流量净额为 11.81 亿元,有着充沛的造血能力。

通过本次钢铁换金融的重组,中原特钢的财务状况和经营业绩将得到彻底改变,持续经营能力和盈利能力也将获得提升,中原特钢或将迎来“凤凰涅槃”。

(二) 中粮资本曲线上市,农业金融第一股

中粮资本是中粮集团旗下金融业务的专业化平台,立足于集团产业链,利用农地金融、供应链金融、消费金融,整合资产管理和财富管理资源,促进产融协同、服务三农,通过控股中粮信托、中粮期货、中英人寿、中粮资本(香港),参股龙江银行等金融机构,经营信托、期货、保险、银行等业务,成为以农业金融为特色的投资控股平台。

2016年以来,中粮集团开始大幅转型。中粮集团曾表示将以“混改、先导、上市”为三大目标,积极稳妥地推进混合所有制,引入战略投资,优化企业治理,实现上市发展。此次“钢铁换金融”计划,也是中粮集团资产整体上市的一部分。通过将中粮资本装入中原特钢,实现中粮资本的曲线上市。

与资本市场对接能够使中粮资本建立持续资本补充机制,有利于扩大业务规模,提升整体竞争力,并且能够通过规范的上市公司治理结构、透明的信息披露约束体系、市场化的考核激励机制等多种途径提升市场化经营水平。从而更有利于发挥中粮资本在产融特色方面的独特竞争优势,实现金融与产业资源的有效对接,更好地服务于中粮集团全球化农业产业链布局,推动中粮集团产业系统发展。

此外,我国农业金融发展一直较为滞后,飞速增长的现代农业需求与贫乏的涉农产品形成了鲜明的对比。近年来我国也相继出台一系列针对农业金融的支持鼓励政策,如《全国农村经济发展“十三五”规划》、《中共中央关于实施乡村振兴战略的意见》等,诸多文件皆强调金融对于农村、农业发展的重要性。通过本次重组上市,中粮资本将成为我国农业金融第一股,填补我国资本市场农业金融概念的空白,有利于我国农业金融的发展。

(三) 优化资源配置,巩固混改成果,国企改革新典范

本次重组的另一个特点是,中原特钢在重组前不久才归属于中粮集团。2018年3月,中原特钢控股股东中国南方工业集团公司将其持有的中原特钢67.42%股权无偿划转至中粮集团,而本次交易又助力中粮集团将中粮资本装入中原特钢以实现上市,贯彻了中央关于供给侧结构性改革的部署要求,落实了国家“三去一降一补”重点任务。这在优化央企内部资源配置、加快产能过剩行业兼并重组、做强做优做大国有企业、助力企业提质增效、建立优质上市公司平台等方面都具有重要意义。本次并购交易是国有企业改革的一个新典范。

同时,此次交易也巩固了中粮资本的混改成果。中粮资本是国家发改委批复的混合所有制改革试点企业之一,2017年中粮资本通过北京产权交易所公开挂牌的方式顺利引入了温氏投资、弘毅弘量等7名战略投资人,募集资金69亿元。引入上述投资者后,中粮集团持有中粮资本股份的比例从100%降至64.51%,并改选董事会、监事会,实现了股权多元化,完善了公司治理结构。本

次资产置换及发行股份购买资产后，中粮资本的战略投资人将成为中原特钢股东，中原特钢股权结构将进一步多元化。规范的监督管理制度和透明的信息披露制度也有利于巩固和发展中粮资本混合所有制改革的成果。

五、市场表现(002423)

中原特钢交易前后股价变动情况见图 15。

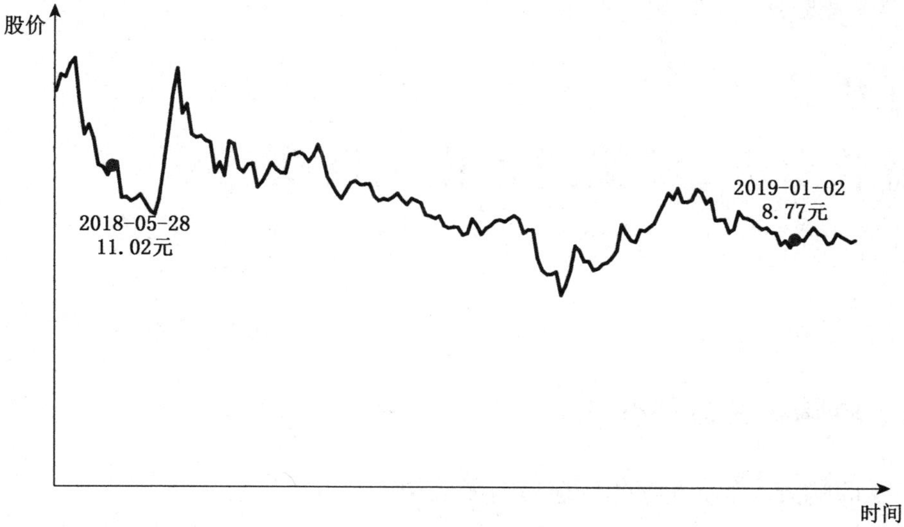

图 15　中原特钢交易前后股价走势

600309

万华化学：吸收合并，成就国企化工巨头

一、收购相关方简介

(一) 收购方：万华化学集团股份有限公司

万华化学集团股份有限公司(以下简称“万华化学”)于 1998 年 12 月 19 日由烟台万华合成革集团有限公司、烟台东方电子信息产业集团有限公司、烟台冰轮股份有限公司、烟台氨纶集团有限公司和红塔兴业投资有限公司以共同发起的方式设立，并于 2000 年由证监会批准，在 2001 年 1 月 5 日于上海证券交易所挂牌上市。

万华化学专注于化学原料及化学制品制造业，其主营业务为聚氨(MDI、TDI、多元醇)，丙烯及其下游丙烯酸、环氧丙烷等系列石化产品 SAP、TPU、PC、PMMA、有机胺、ADI、水性涂料等精细化学品及新材料的研发、生产和销售。通过 30 余年的发展与进步，目前万华化学成为全球八家掌握 MDI 制造核心技术的企业之一。其 MDI 产能达到 180 万吨，总产能位居世界第二，是全球 MDI 行业排名前列的综合性化学企业集团。

（二）收购标的：烟台万华化工有限公司

烟台万华化工有限公司(以下简称“万华化工”)成立于2018年1月,是万华实业集团有限公司(以下简称“万华实业”)实施存续分立后新设的公司,其前身为万华实业以及万华华信。其中万华华信成立于2001年10月29日,并于2008年1月28日将公司名称“烟台万华华信合成革有限公司”变更为“万华实业集团有限公司”。本次收购前,万华化工的实际控制人为烟台市人民政府国有资产监督管理委员会,控股股东为烟台国丰投资控股有限公司。

万华化工是一家持股性公司,不从事具体的生产经营业务,主要通过下属子公司万华化学,含万华化学(宁波)有限公司、宝思德化学公司(以下简称“BC公司”),开展化工产品的研发、生产与销售业务。目前万华化工旗下主要有聚氨酯产品、石化系列产品以及精细化学品三大业务板块。

二、收购事件一览

- 2018年5月9日,万华化学召开第七届董事会2018年第六次临时会议,审议通过本次吸收合并预案相关的议案。
- 2018年6月29日,万华化学召开第七届董事会2018年第九次临时会议,审议通过本次吸收合并草案相关的议案。
- 2018年6月29日,山东省国资委下发《关于万华化学集团股份有限公司重大资产重组及非公开发行股份有关问题的批复》(鲁国资产权字〔2018〕28号),核准本次吸收合并方案。
- 2018年7月9日,万华化学召开2018年职工代表大会,审议通过关于职工安置方案的议案。
- 2018年7月19日,万华化学召开2018年第三次临时股东大会,审议通过本次吸收合并方案。
- 2018年9月13日,万华化学收到中国证券监督管理委员会核发的《关于核准万华化学集团股份有限公司向烟台国丰投资控股有限公司等发行股份吸收合并烟台万华化工有限公司的批复》(证监许可〔2018〕1449号)。

三、收购方案

本次吸收合并的交易对方为烟台国丰投资控股有限公司(以下简称“国丰投资”)、合成国际有限公司(以下简称“合成国际”)、烟台中诚投资股份有限公司(以下简称“中诚投资”)、深圳市中凯信创业投资股份有限公司(以下简称“中凯信”)、北京德杰汇通科技有限公司(以下简称“德杰汇通”)。其中国丰投资为万华化学实际控制人——烟台市国资委下属的国有独资公司,因此本次吸收合并构成关联交易。本次重大资产重组交易主要由万华化学通过向交易对方发行A股股份来支付本次吸收合并的全部对价,不涉及现金支付。

本次并购重组中,万华化学拟向万华化工全体股东国丰投资、合成国际、中诚投资、中凯信、德杰汇通通过发行股份的方式吸收合并万华化工。本次交易完成后,万华化学为存续方,将承继及承接万华化工的全部资产、负债、合同及其他一切权利与义务;万华化工将注销法人资格,万华化工持有的万华化学股份将被注销,万华化工的股东将成为万华化学的股东。本次发行股份情况如表10所示。

表10 万华化学向交易对方发行股份数量情况

序号	交易对方	交易价格(万元)	股份支付(万元)	股份支付(股)
1	国丰投资	2 062 437.84	2 062 437.84	677 764 654
2	合成国际	1 022 576.91	1 022 576.91	336 042 361
3	中诚投资	1 005 345.11	1 005 345.11	330 379 594
4	中凯信	918 402.83	918 402.83	301 808 357
5	德杰汇通	212 995.52	212 995.52	69 995 240
合计		5 221 758.20	5 221 758.20	1 715 990 206

本次交易以2018年1月31日为评估基准日,万华化工100%股权的净资产价值为211 100.87万元、评估值为5 221 758.20万元,评估增值23.74%。基于上述评估结果,经交易各方协商一致,本次吸收合并的对价为万华化工截至评估基准日的评估值,即5 221 758.20万元。

本次交易发行股份的定价基准日为万华化学审议本次吸收合并方案的首次董事会决议公告日,每股发行价格确定为30.43元,按照万华化工100%股权的评估值5 221 758.20万元,合计发行股份数量为1 715 990 206股。本次交易后万华化工持有的万华化学1 310 256 380股股票将被注销,因此本次交易后实际新增投份数量为 405 733 826 股，本次交易前后万华化学的股权结构如表 11 所示。

表 11 交易完成前后万华化学股权结构变化情况

段东名称	本次交易前		本次交易后(不考虑现金选择权)	
	持股数量(万股)	持股比例	持股数量(万股)	持股比例
万华化工	1 310 256 380	47.92%	—	—
国丰投资	—	—	677 764 654	21.59%
合成国际	—	—	336 042 361	10.70%
中诚投资	—	—	330 379 594	10.52%
中凯信	—	—	301 808 357	9.61%
德杰汇通	—	—	69 995 240	2.23%
其他股东	1 423 756 420	52.08%	1 423 756 420	45.35%
合计	2 734 012 800	100%	3 139 746 626	100%

本次交易完成后，万华化学的控股股东变更为国丰投资，实际控制人仍为烟台市国资委，万华化学的实际控制人未发生变更。

四、案例评论

(一) 紧跟“一带一路”，实现全球布局

2013 年 9 月和 10 月，共建“丝绸之路经济带”和“21 世纪海上丝绸之路”的重大倡议被首次提出，国家各部门开始为打造海外新经济带积极准备；2015 年 3 月，《推动共建丝绸之路经济带和 21 世纪海上丝绸之路的愿景与行动》发布，“丝绸之路”建设提上日程；2015 年 6 月，中国政府与匈牙利政府签署“一带一路”谅解备忘录，欧洲方向的“一带一路”建设进程正式启动，匈牙利成为第一个与中国签署“一带一路”相关备忘录的欧洲国家。也正因如此，在“一带一路”进程中与匈牙利之间的经济合作也被赋予了重要的历史意义。

在本次并购交易中，万华化工的主营业务是由子公司完成的，其中非常重要的一部分就是来自 BorsodChem Private Company Limited by Shares(以下简称“匈牙利 BC 公司”)。匈牙利 BC 公司是东欧最大的 MDI 和 TDI 制造商，业务范围涵盖欧洲、中东及非洲地区。在 2011 年 1 月，万华化工收购匈牙利 BC 公

司,这一举动成为中国在东欧地区最大的投资项目。由此可知,匈牙利 BC 公司的规模及其在东欧的行业地位都是非常靠前的。万华化学通过吸收合并万华化工,等同于间接拥有了匈牙利 BC 公司的控制权,满足了国家"一带一路"发展倡议的需要。同时,万华化学与匈牙利 BC 公司的主营业务均为 MDI 以及 TDI 的制造,它们两者的结合可以进一步扩大万华化学 MDI、TDI 的生产规模,稳固万华化学的行业龙头地位,而匈牙利 BC 公司在东欧当地的行业地位也为万华化学开拓海外市场奠定了基础,助力实现由中国万华向世界万华的转变。

在本次合并完成后,匈牙利 BC 公司将成为万华化学的子公司,并将纳入整体战略布局,万华化学也将成为全球第一大 MDI 供应商,并将实现在亚洲、欧洲和美洲三大主要市场均建有生产基地的布局,从而实现全球化、跨洲际联动的生产和运营,更好地与跨国行业巨头展开竞争,更好地应对全球化工行业集中度上升、竞争加剧的局面。

(二) 国有制改革,强劲企业实力

万华化学与万华化工均是由烟台市国资委控制的两家公司,此次万华化学吸收合并万华化工,也是国有资产优化的体现,能够大大提高国有资产的证券化率。

在万华化学与万华化工未合并之前,两家公司在市场上处于同行业相互竞争的地位,彼此之间在资金、技术、市场信息等资源的共享方面有着严格的限制。通过此次合并,能够有效地打破石油化工行业内部"两虎相争"的局面,减少同业竞争,提高国有资金的利用效率,增强合并后万华化学的盈利能力。

目前,在石油化工生产与加工行业上,我国存在着产能过剩、产品低端化、同质化等问题,且生产制造所需要的高品质、精细化石油化工产品对进口依赖依旧十分严重。据石化联合会数据显示,2012 年至 2016 年间,我国石化行业平均贸易逆差达到了 2 600 余亿美元,其中较大需求缺口主要出现在高附加值精细化学品上,以上的迹象表明我国石油化工产业亟待转型升级。此次交易,融合了全球第二大 MDI 生产商——万华化学与东欧最大 MDI 制造商——匈牙利 BC 公司的生产与研发能力,这不仅有助于两家公司在专业技术领域实现更好的沟通,甚至还有助于加速整个石油化工行业转型升级的进程。企业规模的扩大也使得万华化学有更加充足的资金与更为强烈的动机去寻求工业技术的提升与改进。

此外，有关数据显示，国内目前 MDI 主要用于冰箱领域，占比高达 45%，远超全球 12%的水平。因此，在冰箱以及冷链物流对制冷设施的需求越来越大的今天，进一步扩大万华化学的企业规模有利于实现盈利增长的目标。

（三）合并优良资产，解决同业竞争

本次交易是由万华化学向万华化工全体股东以发行股份的方式购买万华化工 100%的股权。交易完成后，万华化工并入万华化学，不再具有独立法人资格，而万华化学将作为存续方，承继及承接万华化工的全部资产、负债及其他义务。此次交易的金额高达 522 亿元，是 2018 年 A 股市场重要的“航母级”百亿元并购之一。而且此次的交易从 5 月 10 日发布交易预案到 9 月 6 日最终获得证监会核准，仅耗时 4 个月。巨大的交易体量却能够在短时间内通过审核，这从侧面证实了此次交易的优质性。

而本次万华化学之所以吸收合并万华化工，主要目的在于把万华化工持有的匈牙利 BC 公司以及其他化工相关的业务注入公司。而万华化工当时对匈牙利 BC 公司的收购操作也可圈可点。匈牙利 BC 公司被万华化工收购时，正深陷 2008 年的金融危机，其价值被大幅低估。万华化工在首次提出收购意向被拒绝后，采取了曲线救国策略，将匈牙利 BC 公司收入囊中。万华化工一开始以 25%的面值，收购了匈牙利 BC 公司发行在外的大部分夹层债务，获得了对债务重组的重要发言权。随后万华实业通过参与债务重组协议的制定，将夹层债转换为匈牙利 BC 公司 38.1%的股权，同时获得了买入期权，可按固定价格购买匈牙利 BC 公司的控股公司 First Chemical Holding Vagyonkezelö Kft.（以下简称“FCH 公司”）57.9%股权。2011 年，万华实业行使买入期权，通过银行借款等方式筹集资金 12.63 亿欧元，购买 FCH 公司的股权，对匈牙利 BC 公司进行增持，此次交易后万华实业拥有了匈牙利 BC 公司 96%的股份。最后，万华实业再次增持，对匈牙利 BC 的持股比例升至 100%，实现了对匈牙利 BC 公司的全资控股。

然而匈牙利 BC 公司在被万华化工收购后的几年内，经营业绩都不尽如人意，其 2011 年至 2014 年公司资产负债率分别为 90.2%、95.8%、97.6%、96.4%，负债率极高，同时还和万华化工的另一子公司万华化学存在同业竞争的问题。2016 年后，市场形势转变，受行业周期性因素和竞争对手投产不及预期的影响，匈牙利 BC 公司的主要产品 TDI 和 MDI 的价格持续上涨，盈利状况大幅改善，

万华化工认为匈牙利 BC 公司的经营能力及经营环境已经发生了根本性的变化,于是便开始计划后续的经营操作,决定在 2018 年 9 月 21 日之前以合并方式解决与万华化学的同业竞争问题,从而诞生了这次巨额的吸收合并交易。

五、市场表现(600309)

万华化学交易前后股价变动情况见图 16。

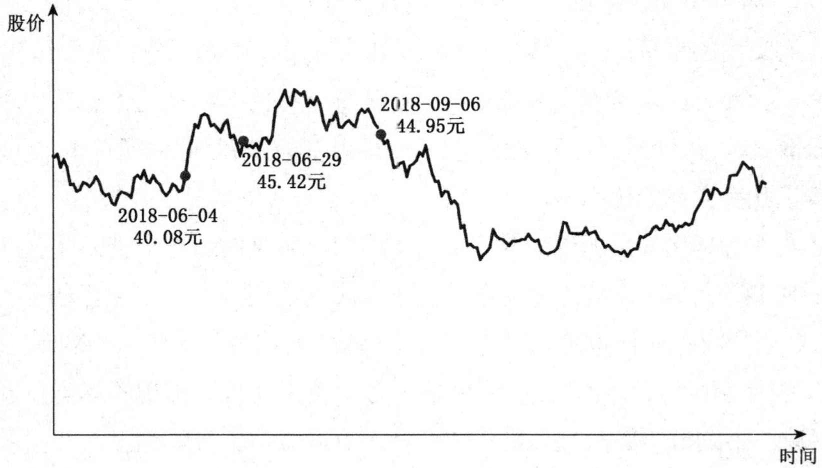

图 16　万华化学交易前后股价走势

第二辑　产业链整合并购

000703
恒逸石化：
整合破产标的，快速投产扩产能

一、收购相关方简介

（一）收购方：恒逸石化股份有限公司

恒逸石化股份有限公司（以下简称“恒逸石化”）的前身是“北海四川国际经济开发招商中心（股份）有限公司”，1997年于深交所上市。2011年5月，实施重大资产重组后，公司名称由“世纪光华科技股份有限公司”正式变更为“恒逸石化股份有限公司”。

恒逸石化以石化、化纤产业为核心业务，石化金融、石化贸易为成长业务，化纤产业大数据、智能制造和互联网营销为新兴业务，初步形成“石化+”多层次立体产业布局，其主要产品包括PTA、聚酯切片、聚酯瓶片以及POY、FDY、DTY等产品。截至目前，恒逸石化的控股股东为恒逸集团，实际控制人为邱建林先生。

（二）收购标的：嘉兴逸鹏化纤有限公司、太仓逸枫化纤有限公司、浙江双兔新材料有限公司

1. 嘉兴逸鹏化纤有限公司

嘉兴逸鹏化纤有限公司（以下简称“嘉兴逸鹏”）成立于 2017 年 3 月 1 日，为浙江恒逸集团有限公司（以下简称“恒逸集团”）与杭州河广投资管理合伙企业（有限合伙）（以下简称“河广投资”）为参与浙江龙腾科技发展有限公司（以下简称“龙腾科技”）破产资产的拍卖以现金方式出资设立的企业，注册资本为 80 000 万元，其中，河广投资为恒逸集团作为有限合伙人参与设立的并购基金。股权转让后，恒逸集团持有嘉兴逸鹏 100%股权。

2017 年 3 月，嘉兴逸鹏以 7.22 亿元竞拍取得嘉兴市秀洲工业区洪业路 1288 号土地使用权、厂房、辅助用房、机器设备等资产，这些资产原为龙腾科技所有。成立于 2003 年的龙腾科技原主营业务为差别化化学纤维的生产和销售，因经营不善，于 2015 年 8 月 5 日起全面停产。嘉兴逸鹏收购该破产拍卖资产后，经过整修、管理团队的组建、业务发展的规划、销售市场的开拓、资产权证的办理等一系列准备工作，于 2017 年 5 月投产，2017 年 5 月至 12 月实现营业收入 107 144 万元、净利润 8 230 万元。

2. 太仓逸枫化纤有限公司

太仓逸枫化纤有限公司（以下简称“太仓逸枫”）成立于 2017 年 5 月 19 日，为恒逸集团为参与江苏明辉化纤科技股份有限公司（以下简称“明辉科技”）破产资产的拍卖以现金方式出资设立的企业，注册资本为 5 000 万元。太仓逸枫的控股股东为恒逸集团，实际控制人为邱建林先生。

2017 年 8 月，太仓逸枫以 7.71 亿元竞拍取得明辉科技名下资产。成立于 2010 年的明辉科技原主营业务为差别化化学纤维的生产和销售，因经营不善，于 2015 年 9 月停产。太仓逸枫自设立并收购破产拍卖资产后，经过一系列准备工作，于 2017 年 9 月投产，2017 年 9 月至 12 月实现营业收入 45 686 万元、净利润 1 811 万元。

3. 浙江双兔新材料有限公司

浙江双兔新材料有限公司（以下简称“双兔新材料”）于 2010 年 11 月 26 日成立。兴惠化纤集团有限公司（以下简称“兴惠化纤”）、富丽达集团控股有限公司（以下简称“富丽达集团”）分别持有双兔新材料 50%股权，对其实施共同控

制。双兔新材料主要从事民用涤纶长丝及纤维级聚酯切片的生产和销售，产品主要为FDY、POY和纤维级聚酯切片。

（三）关联控股方：浙江恒逸集团有限公司

浙江恒逸集团有限公司（以下简称“恒逸集团”）始创于1974年，1994年10月18日正式组建集团公司，现已发展成为一家专业从事石油化工与化纤原料生产的现代大型民营企业。恒逸集团主要通过子公司恒逸石化从事PTA、CPL、聚酯切片、聚酯瓶片、POY、FDY、DTY等石化产品的生产和销售。恒逸集团连续多年跻身于中国企业500强、中国制造业500强、浙江省百强企业的行列。2018年度，恒逸集团实现工业总产值1 479.70亿元，同比增长38.09%；利润总额24.43亿元，同比增长19.77%。

二、收购事件一览

- 2018年1月5日，恒逸石化因筹划发行股份购买资产事项开始停牌。
- 2018年3月13日，恒逸石化召开第十届董事会第九次会议，审议通过本次重组预案及相关议案。
- 2018年4月2日，恒逸石化第十届董事会第十次会议审议通过《关于调整本次发行股份购买资产并募集配套资金暨关联交易方案的议案》等相关议案。
- 2018年5月4日，恒逸石化召开第十届董事会第十四次会议，审议通过本次重组报告书及相关议案。
- 2018年5月21日，恒逸石化召开2018年第四次临时股东大会，审议通过本次重组报告书及相关议案。
- 2018年8月29日，恒逸石化第十届董事会第十八次会议审议通过更新后的重组报告书及相关议案。
- 2018年10月15日，恒逸石化召开第十届董事会第二十次会议，审议通过《关于取消〈公司发行股份购买资产并募集配套资金暨关联交易方案〉中发行股份价格调整方案的议案》及相关议案。
- 2018年11月1日，本次发行股份购买资产暨关联交易事项获得中国证监会上市公司并购重组审核委员会审核无条件通过。

● 2018 年 11 月 27 日，恒逸石化收到中国证监会《关于核准恒逸石化股份有限公司向浙江恒逸集团有限公司等发行股份购买资产并募集配套资金的批复》。

● 2018 年 12 月 6 日，随着太仓逸枫 100%股权变更登记至恒逸石化名下，本次交易标的资产的过户手续已全部办理完成，恒逸石化持有嘉兴逸鹏、太仓逸枫和双兔新材料 100%的股权。

三、收购方案

本次并购交易主要由两部分构成，一是发行股份购买资产；二是发行股份募集配套资金，且募集配套资金以发行股份购买资产为前提条件，但最终配套融资成功与否不影响本次发行股份购买资产行为的实施。本次交易不属于重大资产重组，由于交易对方之一恒逸集团是上市公司恒逸石化的控股股东，本次交易构成关联交易。

(一) 发行股份购买资产

恒逸石化以发行股份的方式购买恒逸集团所持嘉兴逸鹏 100%股权和太仓逸枫 100%股权、购买富丽达集团和兴惠化纤合计持有双兔新材料 100%股权。

本次标的资产的评估基准日为 2017 年 12 月 31 日，选取收益法评估结果作为本次评估结论。嘉兴逸鹏、太仓逸枫和双兔新材料的账面净资产分别为 87 995.39 万元、78 911.15 万元和 135 629.03 万元，相应地，这三个标的资产 100%股权的评估值分别为 133 709.40 万元、106 143.50 万元和 210 686.14 万元，增值率分别为 51.95%、34.51%和 55.34%。据此，经交易各方协商，嘉兴逸鹏 100%股权、太仓逸枫 100%股权和双兔新材料 100%股权最终交易价格分别为 133 000 万元、106 000 万元和 210 500 万元，合计为 44.95 亿元。

本次发行股份购买资产的定价基准日为恒逸石化第十届董事会第十次会议决议公告日(即 2018 年 4 月 3 日)，经交易各方协商，本次发行股份购买资产的价格采用定价基准日前 20 个交易日公司股票交易均价作为市场参考价，最终确定为 19.81 元/股。由于恒逸石化 2017 年度股东大会审议通过了每 10 股派发 2 元现金并转增 4 股的权益分派方案，并于 2018 年 5 月 24 日进行除权除息的决定，本次发行股份购买资产的发行价格相应调整为14.01元/股。按照该发行价格计算，本次交易恒逸石化拟向恒逸集团、富丽达集团及兴惠化纤三名交易对方合计发行股份320 842 253股，占发行后上市公司总股本的12.21%(不含配套融资发行股份数量)。

(二) 发行股份募集配套资金

恒逸石化采用询价方式向不超过10名符合条件的特定投资者非公开发行股份募集配套资金，募资总额不超过30亿元，不超过本次交易中以发行股份方式购买资产的交易价格的100%，且募集配套资金发行股份数量不超过本次发行前恒逸石化总股本的20%。

本次募集资金的发行价格为13.80元/股，配售数量213 768 115股，募集资金总额为29.5亿元，募集的配套资金在扣除中介费用及相关税费后，将用于由嘉兴逸鹏实施的“年产50万吨差别化功能性纤维提升改造项目”、“智能化升级改造项目”和“差别化纤维节能降耗提升改造项目”及太仓逸枫实施的“年产25万吨环保功能性纤维升级改造项目(二期)”和“智能化升级改造项目”。

不考虑募集配套资金对公司股本的影响，交易完成前后恒逸石化主要股东的持股变化情况如表12所示(根据截至2018年6月30日股权结构情况统计)。

表12 交易完成前后恒逸石化股权结构变化情况

股东名称	本次交易前		本次交易后（不考虑配套融资）	
	持股数量（万股）	占比	持股数量（万股）	占比
恒逸集团	95 797.60	41.51%	112 856.84	42.93%
恒逸投资	19 718.31	8.54%	19 718.31	7.50%
富丽达集团	—	—	7 512.49	2.86%
兴惠化纤	—	—	7 512.49	2.86%
项兴富及其其他关联方	2 081.75	0.90%	2 081.75	0.79%
其他股东	113 181.75	49.04%	113 181.75	43.06%
合计	230 779.41	100%	262 863.64	100%

注：项兴富为本次交易对方之一兴惠化纤的实际控制人

本次交易前，恒逸集团持有恒逸石化41.51%股权，为恒逸石化的控股股东；

邱建林先生通过与家族成员的一致行动安排实际控制恒逸集团84.77%股权，进而通过恒逸集团及杭州恒逸投资有限公司（以下简称“恒逸投资”）（恒逸投资直接持有恒逸石化8.54%的股权）控制恒逸石化50.05%股权，系恒逸石化的实际控制人。

本次交易完成后，在不考虑募集配套资金的情况下，恒逸集团将持有恒逸石化42.93%的股权，邱建林先生通过恒逸集团及恒逸投资控制恒逸石化50.43%的股权，仍为恒逸石化的实际控制人。

四、案例评论

（一）并购扩充产能，完善产业链布局

本次交易的收购方恒逸石化主要从事PTA和聚酯纤维的生产与销售，聚酯纤维属于恒逸石化现有产业链的后端业务。而本次交易三个标的公司的主营业务均为民用涤纶长丝（涤纶又称聚酯纤维）及纤维级聚酯切片的生产和销售。其中，嘉兴逸鹏主要生产设备为收购龙腾科技整体资产取得，具备年产20万吨差别化纤维的生产能力；太仓逸枫主要生产设备为收购明辉科技整体资产取得，现有一条年产24.5万吨聚酯熔体直纺生产线；双兔新材料拥有年产100万吨差别化聚酯纤维的生产能力。这三家标的公司涤纶长丝产能合计约为144.5万吨/年，占2017年行业总产能的4.10%。因此，本次收购完成后，恒逸石化将增加聚酯纤维产能144.5万吨/年，其产能规模将获得极大增长。并购募集到的配套资金也将被用于恒逸石化现有聚酯纤维产能的升级改造中，进一步扩大主营业务规模、增强市场影响力。

由于涤纶长丝行业的上游为石化领域，下游衔接纺织服装，受到原油价格、棉花价格与终端消费的影响较大，行业盈利能力具有明显周期性。为增强公司抵御行业周期性波动风险的能力，恒逸石化正努力完善其产业结构和产业分布，此前已投资了文莱PMB石油化工项目，实现了向产业链上游的延伸，而此次并购旨在推进石化化纤产业链向下游延伸。恒逸石化现参控股PTA产能1 350万吨，并购新增的聚酯纤维产能有利于提升PTA产能在自身产业链内部消化的比例，也进一步降低了上游炼化项目投产的运营风险。从整体上，恒逸石化通过并购整合部分优质聚酯纤维资产，有效地完善其产业结构并进一步提升公司的综

合竞争力。

此外，本次交易也从侧面反映出涤纶长丝行业的集中度正在逐步提升。由于涤纶行业盈利性受上游原材料价格波动影响较大，小型企业在技术创新与风险抵御能力方面均处于劣势，在市场周期中被逐渐淘汰是必然的趋势。随着聚酯纤维技术的成熟与落后产能的不断淘汰，涤纶长丝产能将向行业领先企业进一步集中，恒逸石化在当前选择扩大产能并延伸产业链，是符合该行业发展趋势的一种战略思路。

（二）整合能力强大，迅速盘活破产资产

值得注意的是，本次并购的三个标的公司中嘉兴逸鹏与太仓逸枫的主要资产均来自破产拍卖，且并购总价近 45 亿元，金额较高。对此，深圳证券交易所也曾就标的资产的具体情况和可能存在的风险等问题向恒逸石化发出问询函。

嘉兴逸鹏和太仓逸枫均为恒逸集团及其参与设立的产业并购投资基金为参与破产资产拍卖提前设立的子公司。嘉兴逸鹏拍下的厂房、机器设备等资产原为龙腾科技所有，以起拍价 7.22 亿元拍得。太仓逸枫拍下的房屋建筑物、设备等资产原为明辉科技所有，以 7.71 亿元竞拍取得。

嘉兴逸鹏和太仓逸枫在竞拍取得破产资产后，依托恒逸集团的资源和资金实力，迅速进行整合，完成管理团队组建、机器设备检修等系列工作，分别于 2017 年 5 月和 9 月重新投产，投产后经营稳定并取得良好的业绩，充分体现了恒逸集团强大的资产整合能力和管理效率。同时，这些破产资产在复产后拥有较高的盈利能力也得益于原明辉科技和龙腾科技的机器设备属于行业内较为先进的设备，其本身具备一定的产能规模，并购后注入资本可以实现资产的快速盘活。

而本次并购交易的另一标的企业双兔新材料则是恒逸石化的原重要客户，双方具有长期的合作关系。因此，恒逸石化在收购完成后有能力对三家标的企业进行快速整合，在较短时间内盘活资产，重新投产，提升盈利能力，最终达到并购扩大产能的战略目标。

五、市场表现（000703）

恒逸石化交易前后股价变动情况见图 17。

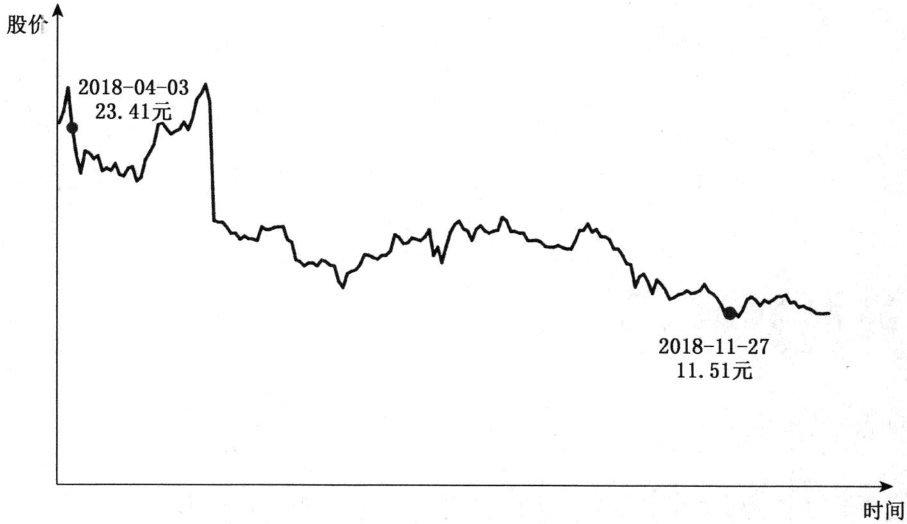

图 17　恒逸石化交易前后股价走势

000967

盈峰环境：连环并购，打造国内环保巨头企业

一、收购相关方简介

（一）收购方：盈峰环境科技集团股份有限公司

盈峰环境科技集团股份有限公司(以下简称“盈峰环境”)原名为浙江上风实业股份有限公司，由浙江风机风冷设备公司为主发起人，联合上虞风机厂、绍兴市流体工程研究所于 1993 年共同发起设立，后于 2000 年 3 月在深交所上市。2015 年，盈峰环境实施战略转型升级，跨入环保领域，先后以 17 亿收购环境监测行业企业——宇星科技发展(深圳)有限公司(以下简称“宇星科技”)、以 1 亿控股固废发展平台——深圳市绿色东方环保有限公司(以下简称“绿色东方”)，并于 2016 年 3 月，正式更名盈峰环境科技集团股份有限公司。

盈峰环境的主营业务为环境监测仪器的研发、维修及运营服务，环境治理技术开发、咨询及服务等。盈峰环境是以环卫机器人为龙头的“高端装备制造 + 环境”综合服务商。截至目前，盈峰环境的控股股东为宁波盈峰资产管理有限公司(以下简称“宁波盈峰”)，实际控制人为何剑锋。

(二) 收购标的：长沙中联重科环境产业有限公司

长沙中联重科环境产业有限公司(以下简称“中联环境”)于2012年2月27日设立。2017年6月,中联环境的控股股东中联重科股份有限公司(以下简称“中联重科”)将环卫业务部门的业务和资产注入中联环境后,以人民币116亿元的价格把中联环境80%的股权转让给宁波盈峰资产管理有限公司(以下简称“宁波盈峰”)、弘创(深圳)投资中心(有限合伙)(以下简称“弘创投资”)、广州粤民投盈联投资合伙企业(有限合伙)(以下简称“粤民投盈联”)和上海绿联君和产业并购股权投资基金合伙企业(有限合伙)(以下简称“绿联君和”),其中宁波盈峰受让51%的股权。

中联环境是一家集环卫机械与环境装备等高新技术装备研发制造、环境项目投资运营为一体的全环境产业集团,经营规模与品牌影响力居于行业前列,并拥有完善的环卫机械产品线,能够为客户提供道路清扫保洁、垃圾收集转运、下水道市政养护、除冰雪等成套设备解决方案。中联环境主导和参与行业80%以上产品标准的制定,产品行业市场占有率连续18年位居全国第一。截至2017年底,中联环境100多个全环境治理运营服务项目遍布全国二十多个省份。

(三) 关联方：宁波盈峰资产管理有限公司

宁波盈峰资产管理有限公司(以下简称“宁波盈峰”)于2017年5月由盈峰投资控股集团有限公司(以下简称“盈峰控股”)全资设立,其主营业务为资产管理、实业投资、投资管理。宁波盈峰作为此次并购的交易对方,与收购方盈峰环境共同受盈峰控股最终控制。

二、收购事件一览

- 2018年5月18日,盈峰环境因筹划重大事项开始停牌。
- 2018年7月17日,盈峰环境召开第八届董事会第十八次临时会议,审议通过《盈峰环境科技集团股份有限公司发行股份购买资产暨关联交易(草案)》及相关议案。
- 2018年7月30日,盈峰环境第八届董事会第十九次临时会议审议通过

《盈峰环境科技集团股份有限公司发行股份购买资产暨关联交易(草案)修订稿》及相关议案。

● 2018 年 8 月 10 日,盈峰环境召开第八届董事会第二十次临时会议,审议修订《盈峰环境科技集团股份有限公司发行股份购买资产暨关联交易(草案)修订稿》的相关内容。

● 2018 年 8 月 15 日,盈峰环境召开 2018 年第三次临时股东大会审议通过《盈峰环境科技集团股份有限公司发行股份购买资产暨关联交易(草案)修订稿》及相关议案。

● 2018 年 9 月 28 日,盈峰环境第八届董事会第二十三次临时会议审议通过《关于公司与相关交易对方签署〈关于发行股份购买资产之盈利补偿协议补充协议(二)〉的议案》。

● 2018 年 10 月 24 日,盈峰环境发行股份购买资产暨关联交易事项获得中国证监会上市公司并购重组审核委员会审核有条件通过,盈峰环境股票自 10 月 25 日开市起复牌。

● 2018 年 11 月 26 日,根据中国证监会《关于核准盈峰环境科技集团股份有限公司向宁波盈峰资产管理有限公司等发行股份购买资产的批复》,本次重大资产重组获得中国证监会核准。根据本次交易的实际进展情况,盈峰环境对重组报告书进行了相应补充、修订和更新。

● 2018 年 11 月 29 日,本次交易之标的资产长沙中联重科环境产业有限公司 100%股权已完成过户手续及相关工商变更登记,成为盈峰环境的全资子公司。

三、收购方案

本次交易属于重大资产重组,同时,本次交易对方宁波盈峰为收购方盈峰环境控股股东盈峰控股控制的全资子公司,因此本次交易也构成关联交易。本次收购的方案为:盈峰环境通过发行股份的方式,购买宁波盈峰、中联重科、弘创投资、粤民投盈联、绿联君和、宁波盈太投资合伙企业(有限合伙)(以下简称“宁波盈太”)、宁波中峰投资合伙企业(有限合伙)(以下简称“宁波中峰”)、宁波联太投资合伙企业(有限合伙)(以下简称“宁波联太”)共 8 名交易对方合计持有的中联环境100%股权。

交易标的资产为中联环境100%股权，资产评估基准日为2018年4月30日，采用收益法进行评估，中联环境净资产账面价值为316 373.85万元，评估值为1 527 384.38万元，增值率为382.78%。经交易各方协商，标的资产交易价格确定为152.50亿元。

本次发行股份购买资产的定价基准日为盈峰环境首次审议本次交易相关议案的董事会决议公告日（即第八届董事会第十八次临时会议决议公告日）。发行价格按定价基准日前120个交易日盈峰环境股票交易均价作为市场参考价（8.5778元/股），考虑权益分派并对价格进行调整后，交易各方确认本次发行价格为7.64元/股。交易完成前后盈峰环境股权结构变化情况如表13所示。

表13　交易完成前后盈峰环境股权结构变化情况

股东名称	本次交易前		本次交易后	
	持股数量（万股）	股权比例	持股数量（万股）	股权比例
盈峰控股	35 959.98	30.814 3%	35 959.98	11.368 7%
ZG香港	10 955.67	9.388 0%	10 955.67	3.463 6%
太海联	7 205.66	6.174 6%	7 205.66	2.278 1%
何剑锋	6 351.47	5.442 6%	6 351.47	2.008 0%
宁波盈峰	—	—	101 799.74	32.183 9%
中联重科	—	—	39 921.47	12.621 1%
弘创投资	—	—	31 042.38	9.814 0%
粤民投盈联	—	—	7 984.29	2.524 2%
绿联君和	—	—	6 883.01	2.176 1%
宁波盈太	—	—	4 091.35	1.293 5%
宁波中峰	—	—	4 014.10	1.269 1%
宁波联太	—	—	3 870.98	1.223 8%
合计	60 472.77	51.819 5%	260 080.10	82.224 2%

本次交易完成后，盈峰环境将持有中联环境100%股权。何剑锋直接及间接合计持有上市公司股权比例为45.560 7%，仍为盈峰环境的实际控制人，本次

交易不会导致盈峰环境实际控制人发生变更。

四、案例评论

(一) 并购思路清晰,布局固废全产业链

本次并购标的方中联环境是国内专业化环卫装备的龙头企业和环卫运营服务的主要供应商之一。而收购方盈峰环境主营业务中的一个重要板块便是固废处置,包括垃圾焚烧、填埋、堆肥,污水、污泥处理和危废处理及回收等。通过此次152亿元全资收购中联环境,盈峰环境得以将中联环境的环卫装备业务、环卫一体化服务业务与自身的垃圾处理业务进行产业链上下游的协同串联,使盈峰环境现有的固废处理业务向环卫一体化服务领域快速延伸,实现"环卫装备—环卫服务—垃圾焚烧"固废全产业链的战略布局。

中联环境对自身的定位是城乡环卫一体化解决方案的提供商。近年来,中联环境积极研制新能源、智能环卫装备及智慧环卫云平台,努力提升技术竞争力。截至目前,中联环境已经拥有环卫智慧机器人、无人驾驶环卫车、智慧环卫云平台等系列智能环卫装备和物联网环卫系统。盈峰环境对其自身的定位则是以环卫机器人为龙头的"高端装备制造+环境"综合服务商。在并购完成后,盈峰环境和中联环境有望在技术上实现共享和互补,共同推进由环卫装备、环卫运营服务再到垃圾处理的全产业链技术体系,布局"智慧环卫",大力发展智能化、无人化环卫服务。

此外,中联环境与盈峰环境的主要客户类型多为政府环卫部门、环保部门等,在客户资源上有较强的联动效应。此次并购有利于双方融合客户资源,进一步提升盈峰环境在环保行业的综合竞争力。

(二) "产业+资本",快速进军环保行业

在收购中联环境之前,盈峰环境早已开始布局环保行业。2015年方才正式进军该领域的盈峰环境在短短几年时间内依靠"产业+资本"的驱动,快速完成环保行业全产业链的布局,实现产业升级与战略转型。

先是在2015年,盈峰环境以17亿元收购环境监测企业宇星科技,开启战略转型之路;随即盈峰环境又以1亿元控股绿色东方进军垃圾焚烧发电领域,并成

立全资子公司广东上风环保科技有限公司(以下简称“上风环保”),联合设立 30 亿元规模的盈峰环保并购基金;随后盈峰环境以 5.48 亿元收购 BIG BLOOM GLOBAL LIMITED(以下简称“大盛环球”)、SHINY JOYOUS LIMITED(以下简称“明欢有限”)、广东亮科环保工程有限公司(以下简称“亮科环保”)三家企业的 100%股权,布局污水处理及流域治理领域。

此次收购中联环境后,盈峰环境将在环保行业完成全产业链的布局,构建起涵盖环卫、环保装备、环境监测、水治理、气治理、固废处理、环卫一体化等各项环保细分业务的环保综合大平台,其销售、运维服务网络将覆盖全国 31 个省级行政区域,在全国范围内为客户提供全方位的环保服务。

(三)分步完成并购,美的提供担保

值得一提的是,本次交易的收购方盈峰环境的实际控制人为何剑锋,其父何享健正是美的集团的实际控制人,本次并购交易也因为这位“美的少东家”而备受关注。

盈峰环境收购中联环境总体分为两步,首先在 2017 年 5 月,中联环境的股东中联重科与盈峰控股、弘创投资、粤民投盈联、绿联君和签署了《股权转让协议》,以人民币 116 亿元的价格合计转让中联环境 80%的股权,其中盈峰环境的实际控制人盈峰控股受让其中 51%的股权。而该笔交易盈峰控股所需支付的 73.95 亿元股权转让款中有 44 亿元来自并购贷款,由何剑锋和美的控股分别为该贷款提供个人担保和保证担保。收购的第二步才是本次盈峰环境通过发行股份从盈峰控股全资子公司宁波盈峰手中收购中联环境,最终达到对中联环境的控制。由此,本次发行股份购买资产虽然对价达到 152.5 亿元之高,但其被认定为同一控制下的企业合并,在一定程度上有助于该并购重组顺利过会。

此外,宁波盈峰等 8 名交易对方承诺中联环境在 2018 年度、2019 年度、2020 年度扣除非经常性损益后归属于母公司的净利润分别为不低于 9.97 亿元、12.30 亿元、14.95 亿元。相比中联环境 2017 年实现的 7.59 亿元净利润,该业绩承诺的兑现要求中联环境在未来几年内均保持较高的增长速度,实现业绩承诺压力较大。

五、市场表现(000967)

盈峰环境交易前后股价变动情况见图 18。

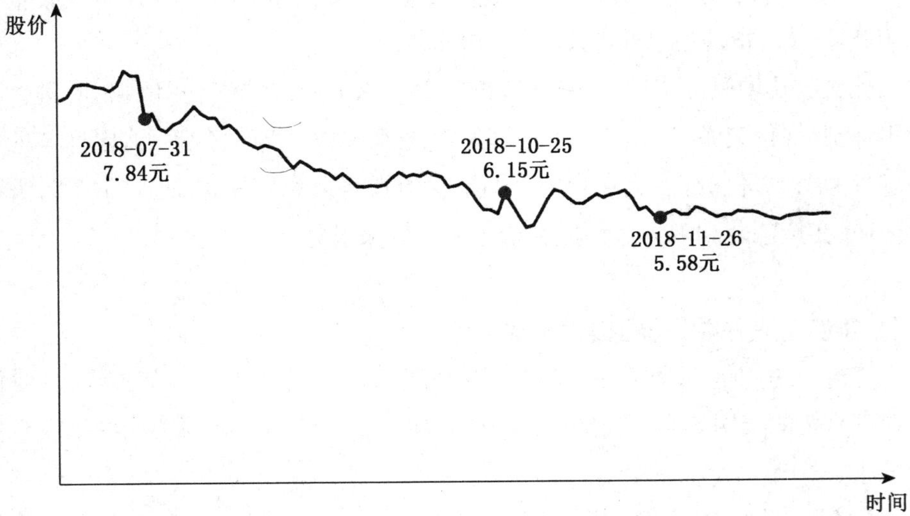

图 18　盈峰环竟交易前后股价走势

002738

中矿资源：
收购下游公司，进军新能源与新材料领域

一、收购相关方简介

（一）收购方：中矿资源勘探股份有限公司

中矿资源勘探股份有限公司（以下简称“中矿资源”）是由北京中矿建设工程有限公司于2008年2月4日依法整体变更而成立的股份有限公司，于2014年12月19日在深交所上市。中矿资源控股股东为中色矿业集团有限公司（以下简称“中色矿业”），刘新国、王平卫、陈海舟、吴志华、汪芳淼、魏云峰、欧学钢等为中矿资源的共同控制人。

中矿资源主要致力于地质工程技术服务，具体包括固体矿产勘查技术服务、建筑工程服务、矿权投资、后勤配套服务和贸易业务等。作为中国有色金属行业首批成规模“走出去”的商业性综合地质勘查技术服务公司，经过多年发展，中矿资源逐步在经验、管理、技术、人才、客户等方面形成了较强的综合性竞争优势，尤其是在“走出去”的市场经验、品牌、中高端客户资源等方面具有较强的先发优势。中矿资源在海内外拥有参控股子公司24家，已经形成良好的市场声誉，在中国有色金属勘查技术服务海外细分市场的占有率名列前茅。

(二) 收购标的：江西东鹏新材料有限责任公司

江西东鹏新材料有限责任公司(以下简称“东鹏新材”)，系于 2000 年 10 月 20 日在新余市工商行政管理局注册成立的有限公司，当时名为“新余市东鹏化工有限责任公司”。孙梅春直接持有东鹏新材 46.16%的股权，为东鹏新材的控股股东及实际控制人。

东鹏新材是国内锂离子电解质六氟磷酸锂关键原料氟化锂的主要供应商以及国内最大的铯盐、铷盐生产商和供应商。东鹏新材的主要产品有：电池级氟化锂、氢氧化锂、碳酸铯、硫酸铯、碳酸铷、硝酸铷等锂、铷、铯等系列产品。此外，东鹏新材在电池级氟化锂生产工艺、铯盐生产工艺等领域获得了一系列科研成果，取得了电池级氟化锂、碳酸铯、硝酸铷等十余项专利，是电池级氟化锂等五个产品国家行业标准的参与制定者，也是硫酸铯、甲酸铯、硝酸铷、金属铯等六个产品的国家行业标准制定者。东鹏新材依托雄厚的技术力量和完善的检测设备，能满足国内外客户对不同等级产品的需求，其产品远销美国、欧洲、日本、韩国等国家和地区。

二、收购事件一览

- 2017 年 10 月 9 日，中矿资源因筹划重大重组开始停牌。

- 2018 年 2 月 12 日，中矿资源召开第四届董事会第十一次会议审议通过本次重大资产重组报告书(草案)等相关议案。

- 2018 年 3 月 20 日，中矿资源召开第四届董事会第十二次会议审议并通过本次重大资产重组报告书(修订稿)等相关议案。

- 2018 年 4 月 2 日，中矿资源召开第四届董事会第十四次会议审议并通过本次重大资产重组报告书(二次修订稿)等相关议案。

- 2018 年 4 月 23 日，中矿资源召开 2017 年度股东大会审议并通过本次重大资产重组报告书(二次修订稿)等相关议案。

- 2018 年 7 月 31 日，中国证监会下发《关于核准中矿资源勘探股份有限公司向孙梅春等发行股份购买资产并募集配套资金的批复》(证监许可〔2018〕1205 号)，核准了本次交易。

- 2018 年 8 月 9 日，新余市市场和监督管理局核发江西东鹏新材料有限责任公司《营业执照》，至此，标的资产过户手续已办理完成，中矿资源已持有东鹏新材 100%股权。

三、收购方案

本次交易构成重大资产重组、关联交易，不构成重组上市。本次重组交易主要由两部分构成：一是发行股份及支付现金购买资产；二是发行股份募集配套资金，且本次发行股份及支付现金购买资产不以募集配套资金的成功实施为前提。

（一）发行股份及支付现金购买资产

中矿资源拟向孙梅春、钟海华等 10 名股东发行股份及支付现金购买其合计持有的东鹏新材 100%的股权，合计支付对价为 180 000 万元，其中，以发行股份的方式支付交易对价 140 077.75 万元，以现金方式支付交易对价 39 922.25 万元。

本次发行股份的发行价格为 23.88 元/股，不低于定价基准日前 20 个交易日股票交易均价的 90%。2017 年度权益分派方案实施完成后，本次发行股份购买资产的发行价格调整为 23.83 元/股，发行数量也将相应调整为 5 878.21 万股。中矿资源向交易对方支付的现金与发行股份数量情况如表 14 所示。

表 14　中矿资源向交易对方支付的现金与发行股份数量情况

序号	交易对方	出资比例	交易价格（元）	现金支付（元）	股份支付（元）	股份支付（股）
1	孙梅春	46.16%	830 798 028	207 699 507	623 098 521	26 147 650
2	钟海华	23.04%	414 776 232	103 694 058	311 082 174	13 054 224
3	冯秀伟	4.19%	75 373 200	18 843 300	56 529 900	2 372 215
4	熊炬	3.90%	70 263 144	17 565 786	52 697 358	2 211 387
5	洪砚钟	3.42%	61 480 260	15 370 065	46 110 195	1 934 964
6	时光荣	2.90%	52 218 288	13 054 572	39 163 716	1 643 462
7	龙隆	2.89%	52 058 628	13 014 657	39 043 971	1 638 437
8	胡志旻	2.22%	39 922 236	9 980 559	29 941 677	1 256 469
9	春鹏投资	1.28%	23 109 984	—	23 109 984	969 785
10	富海股投邦	10%	180 000 000	—	180 000 000	7 553 503
合计		100%	1 800 000 000	399 222 504	1 400 777 496	58 782 096

(二) 发行股份募集配套资金

为支付本次交易的现金对价和中介机构费用,中矿资源拟向不超过 10 名特定对象非公开发行股份募集配套资金不超过 42 922.25 万元,募集资金总额不超过拟购买资产交易价格的 100%;同时非公开发行股份数量将不超过 38 465 000 股,即非公开发行股份数量不超过本次发行前总股本的 20%。交易完成前后中矿资源股权结构变化情况如表 15 所示。

表 15 交易完成前后中矿资源股权结构变化情况

股东	本次交易前		本次交易后	
	持股数量(万股)	持股比例	持股数量(万股)	持股比例
中色矿业	6 071.23	31.57%	6 071.23	24.18%
刘新国等七人	1 058.40	5.50%	1 058.40	4.21%
合计	7 129.63	37.07%	7 129.63	28.39%
孙梅春	—	—	2 614.77	10.41%
钟海华	—	—	1 305.42	5.20%
冯秀伟	—	—	237.22	0.94%
熊炬	—	—	221.14	0.88%
洪砚钟	—	—	193.5	0.77%
时光荣	—	—	164.35	0.65%
龙隆	—	—	163.84	0.65%
胡志旻	—	—	125.65	0.50%
春鹏投资	—	—	96.98	0.39%
富海股投邦	—	—	755.35	3.01%
其他股东	12 102.87	62.93%	12 102.87	48.20%
总股本	19 232.50	100%	25 110.71	100%

在不考虑配套融资的情况下,本次交易完成后,中色矿业仍持有中矿资源 24.18%的股份,为中矿资源控股股东,刘新国、王平卫、陈海舟、吴志华、汪芳淼、魏云峰、欧学钢等七人将直接并间接通过中色矿业合计控制中矿资源 28.39%的股份,仍为中矿资源实际控制人。

四、案例评论

(一) 向下游延伸产业链,进军新能源与新材料领域

中矿资源主要致力于地质工程技术服务,包括固体矿产勘查技术服务、建筑工程服务、矿权投资、后勤配套服务和贸易业务等。作为中国有色金属行业首批成规模“走出去”的商业性综合地质勘查技术服务公司,经过多年发展,中矿资源逐步形成了较强的综合性竞争优势,在中国有色金属勘查技术服务海外细分市场的占有率名列前茅。

标的公司东鹏新材是国内氟化锂的主要供应商以及国内最大的铯盐、铷盐生产商和供应商。本次交易后,中矿资源将在原有勘探技术服务与获取矿产资源的业务基础上,向下游矿产品深加工制造领域深入拓展,实现产业链的延伸。

而东鹏新材的产品氟化锂主要应用于制备六氟磷酸锂,是锂离子电池电解液的主要材料之一。锂离子电池电解液主要应用于新能源汽车动力电池、3C 产品电池以及光伏储能电池等领域。铯盐、铷盐业务主要产品为碳酸铯及硫酸铯,均属于环保型新材料产品。

因此,通过收购东鹏新材,在延伸产业链的同时,中矿资源将正式进军新能源与新材料领域。中矿资源之所以有意进入锂原料生产领域,与新能源汽车产销两旺的大背景分不开。在国家政策的鼓励下,我国新能源汽车得到了快速发展,与之相关的锂电池厂商也获得了快速成长机会。2014 年,新能源汽车产销分别完成 7.8 万辆和 7.5 万辆,同比增长 347.72%和 323.78%,2014—2016 年产销的复合增长率分别为 208.94%和 206.30%,到 2017 年中国新能源汽车产销分别达到 79.4 万辆、77.7 万辆,同比分别增长 53.8%、53.3%。与之相关的锂电池行业也迎来一片“蓝海”,2015 年锂电池行业整体销售收入为 1 865.51 亿元,2016 年增长至 2 973.36 亿元,同比增长达到 59.44%。而东鹏新材的铯盐、铷盐业务产品属于环保型新材料,在全球铯盐、铷盐领域具有较大影响力,在提高经济发展质量、加强节能减排、实现循环经济的大背景下也将获得持续发展。因此,进军新能源与新材料领域能够为中矿资源培育新的利润增长点,为未来的业绩持续快速增长奠定基础。

(二) 协同发展,建立领先优势

中矿资源属于东鹏新材的上游行业,有望为其提供矿源服务,实现地质勘

探、矿权投资与作为战略新兴产业的新能源、新材料行业的协同发展。

矿源是锂盐、铯盐及铷盐产业发展的基础，而且因为国内卤水提锂技术尚不成熟以及自然条件限制，锂电产业的增长受中上游矿产资源的开发能力制约。东鹏新材近几年生产的电池级氟化锂和碳酸铯持续供不应求，其本身也受制于上游矿产资源的供应水平。所以若中矿资源能为其提供稳定的原材料供应，东鹏新材将会得到飞速发展，也更有能力在新能源与新材料领域建立领先优势。

目前中矿资源也在积极开展矿权投资。2018 年 3 月，中矿资源与澳大利亚 Prospect 资源有限公司(以下简称“PSC 公司”)签署协议，认购 PSC 公司增发的股份，并获得其津巴布韦 Arcadia 锂矿项目 28 万吨锂辉石精矿(Li_2O 6%)和 78.4 万吨透锂长石精矿(Li_2O 4%)的包销权。这为东鹏新材提供除现有的原材料海外供应商渠道(津巴布韦 Bikita 公司)之外的原材料资源保障。未来，中矿资源丰富的矿权投资经验将为东鹏新材的锂、铷及铯盐生产提供积极有效的矿源服务。

除此之外，中矿资源与东鹏新材经过多年发展已培育了自身良好的市场形象和在产品上的独特竞争优势，本次重组后资源整合的优势将激发双方在品牌、技术、研发、渠道、客户、供应商之间的协同效应。中矿资源也能依托资本市场，在资金上为东鹏新材的产品研发和业务扩张提供支持，有利于其抓住行业快速发展的市场契机，逐步建立在新能源、新材料领域的领先优势。

(三) 增厚业绩，提高可持续发展能力

标的公司东鹏新材的资产状况良好，同时也是国内少数可大规模量产铯盐和铷盐的公司之一，在该细分市场国内市场占有率已达到 75%，建立了较高的行业地位和品牌知名度。2015 年、2016 年、2017 年东鹏新材营业收入分别为 2.03 亿元、5.37 亿元、5.18 亿元；归属于母公司净利润分别为 2 799.95 万元、1.67 亿元、1.46 亿元，业绩增长较快。本次交易完成后，中矿资源的资产规模、收入规模、净利润水平、基本每股收益也将会明显增加。同时，东鹏新材在锂盐、铯盐及铷盐的深加工生产上具有核心技术，产品质量优质稳定，随着下游新能源汽车等行业的不断发展和环保要求的不断提高，东鹏新材将具有广阔的市场前景，中矿资源的可持续发展能力也会进一步提升。

五、市场表现(002738)

中矿资源交易前后股价变动情况见图19。

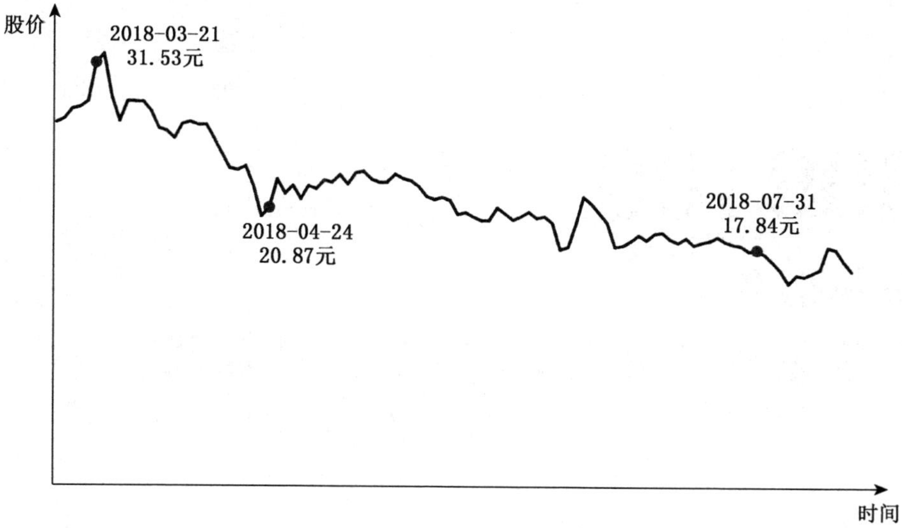

图19　中矿资源交易前后股价走势

300100

双林股份：
大股东支持并购，丰富公司产品线

一、收购相关方简介

（一）收购方：宁波双林汽车部件股份有限公司

宁波双林汽车部件股份有限公司（以下简称“双林股份”）系由宁波双林汽车科技有限公司于 2006 年 3 月整体变更设立的股份有限公司。2010 年 8 月双林股份经中国证监会核准首次公开发行股票并在深交所上市。上市后双林股份多次授予股票期权，截至 2018 年 5 月 31 日，双林股份的控股股东为双林集团，持股比例为 47.87%，实际控制人为邬建斌及其一致行动人邬维静、邬晓静。

双林股份是一家致力于以自主创新、产品研发、模具开发为基础，实现汽车零部件模块化、平台化供应的国家级高新技术企业。双林股份的产品主要包括汽车座椅系统零部件、汽车内外饰系统零部件、汽车精密注塑零部件、轮毂轴承、电机及控制器等。凭借丰富的产品品种和强大的发展实力，双林股份具有较强的市场竞争优势。双林股份自成立以来一直专注产品延伸，不断加大拓展力度、积极开展对外投资、稳妥进行收购兼并。经过近几年的投入，双林股份已经建立了较为完善的产业布局。

(二) 收购标的：宁波双林汽车部件投资有限公司

宁波双林汽车部件投资有限公司(以下简称“双林投资”)于2014年12月由双林集团股份有限公司(以下简称“双林集团”)设立,主要作为收购和整合澳大利亚DSI自动变速箱项目(以下简称“DSI项目”)的主体。2015年收购DSI项目完成后,双林投资拥有了成熟的自动变速器技术和相关业务。经过多次的股权转让和增资,双林集团持有双林投资62.10%的股权,为双林投资的控股股东,双林集团实际控制人为邬建斌及其一致行动人邬维静、邬晓静。

双林投资主营业务为研发、生产和销售乘用车6AT自动变速器。双林投资资产原为浙江吉利控股集团有限公司(以下简称“吉利集团”)控制和运营,生产的产品主要为吉利汽车体系内自产自用。2015年双林投资在收购DSI项目、湖南吉盛国际动力传动系统有限公司(以下简称“湖南吉盛”)和山东帝胜变速器有限公司(以下简称“山东帝胜”)后,积极开拓重庆力帆乘用车有限公司(以下简称“重庆力帆”)、华晨鑫源重庆汽车有限公司(以下简称“华晨鑫源”)、东南(福建)汽车工业有限公司(以下简称“东南汽车”)等其他整车厂客户。同时,双林股份努力改善现有产品性能,积极研发新一代6AT变速器、更高档位的AT变速器以及混合动力自动变速器等,且已取得一定进展。

(三) 关联控股方：双林集团股份有限公司

宁波双林投资有限公司是双林集团股份有限公司(以下简称“双林集团”)前身,于2005年6月13日注册成立,并于2006年12月整体变更为股份有限公司,最终于2007年2月正式更名为双林集团股份有限公司。双林集团股东为宁波致远投资有限公司与宁海宝来投资有限公司,分别持有双林集团57.14%和42.86%的股权,实际控制人为邬建斌及其一致行动人邬维静、邬晓静。双林集团最近三年主要以双林股份为经营主体,从事汽车零部件的设计、生产和销售,同时双林集团还从事投资管理、旅游、贸易等业务。本次交易前各方股权结构如图20所示。

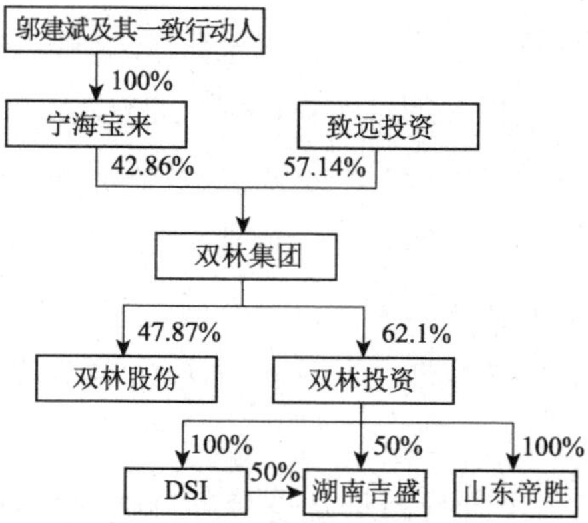

图20　重组前各交易方股权结构

二、收购事件一览

● 2017 年 4 月 5 日,双林股份因筹划重大事项开始停牌。

● 2017 年 9 月 15 日,双林股份召开第四届董事会第三十二次会议,会议审议通过本次重大资产重组关联报告书草案及其他与本次相关的议案。

● 2017 年 10 月 30 日,双林股份召开 2017 年第四次临时股东大会,会议审议通过本次交易的相关议案。

● 2018 年 3 月 2 日,双林股份召开第四届董事会第三十八次会议,会议审议通过本次资产重组暨关联交易方案的调整议案。

● 2018 年 3 月 28 日,本次重组获得中国证监会并购重组审核委员会 2018 年第 15 次会议无条件审核通过。

● 2018 年 6 月 21 日,中国证监会核准双林股份本次发行股份及支付现金购买资产并募集配套资金事宜。

● 2018 年 6 月 28 日,本次交易双林股份购买的双林投资 100%股份已经完成相应的工商变更登记。

三、收购方案

本次交易属于重大资产重组。另外,本次重组的交易对方双林集团为双林股份的控股股东;双林股份董事长兼实际控制人之一邬建斌担任本次交易对方双林集团、宁海吉盛传动技术有限公司(以下简称“宁海吉盛”)董事长职务,并担任标的公司双林投资及其子公司湖南吉盛董事长职务,同时担任双林投资董事长兼任经理职务;双林股份董事兼实际控制人之一邬维静担任双林集团董事职务,因此本次交易也构成关联交易。本次重大资产重组交易主要由两部分构成,一是发行股份及支付现金购买资产;二是发行股份募集配套资金。本次发行股份募集配套资金以发行股份购买资产为前提,但发行股份募集配套资金成功与否并不影响发行股份购买资产的实施。

(一) 发行股份及支付现金购买资产

本次交易标的资产为双林投资 100%的股份。本次交易重组中,双林股份拟向双林集团、宁海吉盛、上海华普汽车有限公司(以下简称“上海华普”)、宁海金石股权投资基金合伙企业(有限合伙)(以下简称“宁海金石”)4 名交易对方发行股份及支付现金购买其合计持有的双林投资 100%股权。由于本次标的资产在首次评估基准日 2017 年 4 月 30 日的评估有效期已过,双林股份补充以 2017 年 12 月 31 日为评估基准日重新进行评估,但最终并未发现评估减值情况,因此本次交易仍以 2017 年 4 月 30 日的评估结果为依据。本次交易采用收益法进行评估,双林投资 100%股权的净资产价值为 61 602.61 万元,评估值为 231 674.70 万元,增值率为 276.08%。经交易各方协商确定,交易标的交易价格确定为 230 000 万元。其中,双林股份向双林集团、宁海金石、上海华普三家公司支付现金总对价 67 758 万元,其余对价均通过发行股份方式支付。

本次发行股份购买资产的股票发行定价基准日为双林股份第四届董事会第三十二次会议决议公告日。经协商,交易各方约定以定价基准日前 20 个交易日公司股票交易均价的 90%,即 25.15 元/股,作为本次发行股份购买资产的定价依据。受 2017 年 5 月 26 日披露的权益分派公告影响,本次发行股份购买资产的发行价格由 25.15 元/股调整为 25.13 元/股。扣除现金支付对价后,根据此股价发行股份。最终双林股份向交易对方合计发行 64 561 081 股股份。交易对方就本次交易取得双林股份的股份数量和现金对价情况如表 16 所示。

表 16　双林股份向交易对方支付的现金与发行股份数量情况

序号	交易对方	出资比例	交易价格(万元)	现金支付(万元)	股份支付(万元)	股份支付(万股)
1	双林集团	62.10%	142 830	42 849	99 981	3 978.55
2	平嘉鑫元	1.80%	4 140	—	4 140	164.74
3	津诚豫药	26.10%	60 030	18 009	42 021	1 672.14
4	万佳鑫旺	10%	23 000	6 900	16 100	640.67
合计		100%	230 000	67 758	162 242	6 456.11

(二) 发行股份募集配套资金

双林股份采用询价方式向不超过 5 名符合条件的特定对象非公开发行股票募集配套资金,募集资金总额不超过 73 943.68 万元,不超过双林投资 100%股权交易价格的 100%。本次募集资金的发行价格为 25.13 元/股,发行数量不超过 80 153 849 股。本次募集配套资金将用于双林投资年产 36 万台后驱自动变速器建设项目和支付本次交易的部分现金对价，其中拟支付现金对价的金额为67 758万元。交易完成前后双林股份股权结构变化情况(募集配套资金前)如表17所示。

表17 交易完成前后双林股份股权结构变化情况

股东名称	本次交易前		本次交易后	
	持股数量(股)	持股比例	持股数量(股)	持股比例
双林集团	191 854 558	47.87%	231 640 073	49.78%
襄阳新火炬科技有限公司	68 122 191	17%	68 122 191	14.64%
邬建斌	18 000 000	4.49%	18 000 000	3.87%
宁海吉盛	—	—	1 647 433	0.35%
宁海金石	—	—	16 721 448	3.59%
上海华普	—	—	6 406 685	1.38%
其他股东	122 792 497	30.64%	122 792 497	26.39%
合计	400 769 246	100%	465 330 327	100%

本次交易完成后，双林股份将持有双林投资100%股权，本次交易没有导致双林股份的控股股东和实际控制人发生变更，双林股份控股股东仍为双林集团，实际控制人仍为邬建斌及其一致行动人邬维静、邬晓静。

四、案例评论

(一)高价接盘大股东资产，双林集团成最大受益者

早在2014年，双林股份已有机会对DSI项目进行直接收购，但董事会认为DSI项目销售不振，未来持续盈利能力存在较大的不确定性，面临着资产减值风险，加上DSI项目部分位于国外，而双林股份自身以及其控股股东双林集团均没有海外并购的经验，因此双林股份决定放弃收购。2015年转由双林集团的控股公司双林投资合计出资7.27亿元收购DSI项目，同时对DSI项目进行整合，待时机成熟后，再注入双林股份。然而在本次交易中，双林股份却要以23.17亿元的高价收购双林投资及其旗下的上述三家全资子公司，相比前者高出15.9亿元。这也意味着双林投资的原股东在短短几年时间内就暴赚15.9亿元，而双林集团是双林投资最大的股东，截至重组草案发布日持有双林投资62.1%的股权，成为此次交易的最大受益者。显然，如果双林股份在2014年直接收购吉利集团

旗下的DSI项目资产，那么所支付的对价将会低很多，而通过大股东双林集团的倒手买卖，这部分溢价不可避免地需要由二级市场的投资人来埋单。但不可否认的是，DSI项目在双林集团的培育下，其盈利能力有极大程度的提高，双林集团在前期所担负的责任也不容忽视。

从绝对估值上来看，此次收购价格并不便宜。根据双林投资审计报告显示，截至2017年4月30日，双林投资净资产为6.79亿元，对应的收购市净率(PB)为3.39倍，这对于一家汽车零部件企业而言明显处于偏高水平。双林股份之所以愿意以高价来收购DSI项目资产，主要原因在于双林集团给出了很高的业绩承诺。根据双林股份与双林投资股东签订的《盈利补偿协议》，双林集团、上海华普、宁海金石和宁海吉盛承诺，双林投资经审计的2017—2020年度扣除非经常性损益后净利润分别不低于1.7亿元、2.52亿元、3.43亿元和4.12亿元。而双林投资2016年净利润为6 289万元，这也意味着其2017—2020年净利润增幅要分别达到169.84%、300%、444.44%、553.97%。然而，仔细观察双林投资的业绩模式，可以发现其最大的不确定性在于对单一客户过于依赖，来自第一大客户浙江吉利汽车零部件采购有限公司(以下简称“浙江吉利”)的销售收入占比近三年都高于90%，而双林投资要想持续不断地实现业绩增长，则需要浙江吉利在行业周期性波动中长期保持高速增长，这显然充满了极大的不确定性。

(二) 丰富产品线，提高业务规模和盈利水平

双林股份自成立以来专注于汽车零部件的研发、制造和生产，依托自身的技术研发和对外并购，形成一系列丰富的汽车零部件产品线。作为汽车动力总成系统的核心部件，自动变速器研发成本高、周期长，技术门槛高。双林投资是DSI项目的控股平台，同时也是DSI自动变速器业务的整合平台。DSI具有多年的变速器生产经验，6AT自动变速器技术成熟，在市场上具有较好的竞争力。双林投资是国内少数掌握成熟的6AT技术并且已经实现产业化的本土企业之一，本次收购完成后，双林投资将成为双林股份的全资子公司，双林股份将自动获得变速器产品技术，6AT自动变速器业务将成为双林股份的重要业务板块，这将进一步丰富双林股份动力领域的产品线，提高核心竞争力。

双林投资收购DSI项目、湖南吉盛、山东帝胜以来，通过3年的并购整合，盈利能力大大增长，并且保持了快速的发展。2015年、2016年和2017年，双林投

资分别实现营业收入 32 405.62 万元、114 937.29 万元和 241 810.07 万元，对应的净利润分别为 3 393.60 万元、6 336.19 万元和 17 346.47 万元。根据双林股份经审阅的备考财务报表，假设 2016 年 1 月 1 日本次并购交易已经完成，公司 2017 年度的营业收入由交易前的 427 917.17 万元增加到 669 251.90 万元，增幅达到 56.40%；2017 年度实现的归属于母公司所有者净利润由交易前的 18 216.87 万元增加到 35 152.04 万元，增幅高达 92.96%，双林股份的营业收入与利润规模在本次交易后均大幅度上升。可以看到，本次收购完成后，双林股份资产质量显著提高，持续盈利能力迅速得到增强。

需要注意的是，双林股份在公告中也同时透露了自己的“担忧”，认为目前变速器市场竞争激烈，特别是随着汽车产业分工的进一步细化，更多的整车厂体系内的变速器生产企业逐步转变为独立市场经营主体，这种激烈的态势将进一步加剧。此外，国外竞争对手在国内纷纷设厂，这也给双林投资在未来的行业竞争中带来了一定的风险。因此，想要长期保持盈利水平的增长，双林投资还需要不断提升自身的竞争力。

（三）响应产业并购政策，外延式发展再下一城

为调整优化我国的产业结构，实现中国制造向中国创造的转型，2010 年以来国家陆续出台了一系列政策措施，鼓励汽车及零部件产业的并购重组。从提出做大做强优势企业，包括推动汽车行业优势企业的强强联合、跨地区兼并重组，促进规模化和集约化经营，到重申资本市场在并购重组中发挥的主渠道作用，都明确指出了推动汽车产业结构优化升级的政策目标。一方面，我国汽车零部件企业通过国内企业之间的横向和纵向整合取得了规模效应；另一方面，通过“走出去”的海外并购获得先进的技术，实现了资源的全球优化配置。2016 年中国汽车零部件行业并购交易总金额达到 466.99 亿元，同比增长 81.06%，并购重组已经成为汽车零部件行业重要的发展手段。面对行业的发展变化，双林股份加入到并购重组行列中，完美契合我国的并购政策导向，顺应汽车零部件行业的兼并收购潮流。

双林股份在保持原有零部件产业持续稳定发展的前提下，与更多的合资品牌进行战略合作，同时围绕技术和市场两个重点进行并购重组。通过并购，双林股份不断强化公司在动力总成系统、汽车电子系统等领域的核心竞争力，获取新的技术和产品,丰富公司的产品线。2014 年以来,双林股份并购发展效果显著,市场竞争力和综合实力明显提高。2014 年双林股份首次进行外延式发展的实践,收购湖北新火炬科技有限公司(以下简称“新火炬”)100%股权,在获得优质客户资源的同时丰富了公司的产品线;2016 年双林股份收购山东德洋电子科技有限公司(以下简称“德洋电子”)成功进军新能源行业,顺应了新能源汽车的发展方向。2017 年双林股份再次将收购之爪伸向上海诚烨汽车零部件股份有限公司(以下简称“上海诚烨汽车”),获得了上汽大众汽车有限公司(以下简称“上汽大众”)、上海汽车集团股份有限公司(以下简称“上汽集团”)、北汽福田汽车股份有限公司(以下简称“北汽福田”)等整车厂客户资源,产品线得以进一步丰富。此次收购双林投资的 DSI 项目,可以说是双林股份外延式发展战略布局中重要的一环,DSI 项目成熟先进的 6AT 自动变速器技术成功为双林股份的零部件产品注入了新的活力。

双林投资与双林股份现有业务存在显著的协同效应。作为外延式发展过程中必不可少的一步,本次收购完成后,双林股份在稳步提升原有业务规模的同时将业务拓展至自动变速器领域,可满足整车厂传动系统的配套需求,提升业务技术含量,增强综合竞争力。

五、市场表现(300100)

双林股份交易前后股价变动情况见图 21。

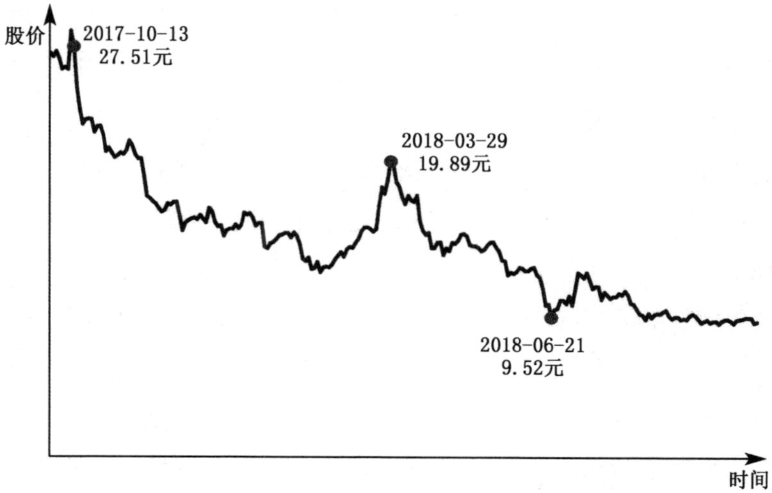

图 21 双林股份交易前后股价走势

600346

恒力石化(原恒力股份):
致力石油业务,实现东北振兴

一、收购相关方简介

(一) 收购方: 恒力石化股份有限公司

恒力石化股份有限公司(以下简称“恒力股份”)原名“大连橡胶塑料机械股份有限公司”,于 1998 年 12 月 22 日由大连冰山集团有限公司(以下简称“冰山集团”)作为主发起人发起设立。2001 年 7 月 13 日,恒力股份获得中国证监会核准,于 2001 年 8 月 1 日开始向社会公众发行股票。2006 年 1 月 24 日,国务院国有资产监督管理委员会出具《关于大连冰山橡塑股份有限公司国有股划转有关问题的批复》,将恒力股份控股股东冰山集团的 6 383 万股国有法人股无偿划转给大连市国资委持有。至此,大连市国资委成为恒力股份的控股股东。

2016 年 3 月,恒力股份将原拥有的全部资产及负债出售给大连市国有资产投资经营集团有限公司(以下简称“大连国投”)的子公司——大连营辉机械制造有限公司,同时向恒力集团有限公司(以下简称“恒力集团”)、德诚利国际集团有限公司、海来得国际投资有限公司、江苏和高投资有限公司发行股份及支付现金购买江苏恒力化纤股份有限公司 99.99%股份。上述重大资产重组前,恒力股份是橡胶塑料机械行业的专业制造商,主要生产橡胶密炼生产线、橡胶(塑料)压延生产线及塑料加工产品等。重大资产重组后,恒力股份注入了盈利能力较强、经营稳定、发展前景广阔的涤纶纤维生产制造业务以及热电资产,并以聚酯切片、民用涤纶长丝、工业涤纶长丝、聚酯薄膜、工程塑料的生产、研发和销售为主营业务。

(二) 收购标的: 恒力投资(大连)有限公司、恒力石化(大连)炼化有限公司

1. 恒力投资(大连)有限公司

恒力投资(大连)有限公司(以下简称“恒力投资”)是个人独资企业,成立于2010年3月12日,其主营业务为PTA的生产与销售,整条产业链主要是由其下属的六家子公司协调配合形成。其中,恒力投资的主要生产型子公司恒力石化(大连)有限公司(以下简称“恒力石化”)位于大连长兴岛产业园区,主要从事PTA业务的生产、销售,并以显著的产业优势、区域优势、技术优势及规模优势位列全球单体精对苯二甲酸(PTA)产能第一;运输型子公司恒力海运(大连)有限公司(以下简称“恒力海运”)拥有10条载重量各为1.5万吨的散料运输船,主要为恒力石化提供PTA的水路运输服务;原料型子公司大连恒力混凝土有限公司(以下简称“恒力混凝土”)则主要为恒力石化及长兴岛周边工厂提供工程建设所用的混凝土。

2. 恒力石化(大连)炼化有限公司

恒力石化(大连)炼化有限公司(以下简称“恒力炼化”)成立于2014年3月10日,由恒能投资(大连)有限公司(以下简称“恒能投资”)及恒峰投资(大连)有限公司(以下简称“恒峰投资”)共同出资组建。当时注册资本为200 000万元,其中恒能投资出资190 00万元占95%;恒峰投资占5%。随后经过数次股权转让,截至本次并购交易前,恒力炼化股权结构如图22所示。

二、收购事件一览

- 2016年11月1日,恒力股份发布重大资产重组停牌公告。
- 2017年1月20日,交易对方恒能投资召开股东会,审议通过与恒力股份的重组议案。

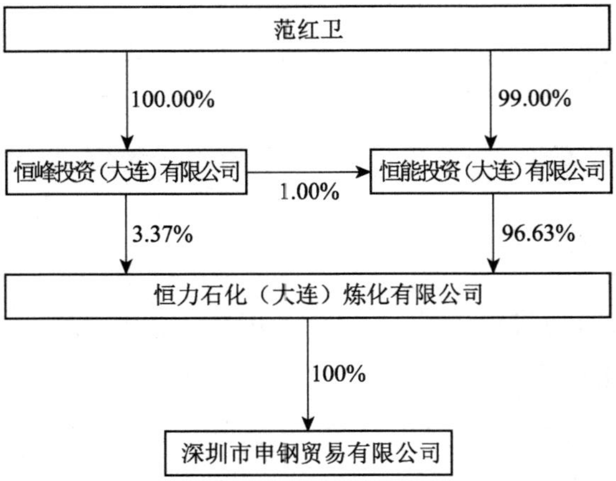

图 22　交易前恒力炼化股权结构图

● 2017 年 1 月 24 日，恒力股份召开第七届董事会第十二次会议，审议通过本次重组相关议案；同日，恒力股份与范红卫、恒能投资、恒峰投资分别签署《发行股份购买资产协议》，与范红卫、恒能投资签署《恒力石化股份有限公司发行股份购买资产并募集配套资金暨关联交易报告书利润补偿协议》。

● 2017 年 2 月 23 日，恒力股份召开第七届董事会第十三次会议，审议通过《关于修改公司本次重大资产重组方案的议案》和《关于实际控制人不违反前次承诺的议案》，对本次重组募集配套资金的定价方式进行了修改。

● 2017 年 3 月 13 日，恒力股份召开 2017 年第一次临时股东大会，审议通过《关于实际控制人不违反前次承诺的议案》。

● 2017 年 4 月 15 日，恒力股份召开第七届董事会第十五次会议，审议通过本次重组的正式方案和相关议案。同日，恒力股份与范红卫、恒能投资、恒峰投资分别签署《发行股份购买资产协议之补充协议》，与范红卫、恒能投资签署了《利润补偿协议之补充协议》。

● 2017 年 5 月 2 日，恒力股份召开 2017 年第二次临时股东大会，审议通过本次重组的正式方案和相关议案。

● 2017 年 5 月 4 日，商务部反垄断局出具《不实施进一步审查通知》（商反垄断初审函〔2017〕第 105 号），决定对恒力股份收购恒力投资等 2 家公司股权案不实施进一步审查，从即日起可以实施集中。

● 2017 年 9 月 19 日，恒力股份召开第七届董事第二十三次会议，审议通过继续推进恒力股份本次重大资产重组事项议案。

● 2017 年 9 月 27 日,恒力股份召开第七届董事会第二十四次会议,审议通过豁免实际控制人陈建华、范红卫夫妇及控股股东恒力集团有限公司履行有关承诺事项的议案。

● 2017 年 10 月 13 日,恒力股份召开 2017 年第四次临时股东大会,审议通过豁免实际控制人陈建华、范红卫夫妇及控股股东恒力集团有限公司履行有关承诺事项的议案。

● 2017 年 10 月 25 日,恒力股份召开第七届董事会第二十五次会议,审议通过恒力股份发行股份购买资产并募集配套资金暨关联交易报告书。

● 2017 年 11 月 24 日,恒力股份召开第七届董事会第二十八次会议,审议通过了《关于公司签署附生效条件的〈利润补偿协议之补充协议(二)〉的议案》;同日,恒力股份与范红卫、恒能投资签署了《利润补偿协议之补充协议(二)》。

● 2018 年 1 月 31 日,恒力股份取得中国证监会关于本次重大资产重组的核准批复。

三、收购方案

本次交易属于重大资产重组,同时本次交易的交易对方范红卫为恒力股份的实际控制人之一,交易对方恒能投资和恒峰投资为范红卫控制的公司,上述几方均为恒力股份的关联方。因此,本次交易构成关联交易。本次重大资产重组交易由恒力股份拟以发行股份的方式购买范红卫、恒能投资合计持有的恒力投资 100%股权以及恒能投资、恒峰投资合计持有的恒力炼化 100%股权。

(一) 发行股份购买资产

本次交易的标的资产为恒力投资 100%股份与恒力炼化 100%股份。在此次交易重组中,恒力股份拟向范红卫、恒能投资、恒峰投资等三名交易对方发行股份购买其合计持有的恒力投资 100%股份与恒力炼化 100%股份。

交易双方确定本次发行股份的定价依据为恒力股份第七届董事会第十二次会议决议公告日前 20 个交易日恒力股份股票交易均价的 90%,即 6.85 元/股。

经恒力股份召开2016年度股东大会审议通过2016年度利润分配方案,恒力股份向全体股东每10股派发现金股利1.5元(含税),并于2017年5月5日发放完毕。本次利润分配实施完毕后,本次发行股份购买资产的发行价格调整为6.70元/股。经恒力股份与本次重组的交易对方协商,恒力投资100%股权的最终交易作价确定为831 500万元,恒力炼化100%股权的最终交易作价确定为320 500万元。根据股票发行价格测算,本次交易恒力股份拟向范红卫、恒能投资及恒峰投资等3名交易对方合计发行股份1 719 402 983股。交易对方就本次交易取得的恒力股份对价数量情况如表18所示。

表18 恒力股份向交易对方发行股份数量情况

序号	交易对方	持有恒力投资股份比例	持有恒力炼化股份比例	交易价格(万元)	股份支付(万元)	股份支付(股)
1	范红卫	51%	—	424 065	424 065	632 932 835
2	恒能投资	49%	96.63%	717 129.20	717 129.20	1 070 342 090
3	恒峰投资	—	3.37%	10 805.80	10 805.80	16 128 058
合计		100%	100%	1 152 000	1 152 000	1 719 402 983

(二)发行股份募集配套资金

恒力股份拟向不超过10名(含10名)符合条件的特定投资者发行股份募集配套资金,本次非公开发行股票募集配套资金总额不超过1 150 000万元,同时不超过本次发行股份拟购买资产交易价格的100%,且最终发行的股份数量不超过本次发行前恒力股份总股本的20%,即565 137 388股。募集的配套资金在扣除本次重组中介费用及相关税费后将全部用于标的公司恒力炼化实施的"恒力炼化2 000万吨/年炼化一体化项目"。本次交易前后恒力股份股权结构变化如表19所示。

表19 交易完成前后恒力股份股权结构变化情况

股东名称	本次交易前		本次交易后(不含配套融资)	
	持股数量(万股)	持股比例	持股数量(万股)	持股比例
恒力集团	150 159.42	53.14%	150 159.42	33.04%
德诚利	52 336.55	18.52%	52 336.55	11.51%
和高投资	4 425.15	1.57%	4 425.15	0.97%

（续表）

股东名称	本次交易前		本次交易后（不含配套融资）	
	持股数量（万股）	持股比例	持股数量（万股）	持股比例
海来得	3 731.92	1.32%	3 731.92	0.82%
范红卫	—	—	63 293.28	13.93%
恒能投资	—	—	107 034.21	23.55%
恒峰投资	—	—	1 612.81	0.35%
重组前恒力股份其他股东	71 915.66	25.45%	71 915.66	15.95%
合计	282 568.69	100%	454 508.99	100%

本次交易前，恒力股份的总股本为 282 568.69 万股，交易完成后恒力股份总股本将增加至 454 508.99 万股，公司控股股东恒力集团及其一致行动人的持股比例将由本次交易前的 74.55%变更为 84.18%，恒力集团仍为恒力股份的控股股东，陈建华、范红卫夫妇仍为恒力股份的实际控制人。

四、案例评论

（一）响应国家号召，落实中央振兴东北政策

2014 年 8 月，国务院发布了《国务院关于近期支持东北振兴若干重大政策举措的意见》（国发〔2014〕28 号）。意见明确指出：“科学布局一批产业关联度高的重大产业项目，地方和企业要做好恒力炼化一体化、中石油长兴岛炼化一期项目前期工作，并力争尽早开工。”本次重组的募集配套资金项目——“恒力炼化 2 000 万吨/年炼化一体化项目”在这一文件中被列为优化国家战略布局、支持东北振兴的重点项目。

2016 年 8 月，国家发改委出台了《推进东北地区等老工业基地振兴三年滚动实施方案（2016—2018 年）》。实施方案分年度明确了 137 项重点工作和 127 项重大项目。其中“恒力炼化 2 000 万吨/年炼化一体化项目”被列入国家发改委“推进东北地区老工业基地振兴三年滚动重点推进项目”。

由此可见，国家高度关注此次一体化项目的实施。加快东北老工业基地全面振兴，是推进经济结构战略性调整、推进供给侧结构性改革、全面落实“三去一降一补”五大重点任务、提高我国产业国际竞争力的战略举措。而东北的发展又

以能源的供应为基础，此次重组将为东北老工业基地的发展提供能源保障，因此本次重组实质上是落实中央及地方关于国家振兴东北的积极举措。此次并购交易的顺利实施，将为辽宁乃至整个东北地区经济发展注入新的活力，也将有利于增加东北地区的国内生产总值和税收收入、提高东北地区人民的生活水平。

(二) 推进石油化工产业变革

"十二五"期间我国石油化学工业取得了较为显著的成绩，并于 2015 年成为世界第一大化学品生产大国，尽管如此，我国石化工业的整体水平却依旧不高。归根结底在于我国化工行业存在一系列重大缺陷。一是我国炼厂平均规模整体偏小，炼油能力不足；二是石化产业布局不合理，产业链各环节结构松散，没有产业集群，难以实现正外部效应；三是石化产品结构性矛盾突出，低技术含量产品产能过剩，而高端产品依赖进口。因此，建设大规模现代化炼厂、提高炼化一体化水平、淘汰落后产能，是我国当前石油化学工业面临的重要课题，是我国供给侧结构性改革战略实施、贯彻的重要环节。

本次"恒力炼化 2 000 万吨/年炼化一体化项目"从项目规模上看，远超 320 万吨/年的平均水平，更容易实现装置大型化的世界级主流发展目标。而且一体化项目地址位于大连市长兴岛经济区，与各大交通运输干线相邻，园区同时拥有宜港岸线 40.4 公里，可以建设多座 10 万—30 万吨级化学品码头和油品码头，符合大规模石油化工企业对运输条件的需要，具备优良的地理位置。此外，产业园区内还分布有下游加工产业与化工产业，能够节省管理与运输成本，实现炼化一体化。最后，大型产业集群能够更好地聚力，实现工业技术的提升，加快淘汰落后产能，为高新产品腾出发展空间，集中发展以对二甲苯为代表的石化产能。

(三) 产业链纵向整合，协同效应显著

本次交易前，恒力股份是国内化纤行业的龙头企业之一。本次交易标的资产之一恒力石化为全球单体产能最大的精对苯二甲酸(PTA)生产基地，在国内市场具备较强的行业竞争力。而精对苯二甲酸(PTA)又是重要的大宗有机原料之一，是化学纤维生产的主要材料。因此在本次交易完成后，恒力股份将能够进一步把产业链条由聚酯纤维向上游延伸至 PTA。

值得一提的是，"恒力炼化 2 000 万吨/年炼化一体化项目"还是国家炼油行

业对民营企业放开的第一个项目，也是国家有史以来核准的规模最大的炼化项目，更是恒力股份完成产业链整体布局的重要环节，主要用以满足 PTA 生产对对二甲苯(PX)、汽柴油、航空煤油等产品的需求。该项目一旦建成，恒力炼化可以在厂区内直接向恒力石化供应原料。恒力石化、恒力炼化将从对外采购对二甲苯转变为对外采购原油，大量减少对外采购的中间环节，使恒力石化原料的采购成本和运输成本大幅降低，原材料的供应也将更有保障，从而实现恒力股份沿产业链上游的纵向整合，形成"芳烃—PTA—聚酯—民用丝及工业丝"的完整产业链。同时炼化一体化的设计，一方面可以使热、电等能源的利用效率大幅提升，另一方面也可以降低对环境的污染，凸显炼化一体化的优势，恒力股份抵抗市场风险波动的能力、行业引导能力以及盈利能力也将因此得到大幅提高。

五、市场表现(600346)

恒力石化(原恒力股份)交易前后股价变动情况见图 23。

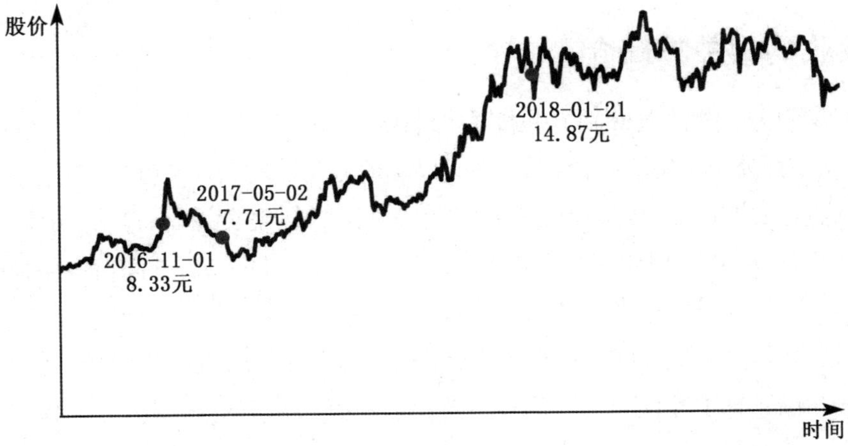

图 23　恒力石化(原恒力股份)交易前后股价走势

603667
五洲新春：
供给侧改革并购，培育利润增长点

一、收购相关方简介

（一）收购方：浙江五洲新春集团股份有限公司

浙江五洲新春集团股份有限公司（以下简称“五洲新春”）的前身是新昌县五洲实业有限公司，1999年由张峰和张天中共同出资申请设立，并于2016年10月经中国证监会批准IPO后正式上市。2012年12月27日，五洲新春整体变更为股份公司，控股股东为张峰。

五洲新春自设立以来，一直致力于轴承产品的研发、生产和销售，是一家生产轴承成品、轴承零件及汽车配件等产品，并集研发、制造和服务为一体的综合型企业，其主要产品为成品轴承和轴承套圈。其中，生产的成品轴承主要为国内外汽车、电机、机械设备等产业提供主机配套；生产的轴承套圈定位中高端产品，现已稳定供应于世界排名前五位的轴承制造商。截至目前，张峰仍为五洲新春的控股股东，张峰和俞越蕾为实际控制人。

（二）收购标的：浙江新龙实业有限公司

浙江新龙实业有限公司（以下简称“新龙实业”）位于浙江省新昌县，其前身为成立于1988年9月4日的股份合作制企业——新昌制冷配件总厂第一分厂(以下简称“冷配一分厂”)。1995年11月,为落实“深化企业改革,搞活县域经济”的指导精神,冷配一分厂由股份合作制企业转变为合资联营企业;2002年11月4日,根据改制相关的法律法规,冷配一分厂改制设立浙江新龙实业有限公司,控股股东为吴岳民。2017年10月,新昌县五龙投资管理有限公司(以下简称“五龙投资”)向新龙实业增资,成为新龙实业的控股股东;2018年2月,五龙投资将其持有的新龙实业1 938.60万元出资额转让给浙江五洲新春集团控股有限公司(以下简称“五洲控股”),五洲控股自此成为新龙实业的控股股东。本次收购前,新龙实业的直接控股股东为五洲控股,间接控股股东和实际控制人为吴岳民及吴晓俊父子。

(三) 关联控股方:浙江五洲新春集团控股有限公司

浙江五洲新春集团控股有限公司(以下简称“五洲控股”)于2011年11月注册成立,当时公司名称为“浙江五洲新春集团投资有限公司”,并于2016年12月6日正式更名为“浙江五洲新春集团控股有限公司”。截至收购报告书签署日,除持有新龙实业45%股权外,五洲控股还拥有8家下属企业。最近三年,五洲控股主要从事实业投资、投资管理等业务。本次交易前各方股权结构如图24所示。

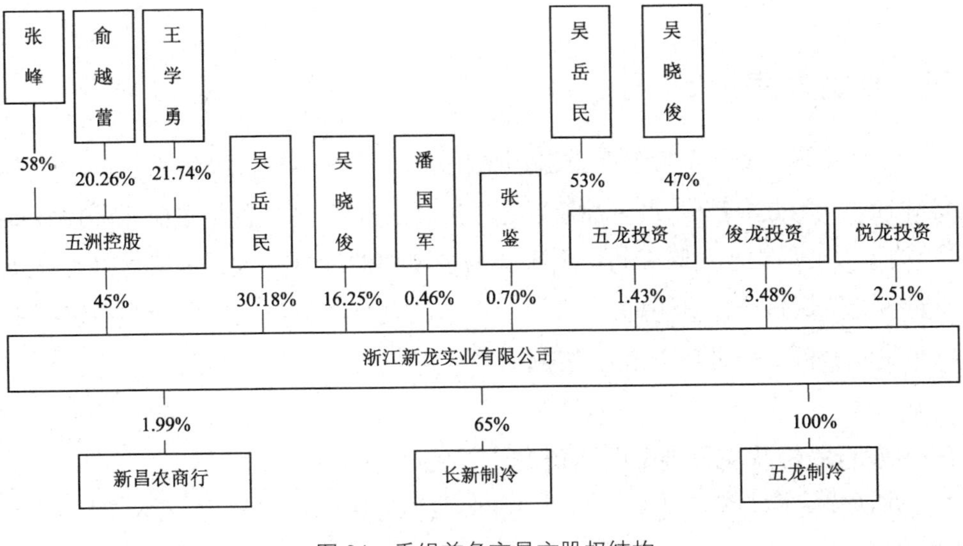

图24 重组前各交易方股权结构

二、收购事件一览

● 2018年3月17日,五洲控股与五龙投资分别召开股东会,决议通过本次交易相关事项。新昌县俊龙投资管理合伙企业(有限合伙)(以下简称“俊龙投资”)与新昌县悦龙投资管理合伙企业(有限合伙)(以下简称“悦龙投资”)分别召开合伙人会议,决议通过本次交易相关事项。新龙实业召开股东会,同意五洲控股、吴岳民、吴晓俊、俊龙投资、悦龙投资、五龙投资、张鉴和潘国军将其持有的新龙实业100%股权转让给五洲新春。

● 2018年4月8日,五洲新春第二届董事会第十四次会议审议通过五洲新春发行股份及支付现金购买资产并募集配套资金暨关联交易等相关议案。

● 2018年5月2日,五洲新春召开2017年年度股东大会,审议通过与本次重组交易相关的各项议案。

● 2018年6月28日,五洲新春召开第二届董事会第十七次会议,审议通过本次交易方案调整的相关议案。

● 2018年10月11日,本次交易获得中国证监会核准。

● 2018年10月31日,本次交易五洲新春购买的新龙实业100%股份已经完成相应的工商变更登记。

三、收购方案

本次交易不属于重大资产重组,但由于本次交易中发行股份购买资产的交易对方之一为五洲控股,而五洲新春实际控制人张峰、俞越蕾均担任五洲控股董事,故本次交易构成关联交易。本次交易主要由两部分构成:一是发行股份及支付现金购买资产;二是募集配套资金。本次发行股份及支付现金购买资产不以募集配套资金的成功实施为前提。

(一)发行股份及支付现金购买资产

本次交易标的资产为新龙实业100%股份。在本次交易中,五洲新春拟向五洲控股、五龙投资、吴岳民、吴晓俊、张鉴、潘国军、俊龙投资、悦龙投资以发行股份及支付现金的方式购买其合计持有的新龙实业100%股权。本次标的资产的评估基准日为2017年12月31日,采用收益法进行评估,新龙实业100%股权的净资产价值为7 186.56万元,评估值为59 850万元,增值率为732.80%。根据发行股份购买资产协议,经各方协商确认,交易标的交易价格确定为59 800万元。其中,向吴岳民、吴晓俊和五龙投资支付现金总对价13 452.16万元,其余对价均通过发行股份方式支付。

本次发行股份购买资产的定价基准日为五洲新春第二届董事会第十四次会议决议公告日。经协商,本次发行股份购买资产的发行价格确定为20.87元/股,不低于定价基准日前60个交易日公司股票交易均价的90%。扣除现金对价后,按此股价发行股份,五洲新春向交易对方合计发行29 204 683股股份。交易对方就本次交易取得的五洲新春股份数量和现金对价情况如表20所示。

表20 五洲新春向交易对方支付的现金与发行股份数量情况

序号	交易对方	出资比例	交易价格（万元）	现金支付（万元）	股份支付（万元）	股份支付（股）
1	五洲控股	45%	26 910	—	26 910	16 956 521
2	吴岳民	30.18%	18 045.50	8 189.91	9 855.59	6 210 200
3	吴晓俊	16.25%	9 716.81	4 409.95	5 306.85	3 343 953
4	俊龙投资	3.48%	2 082.17	—	2 082.17	1 312 018
5	悦龙投资	2.51%	1 499.16	—	1 499.16	944 653
6	五龙投资	1.43%	852.30	852.30	—	—
7	张鉴	0.70%	416.43	—	416.43	262 403
8	潘国军	0.46%	277.62	—	277.62	174 935
	合计	100%	59 800	13 452.16	46 347.84	29 204 683

(二) 发行股份募集配套资金

五洲新春拟向不超过10名其他特定投资者非公开发行股份,募集配套资金预计不超过15 000万元,不超过标的资产交易价格的100%。本次募集配套资金定价基准日为发行期首日,本次配套募集资金的发行价格不低于发行期首日前20个交易日股票均价的90%,发行数量不超过本次发行前总股本的20%。募集的配套资金用于支付现金对价和中介费用。本次交易完成后,五洲新春将持有新龙实业100%股权。本次交易没有导致五洲新春控股股东和实际控制人发生变更。

四、案例评论

（一）“供给侧改革”与“中国制造 2025”相结合，汽车行业迎来发展新机遇

在 2015 年 11 月 10 日召开的中央财经领导小组第十一次会议上，习近平总书记提出了“供给侧结构性改革”的概念，旨在调整经济结构，使要素实现最优配置，提升经济增长的质量和数量。当前，中国正处于供给侧改革的重要阶段，其中，制造业是供给侧结构性改革的主战场。在这样的时代大背景下，中国需要找到一条新的发展之路，形成中国经济增长新动力，塑造国际竞争优势。而实现这一目标的重点在制造业，难点在制造业，出路也在制造业。

2015 年 5 月 19 日，国务院印发《中国制造 2025》，提出通过“三步走”实现制造强国的战略目标：第一步，到 2025 年迈入制造强国行列；第二步，到 2035 年，中国制造业整体达到世界制造强国阵营中等水平；第三步，到新中国成立一百年，综合实力进入世界制造强国前列。这是中国版的“工业 4.0”规划，也是我国实施制造强国战略第一个十年的行动纲领，体现了政府对我国传统制造业结构调整和产业升级的高度重视。李克强总理在专家和企业负责人座谈会上反复强调：中国经济升级发展根本靠改革创新。企业是市场主体，也是创新主体，企业要继续实施创新驱动战略，抓住“中国制造 2025”等战略机遇，面向市场、贴近需求，着力提升核心竞争力和品牌塑造能力。

当前，在经济新常态的背景下，在供给侧改革的政策指引下，中国已然成为全球汽车产销第一大国，整车产业的蓬勃发展必将带动汽车零部件产业更上一层楼。我国领先的汽车零部件厂商已率先开展横向与纵向的整合，旨在实现规模效应与产业协同效应，积极在研发技术及产品质量等方面向国际一流水平靠拢。

五洲新春作为国内外中高端轴承套圈和成品轴承的优质供应商，属于汽车零配件、设备制造等产业的国家级高新技术企业。在汽车行业迎来发展新机遇的背景下，五洲新春通过内生扩张和并购相结合的方式不断丰富产品链、积累核心技术、扩张市场份额，以增强企业的综合实力。此次对新龙实业的并购正是其向汽车等高端精密零部件市场迈进的重要一步。

(二) 培育汽车零部件产业龙头,并购重组成为发展新出路

汽车产业作为人类第一大工业品产业,包括有整车产业和零部件产业,两者存在着明显的共生关系。其中,汽车零部件包括发动机配件、传动系配件、制动系配件、转向系配件、行走系配件、电气仪表系配件、灯具、改装、安全防盗以及内外饰等组件,故其产业规模比整车产业规模还要大。在发达国家,汽车零部件产值与整车产值之比约为1.7∶1,而中国作为世界汽车生产大国,该比例却只有1∶1。虽然很多汽车外资品牌、合资品牌乃至自主品牌都在境内生产,但汽车零部件仍需大量进口。2017年汽车整车和零部件是我国第二大进口品,仅次于集成电路。在《美国汽车新闻》公布的《2017年全球汽车零部件配套供应商百强榜》中,我国仅有五家汽车零部件供应商上榜,2018年也仅有六家汽车零部件供应商上榜,这些都与"全球汽车产销第一大国"的身份不合。同时,这也间接反映出中国的汽车零配件企业与合资、外资汽车零配件厂商相比,存在有规模小、数量多、研发能力以及市场竞争力不足的问题。

工信部、发改委、财政部等12家国务院促进企业兼并重组工作部际协调小组成员单位于2013年联合发布《关于加快推进重点行业企业兼并重组的指导意见》,提出包括汽车产业在内的九大行业和领域兼并重组的主要目标和重点任务,明确指出支持汽车零配件龙头企业通过兼并重组扩大规模,与整车生产企业建立长期战略合作关系,发展战略联盟,实现专业化分工和协作化生产,以整车产业带动零部件产业齐头并进。

除此之外,为助推汽车行业的高质量发展,提升汽车产业的竞争力,2018年5月22日,国务院关税税则委员会发布公告称:自2018年7月1日起,将税率分别为25%和15%的汽车整车关税降至15%,将税率分别为25%、20%、15%、10%和8%的汽车零部件关税统一降至6%。政策一出,汽车进口企业纷纷下调进口汽车价格。相对于整车而言,汽车零部件产业的生产规模更大,其关税的降低所带来的影响可能也更加广泛。

汽车零部件产业在中国的发展已有60余载,作为汽车产业蓬勃发展的基石,其盛衰将直接关系到整个汽车产业的发展前景。中国市场现存10万多家汽车零配件生产销售商,在市场的残酷筛选下,将涌现出一批综合实力强、发展前景较好的企业。此外,国家及地方政府也在着力推动汽车相关产业的转型升级和创新发展。在这些政策的鼓励支持下,汽车零部件厂商开始进行资源整合。

无论是同行业还是跨行业的兼并收购，都将有利于这些企业完善产品线，提高市场占有率，增强综合竞争力。长期来看，通过兼并收购进行资源整合，促进汽车零部件产业规模化、模块化和集中化发展将成为我国汽车零部件行业发展的重要趋势。

（三）并购优质资产，实现业务延伸，进一步提升盈利能力

本次并购的标的公司新龙实业是中国汽车空调管路、家用空调管路制造行业的领军者，在汽车零部件领域已与法雷奥、东风贝洱等国际知名企业建立长期稳固的合作关系。新龙实业拥有丰富的产品开发经验和多元化的营销终端，这将有利于五洲新春在原有领域的基础上进一步开拓汽车零部件客户群体，延伸公司的高端制造产业链。并购新龙实业是五洲新春在向高端精密零部件制造转型中的重要战略部署。据《证券时报》报道，五洲新春进军汽车零部件领域早有布局，其研发的汽车安全气囊气体发生器专用钢管和部件不但填补了国内在该领域的空白，还实现了配套全球汽车安全系统领先企业的目标。

据统计，2017 年末全球汽车零部件市场规模已超过 12 万亿元，其中中国零部件行业规模达到 3.8 万亿元。同年，国家发改委、工信部和科技部联合下发《汽车产业中长期发展规划》，提出到 2020 年培育若干家年销售额超过 1000 亿元的汽车零部件企业，到 2025 年培育若干家销售额进入全球前 10 的企业。要达到这两项指标，兼并收购是最合适的途径。第一，由于国内自主品牌汽车快速崛起，自主品牌乘用车相较合资品牌更加愿意接纳本地供应商，这有望拉动国内零部件公司长期成长；第二，国家近年来陆续出台相关政策大力支持汽车零部件企业通过合并扩大规模，助力国产零部件公司做大做强。

此次收购完成后，五洲新春将实现与新龙实业的资源协同效应。充分利用新龙实业拥有的资源，不但能进一步提高五洲新春在轴承产品生产上所积累的高端制造能力，扩张在汽车零部件产业上的布局，增强对国内外汽车零配件一级供应商的服务能力，而且资源的使用效率和产出效率也将得到相应的提高，五洲新春的财务状况也会得到进一步的改善。此次并购能够为五洲新春提供可靠的业绩保障，使其能够更有效地应对激烈的市场竞争。借此次收购新龙实业的契机，五洲新春有望以汽车空调零部件及轴承为切入点打入全球汽车零部件供应商体系中，延伸高端制造产业链，进一步提升利润水平。

五、市场表现(603667)

五洲新春交易前后股价变动情况见图 25。

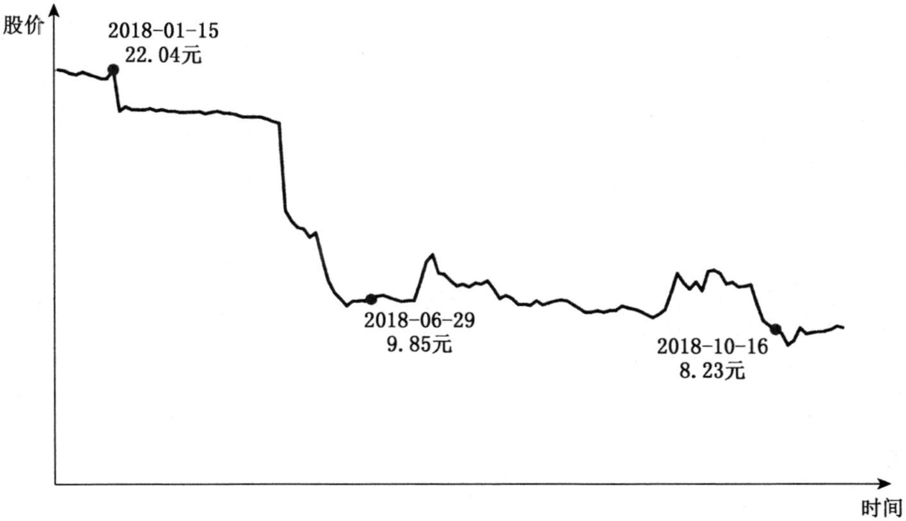

图 25　五洲新春交易前后股价走势

第三辑　跨界并购

000606

顺利办(原神州易桥):
聚焦互联网服务,构建大数据生态体系

一、收购相关方简介

(一) 收购方: 神州易桥信息服务股份有限公司

神州易桥信息服务股份有限公司(以下简称“神州易桥”)成立于 1996 年 9 月,当时公司名称为“青海明胶股份有限公司”;2016 年 3 月神州易桥顺利登陆深圳主板资本市场,随即更名为“神州易桥信息服务股份有限公司”;本次并购重组后,“神州易桥信息服务股份有限公司”更名为“顺利办信息服务股份有限公司”(以下简称“顺利办”)。神州易桥的主营业务为企业互联网服务,主要以“连锁化”和“互联网化”的 O2O 模式为中小微企业提供全程孵化模式和一站式综合服务。目前神州易桥正积极推进“百城千店”计划,旨在对企业的贴身服务能力实现全覆盖,提供公司注册、财税、投融资等多项服务,并充分发挥线上云端平台的协同共享功能,形成“线上 + 线下”的企业大数据生态体系。

(二) 收购标的: 霍尔果斯快马财税管理服务有限公司

霍尔果斯快马财税管理服务有限公司(以下简称“快马财税”)是由霍尔果斯

神州易桥股权投资合伙企业(有限合伙)(以下简称"霍尔果斯并购基金")于2016年12月出资设立的有限责任公司,注册资本为40 000万元。其主营业务包括计算机服务、专业技术服务、商务服务等。

霍尔果斯并购基金持有快马财税60%股权,是快马财税的控股股东。霍尔果斯并购基金的《合伙协议》表明,该合伙企业由普通合伙人中企升亿达投资有限公司(以下简称"升亿达投资")执行合伙事务,并且合伙企业及其投资业务以及其他活动的管理、控制、运营、决策等权利均归属于升亿达投资。自然人刘宗业持有升亿达投资80%的股权,控股升亿达投资,因此刘宗业为快马财税的实际控制人。

(三) 关联控股方:霍尔果斯神州易桥股权投资合伙企业(有限合伙)

霍尔果斯神州易桥股权投资合伙企业(以下简称"霍尔果斯并购基金")于2016年10月27日成立,中企升亿达投资有限公司和北京国裕资本管理中心(有限合伙)、神州易桥(北京)财税科技有限公司、毕兰宏、赵鑫共同签署《霍尔果斯神州易桥股权投资合伙企业(有限合伙)合伙协议》。霍尔果斯并购基金设立时的认缴出资总额为20 000万元人民币,出资方式为货币,各合伙人的出资期限为2020年10月25日前。根据霍尔果斯并购基金合伙人的声明和承诺,各自然人均由自己真实持有霍尔果斯并购基金的权益,不存在代持,不得与神州易桥及其主要股东、董事、监事及高级管理人员之间存在关联关系、一致行动关系或其他利益安排。

此外,青海春天药用资源科技股份有限公司(以下简称"青海春天")披露的2018年第一季度报告显示,青海春天的第三大股东新疆泰达(持股比例6.8%)和第四大股东青海省国有资产投资管理有限公司(持股比例2.36%)同时也是神州易桥的股东,神州易桥的董事会秘书华彧民先生同时在青海春天担任监事会主席。

二、收购事件

- 2018年2月23日,神州易桥因筹划重大资产重组股票停牌。
- 2018年4月10日,霍尔果斯并购基金投资决策委员会作出决议,同意本次交易的相关事项。

- 2018年4月12日,神州易桥召开第七届董事会第四次会议,审议通过本次交易预案及相关议案,独立董事发表事前认可意见和独立意见。
- 2018年4月12日,快马财税召开股东会,审议通过本次交易的相关事项。
- 2018年4月14日,神州易桥发布重大资产购买预案。
- 2018年5月18日,神州易桥召开第七届董事会第七次临时会议,审议通过本次交易及相关议案,独立董事发表事前认可意见和独立意见。
- 2018年6月15日,神州易桥召开2018年第三次临时股东大会,审议通过本次重大资产重组。

三、收购方案

神州易桥拟以现金方式购买霍尔果斯并购基金持有的快马财税60%股权。本次交易前,神州易桥的全资子公司易桥财税科技持有快马财税40%股权;本次交易完成后,神州易桥直接持有快马财税60%股权、通过全资子公司易桥财税科技间接持有快马财税40%股权,快马财税成为神州易桥的全资子公司。

本次交易采用收益法和资产法对快马财税全部股东权益进行评估。截至评估基准日,快马财税母公司股东权益账面价值为80 367.81万元,资产法下评估值为90 111.81万元,评估增值9 744万元,增值率12.12%;收益法下评估值为95 000万元,评估增值14 632.19万元,增值率18.21%。本次交易最终采用收益法下评估值作为评估结果。根据交易双方的协议约定,标的资产的最终交易价格以具有相关证券业务资格的资产评估机构出具的资产评估报告结果为基础,由交易双方协商确定。根据快马财税100%股权的评估值,以及评估基准日后快马财税实缴注册资本增加额,经交易双方共同协商,本次交易标的快马财税60%股权的交易价格为60 000万元。截至2017年12月31日,快马财税因收购整合下属终端资产应付转让款形成的负债金额为218 749.56万元,需要在未来三年内分期支付,该部分债务与本次交易作价合计金额为278 749.56万元。

神州易桥分三期支付 60 000 万元的交易对价。第一次是自《股权转让协议》签署生效之日起 15 个工作日内，神州易桥向交易对方支付交易价款的 30%；第二次是自快马财税 2018 年度的正式审计报告出具之后 15 个工作日内，神州易桥向交易对方支付交易价款的 30%；第三次是自快马财税 2019 年度的正式审计报告出具之后 15 个工作日内，神州易桥向交易对方支付交易价款的 40%。

四、案例评论

（一）战略转型，获取海量中小微企业客户流量入口

2016 年神州易桥便实施了发行股份购买资产的并购交易，一举进军互联网领域，使公司业务与互联网业务正式挂钩，大幅提升公司盈利水平。直至 2017 年末、2018 年初，神州易桥的部分业务绩效急剧下滑，如明胶、胶囊等，由此神州易桥决定将原有的医药制造类业务从公司主营业务中剥离出去，将主业聚焦于互联网服务，这一波战略调整成为本次收购的重要背景。

快马财税是一家优秀的企业服务类公司，具备较强的盈利能力。2017 年，快马财税实现营业收入 38 418.95 万元，归属于母公司的净利润 18 157.08 万元。快马财税在全国各地拥有数百家下属公司以及海量中小微企业客户，因此通过收购快马财税，神州易桥能够凭借快马财税优质的财务背景和丰厚的流量资源，联合线上线下，拓展主业范围，打通全国各地的中小微企业，获取众多流量入口，以加速公司“百城千店”计划的实现。

此次并购交易是神州易桥基于对企业互联网服务产业的理解，一方面利用并购方式整合全国企业服务领域的优质公司，助力公司战略目标的实现，另一方面利用自身的技术优势和管理经验，协助快马财税提高其经营效率。因此此次并购交易有助于提升合并后公司的协同效应和规模效应，促使双方达成双赢局面，更有助于形成良性循环，提升公司整体服务水平和盈利能力。

（二）商誉猛增，偿债风险压身

快马财税在提高公司盈利能力的同时，也会使商誉大幅增加。神州易桥三季报显示，其商誉高达 42.69 亿元，占总资产比例达 70.4%，较年初商誉16.52 亿元同比上涨 158.41%。神州易桥当年激增的商誉主要源于收购快马财税。

高溢价收购往往会给企业带来巨额商誉，而商誉过高将成为企业未来股价下跌的重要风险。商誉本身并不会为企业带来直接经济效益，反而会使企业价值被高估；而且如果被收购方的盈利未能达到预期，收购方还需要计提商誉减值，减少当期净利润。2018 年底、2019 年初，中国证券公司业绩集体爆雷，也正是各大上市公司计提巨额商誉减值引致的。因此神州易桥此次收购快马财税造成商誉的激增，为神州易桥带来较大的商誉减值风险，这无疑也为未来的经营埋下隐患。

此外，神州易桥还可能存在现金流与偿债风险。本次并购交易的标的公司快马财税的负债总额为 22.54 亿元，这主要来自快马财税收购整合下属公司的应付股权转让款；快马财税的资产负债率为 70.99%，资产负债率相比同行业处于较高水平。而神州易桥在 2017 年底的负债总额仅为 9.09 亿元，资产负债率也只有 23.69%。快马财税 22.54 亿元的股权转让款将在未来三年内分期支付；与此同时，根据交易双方签署的《股权转让协议》，神州易桥本次收购快马财税 60%股权所需要向交易对方支付的 6 亿元股权转让款，也将在未来三年分期支付。因此，本次交易完成后，债务金额合计达到 28.54 亿元，这意味着未来三年神州易桥对外应付债务金额较大，未来可能会面对流动性风险和偿债能力风险，如果神州易桥和快马财税未来盈利能力下降，或者无法及时回笼资金，那么神州易桥可能会陷入信用风险中。

事实上，此次并购完成后，2018 年 9 月 30 日，顺利办合并报表层面商誉金额为 42.69 亿元，流动负债金额为 14.38 亿元，流动比率为 0.55，资产负债率为 47.72%，商誉金额较大，短期债务压力较大。这主要是快马财税收购终端资产时形成较大金额的商誉和应付股权转让款。为减小后期终端资产经营不善、无法获取外源融资所带来的商誉减值和短期偿债风险，顺利办与快马财税旗下子公司签署《终止合作协议》，将部分整合效果不佳的终端资产剥离出快马财税，降低合并报表层面的商誉和债务金额。

五、市场表现(000606)

顺利办(原神州易桥)交易前后股价变动情况如图 26 所示。

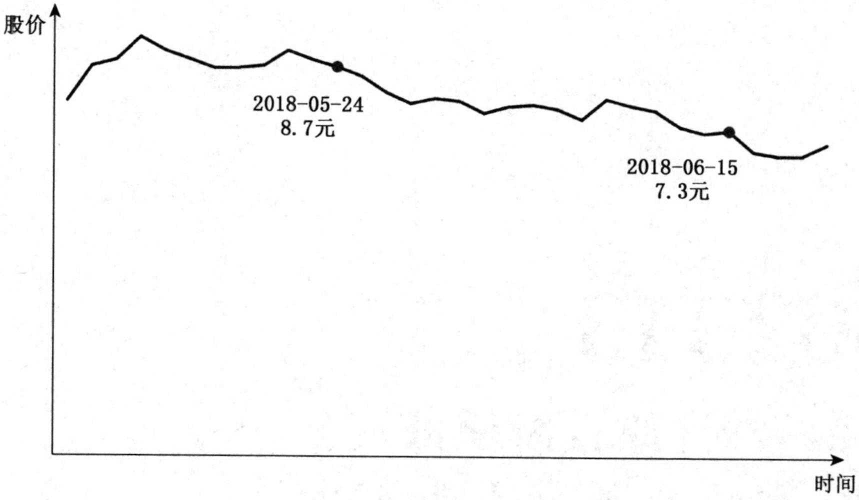

图 26　顺利办(原神州易桥)交易前后股价走势

002313

日海智能(原日海通讯):借力科技金融,布局物联网

一、收购相关方简介

(一)收购方:深圳日海通讯技术股份有限公司

深圳日海通讯技术股份有限公司(以下简称"日海通讯")于1994年9月在广东省深圳市成立,是一家主要从事专业开发、生产、销售通信网络设备的高新技术企业,也是国内大型通信网络物理连接设备供应商。作为深圳市政府重点扶持发展的民营高科技企业,日海通讯于2009年底登陆深圳交易所中小企业板。日海通讯旨在为国内外电信运营商、ICT设备商、系统集成商以及各行业客户提供包括终端、云平台、多行业解决方案在内的物联网端到端产品和服务,以及通信网络基础设施、设备和通信服务。

随着近几年并购浪潮在中国资本市场的"井喷式"发展,2016年优秀基金润良泰的注入助力日海通讯二次腾飞;2017年深圳日海物联技术有限公司和深圳日海云网络有限公司的成立助力日海通讯进军物联网和云网络领域。为更进一步布局物联网战略,2017年9月日海通讯通过收购龙尚科技(上海)有限公司(以下简称"龙尚科技")形成了规模化的模组出货能力,2017年10月日海通讯

通过子公司香港日海投资全球领先的物联网云平台公司 Ayla Networks Inc(以下简称“美国艾拉”)提升了在智能家居和家用电器领域的市场地位。这标志着日海通讯在国内率先完成了物联网“云+端”的业务布局。

(二)收购标的:芯讯通无线科技(上海)有限公司、上海芯通电子有限公司

1. 芯讯通无线科技(上海)有限公司

芯讯通无线科技(上海)有限公司(以下简称“芯讯通”)于 2002 年在上海成立,致力于专业从事无线通信模块的研发和设计。公司无线模块出货量先后从 2005 年亚洲市场第一、2006 年全球第三、2009 年全球第二,攀升至 2015 年 LTE 模块——SIM7100A 通过美国 AT & T 认证测试后,全球出货量第一位。此外,芯讯通多次入选《Connected World》“CW 百强企业之一”,是全球领先的 M2M 模块及解决方案供应商,并荣膺全球“最具创新性的物联网和连接设备供应商”。

芯讯通产品分销网络及现场技术支持网络遍布全球六个大洲。凭借卓越的研发、优质的产品和完善的渠道,芯讯通向全球广大客户提供一站式 TIP 服务,即最高的性价比和最具创新的无线解决方案,以达到帮助客户加快其产品上市速度的目的。近年来,芯讯通除一如既往提供完整的无线模块产品外,还提供专业定制化的 ODM 服务,涵盖车队管理、追踪溯源、远程监护、安全防护和工业监控等应用领域。

2. 上海芯通电子有限公司

上海芯通电子有限公司(以下简称“芯通电子”)成立于 2006 年底,主要为区内生产、加工、组装 GSM/GPRS 等无线通信模块及应用这些模块的无线网卡、调制解调器、无线手机及主机板,销售自产产品并提供相关产品的技术咨询和售后服务等。此外芯通电子的业务还包括区内仓储分拨,国际贸易、转口贸易、区内企业间的贸易及区内贸易代理等。

芯讯通和芯通电子均由 Simcom International Holdings Limited(以下简称“Simcom International”)独资设立,设立以来股东未发生变更。并且在本次并购交易之前,Simcom International 把芯通电子 100%的股权转让给芯讯通,由此芯通电子成为芯讯通的全资子公司。

二、收购事件一览

● 2017年12月8日,日海通讯发布筹划收购某通信行业公司股权事宜的重大事项停牌公告。

● 2017年12月22日,日海通讯发布第四届董事会第十四次会议决议公告,审议通过《关于收购芯讯通无线科技(上海)有限公司股权的议案》,并于同日发布公司股票复牌公告。

● 2018年1月6日,日海通讯发布芯讯通无线科技(上海)有限公司的资产评估报告。

● 2018年1月10日,日海通讯发布《2018年第一次临时股东大会决议公告》,审议通过《关于收购芯讯通无线科技(上海)有限公司股权的议案》。

● 2018年2月13日,晨讯科技集团有限公司(以下简称"晨讯科技",证券代码:02000.HK)召开股东特别大会,审议批准了本次交易。本次并购交易对方Simcom International系晨讯科技的孙公司。

● 2018年2月26日,日海通讯发布《关于芯讯通无线科技(上海)有限公司股权完成过户的公告》,最终日海通讯持有芯讯通0.1%股权,日海通讯全资子公司深圳日海物联投资合伙企业(有限合伙)(以下简称"物联投资")持有芯讯通99.99%股权。

● 2018年5月15日,日海通讯发布《关于拟变更公司名称及证券简称的公告》,宣布公司名称由"深圳日海通讯技术股份有限公司"更名为"日海智能科技股份有限公司",证券简称也由"日海通讯"变更为"日海智能"。

三、收购方案

本次交易不构成关联交易,也不构成《上市公司重大资产重组管理办法》规定的重大资产重组。本次资产重组是在已完成龙尚科技收购和投资设立美国艾拉的基础上开展的,旨在率先完成和优化物联网"云+端"的业务布局。本次并购交易支付方式为现金支付,融资方式为自有资金及银行借款等自筹资金。此外,本次并购交易还约定了若干交割的先决条件。

(一) 并购交易的支付方式及融资方式

本次交易标的资产为芯讯通 100%股权及芯通电子 100%股权，成交金额合计 51 800 万元，双方约定以现金方式支付。具体交割方式为分期付款：(1)自股权转让协议签订之日起 10 日内向本次交易对方 Simcom International 指定的共管账户支付 10%的定金；(2)标的资产交割后 10 日内从共管账户中向 Simcom International 支付转让价款的 80%；(3)标的资产交割完成后 270 日内向 Simcom International 支付剩余转让价款。

(二) 并购交易的定价政策及定价依据

标的资产的无线通信模组是最早进入无线通信模块市场的产品之一，旨在为物联网终端提供联网功能，是物联网的核心部件之一。从国家政策层面来看，国内经济的转型升级，智能制造、共享经济、消费升级等成为国内经济的重要发展领域。从行业层面来看，全球最具权威的 IT 研究与顾问咨询公司——Gartner Group 公司估计 2020 年全球物联网设备数量将高达 208 亿个，达到 2016 年三倍以上的规模；华为技术有限公司预测 2025 年物联网设备的数量将接近 1 000 亿个。按此类数据推算，未来十年物联网新增设备终端数量年复合增长率将超过 30%，将表现出急速增长态势。从业务板块来看，无线通信模块的进入壁垒较高、规模及品牌效应较强，整个业务的整体集中度较高，呈现出竞争全球化和高度市场化的特征，而标的资产芯讯通在行业业务模块中拥有竞争优势，在行业中也占据了较高的市场份额。因此，本次交易依据国家政策、行业层面和标的资产领先的技术优势、市场份额优势和客户资源，以及并购后的业务整合、企业协同效应等因素，经交易各方协商确定此次并购成交价格。

(三) 并购交易交割的先决条件

本次并购交易直接收购芯讯通 100%股权，但此次并购交易的标的方为芯讯通和芯通电子。其中，芯讯通和芯通电子的控股股东均为 Simcom International，且 Simcom International 持股芯讯通和芯通电子的股权比例均为 100%。此次并购交易存在交割先决条件：(1)Simcom International 需要在此次收购之前将其持有的芯通电子 100%股权过户至芯讯通名下，并完成变更登记；(2)相关各方均认可拟转让的知识产权转让协议，并已完成过户至芯讯通的有关手续或已取得有关主管部门出具的知识产权转让受理回执等材料;(3)关于下属子公司之间的采购协议相关事项和与芯讯通的无线通信模块无关的资产、负债的收购处理。

四、案例评论

(一) 借力金融手段,落实科技并购

日海通讯通过金融手段如银行借款,积极并购科技产业——芯讯通,属科技金融并购。科技金融并购属于产业金融并购的范畴,主要是科技产业与金融产业的融合,也即科技产业的发展需要金融产业的强力助推,旨在建立从实验研究、中试到生产的全过程、多元化和差异化的科技创新融资模式,鼓励和引导金融机构参与产学研合作创新,在依法合规、风险可控的前提下,支持符合创新特点的结构性、复合性金融产品开发,加大对企业创新活动的金融支持力度。

2017 年民间投资与民营经济发展重要分析报告指出,民企的问题多出现在融资方面和新兴领域,大体可归类为三种: 一是有些企业借助互联网技术发展创新金融平台和互联网新兴产业,在野蛮生长后出现大范围的倒闭潮,如互联网融资平台、虚拟货币及借其实现的 ICO 融资等;二是有些企业在成立之初就带有违法违规的"基因",如非法吸收公众存款、集资诈骗等融资类犯罪;三是有些企业盲目投资,最为典型的就是网贷平台以及盲目闯入的其他新兴互联网经济,如生鲜电商、共享单车等。归根结底问题在于平台资质审核的松懈和金融支持的迟滞。从金融科技和科技金融概念的提出,再到 2018 年科技金融并购的兴起,政府从政策概念层面大力支持高科技产业的蓬勃发展,把金融工具应用到民营企业在高科技领域中的并购扩张,这不仅推动了并购交易的顺利进行,还为资本市场有效发展提供了后续保障。

(二) 悉心布局转型升级,一举进军物联网板块

随着物联网技术不断成熟和市场需求的蓬勃发展,日海通讯将物联网作为重要的公司战略。尤其是自 2016 年 7 月变更控股股东之后,新一届董事会明确提出: 在网络智能化的发展趋势下,将建成"智慧连接万物"的日海通讯物联网作为战略目标,确保公司在保持传统的通信基础设施业务稳定发展的前提下,持

续不断地进行转型升级。在这一公司战略和公司发展背景下,日海通讯致力于自主研发、收购整合、与国际国内先进的物联网领域的技术和服务伙伴合作等多种方式,共同打造包括终端、云平台、多行业解决方案在内的物联网核心能力,致力于为客户提供优质的物联网端到端的产品和运营支撑服务,成为领先的物联网服务提供商。

为一举进军物联网板块,日海通讯于 2017 年 9 月 8 日收购了在 4G 模组出货量方面具有明显优势、在窄带物联网领域具有先发优势的物联网模组(物联网智能感知端核心部件)厂商龙尚科技 73.84%的股权,并完成了工商过户手续;于 2017 年 10 月 13 日通过子公司日海通讯香港有限公司(以下简称"香港日海")投资全球领先的、在智能家居和家用电器领域市场份额位居前列的物联网云平台公司美国艾拉。而在此次并购交易中日海通讯更是斥资 5.18 亿元收购 Simcom International 持有的芯讯通 100%股权、芯通电子 100%股权。至此,日海通讯通过收购龙尚科技和芯讯通取得了在物联网无线通信模组约 30%的全球市场份额;同时日海通讯通过投资智能家居领域市场份额位居前列的物联网云平台公司美国艾拉,并与其在中国设立合资公司日海艾拉物联网络有限公司,成功增强了物联网云平台构建能力,实现了智能物联网"云 + 端"的业务布局,迅速完成了云端一体化的物联网解决方案的构建,巩固了自身提供物联网"云 + 端"的产品和运营支持服务的能力。

自完成龙尚科技和芯讯通的收购以及美国艾拉的战略布局后,日海通讯的主营业务包括智能物联网业务(物联网模组产品、物联网解决方案、云平台技术服务等)和通信网络基础设施产品、通信工程服务等。随着物联网市场规模的快速发展,日海通讯凭借领先的"云 + 端"业务布局,结合芯讯通、龙尚科技和美国艾拉的技术优势、市场地位和客户资源,以及自身的行业资源和资金优势,充分发挥公司的协同效应,推出"端到端"解决方案以连通设备端、云端以及移动 App 端,使客户能够快速、经济地开发和部署应用于工业、商业、消费等各类市场的物联网"端到端"解决方案,最终实现建立"智慧连接万物"的智能物联网目标。由此,公司名称由"深圳日海通讯技术股份有限公司"更名为"日海智能科技股份有限公司",证券简称也由"日海通讯"变更为"日海智能"。

五、市场表现(002313)

日海智能(原日海通讯)交易前后股价变动情况见图 27。

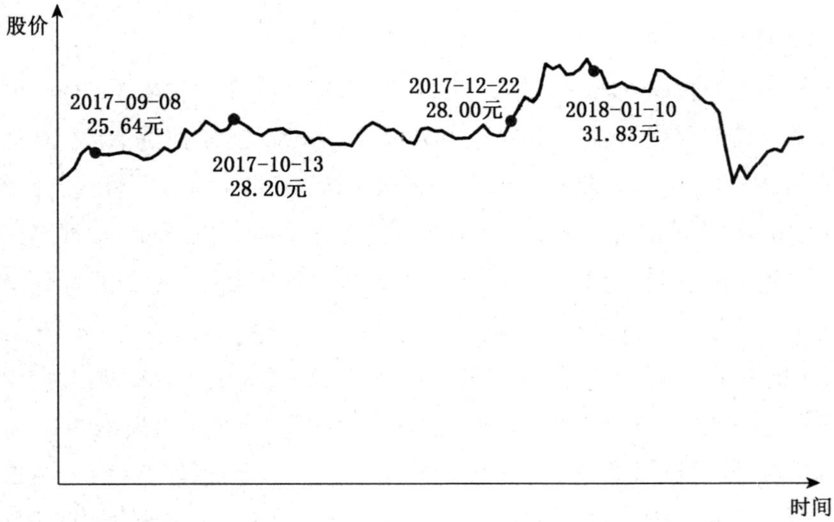

图 27　日海智能(原日海通讯)交易前后股价走势

注：2017-09-08 是日海通讯发布收购龙尚科技股权公告的日期;2017-10-13 是日海通讯发布投资美国艾拉公告的日期

002757

南兴股份(原南兴装备)：
“互联网+传统制造”，进军智能制造

一、收购相关方简介

(一) 收购方：南兴装备股份有限公司

南兴装备股份有限公司(以下简称“南兴装备”)的前身是东莞市南兴木工机械有限公司(以下简称“南兴有限”)，由林旺南先生及其妻子詹谏醒女士于1996年5月3日出资设立。2011年1月9日，南兴有限当时全体股东作为共同发起人，将南兴有限整体变更为股份制公司，并于2015年5月经中国证监会批准IPO后正式上市。

南兴装备是一家集研发、设计、生产和销售于一体的板式家具生产线成套设备专业供应商，生产产品主要涵盖自动封边机、数控裁板锯、多排多轴钻、精密推台锯、加工中心五大系列及其他板式家具机械。近年来，南兴装备不断提高服务能力、加大技术投入、加强人才培养，为适应定制家具生产需求所实施的产品结构转型计划已初见成效。与此同时，南兴装备也已经可以为客户提供定制家具整体解决方案，使家具企业实现自动化、智能化生产。截至目前，南兴装备的控股股东为东莞市南兴实业投资有限公司(以下简称“南兴投资”)，实际控制人为

林旺南和詹谏醒夫妇。

（二）收购标的：广东唯一网络科技有限公司

广东唯一网络科技有限公司(以下简称“唯一网络”)成立于 2006 年 10 月 25 日。唯一网络旗下共有 4 家全资子公司,分别为厦门市世纪网通网络服务有限公司(以下简称“世纪网通”)、深圳市新生代投资发展有限公司(以下简称“深圳新生代”)、北京互通光联科技有限公司(以下简称“互通光联”)和唯一网络国际有限公司(以下简称“唯一国际”);唯一网络在北京、广州、上海设有 3 家分公司,唯一网络的全资子公司深圳新生代在湛江设有 1 家分公司。本次收购前唯一网络的控股股东为屏南唯创众成股权投资合伙企业(有限合伙)(以下简称“屏南唯创”),实际控制人为王宇杰。

唯一网络是一家主营 IDC 基础服务及其增值服务的互联网综合服务提供商,主要业务包括服务器托管及租用、带宽租用、机柜及机位租用、云主机、网络防护等。唯一网络依靠专业化的服务水平和丰富的行业经验,形成了以基础 IDC 服务为主导的经营体系,不断扩大公司在 IDC 增值服务领域的格局,树立了较高的业内知名度。近年来,唯一网络的总资产达到 13 255.90 万元。经过十几年的发展,唯一网络已在广东、福建、江苏、河南等地开展数据节点管理、机柜运营,形成了资源、客户、品牌、技术服务等核心竞争优势,特别是唯一网络的唯云平台更是获得了“东莞十大云计算示范项目”“东莞市工业云公共服务平台”等称号。

（三）关联控股方：屏南唯创众成股权投资合伙企业（有限合伙）、屏南唯壹股权投资合伙企业（有限合伙）、新余众汇精诚投资合伙企业（有限合伙）

1. 屏南唯创众成股权投资合伙企业（有限合伙）

屏南唯创众成股权投资合伙企业(有限合伙)(以下简称“屏南唯创”)成立于 2017 年 6 月 15 日,主要从事股权投资及其相关的咨询服务。目前,屏南唯创除持有唯一网络股权外,尚无其他对外投资。本次交易前屏南唯创股权结构如图 28 所示。

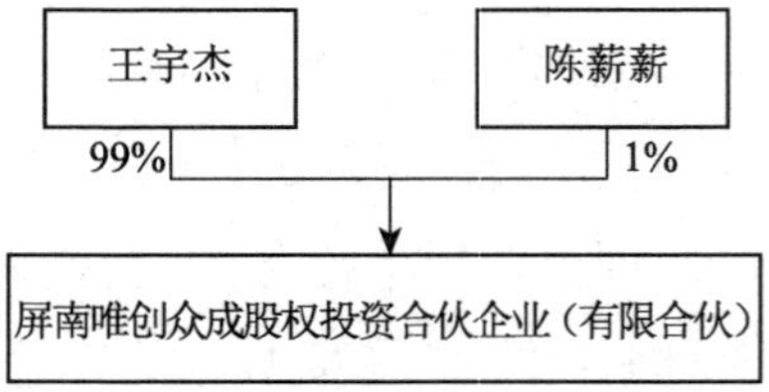

图 28 重组前屏南唯创股权结构

2. 屏南唯壹股权投资合伙企业(有限合伙)

屏南唯壹股权投资合伙企业(有限合伙)(以下简称“唯壹投资”)成立于2015年12月14日,主要从事股权投资及其相关的咨询服务。目前,除持有唯一网络股权外,尚无其他对外投资。本次交易前唯壹投资股权结构如图29所示。

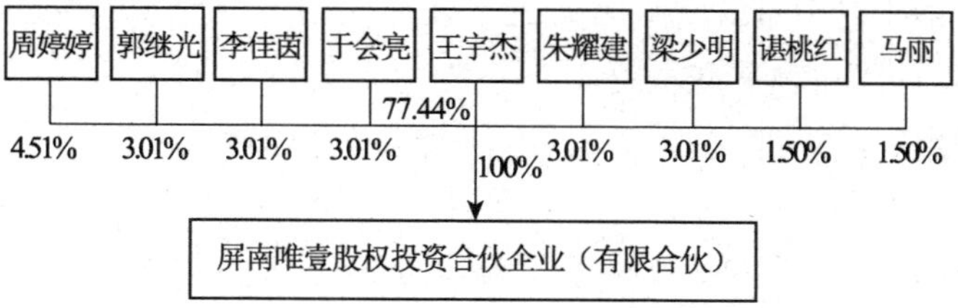

图29　重组前唯壹投资股权结构

3. 新余众汇精诚投资合伙企业(有限合伙)

新余众汇精诚投资合伙企业(有限合伙)(以下简称“众汇精诚”)成立于2015年12月14日,主要从事企业投资、企业管理、投资咨询服务与项目投资策划。众汇精诚除持有唯一网络股权外,未有其他对外投资和重大资产,是以持有唯一网络股权为目的而设立。本次交易前众汇精诚股权结构如图30所示。

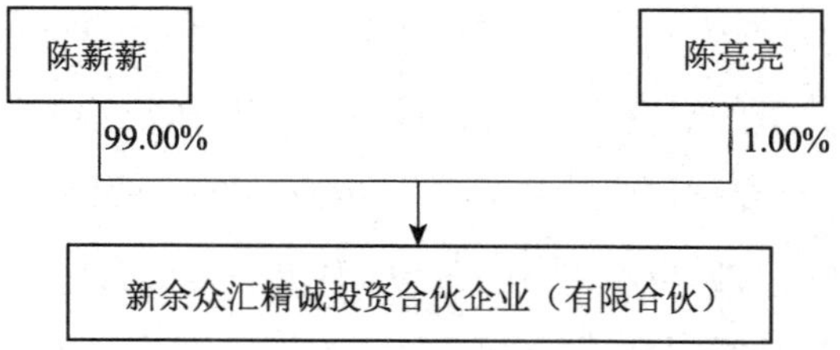

图30　重组前众汇精诚股权结构

二、收购事件一览

- 2017年6月9日,南兴装备发布《筹划重大资产重组停牌公告》,拟于当日开始起停牌。
- 2017年9月16日,南兴装备公布发行股份及支付现金购买资产协议,并发布第二届董事会第二十次会议决议,审议通过了《关于公司发行股份及支付现金购买资产并募集配套资金方案的议案》。

● 2017年9月16日，南兴装备公布发行股份及支付现金购买资产并募集配套资金暨关联交易报告书草案。

● 2017年10月18日，南兴装备发布第二届董事会第二十一次会议决议，审议通过了交易报告书的修订稿。

● 2018年2月1日，南兴装备股票复牌。

● 2018年3月16日，南兴装备关于发行股份及支付现金购买资产暨关联交易事项获得中国证监会核准批文。

● 2018年4月2日，南兴装备本次收购标的资产已完成过户。

三、收购方案

本次交易属于重大资产重组，同时，本次重组的交易对象屏南唯创、唯壹投资、东莞市宏商创业投资管理有限公司（以下简称"宏商创投"）、广东俊特投资管理有限公司（以下简称"俊特投资"）、冯鸣、东莞市东浩投资管理有限公司（以下简称"东浩投资"）、众汇精诚分别为南兴装备及其关联方，因此本次交易构成关联交易。本次重大资产重组交易主要为发行股份及支付现金购买资产。

本次交易标的资产为唯一网络100%股权。本次交易重组中，南兴装备拟向屏南唯创、唯壹投资、宏商创投、俊特投资、冯鸣、东浩投资和众汇精诚等7名交易对方发行股份及支付现金购买其合计持有的唯一网络100%股权。本次标的资产的评估基准日为2017年6月30日，采用收益法进行评估，唯一网络100%股权的净资产价值为66 745.74万元，评估值为74 075.40万元。根据发行股份购买资产协议，经各方协商确认，交易标的交易价格确定为73 740万元。其中，股份支付63 740万元、现金支付10 000万元。

本次发行股份购买资产的定价基准日为南兴装备第六届董事会第十一次会议决议公告日。经协商，交易各方约定本次发行股份购买资产的定价依据为采用定价基准日前20个交易日南兴装备股票交易均价的90%，即31.87元/股。按此股价发行股份，南兴装备向交易对方合计发行19 999 997股股份。交易对方就本次交易取得的南兴装备股份数量和现金对价情况如表21所示。

本次交易完成前后南兴装备股权结构变化情况如表22所示。

表 21 南兴装备向交易对方支付的现金与发行股份数量情况

序号	交易对方	出资比例	交易价格（万元）	现金支付（万元）	股份支付（万元）	股份支付（股）
1	屏南唯创	47.62%	25 992.142 9	—	25 992.142 9	8 155 677
2	唯壹投资	33.33%	24 580	—	24 580	7 712 582
3	宏商创投	10%	7 374	—	7 374	2 313 774
4	俊特投资	3%	2 212.2	—	2 212.2	694 132
5	冯鸣	2.86%	2 106.857 1	—	2 106.857 1	21 068 571
6	东浩投资	2%	1 474.8	—	1 474.8	462 754
7	众汇精诚	1.19%	10 000	10 000	—	—
合计		100%	73 740	10 000	63 740	19 999 997

表 22 交易完成前后南兴装备股权结构变化情况

股东名称	本次交易前		本次交易后	
	持股数量（万股）	持股比例	持股数量（万股）	持股比例
南兴投资	49 387 200	44.48%	49 387 200	37.69%
詹任宁	6 310 600	5.68%	6 310 600	4.82%
林旺荣	6 310 600	5.68%	6 310 600	4.82%
林旺南	4 186 900	3.77%	4 186 900	3.20%
陈俊岭	3 444 000	3.10%	3 444 000	2.63%
詹谏醒	2 743 700	2.47%	2 743 700	2.09%
广东通盈创业投资有限公司	2 301 400	2.07%	2 301 400	1.76%
林伟明	2 301 400	1.19%	1 320 000	1.01%
王彩雯	817 132	0.74%	817 132	0.62%
屠文斌	710 000	0.64%	710 000	0.54%
其他股东	33 494 468	30.17%	33 494 468	25.56%
屏南唯创	—	—	8 155 677	6.22%
唯壹投资	—	—	7 712 582	5.89%
宏商创投	—	—	2 313 774	1.77%
俊特投资	—	—	694 132	0.53%
冯鸣	10 000	0.01%	671 078	0.51%
东浩投资	—	—	462 754	0.35%
合计	111 036 000	100%	131 035 997	100%

本次交易完成后，南兴装备将持有唯一网络100%股权，本次交易没有导致南兴装备的控股股东和实际控制人发生变更，其控股股东仍为南兴投资，实际控制人为林旺南和詹谏醒夫妇。

四、案例评论

（一）数字经济融合现代制造，智能化转型不再遥远

近几年，家具市场的消费快速增长。一方面，由于城市化水平和人均收入的增长推动家具消费升级，2017年家具零售额同比增长12.80%。另一方面，对个性化和时尚化家具的需求日渐上升，带动定制家具行业的扩张，家具行业的C2M模式或将成为未来家具生产的潮流。南兴装备作为一家板式家具生产线成套设备专业供应商，随着下游行业的转型升级，自动化、智能化生产设备的需求量大幅增加，因此快速进入互联网领域成为当前公司发展的主要目标。

本次交易的标的公司唯一网络是一家以IDC基础服务及其增值服务为主营业务的互联网综合服务提供商，已为约3 000家互联网公司提供IDC等领域的服务。唯一网络经过十多年的发展，资源优势、技术服务优势、客户优势和品牌优势十分明显，有较强的市场竞争力和良好的行业口碑。更重要的是，唯一网络拥有自己的云服务平台——唯云，可以为客户提供包括弹性云主机、高性能云硬盘等在内的云计算环境。通过“唯云”云平台，客户可在云计算环境中完成整个虚拟数据中心的构建，不仅大幅度降低IT运维成本，还可以获得稳定、可靠、高效、安全的数据运行云环境。本次收购完成后，南兴装备可以利用唯一网络的互联网技术，实现传统制造与IDC有效结合，将大数据互联网应用于定制家具生产，改变原有的生产模式，抢先实现家具行业的“智能制造”，占据市场有利地位。

（二）依托政策优势进行资源整合，巧借春风入化境

本次被收购公司唯一网络是一家以IDC为核心业务的公司，而IDC服务作为国家战略性新兴产业中新一代信息技术的核心和工业云平台的基础，对我国转变经济发展方式、完善社会管理手段、深入推进信息化和工业化融合具有重要战略作用。我国相关的政府部门也发布一系列鼓励和支持IDC信息技术服务

发展的政策，有了政策支撑，IDC 的发展前景必然一片光明。此外，我国经济正处于高速增长向高质量发展的转向阶段，也正是各经济体转变发展方式、优化产业结构、转换增长动力的攻关期，因此建设现代化经济体系是跨越这一关卡的迫切要求和持续发展的战略目标。中共十九大报告提出，经济发展必须坚持质量第一、效益优先，鼓励企业之间进行经济结构的调整和产业的重新整合，满足条件的企业甚至可以进行跨地区和跨所有制的“双跨”并购。

在这样的政策环境下，南兴装备实施并购重组的外部阻力极小，不仅能够充分将唯一网络的优质资源和朝阳业务揽入怀中，形成传统产业与新兴互联网服务并行发展的良好态势，内生式与外延式发展并举实现“双主业”，增加新的盈利点提升业绩；还能通过布局 C2M 渠道云平台，开拓智能机械产品，推动南兴装备的业务向云计算、物联网、大数据等战略性新兴产业延伸，加速业务转型升级，推动南兴装备和唯一网络的融合发展，为股东创造更大的价值。

（三）家具装备与互联网数据协同发展，传统机械或将拥有“智能大脑”

唯一网络在 IDC 等领域拥有较大的影响力，可为南兴装备“智能制造”提供技术和人才支持，为其布局 C2M 渠道云平台、积极开拓智能机械产品提供技术层和数据层保障。收购唯一网络不仅将为南兴装备提供新的盈利增长点，还能为传统板材机械制造装载“智能大脑”。唯一网络原股东为此次交易提供业绩承诺：2017—2020 年，净利润分别不低于 5 500 万元、6 850 万元、8 500 万元、9 700 万元，四年累计承诺净利润不低于 30 550 万元；而 2017 年归属于母公司净利润为 5 891.56 万元，当年业绩承诺已兑现。本次收购完成后，南兴装备的主营业务也维持高速增长的态势，整体盈利能力得到极大的提升。

经过多年的精耕细作，南兴装备在家具市场已经具有一定的行业地位，未来将朝着智能家具的方向迈进。一方面，此次收购的唯一网络可以为南兴装备带来互联网技术的支撑，推动智能制造战略的实施；另一方面，由于家具市场的个性化、定制化需求与日俱增，南兴装备可以借助唯一网络的“唯云”云平台，集中不同用户的需求，将数据直接传送给家具生产厂商，更精确地满足客户的要求，抢先搭建家具制造云平台，全力迎接工业智能时代。

五、市场表现(002757)

南兴股份(原南兴装备)交易前后股价变动情况见图 31。

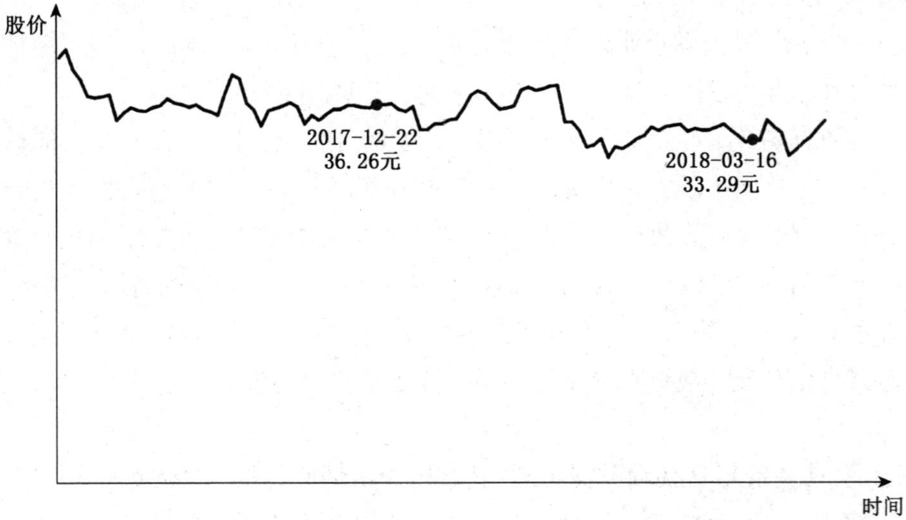

图 31　南兴股份(原南兴装备)交易前后股价走势

300603

立昂技术：
“混合+横向并购”，市场、业务双拓展

一、收购相关方简介

（一）收购方：立昂技术股份有限公司

立昂技术股份有限公司（以下简称“立昂技术”）的前身立昂有限，于1996年1月8日在新疆维吾尔自治区乌鲁木齐经济技术开发区注册成立，是由汪晓宏、王刚、杨戈以货币方式出资设立的有限责任公司，注册资本为人民币30万元。2012年9月17日，经立昂有限股东会审议通过，拟整体变更为股份制公司，并于2012年11月27日完成了变更登记。经证监会核准，立昂技术于2017年1月17日获准向社会公众发行人民币普通股（A股）2 570万股，并在深交所创业板上市。

立昂技术是一家以信息技术服务为主营业务的高新技术企业，主要为通信运营商提供通信网络技术服务，并基于各方业务需求提供安防系统一体化服务，具体包括安防系统和通信网络工程、安防系统和通信网络运营管理及其他专项服务等。立昂技术业务范围涉及新疆、宁夏、甘肃、青海、贵州、四川等地，具备满足多种少数民族语言需求的技术服务能力。目前，立昂技术依据在通信网络技

术服务、安防系统服务中形成的技术优势和客户积累，正不断实施服务内容拓展及业务延伸。

（二）收购标的：杭州沃驰科技股份有限公司、广州大一互联网络科技有限公司

1. 杭州沃驰科技股份有限公司

杭州沃驰科技股份有限公司（以下简称“沃驰科技”）成立于2011年5月，注册资本为4 602.857 1万元。自设立以来，沃驰科技致力于为移动互联网行业提供各类服务和产品。沃驰科技不仅围绕电信运营商基地开展数字阅读、视频、动漫等增值电信业务，还构建自有平台开拓数字阅读服务。主营业务包括增值电信业务和自有平台业务两类。2016年8月10日沃驰科技在全国中小企业股份转让系统挂牌公开转让股票，股票简称“沃驰科技”，股票代码“838489”，转让方式为协议转让。2018年1月2日，全国中小企业股份转让系统有限责任公司出具《关于同意杭州沃驰科技股份有限公司股票终止在全国中小企业股份转让系统挂牌的函》（股转系统函〔2018〕28号），同意沃驰科技股票自2018年1月5日起在全国中小企业股份转让系统终止挂牌。

2. 广州大一互联网络科技有限公司

广州大一互联网络科技有限公司（以下简称“大一互联”）于2006年12月在广州市天河区成立，注册资本为5 000万元，前身为广州炬阵网络科技有限公司。大一互联是一家专业从事互联网数据中心运营及其他互联网综合服务的提供商，致力于为客户提供稳定、高速、安全的优质网络服务。大一互联与中国电信、中国联通、中国移动等基础电信运营商保持密切合作关系，并在广州拥有自建高品质IDC（Internet Data Center）机房，为客户提供机房模块定制、云优化服务、互联网专线、流量清洗、多云互联等增值服务。大一互联先后获得“2015中国智慧城市十大IDC服务商”“2015年度广东省守合同重信用单位”“2016年度中国互联网IDC领域领军企业”“2016广东省云计算应用协会会员单位”“2016广东省数据中心基础设施监控系统建设规范标准参编单位”“2016中国智慧城市最具成长价值企业奖”“2017华南IDC年度最具价值贡献奖”等行业殊荣，成为华南地区最具影响力的IDC企业之一。

二、收购事件一览

- 2018 年 5 月 3 日，立昂技术发布筹划重大资产重组事项公告，立昂技术股票于 2018 年 5 月 2 日开市起停牌，并与标的公司的主要股东签署《股权收购框架协议》。
- 2018 年 7 月 30 日，立昂技术召开第二届董事会第二十五次会议，审议通过《关于公司发行股份及支付现金购买资产并募集配套资金暨关联交易符合相关法律、法规条件的议案》《关于公司发行股份及支付现金购买资产并募集配套资金暨关联交易方案的议案》及相关议案。
- 2018 年 7 月 31 日，立昂技术发布《发行股份及支付现金购买资产并募集配套资金暨关联交易报告书(草案)》。
- 2018 年 8 月 24 日，立昂技术发布《发行股份及支付现金购买资产并募集配套资金暨关联交易报告书(草案)(修订稿)》，并于当日开市起复牌。
- 2018 年 9 月 13 日，立昂技术召开 2018 年第四次临时股东大会决议，审议通过《关于公司发行股份及支付现金购买资产并募集配套资金暨关联交易符合相关法律、法规规定条件的议案》《关于公司发行股份及支付现金购买资产并募集配套资金暨关联交易方案的议案》及相关议案。
- 2018 年 11 月 15 日，立昂技术发布《发行股份及支付现金购买资产并募集配套资金暨关联交易报告书(草案)(修订稿)》。
- 2018 年 11 月 20 日，立昂技术发布《发行股份及支付现金购买资产并募集配套资金暨关联交易报告书(草案)(修订稿)》。
- 2018 年 11 月 22 日，立昂技术发布《发行股份及支付现金购买资产并募集配套资金暨关联交易报告书(草案)(修订稿)》。
- 2018 年 11 月 29 日，立昂技术发布《关于中国证监会上市公司并购重组审核委员会审核公司发行股份及支付现金购买资产并募集配套资金暨关联交易事项的停牌公告》，并于当日开市起停牌。
- 2018 年 11 月 30 日，立昂技术发布《关于公司发行股份及支付现金购买资产并募集配套资金暨关联交易事项获得中国证监会上市公司并购重组审核委员会审核有条件通过暨公司股票复牌的公告》，并于当日开市起复牌。
- 2018 年 12 月 6 日，立昂技术发布《发行股份及支付现金购买资产并募集配套资金暨关联交易报告书(草案)(修订稿)》。

- 2019 年 1 月 2 日,立昂技术发布《关于发行股份及支付现金购买资产并募集配套资金暨关联交易事项获得中国证监会核准批复的公告》,本次重大资产重组项获得中国证监会正式核准批复。

- 2019 年 1 月 15 日,立昂技术发布《关于发行股份及支付现金购买资产并募集配套资金暨关联交易之标的资产过户完成的公告》,标的资产的过户手续已办理完成。

三、收购方案

立昂技术通过向沃驰科技和大一互联全体股东发行股份及支付现金方式购买其合计持有的沃驰科技 100%股权和大一互联 100%股权,同时采用询价发行的方式向不超过 5 名特定投资者非公开发行股票募集配套资金,募集配套资金规模预计不超过 53 986 万元。本次募集资金用于支付本次交易现金对价、广纸云数据中心项目及相关中介费用。

(一) 发行股份及支付现金购买资产

本次交易标的资产为沃驰科技和大一互联 100%的股份。本次发行股份及支付现金购买标的资产的评估基准日为 2018 年 3 月 31 日,选取收益法评估结果作为评估结论。沃驰科技 100%股东全部权益在评估基准日账面价值为 19 800.27 万元,评估值为 123 069.09 万元。经双方协商,沃驰科技 100%股权交易作价 119 800 万元。大一互联 100%股东全部权益在评估基准日账面价值为 4 493.82 万元,评估值为 42 069.89 万元。评估基准日后,2018 年 6 月 26 日,大一互联股东钱炽峰缴足 2 400 万元未缴出资额;2018 年 7 月 6 日,大一互联股东武穴唯心信息科技合伙企业(有限合伙)(以下简称"唯心信息")缴足 600 万元未缴出资额。双方基于评估值以及其后缴足注册资本 3 000 万元事项,大一互联 100%股权交易作价 45 000 万元。本次发行的定价基准日为立昂技术第二届董事会第二十五次会议决议公告日。经各方协商,本次发行价格确定为 33 元/股。本次交易向交易对方共发行股份约 42 973 916 股,占发行后立昂技术总股本的比例为 29.54%。

本次重大资产重组中,立昂股份拟以发行股份及支付现金方式向金泼、浙江开尔新材料股份有限公司(以下简称“开尔新材”)、杭州萱汐投资管理合伙企业(有限合伙)(以下简称“萱汐投资”)、上海泰卧企业管理合伙企业(有限合伙)(以下简称“上海泰卧”)、李张青、赵天雷、龚莉群、谢昊、王丽霞、王建国、姚德娥、陈剑刚、吴灵熙、上海天适新股权投资中心(有限合伙)(以下简称“上海天适新”)、企巢天风(武汉)创业投资中心(有限合伙)(以下简称“企巢天风”)、杭州鑫烨投资合伙企业(有限合伙)(以下简称“鑫烨投资”)、鞠波、应保军、孙洁玲、朱建军、李常高共计 21 名交易对方购买其持有的沃驰科技 100% 的股权,交易作价 119 800 万元。交易对方就本次交易取得的立昂技术股份数量和现金对价情况如表 23 所示。

表 23 立昂技术向沃驰科技股东支付的现金与发行股份数量情况

序号	交易对方	出资比例	交易价格(万元)	现金支付(万元)	股份支付(万元)	股份支付(股)
1	金泼	49.31%	59 069.03	—	59 069.03	17 899 707
2	开尔新材	8.32%	9 972.07	—	9 972.07	3 021 838
3	萱汐投资	8.64%	10 352.76	—	10 352.76	3 137 199
4	上海泰卧	6.95%	8 329.81	—	8 329.81	2 524 183
5	李张青	6.26%	7 496.83	—	7 496.83	2 271 765
6	赵天雷	3.41%	4 080	—	4 080	1 236 363
7	龚莉群	2.48%	2 971.68	—	2 971.68	900 507
8	谢昊	2.14%	2 559.50	1 279.75	1 279.75	387 802
9	王丽霞	1.94%	2 326.82	2 326.82	—	—
10	王建国	2.43%	2 915.43	—	2 915.43	883 464
11	姚德娥	1.67%	1 994.41	—	1 994.41	604 367
12	陈剑刚	1.11%	1 329.61	—	1 329.61	402 911
13	吴灵熙	1.10%	1 329.60	664.80	664.80	201 455
14	上海天适新	1.11%	1 329.61	—	1 329.61	402 911
15	企巢天风	0.83%	997.21	—	997.21	302 183
16	鑫烨投资	0.83%	997.21	—	997.21	302 183
17	鞠波	0.64%	764.52	382.26	382.26	115 837
18	应保军	0.28%	332.40	—	332.40	100 727
19	孙洁玲	0.28%	332.40	332.40	—	—
20	朱建军	0.22%	265.92	—	265.92	80 582
21	李常高	0.05%	53.18	—	53.18	16 116
合计		100%	119 800	4 986.03	114 813.97	34 792 100

此外，本次并购交易拟以发行股份及支付现金方式向钱炽峰、将乐县荣隆企业管理咨询合伙企业(有限合伙)(以下简称“荣隆咨询”)、广州市欣聚沙投资企业(有限合伙)(以下简称“欣聚沙投资”)、唯心信息共计 4 名交易对方购买其持有的大一互联 100%的股权，交易作价 45 000 万元。交易对方就本次交易取得的立昂技术股份数量和现金对价情况如表 24 所示。

表 24 立昂技术向大一互联股东支付的现金与发行股份数量情况

序号	交易对方	出资比例	交易价格(万元)	现金支付(万元)	股份支付(万元)	股份支付(股)
1	钱炽峰	48%	21 600	—	21 600	6 545 454
2	荣隆咨询	10%	4 500	1 800	2 700	818 181
3	欣聚沙投资	10%	4 500	1 800	2 700	818 181
4	唯心信息	32%	14 400	14 400	—	—
合计		100%	45 000	18 000	27 000	8 181 816

(二) 发行股份募集配套资金

立昂技术拟采用询价发行的方式向不超过 5 名特定投资者非公开发行股票募集配套资金，募集配套资金预计不超过 53 986 万元，不超过本次交易中以发行股份方式购买资产对应的交易价格的 100%，用于支付本次交易现金对价、广纸云数据中心项目及相关中介费用。交易完成前后立昂科技股权结构变化情况如表 25 所示。

表 25 交易完成前后立昂科技股权结构变化情况

<table>
<tr><th rowspan="3">股东名称</th><th colspan="2" rowspan="2">本次交易前</th><th colspan="4">本次交易后</th></tr>
<tr><th colspan="2">募集配套资金前</th><th colspan="2">募集配套资金后</th></tr>
<tr><th>持股数量(万股)</th><th>持股比例</th><th>持股数量(万股)</th><th>持股比例</th><th>持股数量(万股)</th><th>持股比例</th></tr>
<tr><td>王刚</td><td>3 864</td><td>37.7%</td><td>3 864</td><td>26.56 %</td><td>3 864</td><td>23.88%</td></tr>
<tr><td>新疆立润投资有限责任公司</td><td>394.82</td><td>3.85%</td><td>394.82</td><td>2.71%</td><td>394.82</td><td>2.44%</td></tr>
<tr><td>立昂技术现有其他股东</td><td>5 991.18</td><td>58.45%</td><td>5 991.18</td><td>41.18%</td><td>5 991.18</td><td>37.02%</td></tr>
<tr><td>金泼</td><td>—</td><td>—</td><td>1 789.97</td><td>12.30%</td><td>1 789.97</td><td>11.06%</td></tr>
<tr><td>开尔新材</td><td>—</td><td>—</td><td>302.18</td><td>2.08%</td><td>302.18</td><td>1.87%</td></tr>
<tr><td>萱汐投资</td><td>—</td><td>—</td><td>313.72</td><td>2.16%</td><td>313.72</td><td>1.94%</td></tr>
<tr><td>泰卧管理</td><td>—</td><td>—</td><td>252.42</td><td>1.74%</td><td>252.42</td><td>1.56%</td></tr>
</table>

（续表）

股东名称	本次交易前		本次交易后			
			募集配套资金前		募集配套资金后	
	持股数量（万股）	持股比例	持股数量（万股）	持股比例	持股数量（万股）	持股比例
李张青	—	—	227.18	1.56%	227.18	1.40%
赵天雷	—	—	123.64	0.85%	123.64	0.76%
龚莉群	—	—	90.05	0.62%	90.05	0.56%
谢昊	—	—	38.78	0.27%	38.78	0.24%
王建国	—	—	88.35	0.61%	88.35	0.55%
姚德娥	—	—	60.44	0.42%	60.44	0.37%
陈剑刚	—	—	40.29	0.28%	40.29	0.25%
吴灵熙	—	—	20.15	0.14%	20.15	0.12%
上海天适新	—	—	40.29	0.28%	40.29	0.25%
企巢天风	—	—	30.22	0.21%	30.22	0.19%
鑫烨投资	—	—	30.22	0.21%	30.22	0.19%
鞠波	—	—	11.58	0.08%	11.58	0.07%
应保军	—	—	10.07	0.07%	10.07	0.06%
朱建军	—	—	8.06	0.06%	8.06	0.05%
李常高	—	—	1.61	0.01%	1.61	0.01%
钱炽峰	—	—	654.55	4.50%	654.55	4.04%
荣隆咨询	—	—	81.82	0.56%	81.82	0.51%
欣聚沙投资	—	—	81.82	0.56%	81.82	0.51%
配套募集资金方	—	—	—	—	1 635.94	10.11%
合计	10 250	100%	14 547.39	100%	16 183.33	100%

本次交易构成重大资产重组，并且构成关联交易。本次交易前，交易对方及其关联方与立昂技术及其关联方之间不存在关联关系；本次交易完成后，不考虑募集配套资金影响，交易对方金泼及其一致行动人合计持有的立昂技术股份超过5%；钱炽峰及其一致行动人合计持有的立昂技术股份超过5%。因此，作为本次发行股份及支付现金购买资产的交易对方，金泼及其一致行动人以及钱炽峰及其一致行动人与立昂技术之间构成关联关系，与立昂技术之间的交易构成关联交易。本次交易完成后，立昂科技将持有沃驰科技及大一互联100%股权，本次交易没有导致立昂技术的控股股东和实际控制人发生变更，立昂技术的控

股股东及实际控制人仍为王刚。

四、案例评论

(一) 收购优质资产,熨平营收周期性波动

根据立昂技术披露的一季报,在 2018 年第一季度立昂技术的营收、净利双降,其中 2018 年第一季度营收 8 805.39 元,同比下滑幅度达 28.32%;净利润 −556.19 万元,同比下滑幅度达 246.56%。随后在 5 月 3 日,立昂技术发布公告,宣布正在筹划重大资产重组事项,立昂技术股票于 5 月 2 日开市起停牌,并与标的公司的主要股东签署《股权收购框架协议》。立昂技术表示,本次交易完成后其资产规模、收入规模将有所增加,总体盈利能力提高。根据披露的审计报告,大一互联 2016 年度净利润约 1 599.1 万元、2017 年度 2 428.33 万元、2018 年第一季度 603.69 万元;沃驰科技 2016 年度净利润 3 550.76 万元、2017 年度 8 452.1 万元、2018 年第一季度 2 440.25 万元;立昂技术的 2016 年度净利润为 3 547.44 万元、2017 年度净利润为 8 036.84 万元、2018 年第一季度净利润亏损 556.19 万元。相比之下,在盈利水平上立昂技术跟沃驰科技相比没有明显优势,其 2018 年第一季度的业绩在三家企业中表现最差。根据其 2017 年 1 月披露的最新版招股说明书,立昂科技的安防系统工程和通信网络工程收入占公司总营收比例较大,且其主要业务所在区域大规模工程施工期主要集中在每年的 5 月到 11 月,因此立昂技术一般上半年营收较少,下半年营收较多,营收状况受周期因素影响较大,波动也较大。通过此次收购,将有效利用标的公司优质的现金流弥补立昂技术工程业务存在的不稳定性这一问题,使得立昂技术能够摆脱周期性业绩低迷的困境,从而使收入更加稳定,营收状况有所改善,还可以增强经营现金流,这对于立昂技术的可持续发展以及市值管理等都会起到积极的作用。

(二) 高价"彩礼"赢得沃驰青睐,花落立昂技术

沃驰科技曾先后连续被三家公司看中。在新三板挂牌期间,沃驰科技就先后被开尔新材和德艺文化创意集团股份有限公司(以下简称"德艺文创")看中,两家上市公司先后发布公告,拟收购沃驰科技 100%股权,但两起收购均没有能够进入实质阶段,均以失败告终,原因是双方未能就交易重要条款达成一致意

见。而后沃驰科技又被立昂技术相中。

立昂技术采用收益法来评估此次收购沃驰科技的“彩礼”金额，评估报告显示，由于沃驰科技近年来主营业务呈现较快的发展趋势，收入和利润规模增长较快，同时在2017年3月完成了一次增发，导致评估增值较大。那么这笔交易是否合算？从沃驰科技的业绩来看，2017年沃驰科技实现营业收入2.4亿元，实现净利润8 452万元，大于立昂技术同期净利润8 036万元，沃驰科技的盈利能力甚至强于立昂技术，收购沃驰科技后，立昂技术的整体盈利能力可能实现翻番。由此来看，业绩不俗的沃驰科技，先后被三家上市公司看中也是有其原因的，立昂技术花费近12亿元“彩礼”成功牵手沃驰科技，是一笔睿智的投资。

(三)“走出去”突破地域局限，积极开拓疆外市场

立昂技术是位于新疆的一家集信息技术、通信技术为一体的综合性高科技企业，致力于为通信运营商以及政府企业单位提供通信、网络、信息技术服务和安防系统集成一体化服务，是新疆第一批安防信息化上市公司。作为“一带一路”建设的核心地区，国家对新疆地区的支持力度近几年持续加码，对新疆安防信息产业的投入也在逐年递增。从年报数据来看，立昂技术九成以上的营收来自新疆市场。面对如此巨大的市场空间，仅仅立足新疆市场，显然不是立昂技术的发展目标。据了解，在保持疆内市场优势的同时，立昂技术也已经在宁夏、甘肃、青海、陕西、湖北、贵州等地加大力量投入，积极拓展疆外市场。本次收购大一互联及沃驰科技100%股权完成后，立昂技术将通过大一互联及沃驰科技切入珠三角地区和长三角地区市场，能在降低进入新业务、新市场领域的管理和运营风险的同时，利用大一互联及沃驰科技已有的客户、人才、技术、渠道和互联网数据中心等资源，在短期内突破发展的地域局限，进一步扩大立昂技术的业务辐射范围，发挥多地业务联动效应，实现业务规模的迅速扩张。

(四)加强优势互补，发挥业务协同效应

本次交易完成后，立昂技术将能在不断推动自身信息技术服务业务增长的同时，继续加强外部移动增值电信业务和互联网数据中心业务领域的布局。沃驰科技的主要客户为电信运营商，与立昂技术的主要客户高度重叠，双方与电信运营商均有丰富合作经验。同时沃驰科技的主营业务为移动互联网电信增值业

务，为阅读、动漫、游戏等移动文化产品提供内容整合发行、数字媒体营销和移动支付计费等一站式服务。而大一互联在珠三角地区拥有广泛的客户和互联网数据中心资源，核心团队拥有丰富的数据中心运营经验。通过整合沃驰科技和大一互联的业务，立昂技术能够借助沃驰科技和大一互联的多年积累，有效整合客户资源、渠道资源，实现优势互补和业务的深度融合，围绕电信运营商开展更多的业务，加强立昂技术外部移动增值电信业务和互联网数据中心业务领域的机会布局，使得业务链条不仅包括安防系统一体化服务，而且延伸覆盖移动增值电信服务和互联网数据中心业务。并为适度多元化的外延式发展积累经验，将有助进一步拓展立昂技术的业务规模和领域，并与现有业务形成有效互补，发挥业务协同效应。同时，沃驰科技与大一互联也可以借助此次的资本力量强化布局脉络，深化业务领域和市场范围。

五、市场表现(300603)

立昂技术交易前后股价变动情况见图 32。

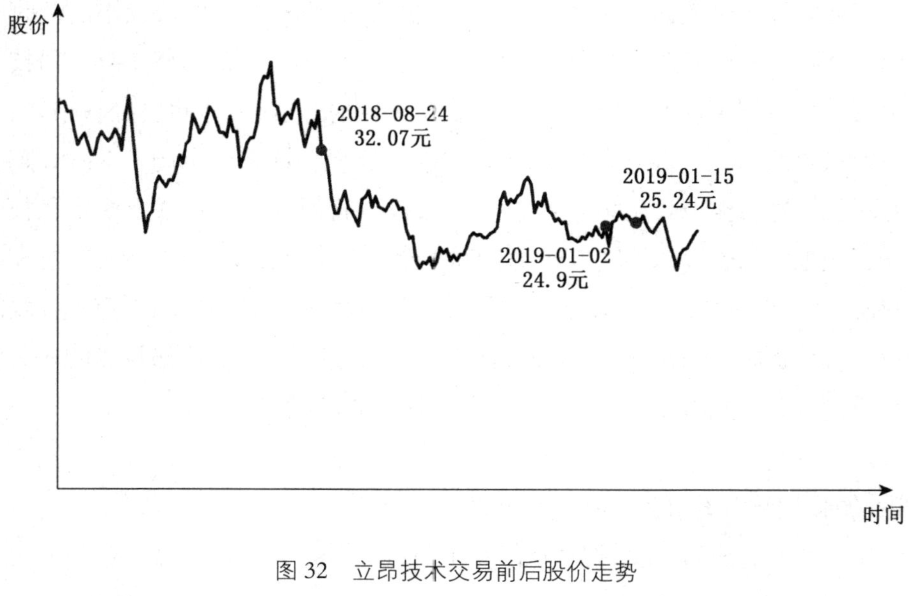

图 32　立昂技术交易前后股价走势

603887

城地股份：
重磅收购，布局互联网数据中心产业

一、收购相关方简介

(一) 收购方：上海城地建设股份有限公司

上海城地建设股份有限公司(以下简称“城地股份”)的前身是上海宜鑫市政基础有限公司(以下简称“宜鑫市政”)，1997 年 4 月 26 日由宜兴市基础工程公司与上海申兴达房地产开发公司共同出资设立；2009 年 3 月 4 日更名为“上海城地建设发展有限公司”，并于 2012 年 7 月整体变更为股份制有限公司。

城地股份的主营业务为桩基、基坑围护及岩土领域相关设计等地基与基础工程服务，是具备总承包、专业承包、勘察、设计一体化施工能力的综合服务商。城地股份通过设计带动施工，推广节能环保新技术、新工艺的应用，一体化施工使得城地股份在大型项目的承揽方面具有较强的综合竞争优势。截至 2018 年底，公司的控股股东及实际控制人为谢晓东先生与卢静芳女士，二人为夫妻关系。

(二) 收购标的：香江科技股份有限公司

香江科技股份有限公司(以下简称“香江科技”)位于国家级开发区镇江新

区,其前身为江苏香江科技股份有限公司,由沙正义、章艳于2006年7月发起设立。2015年3月,公司注册名称由"江苏香江科技股份有限公司"变更为"香江科技股份有限公司"。经过十次股权转让和六次增资,目前香江科技的控股股东和实际控制人为沙正勇。

香江科技自设立以来,一直致力于成为行业领先的通信系统整体解决方案供应商,其产品涵盖智能电气、接入网、绿色节能等诸多领域。随着中国互联网数据中心(Internet Data Center,以下简称"IDC")行业的飞速发展,香江科技紧随行业发展的步伐,经过十多年的不懈拼搏,香江科技已发展成为在IDC机房领域具备规划设计、系统集成及投资运营的综合性企业,其产品已被多个信息园、数据中心、重大工程项目所运用。除此之外,作为三大运营商以及百度、阿里巴巴、京东等公司的长期合作伙伴,香江科技一直致力于为IDC提供绿色动力及整体解决方案,确保以最先进的设备和最优秀的人才生产出最优质的产品、提供最优质的服务。

(三) 关联控股方:谢晓东

谢晓东先生为城地股份的控股股东和实际控制人,现任城地股份董事长及总经理。除城地股份外,谢晓东还控制了上海启遇文化传播有限公司(以下简称"启遇文化")和苏州加亚信息技术有限公司(以下简称"苏州加亚"),并在城地股份全资子公司上海静地建设工程有限公司(以下简称"静地建设")任监事,在启遇文化任执行董事。

二、收购事件一览

- 2018年1月26日,城地股份因筹划重大事项开始停牌。
- 2018年4月25日,城地股份第二届董事会第十七次会议审议通过《关于公司符合向特定对象发行股份及支付现金购买资产并募集配套资金条件的议案》。
- 2018年7月31日,城地股份第二届董事会第十九次会议审议通过《关于公司符合向特定对象发行股份及支付现金购买资产并募集配套资金条件的议案》。

● 2018 年 8 月 16 日，城地股份召开 2018 年第一次临时股东大会，审议通过本次交易相关事项。

● 2018 年 9 月 26 日，城地股份收到中国证监会的通知，并购重组委将召开工作会议，审核公司发行股份及支付现金购买资产并募集配套资金暨关联交易事项。

● 2018 年 10 月 8 日，城地股份收到中国证监会的通知，公司本次发行股份及支付现金购买资产并募集配套资金暨关联交易事项获得有条件通过。

● 2018 年 11 月 15 日，城地股份发布公告称中国证监会核准本次发行股份及支付现金购买资产并募集配套资金事宜。

三、收购方案

本次交易属于重大资产重组，同时，本次重组的交易对象谢晓东为城地股份的直接控股股东，因此本次交易也构成关联交易。本次重大资产重组交易主要由两部分构成：一是发行股份及支付现金购买资产；二是发行股份募集配套资金，且本次发行股份及支付现金购买资产不以募集配套资金的成功实施为前提。

（一）发行股份及支付现金购买资产

本次交易标的资产为香江科技 100%的股份。本次交易重组中，拟向镇江恺润思投资中心（有限合伙）（以下简称“镇江恺润思”）、上海灏丞投资管理中心（有限合伙）（以下简称“上海灏丞”）、上海天卿资产管理有限公司（以下简称“天卿资产”）、扬中市香云投资合伙企业（有限合伙）（以下简称“扬中香云”）、马鞍山固信智能装备股权投资基金合伙企业（有限合伙）（以下简称“马鞍山固信”）、南昌云计算科技投资有限公司（以下简称“南昌云计算”）、深圳市福田赛富动势股权投资基金合伙企业（有限合伙）（以下简称“福田赛富”）、厦门赛富股权投资合伙企业（有限合伙）（以下简称“厦门赛富”）、宁波梅山保税港区宜安投资合伙企业（有限合伙）（以下简称“宜安投资”）、宁波梅山保税港区曦华股权投资合伙企业（有限合伙）（以下简称“曦华投资”）、沙正勇、谢晓东、曹岭、汤林祥、黎幼惠等 15 名交易对方发行股份及支付现金购买其合计持有的香江科技 100%股权。本次标的资产的评估基准日为2018年3月31日，采用收益法进行评估，香江科技100%股权的净资产价值为56 247.07万元，评估值为233 302.97万元，增值率为314.78%。根据发行股份购买资产协议，经各方协商确认，交易标的交易价格确定为233 300万元。其中，股份对价为195 081.81万元，现金对价为38 218.19万元。

本次发行股份购买资产的定价基准日为城地股份第二届董事会第十七次会议决议公告日。经各方协商，本次发行股份购买资产发行价格为24.35元/股，不低于经除权除息调整后的发行股份购买资产定价基准日前20个交易日股票交易均价的90%。

2018年5月17日，城地股份召开2017年度股东大会并审议通过了2017年度利润分配方案，以2017年末总股本103 000 000股为基数，向全体股东每10股派发现金股利2元(含税)，共计派发现金红利20 600 000元；同时以资本公积转增股本方式向全体股东每10股转增4股，转增后总股本将增加至144 200 000股。城地股份的除权除息日为2018年6月6日。根据上述利润分配方案，本次发行股份购买资产的发行价格相应调整为17.25元/股。扣除现金对价后，按此股价发行股份，城地股份向交易对方合计发行113 090 894股股份。交易对方中各方取得的现金对价和城地股份发行股份的具体情况如表26所示。

表26 城地股份向交易对方支付的现金与发行股份数量情况

序号	交易对方	出资比例	交易价格(万元)	现金支付(万元)	股份支付(万元)	股份支付(股)
1	沙正勇	31.32%	73 075.91	21 922.77	51 153.14	29 653 994
2	镇江恺润思	12.72%	29 679.86	8 903.96	20 775.90	12 043 998
3	谢晓东	10%	23 330	—	23 330	13 524 638
4	上海灏丞	7.49%	17 473.91	—	17 473.91	10 129 802
5	天卿资产	6.73%	15 691.11	—	15 691.11	9 096 296
6	扬中香云	5.84%	13 629.65	—	13 629.65	7 901 246
7	曹岭	4.98%	11 629.94	3 488.98	8 140.96	4 719 394
8	汤林祥	4.59%	10 700	—	10 700	6 202 898
9	马鞍山固信	4.29%	9 999.95	—	9 999.95	5 797 072
10	南昌云计算	3.33%	7 766.10	2 329.83	5 436.27	3 151 462

（续表）

序号	交易对方	出资比例	交易价格（万元）	现金支付（万元）	股份支付（万元）	股份支付（股）
11	黎幼惠	2.25%	5 242.17	1 572.65	3 669.52	2 127 258
12	福田赛富	2.23%	5 207.70	—	5 207.70	3 018 955
13	厦门赛富	2.23%	5 207.70	—	5 207.70	3 018 955
14	宜安投资	1%	2 333	—	2 333	1 352 463
15	曦华投资	1%	2 333	—	2 333	1 352 463
合计		100%	233 300	38 218.19	195 081.81	113 090 894

(二) 发行股份募集配套资金

城地股份采用询价方式向不超过 10 名符合条件的特定对象非公开发行股票募集配套资金，募集资金总额不超过 44 000 万元，不超过标的资产交易价格的 100%。本次募集资金的发行价格为 17.25 元/股，发行数量不超过28 840 000 股。募集的配套资金主要用于本次交易的现金对价、中介机构费用和交易费用。本次交易完成后，城地股份的控股股东和实际控制人不变，仍为谢晓东和卢静芳。

四、案例评论

(一) 信息化时代加速到来，相关政策不断完善，IDC 市场迎来旺盛需求

近年来，随着互联网、云计算、大数据技术和物联网的蓬勃发展，人们对数据的存储、交换、计算的应用需求不断增加，计算资源和数据资源在流动和分享中成为真正的生产要素。互联网数据中心（IDC）作为信息化的重要载体，提供信息数据存储和信息系统运行平台支撑，其建设能为大规模的数据存储、交换和应用需求提供基础的设备支持，是推进新一代信息技术产业发展的关键资源，承担着数据流通中心的关键作用，是网络数据交换最为集中的节点所在。

近几年，随着云计算数据中心建设的进一步推进和移动互联网的多领域覆盖，IDC 市场迅速发展。由于云计算是为大规模存储和大规模计算服务的，且公有云承载着海量的客户需求，这也对数据中心提出了大规模、广覆盖的要求，

IDC无论作为云计算的供应商还是竞争者,都亟待提升规模、降低成本,实现规模效应。目前,4G网络已全面普及,5G时代也即将来袭,IDC的建设需求愈加强烈。

除了自身具有广阔的发展前景,IDC产业为承载"互联网+"战略深入实施提供了重要保障,近年来也得到了国家产业政策的重点支持。工信部于2012年11月、2013年1月、2015年3月以及2017年8月分别发布《关于进一步规范因特网数据中心业务和因特网接入服务业务市场准入工作的通告》《关于数据中心建设布局的指导意见》《关于国家绿色数据中心试点工作方案》和《关于组织申报2017年度国家新型工业化产业示范基地的通知》,目的在于进一步对IDC市场进行规范,正确引导数据中心的建设与布局,促进IDC市场健康快速发展。

(二) 积极布局IDC业务,正式转型云计算

城地股份的主营业务为桩基、基坑围护及岩土领域相关设计等地基与基础工程服务,并且在该业务领域内占据重要的市场地位和较大的市场规模,盈利能力也在逐年稳步提升。在原有业务经营得如此成功的前提下,城地股份意识到国内传统基建领域增速正在逐渐放缓,房地产行业也正经历着结构化调整,这些都将为公司带来不小的挑战。

随着信息化时代的到来,全球数据井喷式的增长以及人们对数据的存储、计算以及应用的巨大需求都表明IDC行业将迎来新的发展机遇。本次并购中的标的资产香江科技作为全国领先的IDC服务商,主营业务为IDC相关设备的制造及提供相关的解决方案、IDC系统集成以及IDC运营管理和增值服务。

城地股份基于自身在房地产和基础设施建设领域的深厚积累和战略研判,决定切入数据中心领域,通过收购国内知名的全产业链数据中心企业——香江科技,为信息化时代业务的持续发展和升级进行战略布局,实现业务结构优化和企业多元化发展。

五、市场表现(603887)

城地股份交易前后股价变动情况见图33。

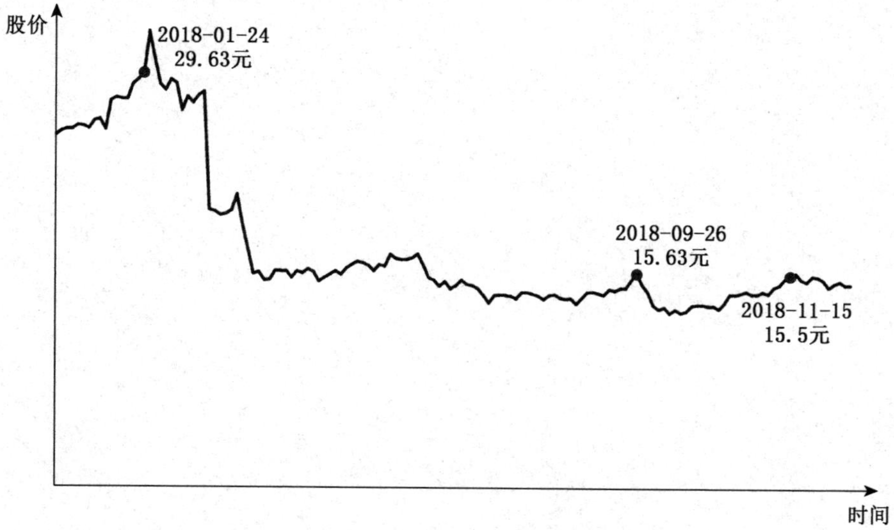

图 33　城地股份交易前后股价走势

第四辑　借壳上市

002053

云南能投：
借壳上市，巧布双轮驱动格局

一、收购相关方简介

（一）收购方：云南能源投资股份有限公司

2002年7月云南轻纺集团有限公司在云南省经济贸易委员会的批准下，联合云南有色地质矿业有限公司、云南创立投资管理有限公司、云南省国有资产经营公司、云南省开发投资有限公司、中国盐业总公司、安宁市工业总公司共同发起设立云南盐化股份有限公司(以下简称“云南盐化”)，并于2006年经证监会核准在深交所上市。云南盐化在2015年通过非公开发行引入控股股东云南省能源投资集团有限公司(以下简称“能投集团”)后，推出资产置换计划，置出公司的氯碱化工业务、置入天然气业务，全面开启“盐+天然气”双主业发展的新格局。2016年8月，云南盐化正式更名为“云南能源投资股份有限公司”(以下简称“云南能投”)，能投集团仍为控股股东，云南国资委为实际控制人。

云南能投主营业务包括食盐、工业盐、日化盐、芒硝等系列产品的生产销售以及天然气管网建设、天然气销售、入户安装服务等。云南能投控制着云南省主要的盐矿资源，盐资源储量和生产成本优势明显；除此之外云南能投还拥有云南省政府批准组建的省级天然气产业发展平台，在天然气业务方面也具有明显优势。云南能投正在着力打造以盐与清洁能源业务为驱动的双主业发展平台。

（二）收购标的：马龙云能投新能源开发有限公司、大姚云能投新能源开发有限公司、会泽云能投新能源开发有限公司、泸西县云能投风电开发有限公司

1. 马龙云能投新能源开发有限公司

马龙云能投新能源开发有限公司（以下简称“马龙公司”）于 2013 年由云南能投新能源投资开发有限公司（以下简称“新能源公司”）出资设立。随着新能源公司性质的变更，马龙公司于 2015 年及 2017 年分别变更为外商投资企业和内资企业。

马龙公司主营业务为风能发电的开发、建设、运营，风力发电技术咨询、培训及服务以及风力发电技术的研究开发。2015 年、2016 年、2017 年及 2018 年 1—9 月，马龙公司净利润分别为 967.87 万元、2 702.17 万元、1 215.49 万元和923.82 万元。受 2017 年整体风力状况不佳，马龙公司全年毛利率有所下降。

2. 大姚云能投新能源开发有限公司

大姚云能投新能源开发有限公司（以下简称“大姚公司”）于 2013 年由新能源公司出资设立。受新能源公司性质变更影响，大姚公司于 2015 年及 2017 年分别变更为外商投资企业和内资企业。

大姚公司主要从事大姚县及周边区域新能源资源开发，主要包括风电、太阳能光伏等新能源的开发。大姚公司从 2017 年开始转亏为盈，2016 年、2017 年及 2018 年 1—9 月的净利润分别为 − 298.64 万元、1 381.68 万元及 2 599.21 万元。

3. 会泽云能投新能源开发有限公司

会泽云能投新能源开发有限公司（以下简称“会泽公司”）于 2012 年由新能源公司出资设立，公司自成立以来控股股东未发生变化，均由新能源公司 100% 控股。

会泽大海风电项目是会泽公司的主要经营项目，位于会泽县大海乡，是一个可再生能源发电项目，可减少大量的废气和废渣排放，符合国家可持续发展产业政策，属于鼓励发展的节水、节能、环保型项目。会泽公司 2016 年、2017 年及 2018 年 1—9 月的净利润分别为 3 497.44 万元、2 222.65 万元及 1 479.68 万元。

4. 泸西县云能投风电开发有限公司

泸西县云能投风电开发有限公司(以下简称“泸西公司”)于 2011 年由云南电投对外能源合作开发有限公司(现名为“云南能投对外能源开发有限公司”,以下简称“对外能源公司”)与昆明华以能源工程技术合作有限公司(以下简称“昆明华以”)共同出资设立。2012 年对外能源公司将其 70%的股权转让给新能源公司,新能源公司至此成为泸西公司的控股股东。

泸西公司经营范围包括风力发电项目的投资、开发及经营。2016 年、2017 年及 2018 年 1—9 月,泸西公司发电业务毛利分别为 6 698.34 万元、4 944.69 万元及 3 487.86 万元,毛利率水平分别为 61.76%、53.64%和 52.44%,存在一定程度的波动。

(三) 关联控股方: 云南能投新能源投资开发有限公司

云南省电力投资有限公司于 2006 年 12 月出资设立云南能投新能源投资开发有限公司(以下简称“新能源公司”),并在未来几年依次将部分股权转让给农银国际(中国)投资有限公司和香港云能国际投资有限公司。2017 年 8 月能投集团获得新能源公司 100%股权,成为新能源公司的控股股东。新能源公司的主要业务为风力发电、光伏发电、垃圾发电三大板块。近三年来,新能源公司各项业务取得了快速发展,投产规模迅速增加,2017 年度累计实现发电量 11.11 亿千瓦时。本次并购前各交易方股权结构如图 34 所示。

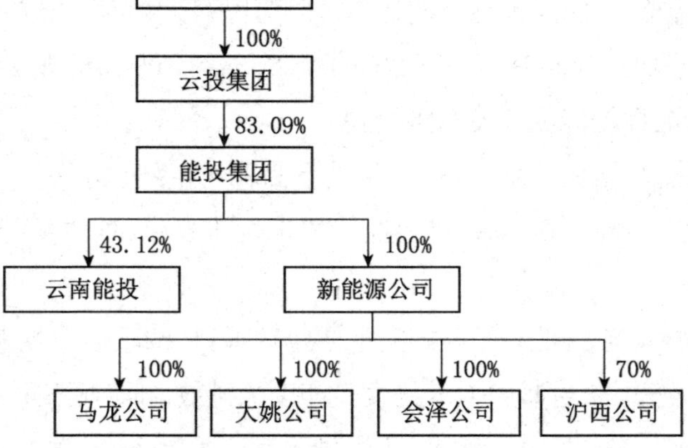

图 34　重组前各交易方股权结构

二、收购事件一览

- 2017 年 7 月 6 日,云南能投因筹划重大事项开始停牌。
- 2017 年 9 月 21 日,云南能投召开 2018 年第二次临时董事会,会议审议通过本次重大资产重组暨关联交易方案预案及交易的相关事项。
- 2017 年 12 月 11 日,云南能投收到国资委关于本次交易的预批准。
- 2017 年 12 月 18 日,云南能投召开 2017 年第三次临时股东大会,审议通过本次重大资产重组的交易议案。
- 2018 年 4 月 9 日,云南能投召开 2018 年第二次临时董事会,会议批准撤回本次交易申请文件并继续推进重组工作,同意向中国证监会申请撤回本次重大资产重组申请文件,并在履行相关程序后重新向证监会报送相关材料。
- 2018 年 8 月 31 日,云南能投召开 2018 年第八次临时董事会,会议批准本次发行股份购买资产草案及交易相关事项。
- 2018 年 10 月 15 日,云南能投召开 2018 年第九次临时董事会,会议批准本次交易方案的调整事项。
- 2018 年 10 月 22 日,云南能投本次资产重组已获得云南省国资委的批复,标的资产作价取得国资委批准。
- 2018 年 11 月 1 日,云南能投召开 2018 年第三次临时股东大会,会议重新审议通过了公司本次重大资产重组相关议案。
- 2018 年 11 月 30 日,云南能投召开 2018 年第十二次临时董事会,会议审议通过了本次资产重组暨关联交易发行股份价格调整方案。
- 2018 年 12 月 27 日,云南能投本次发行股份购买资产暨关联交易方案获得中国证监会并购重组委员会的无条件审核通过。
- 2019 年 3 月 2 日,云南能投发布《关于公司发行股份购买资产暨关联交易事项获得中国证监会核准批复的公告》。
- 2019 年 3 月 7 日,云南能投发布本次并购交易标的资产过户完成的公告。

三、收购方案

本次交易属于重大资产重组,同时,本次重组的交易对象为云南能投控股股东能投集团控股子公司——新能源公司,因此本次交易也构成关联交易。云南能投在 2015 年 9 月向能投集团非公开发行股票,控股股东也因此由云南轻纺集团有限公司变更为能投集团,本次交易发生在云南能投控制权变更之日起 60 个月内,因此构成了借壳上市。

本次交易标的资产为马龙公司 100%股权、大姚公司 100%股权、会泽公司 100%股权以及泸西公司 70%股权。本次交易重组中,云南能投拟通过发行股份的方式向新能源公司购买其持有的标的资产。本次标的资产的评估基准日为 2018 年 5 月 31 日,采用收益法作为评估方法,马龙公司 100%股权、大姚公司 100%股权、会泽公司 100%股权以及泸西公司 70%股权的净资产价值分别为 26 918.13 万元、45 217.52 万元、39 154.72 万元和 16 591.4 万元,评估值分别为 27 190 万元、47 510 万元、48 710 万元和 8 823 万元,合计为 142 233 万元,标的资产整体增值率为 11.22%。经交易各方协商,标的资产交易作价最终确定为 136 990.88 万元,均通过发行股份方式进行支付。

本次发行股份购买资产的定价基准日为云南能投董事会 2017 年第七次临时会议决议公告日。经协商,交易各方约定本次发行股份购买资产的定价依据为定价基准日前 20 个交易日公司股票交易均价的 90%,即11.32 元/股。根据证监会的反馈意见,云南能投于 2018 年 12 月 4 日召开董事会对发行价格进行调整,调整后的发行价格为 6.76 元/股,不低于本次交易调价基准日(即 2018 年 11 月 30 日)前 20 个交易日公司股票均价的 90%。按该股价发行股份,云南能投向新能源公司合计发行 202 649 230 股股票。本次交易完成前后云南能投股权结构变化情况如表 27 所示。

表 27　交易完成前后云南能投股权结构变化情况

股东名称	本次交易前		本次交易后	
	持股数量(股)	持股比例	持股数量(股)	持股比例
云南省能源投资集团有限公司	240 735 345	43.12%	240 735 345	31.63%
云南能投新能源投资开发有限公司	—	—	202 649 230	26.63%
云天化集团有限责任公司	149 654 728	26.80%	149 654 728	19.67%

（续表）

股东名称	本次交易前		本次交易后	
	持股数量(股)	持股比例	持股数量(股)	持股比例
黄德刚	10 227 339	1.83%	10 227 339	1.34%
云南省工业投资控股集团有限责任公司	6 329 906	1.13%	6 329 906	0.83%
中央汇金资产管理有限责任公司	5 387 200	0.96%	5 387 200	0.71%
新疆立兴股权投资管理有限公司	4 481 900	0.80%	4 481 900	0.59%
云南能源投资股份有限公司－第一期员工持股计划	4 024 224	0.72%	4 024 224	0.53%
张丽萍	2 624 912	0.47%	2 624 912	0.34%
上海混沌道然资产管理有限公司－混沌价值二号基金	2 093 200	0.37%	2 093 200	0.28%
岑亨	1 473 000	0.26%	1 473 000	0.19%
其他投资者	131 297 582	23.54%	131 297 582	17.25%
合计	558 329 336	100%	760 978 566	100%

本次交易完成后，云南能投将持有马龙公司100%股权、大姚公司100%股权、会泽公司100%股权以及泸西公司70%股权。本次交易未导致云南能投的控股股东和实际控制人发生变更。

四、案例评论

（一）“二次闯关”购买标的，形成业务梯队释放梯队效应

云南能投早在2017年9月披露此次收购方案，拟以发行股份方式收购四家风力发电运营企业，收购标的拟定为马龙公司100%股权、大姚公司100%股权、会泽公司100%股权以及泸西公司70%股权。彼时云南能投认为该交易并不会造成公司实际控制人的变化，不构成重组上市。然而证监会很快在反馈意见中就该交易是否构成重组上市提出质疑。2018年4月9日，云南能投再次发布公告，鉴于本次重组被认定为重组上市，将向中国证监会申请撤回本次交易申请文件并继续推进重组工作，在履行相关程序后重新向证监会报送相关材料，重组方案的交易对象与交易标的都不作变更。云南能投很快重新开展相关重组工作，并于8月31日审议通过本次交易的草案。云南能投可谓争分夺秒，12月该重

组交易便获得证监会并购重组委员会的无条件通过。

再度通过重组上市谋求四家风力企业的收购,也体现了云南能投转型的迫切性。审计报告显示,云南能投 2015 年度、2016 年度、2017 年度的营业收入分别为 166 553.42 万元、145 501.87 万元和 144 694.74 万元,归属于母公司所有者的净利润分别为 10 252.88 万元、27 012.68 万元和 16 212.80 万元。云南能投目前利润主要来源于盐产品业务,同时受益于 LNG 供应业务的快速增长,天然气业务也逐渐开始贡献利润。考虑到云南能投天然气业务总体仍处于项目建设期,对经营业绩还难以产生有力的支撑,未来云南能投的经营面临着较大的不确定性。

本次交易的四家标的公司目前已掌握云南省风力资源较大的比例,预计未来将逐渐具备规模优势,占据云南省风电行业的领先地位。值得一提的是,四家标的公司所属的七个风电项目已全部建设完成,并成功投入商业运营。2017 年度,马龙公司、大姚公司、会泽公司和泸西公司合计累计实现营业收入 3.66 亿元,实现净利润 8 140.62 万元。按《可再生能源法》的规定,国家实行可再生能源发电全额保障性收购制度,风电项目受宏观经济波动影响较小,具有较高的盈利稳定性。本次交易完成后,四家风力企业将为云南能投带来稳定的营业收入和利润,使云南能投业绩迎来强劲的增长。此外,云南能投主营业务将由风电、天然气、盐业三大业务板块组成,形成业绩释放的梯队效应,分别提供短期、中期、长期的增长动能。

(二) 风电资产借壳上市,国有优质资产证券化

本次交易中,能投集团通过“借壳”方式将全资子公司新能源公司底下的全部风力资产注入云南能投。本次借壳对于能投集团与云南能投来说无疑是双赢的,从能投集团层面来看,借力资本市场是能投集团风电开发业务发展壮大的必由之路,通过此次交易,能投集团风电资产未来可以借助云南能投的上市资本运作平台,把握自身发展的有利时机,拓宽融资渠道,以此来加快风电业务的发展,实现其战略目标;从云南能投层面来看,本次交易使云南能投直接获取新能源运营的优质资产和先进管理经验,清洁能源业务进一步拓展至新能源领域,直接弥补云南能投业绩提升空缺,有效提升资产质量和持续盈利能力,为其快速健康发展创造有利条件,符合云南能投既定的产业并购发展战略。

近年来，国有控股集团优质资产的证券化成为国企改革的最大亮点，无论是中央国企还是地方国企，推进优质资产注入上市公司和集团上市成为很多地方国企改革的方向之一。云南能投作为一家国资控股上市公司，近年来积极响应国有企业改革号召，推进国有资产证券化。在此次控股股东的风电资产注入之前，云南能投早已在 2015 年通过非公开发行引入控股股东能投集团后，通过资产置换，置出亏损严重的氯碱化工业务资产、置入天然气业务资产，实现“盐 + 天然气”双主业模式，盘活公司资产。本次重组上市中，云南能投再次将四家优质的风电企业一并收入囊中，这无疑又一次顺应国企改革方向，加速推进实现风电资产证券化的进程。云南能投作为能投集团当前唯一控股的能源上市平台，积极推动清洁能源产业的投资开发与并购整合，不断促进能投集团所持优质资产的证券化，借此放大自身资源属性，打造成为支柱性产业。

总体来看，此次风电资产注入到云南能投，不仅实现了国有优质资产的证券化，更顺应了新能源发电的潮流。作为我国目前应用规模最大的新能源发电方式，发展风力发电已成为我国深入推进能源生产和消费改革、促进大气污染防治的重要手段。此次云南能投斥资 14.4 亿元加码风电资产，正可谓国有企业在推进新能源领域以实际行动起到了带头作用。

（三）借风力弯道超车，开启“盐＋清洁能源”双轮驱动

本次交易前，云南能投的主营业务为盐系列产品的生产销售业务与天然气管网建设、天然气销售与运营业务，形成“盐 + 天然气”的双主业发展模式。2016 年以来，云南能投便致力于进军清洁能源领域，着力将自身打造成为以盐与清洁能源业务为驱动的双主业发展平台。云南能投当年的业绩得到了大大的提升，2016 年年报显示扣非净利润为2.64 亿元，比 2015 年增长 170.72%。但 2017 年开始公司业绩便出现了较大的回落，2018 年一季报也显示业绩仍然一直处于下滑态势，扣非净利润为 3 607 万元，比上年同期下降 13.81%。在原有的盐业和天然气业务不景气的情况下，云南能投注入风电资产，以求这些优质的风电资产能够带来更现实且更快速的业绩支撑，再次拉动自身的业绩增长。

风电资产的直接注入，使云南能投快速进入风电运营领域，成功规避了较高的行业壁垒与技术壁垒，这也是并购重组的一大优势。通过此次交易，云南能投将自己的产业板块从盐、天然气拓展到风电，清洁能源将扛起企业发展的大旗。

此次重组上市，云南能投的清洁能源业务进一步拓展至新能源领域，一举突破在技术、行业、渠道等方面的局限，是实现外延式发展的关键之步，也是进一步加强新能源业务的重要举措。四家标的公司风电资产注入后，云南能投将进一步夯实“盐+清洁能源”的双主业发展思路，开启新的业务模式。

清洁能源是未来国家大力发展的方向，再加上云南省有非常丰富的清洁能源，包括水力和风力。在丰富资源基础上及未来利好的政策发展鼓励背景下，云南能投具有发展清洁能源板块的基础和条件，此次重组把握了新能源快速发展的机遇，提升了云南能投的市场拓展能力、综合竞争力和持续盈利能力。云南能投通过此次交易在进一步布局新能源业务的同时丰富了公司的业务结构，做大做强清洁能源板块。通过对各板块合理地配置资源、人力和业务，云南能投将借助风电的重大资产重组，实现短期业绩的稳定，维持业务结构和利润持续、稳定的增长；中期来看，天然气业务会对业绩形成积极的支撑；长期来看，盐业市场将会形成新的格局。受限于云南能投短期盈利增长动力的不足，此次“盐+清洁能源”的双轮驱动显得尤其重要。

五、市场表现(002053)

云南能投交易前后股价变动情况见图35。

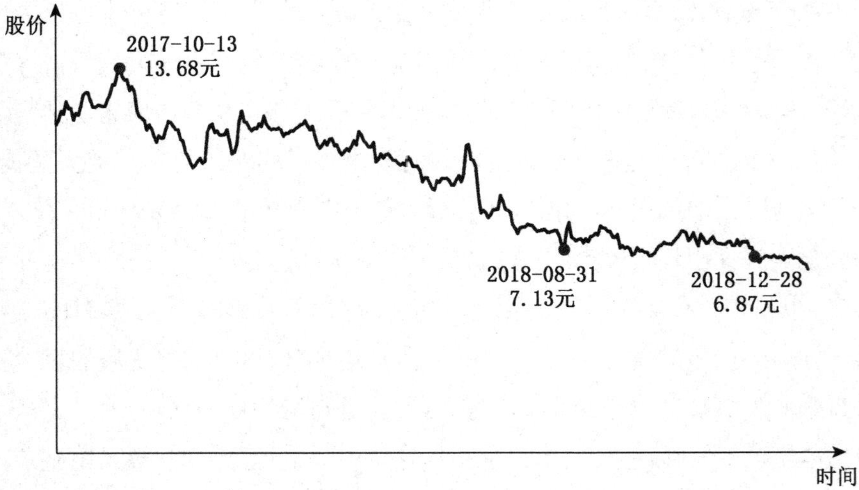

图35 云南能投交易前后股价走势

002600

领益智造(原江粉磁材):直面借壳人生,诠释完美敲钟

一、收购相关方简介

(一) 收购方:广东江粉磁材股份有限公司

广东江粉磁材股份有限公司(以下简称“江粉磁材”)是由江门市粉末冶金厂有限公司整体变更设立的股份有限公司。2010 年 4 月,江粉磁材进行增资,注册资本从 19 030 万元增到 23 830 万元。2011 年 6 月,江粉磁材股票在深圳证券交易所上市。2015 年,江粉磁材发行股份及支付现金收购深圳市帝晶光电科技有限公司(以下简称“帝晶光电”)100%股权,把液晶显示模组和触摸屏业务纳入到主营业务范畴内,拓展液晶显示模组、触摸屏、触控显示一体化、LCD 镀膜等业务,这标志着江粉磁材开始进军消费电子零部件产业。2016 年,江粉磁材发行股份及支付现金收购深圳市东方亮彩精密技术有限公司(以下简称“东方亮彩”)100%股权,继续布局消费电子零部件产业。2015 年和 2016 年重组后,江粉磁材在消费电子行业的主要客户为华为、OPPO、小米、金立、联想、魅族等国内中高端品牌客户,以及天珑、龙旗、华勤、闻泰等智能手机方案公司。

(二) 收购标的：领益科技(深圳)有限公司

领益科技(深圳)有限公司(以下简称“领益科技”)是一家由香港公司TRIUMPH LEAD GROUP LIMITED(以下简称“TLG(HK)”)独资设立的企业，是一家消费电子产品精密功能器件研发与制造商，主营业务为消费电子功能器件的研发、生产和销售，主要产品为模切产品、冲压产品、CNC产品、紧固件产品和组装产品等，主要应用于智能手机、平板电脑、智能可穿戴设备等消费电子产品的精密功能器件，所在行业的市场容量取决于下游终端消费电子产品的产量。领益科技拥有苹果等全球知名品牌厂商，以及富士康、和硕、广达、蓝思科技、伯恩光学等大型EMS厂商和零部件制造商。2014年8月，领益科技增加注册资本，由1 000万美元变更为6 000万美元。2015年12月，领益科技再次增加注册资本，增至6 243万美元。截至2016年7月，领益科技已增加注册资本至16 000万美元，同时变更企业性质为中外合资企业。同年，引入投资者，再次增加注册资本至17 072万美元。2016年12月，领益科技整体变更为股份公司。2017年3月，领益科技变更为有限公司。截至2017年7月，领胜投资持有领益科技93.45%的股权，深圳市领尚投资合伙企业(有限合伙)(以下简称“领尚投资”)和深圳市领杰投资合伙企业(有限合伙)(以下简称“领杰投资”)分别持有领益科技4.43%和2.12%的股权，实际控制人为曾芳勤。

领益科技旨在成为全球领先的消费电子产品“一站式”高精密和小型化零件和模组的供应商，经过多年积累和发展，已成为一家规模较大的消费电子金属结构件、内外部功能性器件、粘胶与屏蔽件的综合供应商。

(三) 关联控股方：领胜投资(深圳)有限公司、深圳市领尚投资合伙企业(有限合伙)、深圳市领杰投资合伙企业(有限合伙)

1. 领胜投资(深圳)有限公司

领胜投资(深圳)有限公司(以下简称“领胜投资”)于2015年4月设立，注册资本为5 000万元。领胜投资自设立后主要从事股权投资业务，直接持有领益科技93.45%的股权。曾芳勤持有领胜投资100%的股权，实际控制人为曾芳勤。

2. 深圳市领尚投资合伙企业(有限合伙)

深圳市领尚投资合伙企业(有限合伙)(以下简称“领尚投资”)于2016年9

月设立，出资总额为7 245万元。截至2016年12月，出资额增至7 728万元，曾芳勤出资占比72.46%。领尚投资成立至今主要从事股权投资业务，除直接持有领益科技股权外，不存在其他对外投资。领尚投资的执行事务合伙人为谭军、李学华、蒋萍琴。

3. 深圳市领杰投资合伙企业(有限合伙)

深圳市领杰投资合伙企业(有限合伙)(以下简称“领杰投资”)于2016年10月设立，出资总额3 472.5万元。截至2016年12月，出资额增至3 704万元。2017年，曾芳勤受让领杰投资2.59%的股权。领杰投资成立至今主要从事股权投资业务，除直接持有领益科技股权外，不存在其他对外投资。领杰投资的执行事务合伙人为杨铁军、惠玲、刘建锋。

领胜投资、领尚投资、领杰投资均非私募基金产品。领胜投资系曾芳勤所控制的企业，领尚投资的第一大股东为出资占比72.46%的曾芳勤，曾芳勤在领杰投资中占比2.59%。因此，领胜投资、领尚投资、领杰投资存在关联关系。

二、收购事件一览

● 2017年2月27日，江粉磁材拟筹划重大事项向深交所申请股票临时停牌。

● 2017年7月25日，江粉磁材召开第三届董事会第四十七次会议，审议通过本次重组报告书等相关议案，并同意与交易对方签署相关协议。

● 2017年8月10日，江粉磁材召开2017年第六次临时股东大会，审议通过本次重组报告书等相关议案，并同意豁免交易对方以要约方式收购江粉磁材股份的义务。

● 2017年11月6日，商务部反垄断局出具关于本次交易导致的经营者集中的《不实施进一步审查通知》(商反垄初审函〔2017〕第285号)。

● 2017年12月6日，江粉磁材发行股份购买资产获得中国证监会并购重组委员会工作会议审核通过。

● 2018年1月16日，中国证监会出具证监许可〔2018〕139号《关于核准广东江粉磁材股份有限公司向领胜投资(深圳)有限公司等发行股份购买资产的批复》，核准本次交易。

● 2018年3月8日，江粉磁材发布更名公告，公司名称变更为“广东领益智造股份有限公司”，证券简称变更为“领益智造”，证券代码不变，仍为“002600”。

三、收购方案

本次交易中，江粉磁材拟以发行股份的方式购买领胜投资、领尚投资、领杰投资等三名交易对方合计持有的领益科技100%的股权。

(一) 标的资产的价格及定价依据

根据上海东洲资产评估有限公司出具的东洲评报字〔2017〕第0493号《广东江粉磁材股份有限公司拟发行股份购买资产所涉及的领益科技(深圳)有限公司股东全部权益价值评估报告》，截至2017年3月31日，领益科技100%股份在评估基准日的评估价值为2 073 300万元。经各方协商，确定标的资产的交易价格为2 073 000万元。

(二) 发行股份购买资产

本次交易对应的非公开发行股票的数量合计不超过442 948.717 7万股。领益科技股东按其在标的资产交割日各自持有领益科技的股权比例计算取得相应的股份数量，计算结果如出现不足1股的尾数应舍去取整。江粉磁材拟向领益科技股东发行股份支付其转让价款的100%。本次交易完成后，领益科技将成为江粉磁材的全资子公司，领益科技股东将成为江粉磁材的股东。交易前后股权结构变化如表28所示。

表28 交易完成前后江粉磁材股权结构变化情况

股东名称	本次交易前		本次发行股数（万股）	本次交易后	
	股数（万股）	持股比例		股数（万股）	持股比例
汪南东	434 734 400	18.46%	—	434 734 400	6.41%
曹云	228 571 428	9.71%	—	228 571 428	3.37%
陈国狮	98 465 024	4.18%	—	98 465 024	1.45%
赣州市科智为投资有限公司	85 970 626	3.65%	—	85 970 626	1.27%

（续表）

股东名称	本次交易前		本次发行股数（万股）	本次交易后	
	股数（万股）	持股比例		股数（万股）	持股比例
深圳市聚美股权投资合伙企业（有限合伙）	85 714 284	3.64%	—	85 714 284	1.26%
重组前江粉磁材其他股东	1 420 968 012	60.36%	—	1 420 968 012	20.95%
领胜投资（深圳）有限公司	—	—	4 139 524 021	4 139 524 021	61.02%
深圳市领尚投资合伙企业（有限合伙）	—	—	196 103 812	196 103 812	2.89%
深圳市领杰投资合伙企业（有限合伙）	—	—	93 859 344	93 859 344	1.38%
合计	2 354 423 774	100%	4 429 487 177	6 783 910 951	100%

本次交易既构成关联交易，也构成重大资产重组，还构成借壳上市。领胜投资及两家私募基金合计持有江粉磁材 65.29%股权，领胜投资的控制人曾芳勤成为江粉磁材实际控制人。

四、案例评论

（一）大型借壳案并购前夕布局出彩，无修饰和掩护实现膨胀增值

领益科技在自身被并购前进行一系列的并购行为，拥有多个盈利的资产包，实现了价值膨胀。可以说整个并购的高价值就是以领益科技为主体的资产打包注入后整体被收购而来的。

截至 2016 年 10 月 31 日，领益科技的净资产评估价值约为 23.6 亿元。截至 2017 年 3 月 31 日，领益科技 100%股份在评估基准日的评估价值约为 207.3 亿元，增值率达 660.13%。仅靠领益科技自身是难以达成在 5 个月内涨价 7.78 倍这个身价的。

事实上，领益科技步步为营，一步定乾坤成为高价并购的借壳方。这个借壳方先由港资变成内资，“疯狂”并购关联公司，而后曾芳勤晋为江粉磁材的实际控制人。曾芳勤执掌的领胜电子科技（深圳）有限公司（以下简称“领胜集团”）1986 年在美国硅谷成立，为外商独资企业，在全球拥有模切、金属冲压、CNC、设备制

造、医疗五大事业群。2016 年 6 月,领胜投资出资 9 700 万美元成为领益科技持股 60.62%的大股东,原来唯一的股东 TLG(HK)持股降至 39.38%。由于 TLG(HK)也是由曾芳勤间接持股 100%的公司,因此领益科技的最终控制人仍为曾芳勤。不过,通过此次增资,领益科技由港资身份变为中外合资企业。2016 年 10 月至 2017 年 3 月 31 日,短短 5 个月领益科技又布局收购了 TLG(BVI)、LY(BVI)、东台富焱鑫、三达精密、东莞鑫焱等子公司,这些子公司实际上皆为关联公司。在收购前,TLG(BVI)、LY(BVI)是领益科技实际控制人曾芳勤实际控制的公司,东台富焱鑫、东莞鑫焱是曾芳勤姐夫刘双渝参股企业,他们为一致行动人。所以,在领益科技被收购前,已经拥有 21 家控股子公司和 1 家参股子公司。这些子公司中,含有多家高盈利的子公司,有 5 家的净利润超过亿元,有两家的净利润在 6 000 万元之上,领益科技就这样名正言顺地水涨船更高。

因此,借壳上市前一系列的并购让领益科技盈利和估值暴增。在估值评估日,领益科技以丰厚的"家底"实现待价而沽,但这并非其一步步孵化的结果。特别是在收购前夕,原来的大股东 TLG(HK)将多家子公司转让给领益科技,完成了并购前的资产整合。多家高盈利的子公司为领益科技并购估值编织了一张无比值钱的网。但是,领益科技远超同行的应收账款或可以说明其收入质量,与主要客户采销数据之间的差异更使其收入的真实性备受质疑。

(二) 实现尽快上市和产业资源协同

近几年行业并购风起云涌,自信的领益科技作为借壳方选择与江粉磁材重组,缩短了或因 IPO 流程的等待时间,实现了尽快上市的目的。早在 2014 年领益科技就考虑在国内独立上市,并已经按照首次发行的要求进行规范运作,于 2016 年 12 月完成股改;而江粉磁材原计划在 2017 年上半年申报新股上市。因此领益科技借壳江粉磁材,另辟蹊径已然实现上市目的。

本次并购重组的另一个目的是产业资源协同。近年来国家相继出台一系列的政策和文件,支持电子通信和消费电子行业的发展,此次重组的协同战略与国家发展政策相契合。随着手机逐渐智能化和精细化,每件消费电子产品上使用的精密功能器件数量也逐渐增多,精密功能器件产品市场又将迎来另一个春天。近年来江粉磁材通过并购帝晶光电、东方亮彩,既为其业绩的增加打开了想象的空间,也使其顺利进军盈利能力强、发展前景广的消费电子零部件行业,实现了以磁性材料业务为基石、以消费电子产品零部件行业为依托的多元化业务发展模式。此次重组,丰富了江粉磁材的电子产品精密零部件的产品线,并且优化产品结构,进一步拓展其在消费电子零部件行业的布局。

市场竞争是激烈且残酷的,本次交易为领益科技的资本市场运作提供了有利条件。第一,实现快速上市、打通A股资本市场运作平台和融资途径,使领益科技能够通过融资、并购等方式实现跨越式发展,进一步提升业务规模,发挥在消费电子精密功能器件领域的优势,并保持发展强劲的态势和可持续的增长。第二,通过和江粉磁材原有的磁性材料业务、触控显示屏业务和精密结构件业务的结合,合并后的公司将实现产业资源协同效应,为产业链整合、业务拓展提供了一体化的产品销售和服务,以达到提升江粉磁材整体市场综合竞争力的目的。

(三) 继续推进"互联网+"行动,深入实现"互联网+"制造业的产业转型

随着4G网络的全面布局以及移动互联网、物联网、云计算等新兴技术的高速发展,以智能手机、平板电脑和可穿戴设备等为代表的智能移动终端产品为移动互联网内容和应用的主要载体日益成为消费电子产品市场新的发展引擎和增长点;而且未来5G的推出,将进一步推动3C产业的快速发展,而这也为精密功能器件产业的发展带来新的增长机遇。特别是在智能手机价格下降和4G网络普及的影响下,全球智能手机出货量不断增长。据大数据显示,2016年,全球智能手机出货量为14.89亿部,较2015年的14.48亿部增长2.8%;中国智能手机出货量也高达4.79亿部,其中领益科技的客户——华为、OPPO、VIVO大放异彩,具体地,华为以1.39亿部的出货量冠绝全球,OPPO、VIVO分别以0.99亿和0.77亿部分列第二、第三位。

江粉磁材是老牌制造业公司,估值近百亿元。江粉磁材主营业务为磁性材料的研发、生产和销售,是一家专业生产铁氧体永磁、铁氧体软磁、稀土永磁等电子元件材料的企业,是目前国内铁氧体磁性材料元件大型制造商之一。2015年和2016年相继对帝晶光电、东方亮彩的收购,使江粉磁材与互联网行业和电子产品行业息息相关,在进入电子产品零部件行业的同时,也拥有了互联网销售平台,让老牌制造业公司开始驶入互联网航母中,实现产业的成功转型。随后在2018年与领益科技的成功重组后,江粉磁材开始步入产业转型的新时

代，变成了可一次性提供众多零部件选择的一个大平台。通过对行业内优质资源的不断整合、坚持走内生与外延相结合的发展道路，江粉磁材可以给客户提供多层次、全方位的服务，积极解决客户面临的各种问题、降低企业运营成本。自此，江粉磁材也将一跃成为拥有磁性材料、贸易及物流服务、显示材料及触控器件、精密结构件、精密功能器件等业务并行的、具有国际影响力的大型经济体。

（四）创新功能及材料升级，带动消费电子行业功能件及金属小件价值提升

伴随一线国产智能消费电子制造商的崛起，大陆地区精密功能器件厂商也将迎来发展的春天。领益科技必将伴随着全球智能手机的浪潮迅速成长；江粉磁材也将以提供金属、结构件、粘胶与屏蔽件的"一站式方案"的业务模式为依托，进入国际众多品牌厂商的供应链。目前阶段随着行业竞争的激烈程度增加，市场对于同时提供带有触控显示功能的触控显示一体化模组企业的认可度逐渐升高，单独的液晶显示模组与电容式触摸屏的厂商已经渐渐无法满足市场需求。从当前行业发展形势上看，一体化厂商将成为必然趋势。客户不仅需要供应商具备个性化产品的定制能力，还需要具备协同客户共同开发、设计产品的配套能力，特别在 OLED、无线充电、3D 镜头、全面屏、玻璃机壳、金属中框等新的趋势下，客户对功能件的设计和制造能力要求更高。

江粉磁材整合能力强劲，围绕下游客户优势打造核心竞争力。江粉磁材通过整合东方亮彩、帝晶光电后，实现了"产品应用领域的拓展 + 优势业务的整合 + 显示模组的外延"。江粉磁材努力打造成为全球领先的消费电子产品"一站式"高精密和小型化零件和模组供应商。

五、市场表现(002600)

领益智造(原江粉磁材)交易前后股价变动情况见图 36。

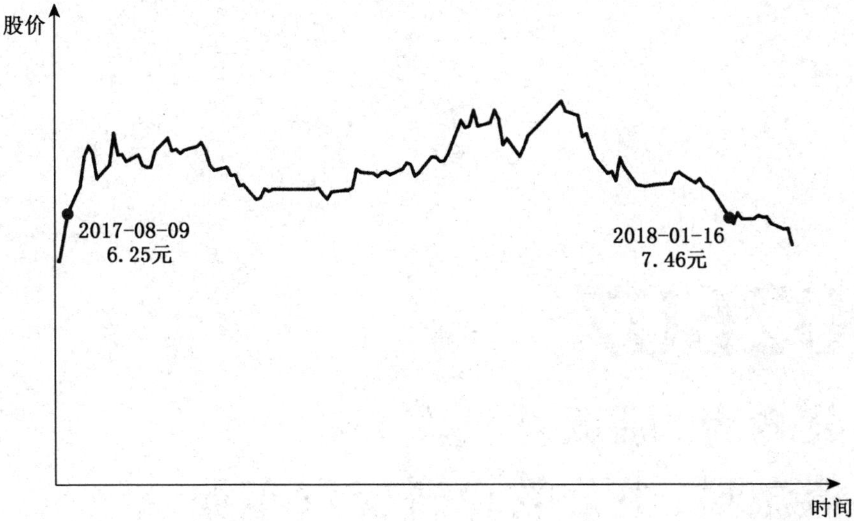

图 36　领益智造(原江粉磁材)交易前后股价走势

002607

中公教育(原亚夏汽车):估值激增,中公教育碰瓷汽车业

一、收购相关方简介

(一) 收购方:亚夏汽车股份有限公司

亚夏汽车股份有限公司(以下简称"亚夏汽车")的前身为芜湖亚夏实业有限公司,成立于 1999 年 8 月,主营业务为品牌汽车经销、维修、装潢、美容、汽车租赁、汽车金融、汽车保险经纪、二手车经纪与经销、驾培等。2006 年变更为股份公司。2011 年 4 月经中国证监会批准发行股票,同年 11 月亚夏汽车股票在深交所挂牌上市。自上市以来,亚夏汽车的控制权未发生变化,控股股东均为安徽亚夏实业股份有限公司(以下简称"亚夏实业")、实际控制人均为周夏耘。受经济由高速增长向中高速增长转换、汽车保有量上升以及汽车购置税的变化和政府对新能源汽车补贴政策的退坡等因素的影响,汽车销售市场增速放缓,行业竞争加剧,导致亚夏汽车的经营业绩不及预期。

(二) 收购标的:北京中公教育科技股份有限公司

北京中公教育科技股份有限公司(以下简称"中公教育")的前身为北京中公

未来教育咨询有限公司，于 2010 年 2 月成立。中公教育核心业务是公务员招录考试培训、事业单位招录考试培训、教师招录考试培训等。截至 2018 年 4 月，中公教育在全国 31 个省市、319 个地市建立了 619 家直营分部和学习中心。近年来，随着核心业务竞争力的不断提升，中公教育的平台价值与综合运营能力不断提升，并在业内处于领先地位，中公教育未来拟向“运营与科技”双驱动的新模式转型。

(三) 关联控股方：鲁忠芳、李永新、中公合伙

从亚夏汽车的现有股东来看，本次交易对方与亚夏汽车进行资产置换取得的拟置出资产由亚夏汽车的控股股东亚夏实业或其指定的第三方承接。根据《重组管理办法》和《股票上市规则》，该项约定所涉及的资产置换相关方构成关联交易。

从亚夏汽车的潜在股东来看，本次交易完成后李永新和鲁中芳将成为控股股东及实际控制人。而本次重大资产置换及发行股份购买资产交易对方为鲁忠芳、李永新、王振东、北京航天产业投资基金(有限合伙)(以下简称“航天产业”)、北京广银创业投资中心(有限合伙)(以下简称“广银创业”)、北京基锐科创投资中心(有限合伙)(以下简称“基锐科创”)、郭世泓、刘斌、张永生、杨少锋、张治安；本次交易的股份受让方为北京中公未来信息咨询中心(有限合伙)(以下简称“中公合伙”)。其中，鲁忠芳、李永新、中公合伙于2018 年 4 月 16 日签署《附生效条件的一致行动协议》，鲁忠芳、李永新和中公合伙构成一致行动关系。因此，本次并购交易系亚夏汽车与潜在控股股东之间的交易，亦构成关联交易。

二、收购事件一览

● 2018 年 1 月 4 日，亚夏汽车停牌筹划重大资产重组事项。

● 2018 年 4 月 26 日，亚夏汽车召开职工代表大会，通过职工安置方案。

● 2018 年 5 月 4 日，亚夏汽车召开第四届董事会第二十四次会议，审议通过本次重大资产重组草案相关议案，并同意与交易对方签署相关协议。

● 2018 年 5 月 23 日，亚夏汽车召开 2018 年第三次临时股东大会，审议通过本次重大资产重组草案相关议案。

● 2018 年 8 月 10 日，国家市场监督管理总局反垄断局出具《经营者集中反垄断审查不实施进一步审查决定书》（反垄断初审函〔2018〕第 135 号），对鲁忠芳与李永新收购亚夏汽车股权案不实施进一步审查。

● 2018 年 9 月 20 日，亚夏汽车召开第四届董事会第二十七次会议，审议通过本次重大资产重组方案调整相关议案。

● 2018 年 11 月 28 日，中国证监会出具《关于核准亚夏汽车股份有限公司重大资产重组及向鲁忠芳等发行股份购买资产的批复》（证监许可〔2018〕1972 号），核准本次交易。

● 2019 年 2 月 21 日，亚夏汽车发布公告，经深圳证券交易所核准，原证券简称由“亚夏汽车”变更为“中公教育”，英文简称由“YAXIA AOTO”变更为“OFFCN EDU”，新证券简称将于 2019 年 2 月 21 日启用。

三、收购方案

重组的整体方案由以下三步组成：(1)重大资产出售及置换；(2)发行股份购买资产；(3)股份转让。

（一）重大资产置换

亚夏汽车拟将截至评估基准日除保留资产以外的全部资产与负债作为置出资产，与李永新等 11 名交易对方持有的中公教育 100%股权中的等值部分进行资产置换。其中保留资产包括：(1)上海最会保网络科技有限公司 18%股权；(2)安徽宁国农村商业银行股份有限公司 7.81%股份；(3)12 宗国有土地使用权及土地上附属的房产、在建工程。以 2017 年 12 月 31 日为基准日，选用资产基础评估法，本次交易中拟置出资产评估值为 135 144.03 万元。

（二）发行股份购买资产

经交易各方协商一致，本次交易中拟置出资产最终作价 133 503.36 万元，拟置入资产最终作价 1 850 000 万元，两者差额为 1 716 496.64 万元。拟置入资产与拟置出资产交易作价的差额部分由亚夏汽车以发行股份的方式向中公教育全体股东购买。亚夏汽车需向李永新等 11 名交易对方非公开发行股份

4 689 881 528股,本次发行股份购买资产的股份发行价格为 3.66 元/股,不低于定价基准日前 20 个交易日股票均价的 90%。

(三) 股份转让

亚夏汽车控股股东亚夏实业向中公合伙和李永新分别转让其持有的 80 000 000 股和 72 696 561 股亚夏汽车股票。其中:

1. 李永新等 11 名交易对方同意将与亚夏汽车进行资产置换取得的拟置出资产由亚夏实业或其指定第三方承接,作为中公合伙受让 80 000 000 股亚夏汽车股票的交易对价,受让价格为 12.69 元/股;

2. 李永新以 100 000 万元现金作为其受让 72 696 561 股亚夏汽车股票的交易对价,受让价格为 13.76 元/股。

股份转让前后亚夏汽车股权结构变化如表 29 所示。

表 29 交易完成前后亚夏汽车股权结构变化情况

股东名称	本次交易前		发行股数(万股)	股份转让(万股)	本次交易后	
	股数(万股)	持股比例			股数(万股)	持股比例
亚夏实业	152 696 561	18.61%	—	—	—	—
周夏耘	78 848 640	9.61%	—	—	78 848 640	1.43%
周晖	72 277 920	8.81%	—	—	72 277 920	1.31%
周丽	48 185 280	5.87%	—	—	48 185 280	0.87%
第一期员工持股计划	6 554 790	0.80%	—	—	6 554 790	0.12%
本次交易前亚夏汽车其他股东	461 772 769	56.29%	—	—	461 772 769	8.38%
鲁忠芳	—	—	2 237 073 492	—	2 237 073 492	40.60%
李永新	—	—	928 596 543	72 696 561	1 001 293 104	18.17%
王振东	—	—	844 178 676	—	844 178 676	15.32%
航天产业	—	—	234 494 076	—	234 494 076	4.26%
广银创业	—	—	156 329 384	—	156 329 384	2.84%
基锐科创	—	—	78 164 692	—	78 164 692	1.42%
郭世泓	—	—	42 208 933	—	42 208 933	0.77%
刘斌	—	—	42 208 933	—	42 208 933	0.77%

（续表）

股东名称	本次交易前		发行股数（万股）	股份转让（万股）	本次交易后	
	股数（万股）	持股比例			股数（万股）	持股比例
张永生	—	—	42 208 933	—	42 208 933	0.77%
杨少锋	—	—	42 208 933	—	42 208 933	0.77%
张治安	—	—	42 208 933	—	42 208 933	0.77%
中公合伙	—	—	—	80 000 000	80 000 000	1.45%
合计	820 335 960	100%	4 689 881 528	152 696 561	5 510 217 488	100%

本次重组交易构成关联交易，构成重大资产重组，构成借壳上市。本次交易前，亚夏实业为亚夏汽车控股股东，周夏耘为亚夏汽车实际控制人。本次交易完成后，亚夏汽车将持有中公教育100%股权，亚夏汽车的控股股东和实际控制人将变更为李永新和鲁忠芳。

四、案例评论

（一）交易结构设计精妙，巧避风险借壳登入A股市场

此次交易结构的设计亮点是采用"三管齐下"的方式以达到双方利益最大化的诉求。第一，本次交易通过资产置换、亚夏汽车老股转让、发行股份购买资产的方式，使得双方利益都得到了满足，体现在：亚夏实业的股东获得10亿元现金，且作为借壳方的中公教育，在完成交易后不但成功上市，身价也出现暴增，仅以10亿元的净资产获得185亿元的高估值。第二，本次交易通过资产置换完成清壳，亚夏实业可在后续继续接手置出资产运作汽车业务，亚夏汽车的整体估值仅有13.51亿元，但大股东亚夏实业除了从李永新手上获得10亿元现金外，亚夏汽车置出的资产依旧会回到其手中，基本是"稳赚不赔"。第三，本次交易以转让股权代替发行大量股份购买资产，大大削减了后续可能的减持压力。

这次"鱼跃龙门式"的并购，中公教育作价185亿元（中公教育100%股权），对应2017年中公教育100%净利润为35.25倍市盈率。具体来说本次交易通过资产置换、老股转让、发行股票购买资产的方式实现了各方诸多利益上的合理交换，还规避了清壳风险和远期减持风险等。

(二) 39 亿元“业绩豪赌”,剑指千亿元的机会与隐忧并存

中公教育是国内最早从事非学历职业就业培训的民营企业之一,其在十年间专注非学历职业就业培训,通过旗下培训机构提供公务员招录、事业单位招录、教师招录及教师资格等培训服务。在公务员培训行业,中公教育凭借自身的实力,成为业内两大龙头之一。与亚夏汽车连年下滑的营收处境不同,中公教育在财务报告期内保持了良好的成长性和营利性。根据公开披露的数据显示,中公教育营业收入和归属于母公司净利润分别由 2015 年的 20.76 亿元和 1.6 亿元增长至 2017 年的 40.31 亿元和 5.25 亿元,年均复合增长率分别达 39.35% 和 80.53%。中公教育作价 185 亿元置入亚夏汽车,亚夏汽车从“汽车概念股”摇身一变成为“教育股”,亚夏汽车或是看中中公教育的高成长性和职教领域未来近千亿的市场规模,或将成就“业绩豪赌英雄”。

根据 2018 年 5 月亚夏汽车与李永新等人签署的《盈利预测补偿协议》,本次交易的业绩补偿期为 2018 年、2019 年和 2020 年。业绩补偿义务人承诺本次重大资产重组实施完毕后,中公教育在 3 年间合并报表范围扣除非经常性损益后的归属于母公司所有者的净利润数分别不低 9.3 亿元、13 亿元和 16.5 亿元。安排如下:

1. 业绩补偿安排

业绩承诺方:鲁忠芳、李永新、王振东、郭世泓、刘斌、张永生、杨少锋、张治安,业绩补偿方式为股份或现金或股份与现金相结合。

计算方式:当期补偿金额 = (截至当期期末累积承诺净利润数 − 截至当期期末累积实现净利润数) ÷ 利润补偿期限内各年的承诺净利润数总和 × 中公教育本次交易作价 − 累积已补偿金额。

补偿义务人当期应补偿的股份数 = 补偿义务人当期应补偿金额 ÷ 本次发行股份购买资产的每股发行价格。

2. 减值测试补偿安排

补偿条件:若置入资产期末减值额 > 已补偿股份总数 × 发行股份价格 + 已补偿现金数额,则由各补偿义务人按本次交易前持有中公教育股份数占所有补偿义务人在本次交易前合计持有中公教育股份数的比例,另行对亚夏汽车进行补偿。

计算方式：置入资产减值应补偿的金额＝置入资产期末减值额－承诺年度内已补偿总金额。

从中通诚运用收益法得到的估值结果看，中公教育的公务员业务营业收入在2018年至2022年预测分别为30.83亿元、38.53亿元、44.69亿元、50.03亿元、54.03亿元。其中，2018年至2020年的营业收入预测增速约为48.79%、24.98%、15.99%。

面对这样3年4倍的业绩承诺，豪赌39亿元到底能否实现？亚夏汽车认为此次并购交易中公教育对业绩的承诺是在综合考虑国家对教育培训行业的政策支持、非学历职业就业培训行业发展前景、中公教育的市场地位和核心竞争力、报告期内中公教育的业绩增速等因素情况下作出的，因此在政策和市场形势主导下，高于市场平均值的业绩增长是可期的。不过据中国产业网预测数据，未来五年国内公务员招录培训市场的预计年均增长率仅为18%。事实上自从2014年以来，公务员考试报考人数呈现出下降趋势，这将是“千亿元冰山”的隐忧与机会。

(三) 透支未来价值，汽车A股谋转型路漫漫

本次交易完成前，亚夏汽车主营业务为品牌汽车经销、维修、装潢、美容、汽车租赁、汽车金融、汽车保险经纪、二手车经纪与经销、驾培等。本次交易完成后，中公教育将成为亚夏汽车全资子公司，亚夏汽车将转型为从事非学历职业就业培训服务，通过旗下培训机构开展教育培训业务。

根据2017年数据，中公教育总资产32.35亿元，净资产10亿元(净资产评估值185亿元)，取用收益法数据，评估值相对账面净值升值1 752.92%，营业收入40.31亿元(同比增长56%)、净利润5.25亿元(同比增长60.55%)。本次并购完成后，亚夏汽车的资产总额将会从原来的46.28亿元减少到41.03亿元，减少幅度达11.34%；归属母公司股东的所有者权益将从19.12亿元减少到18.69亿元，减少幅度为2.26%；营业收入将从66.64亿元减少到40.31亿元，减少幅度达39.51%。在诸多财务指标均有大幅减少的情况之下，只有归属母公司股东的净利润出现614.52%的增长。此次并购完成后，一方面，总股本大幅提升，普通投资者手中的股份数未发生变化，权益却被大幅度的稀释；另一方面，从每股收益上看，亚夏汽车由重组前的0.09元/股变为重组后的0.1元/股，仅增加一分钱。

而增加这 1 分钱的背后，是亚夏汽车需要百亿元的巨大商誉来实现的，那么中公教育如果无法如期完成 39 亿元的业绩承诺，亚夏汽车在商誉减值的路上将越走越远。

五、市场表现(002607)

中公教育(原亚夏汽车)交易前后股价变动情况见图 37。

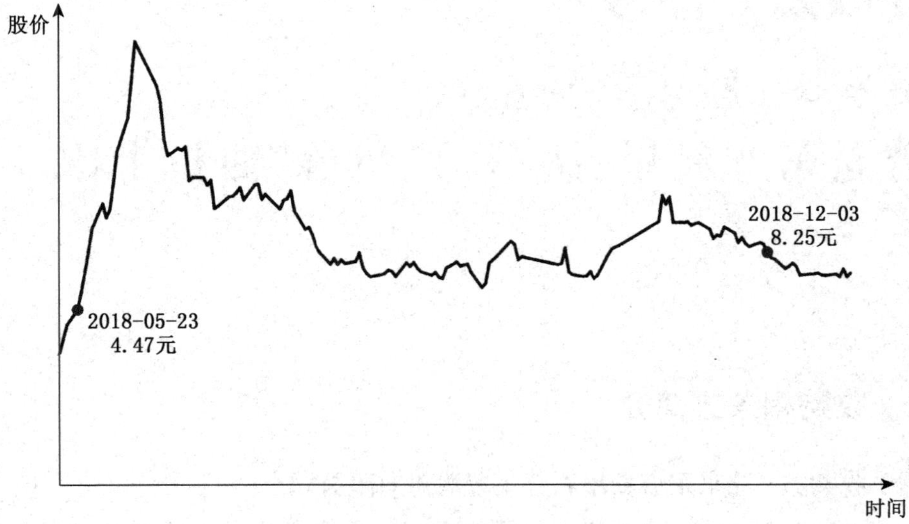

图 37　中公教育(原亚夏汽车)交易前后股价走势

002755

奥赛康(原东方新星):借壳东方新星,医药“独角兽”曲折上市

一、收购相关方简介

(一) 收购方:北京东方新星石化工程股份有限公司

2007 年 12 月 4 日,保定新星石化工程有限责任公司(以下简称“新星有限”)变更为股份制公司,公司名称也相应变更为北京东方新星石化工程股份有限公司(以下简称“东方新星”)。2015 年 5 月,经中国证监会批准,东方新星社会公众股票上市。

东方新星主要为石油化工行业、新型煤化工行业的大型建设项目提供工程勘察和岩土工程施工服务。近年来,受我国经济发展增速放缓、宏观政策调整使固定资产投资无法持续维持高位的影响,东方新星主要客户对固定资产的投资需求大幅下降。截至目前,东方新星股权分散,无股东拥有绝对控制权,且不排除外部股东从二级市场大比例增持股份的可能性,从而对东方新星的治理水平、财务结构和经营能力产生影响。所以从谨慎角度出发,东方新星认定当前情况为“无控股股东及实际控制人”。

(二) 收购标的：江苏奥赛康药业股份有限公司

江苏奥赛康药业股份有限公司(以下简称“奥赛康药业”)前身为江苏奥赛康药业有限公司(以下简称“江奥有限”),由内资股东扬州奥赛康药业有限公司(以下简称“扬州奥赛康”)、南京奥赛康投资管理有限公司(以下简称“南京奥赛康”)和外资股东 Kening James 共同设立。2011 年 6 月 28 日,江奥有限董事会通过决议,同意江奥有限整体变更为股份有限公司。2011 年 7 月 8 日,南京市江宁经济技术开发区管理委员会同意江奥有限转制为外商投资股份有限公司,并更名为“江苏奥赛康药业股份有限公司”。奥赛康药业旗下共有江苏奥赛康医药有限公司(以下简称“奥赛康医药”)、宁夏康宁医药信息科技有限公司(以下简称“宁夏康宁”)、江苏兴创医药信息科技有限公司(以下简称“兴创医药”)、西藏天创医药信息咨询有限公司(以下简称“天创医药”)、西藏海明医药科技有限公司(以下简称“海明医药”)、南京海润医药有限公司(以下简称“海润医药”)等 15 家控股子公司。本次收购前奥赛康药业的控股股东为南京奥赛康,实际控制人为陈庆财及其一致行动人。

奥赛康药业属于国家大力扶持的医药产业,主要产品为消化类、抗肿瘤等药物。近年来,国家高规格密集出台各项政策,鼓励医药研发创新,支持企业做大做强,将医药卫生科技创新作为国家科技发展重点,奥赛康药业的发展前景一片光明。奥赛康药业已发展成为拥有质子泵抑制剂注射剂品种最多的企业,整体市场份额连续多年排名第一。近年来,奥赛康药业的经济实力得到飞速提升,总资产达到 241 529.46 万元,在医药行业具备雄厚的综合实力和市场竞争力。

(三) 关联控股方：南京奥赛康投资管理有限公司、江苏苏洋投资实业有限公司、中亿伟业控股有限公司、伟瑞发展有限公司

1. 南京奥赛康投资管理有限公司

南京奥赛康投资管理有限公司(以下简称“南京奥赛康”)于 1996 年 11 月 12 日经南京市工商行政管理局核准设立。南京奥赛康主要经营业务为实业投资与管理,除持有奥赛康药业 42%股权外,还持有西藏润海投资管理有限公司(以下简称“润海投资”)100%股权。本次交易前南京奥赛康股权结构如图 38 所示。

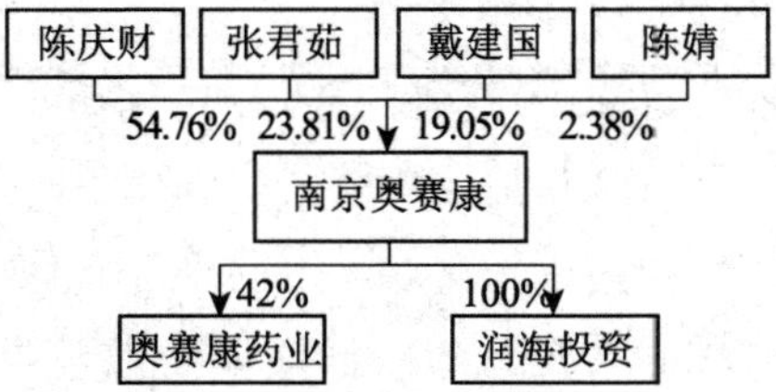

图 38　重组前南京奥赛康股权结构

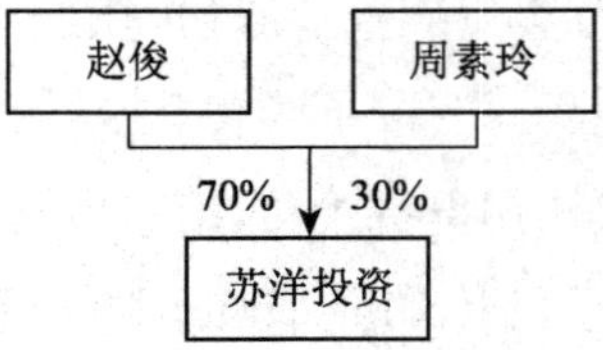

图 39　重组前苏洋投资股权结构

2. 江苏苏洋投资实业有限公司

江苏苏洋投资实业有限公司(以下简称“苏洋投资”)于 2011 年 4 月 18 日设立,主要经营项目为实业投资。除持有奥赛康药业 19%股权外,苏洋投资未持有其他企业股权。本次交易前苏洋投资股权结构如图 39 所示。

3. 中亿伟业控股有限公司

中亿伟业控股有限公司(以下简称“中亿伟业”)于 2011 年 4 月 27 日在香港成立,主要经营项目为实业投资。除持有奥赛康药业 19%股权外,中亿伟业未持有其他企业股权。本次交易前中亿伟业股权结构如图 40 所示。

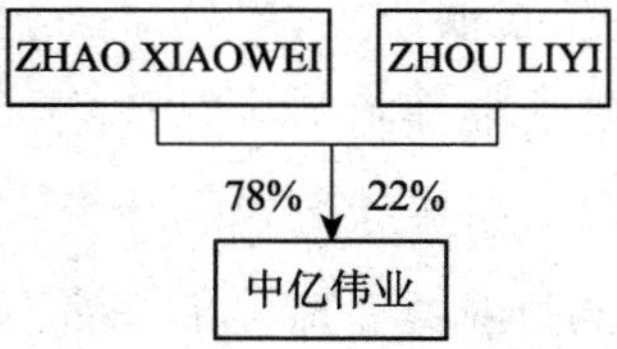

图 40　重组前中亿伟业股权结构

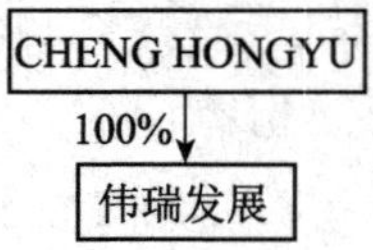

图 41　重组前伟瑞发展股权结构

4. 伟瑞发展有限公司

伟瑞发展有限公司(以下简称“伟瑞发展”)于 2010 年 11 月 25 日在香港成立,主要经营项目为金融投资。除持有奥赛康药业 15%股权外,伟瑞发展未持有其他企业股权。本次交易前伟瑞发展股权结构如图 41 所示。

二、收购事件一览

- 2018 年 7 月 9 日,东方新星因筹划重大资产重组相关事项,股票停牌。

- 2018 年 7 月 9 日，东方新星召开第四届董事会第二次临时会议，审议通过《关于本次重大资产置换及发行股份购买资产的议案》。
- 2018 年 7 月 10 日，东方新星发布重大资产置换及发行股份购买资产暨关联交易预案。
- 2018 年 8 月 3 日，东风新星发布重大资产置换及发行股份购买资产暨关联交易预案修订稿，对之前的预案进行补充披露。
- 2018 年 11 月 30 日，东方新星发布重大资产置换及发行股份购买资产暨关联交易事项获得中国证监会并购重组委审核通过的公告，股票复牌。
- 2018 年 12 月 25 日，东方新星重大资产置换及发行股份购买资产暨关联交易事项获得中国证券监督管理委员会核准。
- 2018 年 12 月 25 日，东风新星本次收购标的资产已交割过户。

三、收购方案

本次交易属于重大资产重组，同时，本次重组的交易对象为奥赛康药业的全体股东，且本次交易完成后，南京奥赛康将成为东方新星的控股股东，陈庆财将成为东方新星的实际控制人。此外，苏洋投资、中亿伟业、伟瑞发展将成为本次交易完成后持有东方新星 5%以上股份的股东。南京奥赛康、苏洋投资、中亿伟业、伟瑞发展是东方新星的关联方，因此本次交易也构成关联交易。本次重大资产重组交易主要由两部分构成：一是重大资产置换购买资产；二是发行股份购买资产。重大资产置换和发行股份购买资产同时生效、互为前提，任何一项因未获得所需的批准而无法付诸实施，则另一项交易不予实施。

（一）重大资产置换购买资产

本次交易标的资产为奥赛康药业 100%股份。本次交易重组中，拟向南京奥赛康、伟瑞发展、苏洋投资、中亿伟业、海济投资等 5 名交易对方以重大资产置换和发行股份的方式购买其合计持有的奥赛康药业 100%股权。标的资产的评估基准日为 2018 年 5 月 31 日，采用收益法进行评估，奥赛康药业 100%股权的净资产价值为 150 052 万元，评估值为 765 000 万元，增值率为 409.82%。经各方协商确认，交易标的交易价格确定为 765 000 万元。

东方新星拟将截至2018年5月31日的全部资产与负债作为置出资产，指定特定全资子公司作为其全部资产、负债的归集主体，将除对该指定主体的长期股权投资外的全部资产、负债通过划转或其他合法方式注入指定主体，并以上述指定主体的100%股权与奥赛康药业的全体股东持有的奥赛康药业100%股份的等值部分进行置换。以2018年5月31日为基准日，选用资产基础法评估结果作为置出资产最终评估结论，本次交易的拟置出资产的评估值为58 247.28万元。经交易各方友好协商，以拟置出资产评估值为基础，本次交易的拟置出资产的交易价格为58 250万元。

（二）发行股份购买资产

本次交易中，拟置出资产的作价为58 250万元，拟购买资产的作价为765 000万元，二者差额706 750万元由东方新星以发行股份的方式向奥赛康药业的全体股东购买。

本次发行股份购买资产的定价基准日为东方新星第四届董事会第二次临时会议决议公告日。经协商，本次发行股份购买资产的股份发行价格为9.35元/股，不低于定价基准日前20个交易日股票均价的90%（即9.346 7元/股），符合《重组管理办法》的相关规定。按此股价发行股份，东方新星向奥赛康药业全体股东合计发行755 882 351股股份。交易对方就本次交易取得的东方新星股份数量和现金对价情况如表30所示。

表30　东方新星向交易对方发行股份数量情况

序号	交易对方	出资比例	交易价格（万元）	股份支付（万元）	股份支付（股）
1	南京奥赛康	42%	321 300	296 835	317 470 588
2	苏洋投资	19%	145 350	134 282.50	143 617 647
3	中亿伟业	19%	145 350	134 282.50	143 617 647
4	伟瑞发展	15%	114 750	106 012.50	113 382 352
5	海济投资	5%	38 250	35 337.50	37 794 117
合计		100%	765 000	706 750	755 882 351

交易完成前后东方新星股权结构变化情况如表31所示。

表 31　交易完成前后东方新星股权结构变化情况

股东名称	本次交易前		本次交易后	
	持股数量(万股)	持股比例	持股数量(万股)	持股比例
陈会利	13 852 763	8.04%	13 852 763	1.49%
曲维孟	3 272 500	1.90%	3 272 500	0.35%
胡德新	3 026 000	1.76%	3 026 000	0.33%
王宝成	2 148 800	1.25%	2 148 800	0.23%
奚进泉	2 086 240	1.21%	2 086 240	0.22%
侯光斓	1 664 640	0.97%	1 664 640	0.18%
吴占峰	1 020 000	0.59%	1 020 000	0.11%
齐景波	761 600	0.44%	761 600	0.08%
宋矿银	714 000	0.41%	714 000	0.08%
杜朝阳	689 520	0.40%	689 520	0.07%
其他股东	143 041 937	83.03%	143 041 937	15.41%
南京奥赛康	—	—	317 470 588	34.20%
苏洋投资	—	—	143 617 647	15.47%
中亿伟业	—	—	143 617 647	15.47%
伟瑞发展	—	—	113 382 352	12.22%
海济投资	—	—	37 794 117	4.07%
合计	172 278 000	100%	928 160 351	100%

本次交易完成后,东方新星将持有奥赛康药业 100%股权,本次交易完成后,东方新星实际控制人为陈庆财,陈庆财及其一致行动人合计持有 46.42%股权。

四、案例评论

(一) 资产置换提高公司质量,以劣换优改善经营状况

本次交易完成后东方新星将持有奥赛康药业 100%股权,成为其全资控股

股东。东方新星将指定特定的全资子公司将其除长期股权投资外的全部资产、负债划转入指定的全资子公司,并拟将指定公司的100%股权置出,与奥赛康药业的全体股东持有的奥赛康药业100%的股份的等值部分进行资产置换,注入奥赛康药业100%股权,奥赛康药业将成为东方新星的全资子公司,而南京奥赛康将成为东方新星的控股股东。

东方新星自2015年上市以来,主要从事石油化工、新型煤化工行业的工程勘察和岩土工程施工业务,但其经营状况却大不如前。上市当年东方新星业绩就大幅下降49.70%,仅盈利1 886万元。2016年继续下滑75.59%,盈利降至460万元,2016年净利润仅剩下179万元。加入A股不到三年,东方新星就面临着离场的悲凉境地,惨淡的市值仅剩16亿元,沦为壳股,而奥赛康药业2017年的净利润达到6.08亿元,发展势头可谓迅猛至极。此次资产重组,东方新星将原有的资产、职工和前途迷惘、盈利能力极弱的公司业务整体置出,将奥赛康药业的资产、职工和前景明朗、盈利能力强劲的业务全部置入,可谓是以劣换优"大换血",创造了新的利润增长点,整体实现东方新星的业务转型。本次收购完成后,原本境况窘迫的东方新星将跨入目前发展前途一片光明的医药行业,成为受众人青睐的医药股,改善原本令人堪忧的经营状况,进入新的阶段,开启新的旅程。

(二) 石油化工涉足医药行业,业务转型提高盈利能力

本次交易前,东方新星以石油化工行业、新型煤化工行业的大型建设项目提供工程勘察和岩土工程施工服务为主营业务。但自2015年上市以来,东方新兴的表现一直令人堪忧,业绩不断下滑,亟待实现业务转型,创造新的盈利增长点。近年来国家推行医药创新战略,不断加大对医药行业的资金投入,推动医药产业的发展,涉足医药行业必然比留守原行业固步自封前途更光明。而本次交易标的为奥赛康药业,主要从事消化类、抗肿瘤类及其他药品的研发、生产和销售业务,是国内最大的质子泵抑制剂(PPI)注射剂生产企业,通过在医药行业多年的努力,奥赛康药业已经形成强有力的竞争优势和综合实力,行业地位不容小觑。据奥赛康药业的财务数据显示,2015—2017年以及2018年第一季度,奥赛康药业实现的营业收入分别约为30.11亿元、30.92亿元、34.05亿元和9.77亿元,净利润分别约5.09亿元、6.3亿元、6.07亿元和1.6亿元,足见奥赛康药业是一头

盈利“大牛”。此次收购完成后，东方新星将成功转型为一只健康的优质医药股，进军医药制造行业，提高自身盈利能力和可持续发展能力。

（三）奥赛康药业成功借壳上市，东方新星迎来新的契机

东方新星自2015年加入A股之后，整个公司都被一股悲凉之风围绕，业绩只降不升，2013年净资产收益率达到19.45%，到了2017年，仅为2.13%，上市三年便沦为壳股，亟待业务转型，扭转局面。而奥赛康药业的上市之路也是异常艰辛，2012年6月，奥赛康药业筹划IPO，但遭遇IPO暂停。2013年，奥赛康药业凭借实力收获创业板上市批文，但却遭遇A股IPO发行放缓，不幸被拦在“门口”。2014年重启IPO，奥赛康药业却因高市盈率和老股转让实控人大额套现等原因被市场质疑。2018年3月，奥赛康药业拟借壳大通燃气，却因各方在交易税费的承担、交易对价等核心条款上未能达成一致意见，重大资产重组事项于6月10日宣布终止，上市之梦又一次破灭。奥赛康药业渴望资本市场，上市愿望十分迫切，而IPO时间太长，借壳几乎成为它的唯一指望。东方新星虽然从盈利数据来看表现一直不佳，但由于其股权比较分散，没有实际控制人，是企业借壳上市的优质选择。

2018年7月，东方新星筹划重大资产，股票停牌；11月通过证监会并购委的审核；12月完成资产交割过户，在不到半年时间内便完成此次并购，成功进入医药行业。东方新星在第三季度报告中预计2018年度净利润将由1 430万元增至1 970万元，因此次重大资产重组，2018盈利预告也修正为6.62亿元至6.92亿元，同比预增5 936.35%至6 209.90%，业绩预计将增长60倍，奥赛康的借壳之举将完全扭转东方新星的窘迫局面，东方新星终于迎来春风。奥赛康药业作为消化类化药制药龙头企业，目前市场份额国内排名第一，超过国外原研药巨头，市场地位可以说是医药细分领域内的独角兽企业。此次奥赛康药业成功借壳上市之后，必将在资本市场上开启属于自己的另一片广阔天地。

五、市场表现(002755)

奥赛康(原东方新星)交易前后股价变动情况见图42。

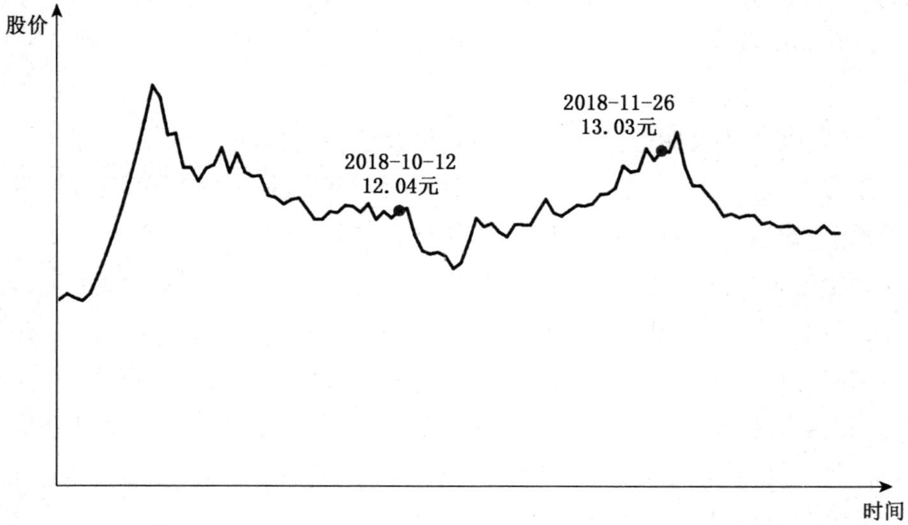

图 42　奥赛康(原东方新星)交易前后股价走势

600733

北汽蓝谷(原 S＊ST 前锋):借壳上市,助力新能源汽车产业腾飞

一、收购相关方简介

(一) 收购方: 成都前锋电子股份有限公司

1992 年 4 月 2 日,成都市人民政府出具《成都市人民政府关于同意组建前锋电子股份有限公司的批复》,同意国营前锋无线电仪器厂改组为成都前锋电子股份有限公司(以下简称“S＊ST 前锋”),公司总股本 6 888 万元,其中国家股 3 780万元,法人股 1 508 万元,个人股 1 600 万元。

S＊ST 前锋的主营业务为电子、通信、计算机、光机电一体化技术的开发、研制、技术服务及咨询;技术开发、技术服务、技术咨询;生产、销售电子产品、通信设备、机电设备、仪器仪表、计算机及配件;项目开发、投资与管理;商品销售(国家限制流通品除外);生产、销售纯净水(限分支机构经营);汽车运输;经营本企业自产机电产品(不含汽车);成套设备及相关技术的出口业务;经营生产、科研所需的原辅材料、机械设备、仪器仪表、备品备件及技术的进口业务;开展进料加工和“三来一补”业务等。

（二）收购标的：北京新能源汽车股份有限公司

北京新能源汽车股份有限公司(以下简称“北汽新能源”)是由世界500强企业北京汽车集团有限公司发起并控股,联合北京工业发展投资管理有限公司、北京国有资本经营管理中心、北京电子控股有限责任公司共同设立的新能源汽车产业发展平台。北汽新能源是目前国内纯电动汽车市场占有率最大、规模最大、产业链最完整的新能源汽车企业。目前,北汽新能源已形成辐射全国的产业布局,并与美国Atieva公司、德国西门子、韩国SK等著名企业开展了成功的合作,大大增强了技术实力和研发实力。截至目前,主要推出的车型有E150EV、绅宝EV、EV160、EV200、EU260、ES210等。

北汽新能源经营范围主要包括：装配新能源汽车动力模块(具体包括动力模块电机系统装配、动力模块电池系统装配以及动力模块电控系统装配);生产电动乘用车;销售新能源汽车充电设施、汽车、新能源汽车远程监控设备、新能源汽车动力模块系统零部件;软件开发;经济贸易咨询;汽车装饰;货物进出口;技术进出口;代理进出口;筹备新能源汽车整车、混合动力汽车的生产项目;技术开发、技术转让、技术咨询。

二、收购事件一览

● 2017年12月27日,S＊ST前锋发布公告称,北京市国资委已经核准,将首创集团下属的北京首创资产管理有限公司持有的四川新泰克100%股权,无偿划转至北汽集团。

● 2018年1月22日,S＊ST前锋发布公告披露,北汽新能源将估值289亿元,并借壳S＊ST前锋上市。

● 2018年2月12日,S＊ST前锋召开股东大会暨相关股东会议审议通过重组及股改方案。

● 2018年4月27日,S＊ST前锋发布本次交易获中国证监会重组委审核通过的公告。

● 2018年5月31日,中国证监会下发批文,批复同意S＊ST前锋发行股份购买资金并募集配套资金事宜。

● 2018年6月2日,S＊ST前锋发布本次并购交易获中国证监会核准公告。

● 2018 年 7 月 26 日，北汽新能源 100%股权过户至前锋股份名下。

● 2018 年 8 月 21 日，S＊ST 前锋完成股权分置改革送股登记，流通股股东获得股份对价，非流通股股东所持股份变更为流通股。

● 2018 年 8 月 23 日，S＊ST 前锋完成发行股份购买资产的发行股份登记，原北汽新能源股东取得上市公司股份，成为上市公司股东，北汽新能源成为前锋股份子公司。

● 2018 年 8 月 27 日，S＊ST 前锋正式更名为北汽蓝谷新能源科技股份有限公司(以下简称"北汽蓝谷")，并于 8 月 31 日变更证券简称为"S 蓝谷"，股票代码不变。

● 2018 年 9 月 12 日，北汽蓝谷公告资本公积转增权益分派实施公告。

● 2018 年 9 月 25 日，北汽蓝谷发布公告称，公司股权分置改革方案已全部实施完毕，公司股票将于 9 月 27 日开市起复牌。

三、收购方案

本次重组为 S＊ST 前锋实施股权分置改革的组成部分，包括重大资产置换、发行股份购买资产以及募集配套资金。

(一) 重大资产置换

S＊ST 前锋以截至 2017 年 10 月 31 日拥有的全部资产和负债作为置出资产，与北汽集团截至 2017 年 10 月 31 日持有的北汽新能源股份中的等值部分进行置换，S＊ST 前锋置出的全部资产、负债、业务由北京汽车集团有限公司(以下简称"北汽集团")指定四川新泰克数字设备有限责任公司(以下简称"四川新泰克")承接。

(二) 发行股份购买资产

S＊ST 前锋向北汽集团及其他北汽新能源股东发行股份，购买其持有的剩余全部北汽新能源股权。S＊ST 前锋向北汽集团等交易对方非公开发行股票的发行价格为 37.66 元/股。根据本次交易置换资产的交易作价及发行价格，

S＊ST前锋本次发行的对价股份总数确定为761 085 182股。发行股份情况如表32所示。

表32 本次交易发行股份情况

序号	交易对方	发行股份(股)
1	北京汽车集团有限公司	246 989 452
2	北京工业发展投资管理有限公司	72 300 168
3	北汽(广州)汽车有限公司	62 409 505
4	芜湖信石信冶投资管理合伙企业(有限合伙)	53 502 124
5	深圳井冈山新能源投资管理有限公司	36 670 645
6	北京星网工业园有限公司	32 775 112
7	渤海汽车系统股份有限公司	30 076 870
8	戴姆勒大中华区投资有限公司	30 076 870
9	宁波梅山保税港区国轩高科新能源汽车产业投资中心(有限合伙)	28 920 067
10	置悦(上海)投资中心(有限合伙)	25 342 944
11	合肥国轩高科动力能源有限公司	17 352 040
12	北京电子控股有限责任公司	14 460 033
13	天津中冀汇鑫企业管理合伙企业(有限合伙)	14 460 033
14	上海中平国口并购股权投资基金合伙企业(有限合伙)	14 460 033
15	深圳泛海云腾投资合伙企业(有限合伙)	14 460 033
16	南昌欧菲光电技术有限公司	11 568 026
17	泛海股权投资管理有限公司	10 122 023
18	天津金星投资有限公司	7 663 817
19	宁德时代新能源科技股份有限公司	5 784 013
20	孚能能源(赣州)投资基金(有限合伙)	4 533 220
21	北京博奥华泰投资有限公司	3 181 207
22	庞大汽贸集团股份有限公司	2 892 006
23	中山大洋电机股份有限公司	2 602 806
24	北京首钢绿节创业投资有限公司	2 169 005
25	北京成成清洁能源科技有限公司	2 024 404
26	万帮新能源投资集团有限公司	1 735 204
27	江西清控荷塘投资管理有限公司	1 735 204
28	中冠宝投资有限责任公司	1 735 204
29	北京天相创业投资管理顾问有限公司	1 735 204

（续表）

序号	交易对方	发行股份(股)
30	常州鹏盈创梦实业投资合伙企业(有限合伙)	1 588 884
31	常州鹏盈致远实业投资合伙企业(有限合伙)	1 580 367
32	奇虎三六零软件(北京)有限公司	1 446 003
33	优能尚卓(天津)资产管理合伙企业(有限合伙)	1 142 053
34	北京优能尚卓创业投资基金(有限合伙)	867 602
35	北京韬蕴新能源投资管理有限公司	723 001
合计		761 085 182

(三) 募集配套资金

S＊ST 前锋拟向不超过 10 名符合条件的特定投资者非公开发行股份募集配套资金，配套融资总额不超过拟购买资产交易价格的 100%，且不超过200 000万元。本次发行股份募集配套资金在扣除相关中介机构费用后全部用于北京新能源创新科技中心项目、北汽新能源 C35DB 车型项目、北汽新能源 N60AB 车型项目、北汽新能源 N61AB 车型项目。

四、案例评论

(一) 解决历史遗留问题，保值国有资产

S＊ST 前锋股权分置改革方案迟迟未能推进，已成历史遗留问题。本次交易是 S＊ST 前锋 2018 年度股改方案的组成部分，通过注入北汽新能源 100%股权，解决公司的股权分置历史遗留问题。

本次股权分置改革完成后，北汽集团作为控股股东，持有S＊ST前锋41.26%股份，北汽新能源将成为 S＊ST 前锋的全资子公司。本次重大资产重组事项的圆满完成，进一步贯彻落实了国家新能源汽车产业发展战略，彰显了国家相关部门和北京市深化国企改革、实现高质量发展的战略意图，有力推进了首都高精尖产业发展，体现了中国新能源汽车行业良好的发展势头，并将推动新能源汽车产业健康可持续发展。同时，此次重组还有效解决了多年来 S＊ST 前锋股改的历史遗留问题，实现了国有资产的保值增值和转型升级。S＊ST 前锋正式完成股权分置改革，更名为“北汽蓝谷”，转型成为从事新能源汽车及核心零部件研发、

生产及销售的龙头企业,北汽蓝谷资产质量、财务状况、盈利水平及可持续发展能力也得到了根本改善。

(二) 国家政策激励,新能源汽车快速腾飞

近年来,新能源汽车逐步普及,未来发展潜力巨大,北汽新能源主营业务为纯电动新能源乘用车与核心零部件的研发、生产、销售和服务,是国内少数掌握纯电动汽车三电系统核心技术及整车集成匹配技术的新能源汽车企业,是目前国内纯电动汽车技术能力最强、产品线最丰富、市场销量最高、产业链最完整的新能源汽车企业之一。通过本次交易,北汽新能源全部股权注入 S * ST 前锋,S * ST前锋将转变为一家以纯电动新能源乘用车与核心零部件的研发、生产、销售和服务为主业的公司,S * ST 前锋将改变现有业务盈利能力不足、成长性欠缺的局面,为其未来业绩的可持续增长提供坚实基础。

北汽新能源立足新兴的新能源汽车行业,实现快速腾飞。近年来,新能源汽车行业发展迅猛,产销两旺,纯电动、微型车成为主流;同时,在政府补贴、公共领域推广等多项政策的支持下,新能源汽车行业呈现持续高增长的态势。2011 年至今,我国新能源汽车产销量每年都有大幅度的增长,年均复合增长率都超过了 200%。

2017 年新能源汽车销量达到了 77.7 万辆,产量达到 79.4 万辆,均创历史新高。新能源汽车渗透率水平仍较低,未来发展广阔。补贴持续退坡,双积分政策成为新能源汽车发展的核心动力。从 2014 年开始,新能源汽车渗透率开始有了一个跨越式的提升。国务院在"十三五"计划中提出了 2020 年产销量达到 200 万辆,保有量达到 500 万辆的目标,未来新能源汽车的发展空间依然十分广阔。

(三) 时不我待,规避限制快速上市

借壳上市虽然等同于 IPO 标准,但通过资产置换的方式借壳上市,北汽新能源将不受 A 股新股上市必须满足三年连续盈利的门槛限制,在完成对 S * ST 前锋的重组股改后,北汽新能源就将启动在 A 股的增发融资。从客观上来说,北汽新能源位列行业第一,它的体量庞大、发展潜力无穷,因此,作为国企改革的先锋,北汽新能源获得国家政策的大力支持。

直接上市往往比借壳上市更艰苦和漫长,因此,公司更愿意选择“壳”资源。虽然“壳”公司普遍已经到了生存的边缘,但由于置入的优质资产及其他原因,往往存在无法成交的可能性。鉴于北汽集团和北汽新能源的国企身份,以及北汽集团已提前获得国资无偿划转,成为北汽蓝谷大股东,业界普遍预计这起有国资委背书的借壳重组上市风险较小。

在登陆A股市场之后,北汽新能源更容易获得融资,可以投入更多资金推进研发,提升产品竞争力。这样一来,北汽新能源才能减小补贴退坡给自身带来的影响。可见,进入资本市场,将会为北汽新能源高质量发展提供动力。作为第一家成功上市的整车企业,北汽蓝谷力求打造成资本市场的新蓝筹并不无可能。

(四) 由大到强,实现汽车强国梦

北汽新能源的正式上市,标志着北汽新能源在经历九年砥砺奋进后取得了阶段性的重大突破,不仅将进一步拓宽北汽新能源的融资渠道、增强企业汇聚资源的能力,还有助于提升企业的品牌形象、现代化治理水平和综合实力。北汽集团将以北汽新能源上市为起点,加快推进“引领2025”战略,尤其是在核心技术创新方面,继续推进新能源国创中心的建设和发展,以协同创新、联盟发展的合力,共同助推中国新能源汽车产业的发展,助力“由大到强”的汽车强国梦早日实现。

北汽新能源连续五年销量位居国内纯电动汽车榜首,年均复合增长率达到170%,并在2017年成为全球销量冠军。北汽新能源通过自主研发掌握了全球领先的纯电动汽车电池、电机、电控三大核心技术及整车集成匹配技术,构建了全新平台正向开发的整车体系化能力,并已全面进入整车人工智能时代,是目前国内纯电动汽车技术能力最强、产品线最丰富、示范应用规模最大、市场占有率最高、产业链最完整的新能源汽车企业之一。北汽新能源现已实现覆盖六国八地的全球研发布局,被评为全球排名前十的创新机构之一,并获得德国莱茵TüV汽车产品功能安全证书、亚洲质量卓越奖等高端认证和荣誉。截至目前,北汽新能源累计用户已超过25万户,旗下产品总行驶里程突破32亿公里,连续三年被中国质量协会评为新能源汽车消费者满意度第一名。

北汽新能源一直被称为中国新能源汽车行业的领军企业,开创了诸多成功并被广泛推广的模式,有效带动了产业的快速发展。通过与产业链伙伴密切合作、协同创新，北汽新能源助推了一批核心零部件供应商成为各自领域的独角兽企业。还构建了一个庞大的业务生态圈，在自动驾驶、智能网联、大数据和轻量化等领域实现联盟化发展，并牵头成立了国家新能源汽车技术创新中心。北汽蓝谷拟募集的配套资金中，50%将用于科技创新项目，另外50%用于三款新车型的开发。由北汽牵头建设的国家新能源汽车技术创新中心，致力于打造世界级新能源汽车技术创新策源地，将发挥高端引领作用，扛起中国新能源汽车技术进步的大旗。

五、市场表现(600733)

北汽蓝谷(原S*ST前锋)交易前后股价变动情况见图43。

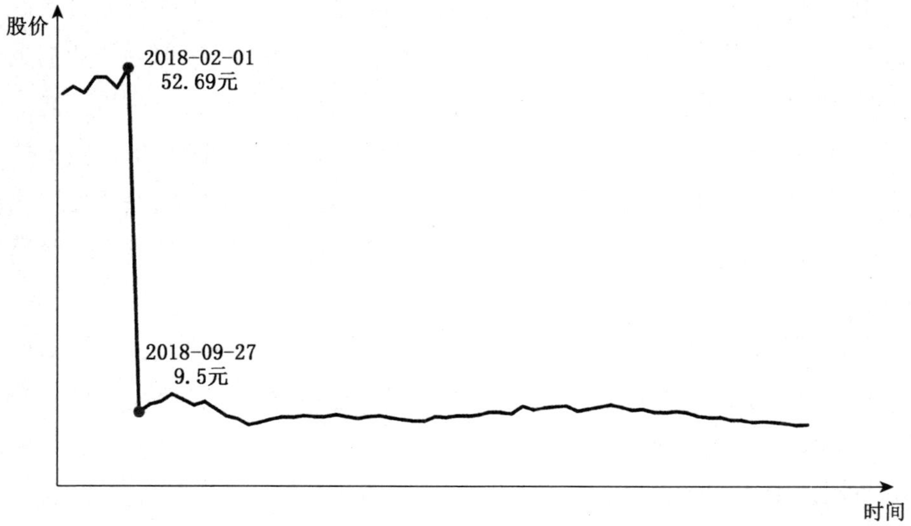

图43 北汽蓝谷(原S*ST前锋)交易前后股价走势

第五辑　中概股回归

001872

招商港口(原深赤湾):
“蛇吞象”,改头换面重回A股

一、收购相关方简介

(一)收购方:深圳赤湾港航股份有限公司

1993年1月16日,中国南山开发(集团)股份有限公司(以下简称“南山集团”)下属五家企业——深圳赤湾港务公司、深圳赤湾港集装箱有限公司、深圳赤湾轮船运输公司、深圳赤湾货运公司、深圳振南包装股份有限公司通过控股合并的方式改组为深圳赤湾港航股份有限公司(以下简称“深赤湾”)。

深赤湾经营范围包括港口装卸运输、货物加工处理、散货灌包、件货包装、货物仓储、货物运输、代理货物转运、水陆联运、租车租船业务,赤湾港区进出口各类货物的保税仓储等。本次重大资产重组实施后,深赤湾将建设成为招商局集团有限公司港口业务板块总部,成为港口资产一级资本运作和管理平台,发挥统一归集、统一整合招商局集团有限公司(以下简称“招商局集团”)旗下港口资产的重要作用,同时深赤湾的业务发展及战略定位也将得到极大提升。为充分适应未来战略定位的调整及实际发展需求,深赤湾将进一步深化全球港口业务,服务于国家“一带一路”重大倡议及“粤港澳大湾区”发展规划,同时把公司业务与招商局集团的主业紧密相连，更好地向市场传递信息。本次交易完成后，深圳赤湾港航股份有限公司的证券简称将由“深赤湾 A/深赤湾 B”变更为“招商港口/招港 B”；证券代码将由“000022/200022”变更为“001872/201872”。

（二）收购标的：招商局港口控股有限公司

招商局港口控股有限公司（股票代码：0144.HK；股票简称：招商局港口；以下简称“招商局港口”）位于香港特别行政区，于 1991 年 5 月正式成立，注册名称为 Attington Investment Limited；随后于 1992 年 2 月更名为“Hoi Hong Holding Company Limited”（海虹集团有限公司，以下简称“海虹集团”）；再后于 2016 年正式更名为招商局港口控股有限公司。截至目前，招商局投资发展有限公司（以下简称“CMID”）持有招商局港口约 39.51%的股权，为招商局港口的第一大股东。China Merchants Union（BVI） Limited（中文名称：招商局联合发展有限公司；以下简称“CMU”）作为曾经的控股股东，如今仍占比 22.67%。

招商局港口是世界领先的港口开发、投资和营运商，已在中国沿海主要枢纽港建立了完善的港口网。招商局港口所投资和涉及管理权的码头遍布于深圳、香港、上海、宁波等集装箱枢纽港，甚至早已成功在南亚、非洲、欧洲、南美洲及大洋洲等地的港口布局。招商局港口具有多年的专业管理经验，其自主研发的全球码头操作系统与进出口综合物流管理平台，以及完善的海运物流支持体系和全方位的现代综合物流解决方案等，都凭借其高质量的工程管理技术和卓越可靠的服务享誉全球。

（三）关联控股方：招商局集团（香港）有限公司与招商局投资发展有限公司

1. 招商局集团（香港）有限公司

招商局集团（香港）有限公司（以下简称“招商局香港”）于 1987 年 12 月成立，当时招商局香港的股东包括招商局集团和招商局轮船有限公司（以下简称“招商局轮船”），如表 33 所示。

表 33　招商局香港设立时的股权结构

股东	股份类别	股份数量	持股比例
招商局集团	普通股	1	50%
招商局轮船	普通股	1	50%

截至本次并购交易公告日,招商局轮船100%持股招商局香港,为招商局香港的控股股东;招商局香港持有 Broadford Global Limited("布罗德福国际有限公司",以下简称"布罗德福")100%股权;布罗德福则持有招商局港通发展(深圳)有限公司(以下简称"招商局港通")100%股权,而招商局港通系深赤湾的控股股东。因此招商局香港与深赤湾之间存在关联关系。

2. 招商局投资发展有限公司

招商局投资发展有限公司(以下简称"CMID")于2013年11月15日在英属维尔京群岛成立,是招商局集团战略项目的投资平台。CMID的全资股东为 Rainbow Reflection Limited(中文名称:虹辉(香港)有限公司,以下简称"虹辉公司"),间接控股股东为布罗福德和招商局香港,实际控制人为招商局集团。CMID是一家投资控股型公司,截至本次并购交易前并无实际经营业务。

截至并购公告发布日,深赤湾的控股股东为布罗福德的全资子公司——招商局港通,因此CMID与深赤湾同属受招商局香港控股的下属公司,二者之间存在关联关系。

二、收购事件一览

- 2017年11月21日,深赤湾拟筹划重大事项开始停牌。
- 2018年6月19日,深赤湾第九届董事会第五次临时会议审议通过本次重大资产重组。
- 2018年7月24日,深赤湾发布《关于公司重大资产重组拟收购标的公司招商局港口控股有限公司实施2017年度权益分派事项的报告》。
- 2018年9月4日,深赤湾收到《中国证监会行政许可项目审查一次反馈意见通知书》。
- 2018年9月28日,中国证监会上市公司并购重组审核委员会审核本次发行股份募集配套资金暨关联交易事项,深赤湾自当日开市起停牌。
- 2018年10月10日,本次重大交易事项获得中国证监会审核有条件通过,深赤湾股票自当日开始起复牌。
- 2018年11月1日,深赤湾发布《关于发行股份购买资产并募集配套资金暨关联交易获得中国证监会核准批复的公告》。

● 2018 年 11 月 22 日,深赤湾发布本次交易过户完成的公告。

● 2018 年 12 月 14 日,深赤湾发布拟变更公司名称、证券简称和证券代码及停牌的提示性公告。

● 2018 年 12 月 26 日,深赤湾发布公司股票复牌暨完成证券简称和证券代码变更的公告。

三、收购方案

本次并购重组方案主要包括三部分：一是发行股份购买招商局港口普通股股份;二是招商局香港与深赤湾签署《一致行动协议》;三是发行股份募集配套资金。

(一) 发行股份购买标的资产

本次发行股份购买资产的交易对方为 CMID,根据深赤湾与 CMID 于 2018 年6 月 19 日签署的《发行股份资产协议》,标的资产为 CMID 持有的招商局港口 1 269 088 795 股普通股股份(约占招商局港口已发行普通股股份总数的 38.72%)。经双方协商同意,本次发行股份购买资产的交易对价最终确定为 2 465 000万元。2018 年 7 月 17 日,招商局港口实施分红,股东可选择以股代息的方式获取分红,将收取的股份数 = 持有不选取现金的现有股份数目 × 0.59 港元 ÷ 16.844港元。CMID 选择以股代息方式获取其应享有的全部分红,因此获得新增股份 44 452 765 股。根据《发行股份购买资产协议》的约定,本次发行股份购买资产的标的资产调整为 CMID 持有的招商局港口 1 313 541 560 股普通股股份(约占招商局港口已发行普通股股份总数的 39.51%)。

(二) 与交易对方签署《一致行动协议》

2013 年 11 月 12 日,招商局香港与 VHC 及 CMU 签署《增资入股协议》,根据《增资入股协议》的约定,CMU 将其签署《增资入股协议》当时及将来持有的招商局港口股权享有的股东投票权授予招商局香港或招商局香港全资附属公司行使。2018 年 6 月 19 日,深赤湾与招商局香港签署了《一致行动协议》。

招商局香港与深赤湾签署的《一致行动协议》,约定本次发行股份购买资产完成后,招商局香港就其受托行使的招商局港口股份的表决权应当与深赤湾在招商局港口股东大会审议事项的表决上无条件保持一致,并以深赤湾的意见为准进行表决。

(三) 发行股份募集配套资金

本次交易深赤湾拟募集配套资金不超过 400 000 万元,融资规模不超过深赤湾以发行股份方式购买招商局港口 1 313 541 560 股普通股股份交易价格的100%,且发行股份数量不超过本次交易前深赤湾总股本的 20%,即不超过128 952 746股。本次交易配套募集资金拟用于招商局港口"一带一路"相关项目的建设,具体如表 34 所示。

表 34 用于招商局港口"一带一路"项目的资金配置

序号	项目名称	实施主体	项目总投资额(万元)	募集资金计划使用金额(万元)
1	汉港配套改造项目	汉港公司	420 539.01①	200 000
2	海星码头改造项目(二期工程)	海星公司	416 731	200 000
合计			837 270.01	400 000

四、案例评论

(一) 完美解决同业竞争,形成协同效应

深赤湾在招商局集团的战略地位将"逆转"。深赤湾的业务定位从之前招商局集团下属赤湾港资产运作平台跃升为招商局集团下属港口资产运作、管理的综合战略平台。经过本次交易,招商局集团下属万千优质的港口资源流入深赤湾。深赤湾将整合境内境外平台,搭建境内平台控制境外平台的架构;并坚持以深圳为港口中心,与其周边地区的港口资源一并为"粤港澳大湾区"发展规划出力。此外,招商局港口有非常丰富的港口管理与运营的经验,本次并购完成之后,这些企业软实力会相互融合,成为深赤湾进一步拓展海外项目的重要资本,

① 汉港配套改造项目总投资额为 66 878.55 万美元,按 1 美元兑 6.2881 元人民币折算为 420 539.01 万元人民币(2018 年 3 月 30 日汇率)。

使整合后的深赤湾形成了分工明确、优势互补、竞争有序的港口格局，增强了其港口的对内辐射力和对外影响力。

（二）盈利能力有增长，资产规模翻十番

本次并购重组总体对深赤湾有利好影响。德勤华永出具的报告显示，本次发行后深赤湾的资产规模、营业收入、净利润均将显著增长：截至 2018 年 3 月 31 日，深赤湾的资产规模将从 81.47 亿元增加至 1 249.60 亿元，增长1 433.77%；2018 年第一季度营业收入从 6.16 亿元增加至 21.73 亿元，增长 252.86%；2018 年第一季度归属于母公司的净利润从 1.47 亿元增长至 4.43 亿元，增长 202.33%。截至 2017 年 12 月 31 日，深赤湾的资产规模将从 79.75 亿元增加至 1 143.84 亿元，增长 1 334.19%；2017 年度营业收入从 24.56 亿元增加至 75.45 亿元，增长 207.16%；2017 年度归属于母公司的净利润从 5.04 亿元增长至 23.30 亿元，增长 361.77%。

本次并购重组事件是推进国有资本优化重组和全面深化改革的举措。本次交易完成后，招商局港口将被纳入深赤湾的合并报表中，实现资产规模和盈利水平的大幅提升。究其缘由在于招商局集团内部整合中，将市值长期低估的优质香港上市资产注入境内上市公司——深赤湾，不仅壮大了深赤湾，还使被长期低估的境外资产价值回归，实现了国有资产的保值增值。

（三）国内外布局优化，资源整合提速

深圳市政府下发《关于促进深圳港加快发展的若干意见》，提出深圳港到 2020 年底初步建立自由贸易港。首先要着眼于深圳母港，深圳母港是全球第三大集装箱港口，可以规划开展自贸港试点；同时，在东西部的港口试行高标准的贸易监管制度，以求建立“深港组合港”。本次并购交易也在深圳港及其周边港口实现一波大整合，是“粤港澳大湾区”未来规划及深圳港整合的重要前奏，是在广东港口资源、“粤港澳大湾区”建设先行先试的重要举措。同一阶段，招商局港口完成收购澳大利亚纽卡斯尔港，标志着其在海外的港口布局由亚洲、非洲、欧洲及南北美洲扩展至大洋洲，实现了全球六大洲的布局，纽卡斯尔港项目将与招商局港口现有港口组合所覆盖的港口网络形成互补，进一步产生协同效应，招商局港口可通过该项收购进一步实现“前港－中区－后城”模式下“前港”及“中区”

的发展，目标是在经营其核心港口业务的同时发展园区及建设配套基础设施，从而构建以港口业务为核心的港口核心生态系统，助力招商局港口迈向世界一流的港口综合服务商，借助招商局港口在海外港口项目的扩展，深赤湾将拥有良好的海外港口布局。综合境内海外的布局，招商局集团正逐步优化国内布局、积极拓展海外港口业务、积极响应国家供给侧结构性改革和“一带一路”重大倡议、不断寻求多方共赢的合作模式。

（四）以小吃大，招商局港口重返A股

招商局港口是在港股上市的公司，本次收购招商局港口，相当于招商局港口在A股市场回归。同时，深赤湾更名为招商港口，证券代码也发生变更，由000022变更为001872，而1872则是招商局集团创立的年份。

招商局港口是全球最大的港口开发企业，是招商局集团下最核心的资产。港口业务也是其核心业务的灵魂。历史上，招商局成立后，其港口与物流业务就遍布全国。截至2017年底，招商局港口控制及参股的港口有32个，遍布17个国家，招商局港口的吞吐量占全国的4成左右。招商局港口更是排名全球第四位。

反观深赤湾，深赤湾是立足于深圳的港口企业，2016年，深赤湾完成货物吞吐量为6 780吨，集装箱吞吐量为503.5万TEU，而招商局港口为3 490万TEU，是深赤湾的权益吞吐量的7倍左右。

从深赤湾与招商局港口的营收与净利规模来看，2017年，深赤湾实现营业收入为24.56亿元，招商局港口则为56.68亿元，深赤湾的收入规模尚不如招商局港口的一半；在实现归属于上市公司的净利润方面，深赤湾实现5.04亿元，招商局港口则实现47.18亿元，深赤湾的净利润规模更是不足招商局港口的九分之一。

深赤湾收购招商局港口实质上等同于招商局港口顺利回归A股。这对于并购双方而言，具有重大战略意义。

五、市场表现（001872）

招商港口（原深赤湾）交易前后股价变动情况见图44。

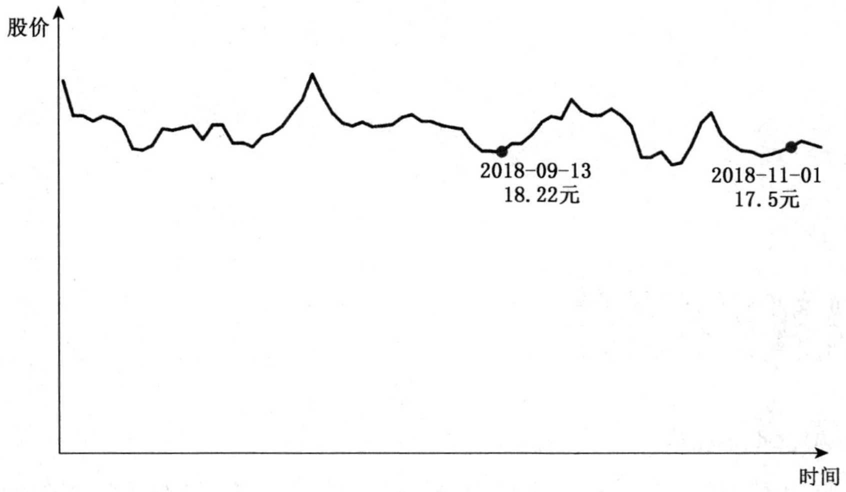

图 44　招商港口(原深赤湾)交易前后股价走势

600270

外运发展：换股吸收合并，打造“A+H 股”物流帝国

一、收购相关方简介

(一) 收购方：中国外运股份有限公司

中国外运股份有限公司(以下简称“中国外运”)成立于 2002 年 11 月 20 日，系由对外贸易运输总公司独家发起设立的股份有限公司。对外贸易运输总公司以其与货代、船代、快件、仓储码头、水运、汽运有关业务的股权或相关经营性资产及负债注入中国外运。中国外运于 2003 年 2 月在香港联交所上市。中国外运控股股东为中国外运长航集团有限公司(以下简称“外运长航集团”)，实际控制人为招商局集团有限公司(以下简称“招商局集团”)，最终实际控制人为国务院国资委。

中国外运是具有领先地位的综合物流供应商，被中国物流与采购联合会评为 5A 级物流企业，是中国最大的国际货运代理公司、第二大船务代理公司，主营业务包括货运代理、专业物流、仓储与码头服务、物流设备租赁和其他服务。作为中国最早开展国际货代业务的企业之一，中国外运已形成了覆盖全国的物流网络体系，在沿海口岸等关键战略地区储备了丰富的物流资源。同时，中国外

运还通过自有海外网点及海外合作代理机构满足了全球七十余个国家和地区对物流业务的需求。此外，作为招商局集团物流业务的统一运营平台，中国外运定位于成为行业领跑者、产业整合者、供应链物流生态圈的构建者、智慧物流的引领者和实现世界一流的中国物流产业的推动者。为实现上述目标，中国外运通过深化企业转型，正全面实现由综合物流服务供应商向综合物流服务整合商和平台商的转变，不断提升集物流、商流、资金流、信息流于一体的综合解决方案设计与运营能力。

（二）收购标的：中国外运空运发展股份有限公司

中国外运空运发展股份有限公司(以下简称“外运发展”)于 1999 年 10 月由对外贸易运输总公司、中国机械进出口(集团)有限公司、北京首都旅游股份有限公司、北京市农工商联合总公司和北京海诚电讯技术有限公司发起设立，于 2000 年 12 月在上交所上市。外运发展的控股股东为中国外运，实际控制人为招商局集团，最终实际控制人为国务院国资委。

外运发展是中国外运旗下从事现代物流业务的核心企业，自成立以来始终坚持以专业化的航空物流为主营方向，经过多年发展，已在国内航空货运代理行业建立了领先地位。外运发展一直致力于在我国长三角、珠三角、环渤海、中西部地区的重点城市布局物流仓储设施，同时在北京、上海、成都、青岛等航空枢纽城市均建有大型物流中心。其中自有仓库涵盖海关监管仓库、保税仓库和普通物流仓库等多种类型的仓库，可满足客户各种需求。近年来，为整合优化内部资源，提高运营效率，顺应行业发展趋势，外运发展已将原有的国际航空货运代理服务、国际快件服务、国内货运及物流服务重新梳理调整为空运货运代理、电商物流、专业物流三大业务板块。

二、收购事件一览

● 2018 年 1 月 2 日，因实际控制人招商局集团正在筹划与外运发展有关的重大事项，外运发展公告其股票将于次日开市起停牌。

● 2018 年 2 月 28 日，外运发展召开第六届董事会第二十次会议审议通过本次交易相关换股吸收合并事项及合并协议。

- 2018 年 3 月 24 日，外运发展发布本次交易的预案，并公告股票将于 2018 年3 月 26 日开市起复牌。
- 2018 年 4 月 13 日，外运发展召开第六届董事会第二十二次会议审议通过本次交易相关换股吸收合并事项。
- 2018 年 5 月 18 日，国务院国资委批准本次交易。
- 2018 年 5 月 31 日，外运发展召开 2017 年年度股东大会审议通过本次交易相关换股吸收合并事项。
- 2018 年 11 月 2 日，中国证监会核准本次交易。
- 2018 年 12 月 24 日，外运发展发布《关于公司股票终止上市的公告》，外运发展股票将于 2018 年 12 月 28 日终止上市。
- 2019 年 1 月 15 日，中国外运股票在上海证券交易所上市交易并发布公司章程，股票简称为“中国外运”，股票代码为“601598”。

三、收购方案

中国外运以换股方式吸收合并外运发展，即中国外运向外运发展除中国外运以外的所有股东发行中国外运 A 股股票交换其所持有的外运发展股票。换股吸收合并完成后，中国外运作为存续公司，将通过接收方承继及承接外运发展的全部资产、负债、业务、合同、资质、人员及其他一切权利与义务，外运发展终止上市并注销法人资格。

中国外运所持有的外运发展股票不参与换股且不行使现金选择权，在本次换股吸收合并后将予以注销。中国外运为本次换股吸收合并发行的 A 股股票将申请在上交所上市流通。中国外运是香港联交所上市公司，招商局集团及外运长航集团持有的中国外运原内资股将转换为 A 股并申请在上交所上市流通，该等股票将根据《公司法》、上交所相关规则等法律法规的要求确定限售期限。

（一）换股比例的确定

1. 外运发展 A 股换股价格

综合考虑股票价格波动的风险并对参与换股的外运发展股东进行风险补偿，本次外运发展换股价格以审议本次交易的第一次董事会决议公告前 20 个交易日的均价 16.91 元/股为基准,给予 22%的溢价率,即 20.63 元/股。

外运发展于 2018 年 5 月 31 日召开的 2017 年度股东大会审议通过了 2017 年度利润分配方案,按 2017 年末总股本 905 481 720 股为基数,每 10 股派人民币 6 元现金(含税)。

因此,外运发展换股价格根据除息结果调整为 20.03 元/股。

2. 中国外运 A 股发行价格

中国外运本次 A 股发行价格为 5.32 元/股。中国外运发行价格是以兼顾合并双方股东的利益为原则,综合考虑合并双方的总体业务情况、盈利能力、增长前景、抗风险能力、行业可比公司估值水平等因素确定的。

中国外运于 2018 年 5 月 31 日召开的 2017 年度股东大会审议通过了 2017 年度利润分配方案,按 2017 年末总股本 6 049 166 644 股为基数,每 10 股派人民币 0.8 元现金(含税)。

因此,中国外运发行价格根据除息结果调整为 5.24 元/股。

3. 换股比例

换股比例 = 外运发展 A 股换股价格 ÷ 中国外运 A 股发行价格(计算结果按四舍五入保留四位小数)。本次中国外运换股吸收合并外运发展的换股比例 = 20.03/5.24 = 3.822 5,即外运发展换股股东所持有的每股外运发展股票可以换得 3.822 5 股中国外运本次发行的 A 股股票。

(二) 外运发展异议股东的保护机制

为充分保护外运发展全体股东特别是中小股东的权益,本次换股吸收合并将由深圳市招商蛇口资产管理有限公司向外运发展异议股东提供现金选择权。外运发展异议股东现金选择权价格以审议本次交易的第一次董事会决议公告前 20 个交易日的均价 16.91 元/股为基准,给予 2.19%的溢价率,即 17.28 元/股,根据 2017 年度的利润分配方案除息后价格为 16.68 元/股。深圳市招商蛇口资产管理有限公司通过现金选择权而受让的外运发展股票将在换股吸收合并方案实施日全部按换股比例转换为中国外运为本次换股吸收合并所发行的 A 股股票。重组前各交易方股权结构如图 45 所示。

截至审议本次交易的第一次董事会决议公告日,外运发展总股本为 905 481 720股,除中国外运持有的外运发展股份外,参与本次换股的外运发展股

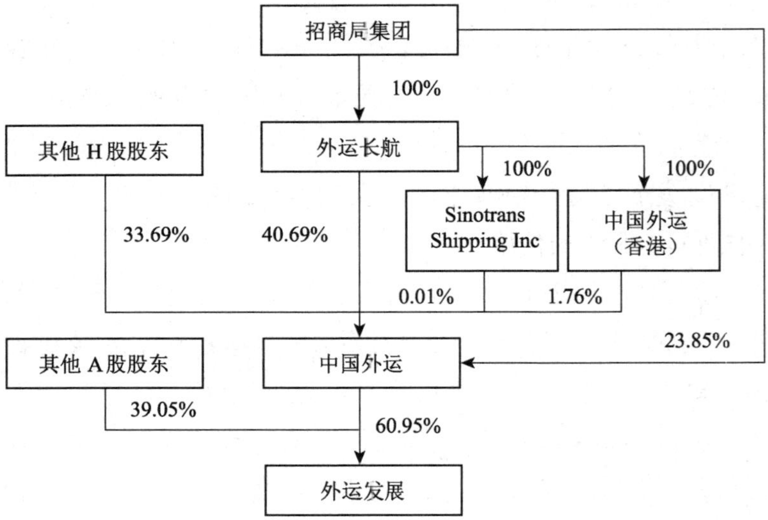

图 45　重组前各交易方股权结构

份合计 353 600 322 股。按照上述换股比例计算，中国外运为本次换股吸收合并发行的股份数量合计为 1 351 637 231 股。交易完成前后中国外运股权结构变化情况如表 35 所示。

表 35　交易完成前后中国外运股权结构变化情况

股东	本次交易前		本次交易后	
	持股数量(股)	持股比例	持股数量(股)	持股比例
外运长航集团	2 461 596 200	40.69%	2 461 596 200	33.26%
招商局集团	1 442 683 444	23.85%	1 442 683 444	19.49%
原外运发展中小股东	—	—	1 351 637 231	18.26%
A 股/内资股合计	3 904 279 644	64.54%	5 255 916 875	71.02%
中国外运(香港)	106 683 000	1.76%	106 683 000	1.44%
Sinotrans Shipping Inc.	500 000	0.01%	500 000	0.01%
H 股公众股股东	2 037 704 000	33.69%	2 037 704 000	27.53%
H 股合计	2 144 887 000	35.46%	2 144 887 000	28.98%
总股本	6 049 166 644	100%	7 400 803 875	100%

本次吸收合并交易构成重大资产重组，构成关联交易，不构成重组上市。本

次换股吸收合并前，外运发展的控股股东为中国外运，实际控制人为招商局集团，换股吸收合并实施完成后，存续公司的实际控制人未发生变更。

四、案例评论

(一) 物流资源全面整合，招商局物流帝国悄然崛起

本次交易的合并方及被合并方的实际控制人均为招商局集团，招商局集团资产业务庞大，分为地产、交通运输、金融等板块，在交通板块下有招商物流板块。

随着地产、港口、公路等业务板块相继整合并呈现协同效应，招商局集团开始进行物流板块的整合，本次重组也是招商局集团整合物流板块的重要举措之一。2015 年 12 月，经国务院批准，外运发展和中国外运的实际控制人外运长航集团以无偿划转的方式整体并入招商局集团，成为其全资子企业。根据招商局集团的战略发展要求，中国外运被确定为招商局集团下属统一物流运营平台。2017 年下半年中国外运以发行内资股的方式购买招商局集团持有的招商局物流集团有限公司(以下简称“招商物流”)100%股权，招商物流并入中国外运。

本次交易中国外运将吸收合并外运发展，进一步整合物流资源。中国外运和外运发展都是招商局集团旗下的物流上市平台，前者是我国最大的货运代理业务运营商，主要围绕海运、陆运通道经营综合物流业务；后者则专注国内航空货运代理领域。近年来，在新零售行业迅猛发展的大背景下，综合物流服务需求显著提升，物流细分子行业呈逐步融合发展态势。物流资源的深度融合将成为物流行业的发展方向。本次吸收合并后，外运发展以空运货代为核心的货运代理业务将纳入中国外运的统一体系，中国外运将实现海运、陆运、空运等物流资源全面整合，有助于提升公司综合物流服务能力，更好地满足国内日益增长的综合物流需求，增强公司核心竞争能力和行业影响力。随着重组的完成，一个由招商局集团打造的物流帝国正悄然崛起。

(二) 换股吸收合并，利于未来发展

当下物流行业的发展趋势是物流资源的深度融合，要求物流企业在提供多

元化、综合性的物流综合服务及解决方案的过程中不断扩展物流网络、不断丰富物流产品。在此趋势下,中国外运吸收合并外运发展,有助于企业做大做强。

一方面,换股吸收合并有助于解决双方未来潜在的同业竞争问题,消除关联交易。比如,新零售行业的发展就可能使外运发展与中国外运在未来产生同业竞争。新零售市场上,消费者的需求更加个性化和分散化,电商订单呈现少量多次的特点,客户的物流需求也更加定制化,因此物流行业的细分行业可能会逐步融合,中国外运与外运发展的业务可能会出现交叉而产生同业竞争的问题。

另一方面,中国外运虽然是外运发展的控股股东,但是中国外运在港股上市而外运发展在A股上市,双方的股东结构不同,股东的利益也不一致。双方都拥有独立的管理层,激励机制和利益目标存在不一致的情况,而且管理层级较多也会一定程度上降低管理效率。本次换股吸收合并将有利于解决双方治理架构和决策机制等问题,实现双方利益的最大化,也有利于存续公司未来的发展。

(三) H股回归A股市场,打造“A+H股”资本运作平台

合并方中国外运是香港联交所上市公司,本次中国外运为换股吸收合并发行的A股股票将申请在上交所上市流通,招商局集团及外运长航集团持有的中国外运原内资股也将转换为A股并申请在上交所上市流通,这意味着在合并完成后,中国外运作为存续公司将实现“A+H股”两地上市,搭建“A+H股”资本运作平台,在两个市场开展资本运作。这进一步拓宽了中国外运的融资渠道,为公司未来的业务发展和兼并收购提供了有力的资本支持,也有利于中国外运扩大品牌影响力以及提升竞争力。同时,中国外运回归A股市场也将有利于中国外运按照境内监管要求和规章制度进一步完善公司治理结构和提升公司治理水平。

五、市场表现(600270)

外运发展交易前后股价变动情况见图46。

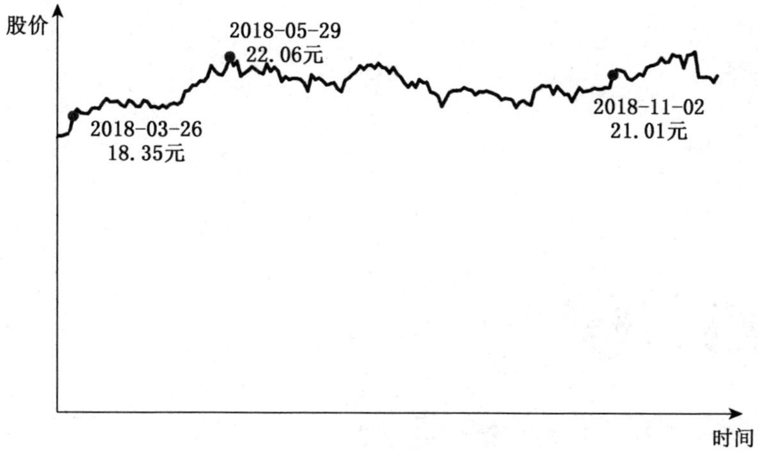

图 46　外运发展交易前后股价走势

601360

三六零(原江南嘉捷):
360 借壳回归 A 股,打响国家网络安全保卫战

一、收购相关方简介

(一) 收购方: 江南嘉捷电梯股份有限公司

江南嘉捷电梯股份有限公司(以下简称“江南嘉捷”)的前身是苏州市江南自动扶梯厂,于 1992 年 6 月 2 日经苏州市郊区计划委员会批准成立,企业性质为集体企业,注册资本 200 万元。2002 年 3 月 9 日,江南电梯厂由股份合作制企业变更为有限责任公司,同时更名为苏州江南电梯厂有限公司;2007 年 8 月 18 日,整体变更设立苏州江南嘉捷电梯股份有限公司;2009 年 6 月 12 日公司名称变更为江南嘉捷电梯股份有限公司。2011 年 12 月 23 日经中国证监会批准 IPO 后正式上市。首次公开发行完成后,金志峰持股 20.21%,为江南嘉捷第一大股东;金祖铭持股 8.61%,为江南嘉捷第二大股东。

江南嘉捷成立以来,专注于电梯、自动扶梯、自动人行道等产品的研发、生产和销售及相关产品的安装、改造和维修。由于不同建筑物及客户对电梯的装饰、规格、安装方式、性能指标往往要求不同,而电梯产品中定制产品又占有相当大的比重,因此,江南嘉捷逐步形成了“以销定产”的经营模式。近几年来,在产能

过剩背景下，国内制造业不得不实施经济转型；同时，电梯行业的发展受经济增长持续放缓、房地产市场的下滑、投资及出口乏力的影响；另外，行业原材料价格波动、人工成本和融资成本上涨等因素，使得江南嘉捷除了面对激烈市场竞争、业务下滑的挑战外，还不得不面临利润空间被压缩的困境，使其2017年业绩持续下滑。

(二) 收购标的：三六零科技股份有限公司

三六零科技股份有限公司(以下简称“三六零”)的前身是Qihoo 360 Technology Co. Ltd(以下简称“Qihoo 360”)境外上市后设立的公司——天津奇思科技有限公司(以下简称“天津奇思”)。天津奇思设立后，经过相关业务及资产的重组，承继了原Qihoo 360的主要业务及资产。具体的历史沿革是：2011年9月，天津奇思系由Qihoo 360的全资子公司Qiji International Development Limited(以下简称“奇霁国际”)出资设立，设立时注册资本为2 000万美元。2016年7月，Qihoo 360完成境外退市，同时奇霁国际将天津奇思股权全部转让给天津奇信通达科技有限公司(以下简称“奇信通达”)，天津奇思变更为内资公司，注册资本变更为12 633.4万元。2017年2月，天津奇思与奇信通达吸收合并，注册资本变更为5 617.662 8万元；2017年3月，合并后的公司整体变更为股份有限公司，并更名为“三六零科技股份有限公司”。在本次收购前，三六零的直接控股股东是天津奇信志成科技有限公司(以下简称“奇信志成”)，实际控制人为周鸿祎。

三六零主要从事互联网安全技术的研发、互联网安全产品的设计、研发、推广，以及基于互联网安全产品的互联网广告及服务、互联网增值服务、智能硬件业务等商业化服务业务。自设立以来，三六零提供永久免费的产品，并因此获得大量用户资源，通过互联网广告和互联网增值服务等业务获取收入。2016年三六零共获得408次来自微软、苹果、谷歌、VMWare、Adobe的致谢，已超过谷歌在全球漏洞举报数量中排名第一。此外，360安全团队多次在世界顶级漏洞攻防对抗大赛中获奖，2017年3月在Pwn2Own 2017世界黑客破解大赛上积分第一，获得“破解大师”总冠军头衔。三六零拥有技术优势、完善的运营体系优势、用户规模优势、品牌优势，成为我国领先的互联网公司。

(三) 关联控股方：金志峰和金祖铭父子

本次交易前，金志峰和金祖铭为江南嘉捷的控股股东及实际控制人，为江南嘉捷的关联方。金祖铭和金志峰系父子关系，为一致行动人，分别持有江南嘉捷8.82%和20.75%的股份。本次交易前，交易对方三六零股东与收购方江南嘉捷不存在关联关系。本次交易完成后，三六零股东将成为江南嘉捷的股东，其中，奇信志成将成为江南嘉捷控股股东，周鸿祎将成为实际控制人。

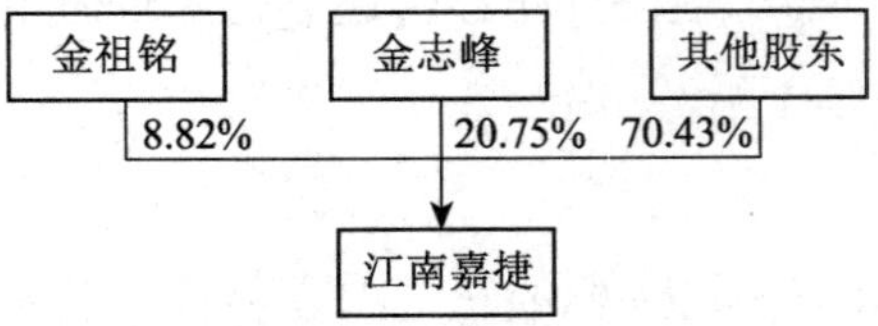

图 47　重组前江南嘉捷的股权结构

本次交易前江南嘉捷的股权结构如图 47 所示。

二、收购事件一览

- 2017 年 6 月 13 日，江南嘉捷因筹划重大事项开始停牌。
- 2017 年 11 月 2 日，江南嘉捷第四届董事会第十一次会议审议通过本次重大资产重组草案相关议案，并同意与交易对方签署相关协议。
- 2017 年 11 月 3 日，江南嘉捷披露重大资产重组草案暨公司股票暂不复牌的公告。
- 2017 年 11 月 7 日，江南嘉捷发布复牌提示性公告，股票于当日开市起复牌。
- 2017 年 11 月 20 日，江南嘉捷召开 2017 年第三次临时股东大会，审议通过本次重大资产重组草案相关议案，并同意奇信志成、周鸿祎和天津众信免于以要约方式增持江南嘉捷股份。
- 2018 年 1 月 3 日，江南嘉捷第四届董事会第十二次会议审议通过《关于公司与三六零科技股份有限公司全体股东签署〈重大资产置换及发行股份购买资产协议之补充协议〉及〈业绩承诺及补偿协议之补充协议〉的议案》。
- 2018 年 1 月 30 日，中国证监会核准江南嘉捷本次重大资产出售、置换及发行股份购买资产事宜。
- 2018 年 2 月 28 日，本次交易江南嘉捷购买的三六零 100%股份已经完成相应的工商变更登记。

三、收购方案

本次交易构成重大资产重组、重组上市，同时本次重大资产出售的交易对象金志峰和金祖铭是江南嘉捷的控股股东及实际控制人，因此本次交易也构成关联交易。本次重大资产重组交易主要由两部分构成：一是重大资产出售；二是重大资产置换及发行股份购买资产。

（一）重大资产出售

江南嘉捷将截至 2017 年 3 月 31 日拥有的除全资子公司嘉捷机电 100%股权之外的全部资产、负债、业务、人员、合同、资质及其他一切权利与义务划转至嘉捷机电。在划转重组的基础上，江南嘉捷分别将嘉捷机电 90.29%的股权以现金方式转让给金志峰、金祖铭或其指定的第三方；将嘉捷机电 9.71%股权与三六零全体股东拥有的三六零 100%股权的等值部分进行置换，三六零全体股东再将嘉捷机电 9.71%股权转让给金志峰、金祖铭或其指定的第三方。本次标的资产的评估基准日是 2017 年 3 月 31 日，评估最终选取资产基础法估值作为评估结果，净资产价值为 142 884.67 万元，评估值为 187 179.75 万元，增值率为 31%。根据《重大资产出售协议》，经各方协商确认，出售的资产作价 187 179.75 万元，其中同意江南嘉捷向金志峰、金祖铭转让嘉捷机电 90.29%股权的交易价格为 169 000 万元，向三六零全体股东转让嘉捷机电 9.71%股权的交易价格为 18 179.75 万元。

（二）重大资产置换及发行股份购买资产

江南嘉捷将嘉捷机电 9.71%股权转让给三六零全体股东，与其拥有的三六零 100%股权的等值部分进行置换。本次置入资产的评估基准日是 2017 年 3 月 31 日，采用收益法评估结果作为三六零股东全部权益的评估价值，归属于母公司所有者权益账面价值 1 331 991.30 万元，评估价值 5 041 642.33 万元，增值率为 278.50%。经交易各方协商一致，本次交易中拟出售资产 9.71%股权的最终价格为 18 179.75 万元，拟置入资产最终价格为 5 041 642.33 万元，通过重大资产置换与拟置入资产的价款等值部分抵消后，拟置入资产剩余差额部分为 5 023 462.58万元，由江南嘉捷以发行股份的方式自三六零全体股东处购买。

本次交易所涉及的发行股份情况包括向奇信志成、周鸿祎、天津欣新盛股权投资合伙企业(有限合伙)(以下简称“天津欣新盛”)、天津众信股权投资合伙企业(有限合伙)(以下简称“天津众信”)、北京红杉懿远股权投资中心(有限合伙)(以下简称“红杉懿远”)、天津信心奇缘股权投资合伙企业(有限合伙)(以下简称“信心奇缘”)、齐向东、浙江海宁国安睿威投资合伙企业(有限合伙)(以下简称“海宁国安”)、天津聚信股权投资合伙企业(有限合伙)(以下简称“天津聚信”)、深圳市平安置业投资有限公司(以下简称“平安置业”)、天津天信股权投资合伙企业(有限合伙)(以下简称“天津天信”)、南京瑞联一号投资中心(有限合伙)(以下简称“瑞联一号”)、金砖丝路(银川)股权投资合伙企业(有限合伙)(以下简称“金砖丝路(银川)”)、汇臻资本管理(深圳)合伙企业(有限合伙)(以下简称“汇臻资本”)、宁波博睿维森股权投资合伙企业(有限合伙)(以下简称“博睿维森”)、深圳华晟领优股权投资合伙企业(有限合伙)(以下简称“华晟领优”)、阳光人寿保险股份有限公司(以下简称“阳光人寿”)、北京融嘉汇能投资管理中心(有限合伙)(以下简称“融嘉汇能”)、烟台民和昊虎投资中心(有限合伙)(以下简称“民和昊虎”)、瑞金市华融瑞泽一号投资中心(有限合伙)(以下简称“华融瑞泽”)、苏州太平国发通融贰号投资企业(有限合伙)(以下简称“苏州太平”)、上海绿廩创舸投资合伙企业(有限合伙)(以下简称“绿廩创舸”)、上海赛领博达科电投资管理中心(有限合伙)(以下简称“上海赛领”)、芒果文创(上海)股权投资基金合伙企业(有限合伙)(以下简称“芒果文创”)、珠江人寿保险股份有限公司(以下简称“珠江人寿”)、横店集团控股有限公司(以下简称“横店集团”)、杭州以盈投资管理合伙企业(有限合伙)(以下简称“杭州以盈”)、宁波建虎启融股权投资合伙企业(有限合伙)(以下简称“建虎启融”)、招商财富资产管理有限公司(以下简称“招商财富”)、宁波执一奇元股权投资中心(有限合伙)(以下简称“执一奇元”)、金砖丝路(深圳)股权投资合伙企业(有限合伙)(以下简称“金砖丝路(深圳)”)、宁波挚信一期股权投资合伙企业(有限合伙)(以下简称“宁波挚信”)、上海永挣投资管理有限公司(以下简称“上海永挣”)、锐普文华(天津)投资中心(有限合伙)(以下简称“锐普文华”)、苏州工业园区元禾重元并购股权投资基金合伙企业(有限合伙)(以下简称“元禾重元”)、北京凯金阿尔法资产管理中心(有限合伙)(以下简称“凯金阿尔法”)、中金佳立(天津)投资中心(有限合伙)(以下简称“中金佳立”)、朗泰传富投资(深圳)合伙企业(有限合伙)(以下简称“朗泰传富”)、金华市普华百川股权投资合伙企业(有限合伙)(以下简称“普华百川”)、嘉兴英飞投资中心(有限合伙)(以下简称“嘉兴英飞”)、嘉兴云启网加创业投资合伙企业(有限合伙)(以下简称“云启网加”)、千采壹号(象山)股权投资合伙企业(有限合伙)(以下简称“千采壹号”)共42名交易对方发行股份购买三六零100%股权与江南嘉捷全部资产及负债置换后的差额部分。

本次发行股份购买资产定价基准日为江南嘉捷第四届董事会第十一次会议决议公告日,本次发行股份购买资产的发股价格为7.89元/股,不低于定价基准日前20个交易日股票均价的90%。拟置入资产剩余差额部分为5 023 462.58万元。按照发行价格7.89元/股计算,本次向奇信志成等42名交易对方非公开发行股份数量合计为6 366 872 724股,具体情况如表36所示。

表36 江南嘉捷向交易对方支付的现金与发行股份数量情况

序号	交易对方	出资比例	交易价格(万元)	股份支付(万元)	股份支付(股)
1	奇信志成	51.78%	2 601 131.14	2 601 131.14	3 296 744 163
2	周鸿祎	12.90%	647 991.17	647 991.17	821 281 583
3	天津欣新盛	4.36%	218 795.57	218 795.57	277 307 438
4	天津众信	3%	150 602.84	150 602.84	190 878 127
5	红杉懿远	2.92%	146 593.04	146 593.04	185 795 997
6	信心奇缘	2.27%	114 125.83	114 125.83	144 646 170
7	齐向东	1.90%	95 632.42	95 632.42	121 207 120
8	海宁国安	1.74%	87 518.21	87 518.21	110 922 953
9	天津聚信	1.66%	83 561.43	83 561.43	105 908 028
10	平安置业	1.39%	70 014.62	70 014.62	88 738 428
11	天津天信	1.35%	67 966.75	67 966.75	86 142 906
12	瑞联一号	1.09%	54 698.94	54 698.94	69 326 916
13	金砖丝路(银川)	1.09%	54 698.94	54 698.94	69 326 916
14	汇臻资本	0.87%	43 759.15	43 759.15	55 461 532
15	博睿维森	0.87%	43 759.15	43 759.15	55 461 532
16	华晟领优	0.78%	39 383.16	39 383.16	49 915 288
17	阳光人寿	0.74%	37 195.26	37 195.26	47 142 280

（续表）

序号	交易对方	出资比例	交易价格(万元)	股份支付(万元)	股份支付(股)
18	融嘉汇能	0.65%	32 819.36	32 819.36	41 596 148
19	民和昊虎	0.57%	28 443.46	28 443.46	36 050 019
20	华融瑞泽	0.57%	28 443.46	8 443.46	36 050 019
21	苏州太平	0.44%	21 879.58	21 879.58	27 730 767
22	绿赓创舸	0.44%	21 879.58	21 879.58	27 730 767
23	上海赛领	0.44%	21 879.58	21 879.58	27 730 767
24	芒果文创	0.44%	21 879.58	21 879.58	27 730 767
25	珠江人寿	0.44%	21 879.58	21 879.58	27 730 767
26	横店集团	0.44%	21 879.58	21 879.58	27 730 767
27	杭州以盈	0.44%	21 879.58	21 879.58	27 730 767
28	建虎启融	0.44%	21 879.58	21 879.58	27 730 767
29	招商财富	0.44%	21 879.58	21 879.58	27 730 767
30	执一奇元	0.44%	21 879.58	21 879.58	27 730 767
31	金砖丝路(深圳)	0.44%	21 879.58	21 879.58	27 730 767
32	宁波挚信	0.39%	19 691.58	19 691.58	24 957 644
33	上海永挣	0.35%	17 503.68	17 503.68	22 184 635
34	锐普文华	0.22%	10 939.79	10 939.79	13 865 383
35	元禾重元	0.22%	10 939.79	10 939.79	13 865 383
36	凯金阿尔法	0.22%	10 939.79	10 939.79	13 865 383
37	中金佳立	0.22%	10 939.79	10 939.79	13 865 383
38	朗泰传富	0.22%	10 939.79	10 939.79	13 865 383
39	普华百川	0.22%	10 939.79	10 939.79	13 865 383
40	嘉兴英飞	0.20%	9 845.79	9 845.79	12 478 822
41	云启网加	0.20%	9 845.79	9 845.79	12 478 822
42	千采壹号	0.13%	6 563.89	6 563.89	8 319 251
合计		100%	5 023 462.58	5 023 462.58	6 366 872 724

交易完成前后江南嘉捷股权结构变化如表37所示。

表 37　交易完成前后江南嘉捷股权结构变化情况

序号	股东名称	本次交易前		本次发行	本次交易后	
		持股数量(股)	持股比例	股份数量(股)	持股数量(股)	持股比例
1	金志峰	82 410 872	20.75%	—	82 410 872	1.22%
2	金祖铭	35 032 800	8.82%	—	35 032 800	0.52%
3	江南嘉捷其他股东	279 738 771	70.43%	—	279 738 771	4.14%
4	奇信志成	—	—	3 296 744 163	3 296 744 163	48.74%
5	周鸿祎	—	—	821 281 583	821 281 583	12.14%
6	天津欣新盛	—	—	277 307 438	277 307 438	4.10%
7	天津众信	—	—	190 878 127	190 878 127	2.82%
8	红杉懿远	—	—	185 795 997	185 795 997	2.75%
9	信心奇缘	—	—	144 646 170	144 646 170	2.14%
10	齐向东	—	—	121 207 120	121 207 120	1.79%
11	海宁国安	—	—	110 922 953	110 922 953	1.64%
12	天津聚信	—	—	105 908 028	105 908 028	1.57%
13	平安置业	—	—	88 738 428	88 738 428	1.31%
14	天津天信	—	—	86 142 906	86 142 906	1.27%
15	瑞联一号	—	—	69 326 916	69 326 916	1.02%
16	金砖丝路(银川)	—	—	69 326 916	69 326 916	1.02%
17	汇臻资本	—	—	55 461 532	55 461 532	0.82%
18	博睿维森	—	—	55 461 532	55 461 532	0.82%
19	华晟领优	—	—	49 915 288	49 915 288	0.74%
20	阳光人寿	—	—	47 142 280	47 142 280	0.70%
21	融嘉汇能	—	—	41 596 148	41 596 148	0.61%
22	民和昊虎	—	—	36 050 019	36 050 019	0.53%
23	华融瑞泽	—	—	36 050 019	36 050 019	0.53%
24	苏州太平	—	—	27 730 767	27 730 767	0.41%
25	绿廪创舸	—	—	27 730 767	27 730 767	0.41%
26	上海赛领	—	—	27 730 767	27 730 767	0.41%

（续表）

序号	股东名称	本次交易前		本次发行	本次交易后	
		持股数量（股）	持股比例	股份数量（股）	持股数量（股）	持股比例
27	芒果文创	—	—	27 730 767	27 730 767	0.41%
28	珠江人寿	—	—	27 730 767	27 730 767	0.41%
29	横店集团	—	—	27 730 767	27 730 767	0.41%
30	杭州以盈	—	—	27 730 767	27 730 767	0.41%
31	建虎启融	—	—	27 730 767	27 730 767	0.41%
32	招商财富	—	—	27 730 767	27 730 767	0.41%
33	执一奇元	—	—	27 730 767	27 730 767	0.41%
34	金砖丝路（深圳）	—	—	27 730 767	27 730 767	0.41%
35	宁波挚信	—	—	24 957 644	24 957 644	0.37%
36	上海永挣	—	—	22 184 635	22 184 635	0.33%
37	锐普文华	—	—	13 865 383	13 865 383	0.20%
38	元禾重元	—	—	13 865 383	13 865 383	0.20%
39	凯金阿尔法	—	—	13 865 383	13 865 383	0.20%
40	中金佳立	—	—	13 865 383	13 865 383	0.20%
41	朗泰传富	—	—	13 865 383	13 865 383	0.20%
42	普华百川	—	—	13 865 383	13 865 383	0.20%
43	嘉兴英飞	—	—	12 478 822	12 478 822	0.18%
44	云启网加	—	—	12 478 822	12 478 822	0.18%
45	千采壹号	—	—	8 319 251	8 319 251	0.12%
合计		397 182 443	100%	6 366 872 724	6 764 055 167	100%

自2018年2月28日起，“江南嘉捷电梯股份有限公司”变更为“三六零安全科技股份有限公司”；证券代码由“601313”申请变更为“601360”；证券简称由“江南嘉捷”变更为“三六零”。天津奇信志成科技有限公司为第一大股东（48.74%），实际控制人为周鸿祎，直接控股12.14%，间接控股23.41%。

四、案例评论

（一）Qihoo 360 挥手告别美股，为国家网络安全保驾护航

Qihoo 360 于 2015 年 6 月 17 日启动退市，宣布告别美股。经过一系列复杂的 VIE 架构拆除和三六零借壳前的重组工作顺利完成，2018 年 2 月 28 日，三六零在上交所敲响上市的钟声，这也就意味着三六零重组一事尘埃落定，正式回归 A 股。作为中国最大、全球前三的网络安全公司，三六零旗下的多款软件，皆是“国民”安全产品，其中，360PC 安全产品（360 安全卫士、360 杀毒等）的市场占有率高达 94.77%，平均月活跃用户数为 5.09 亿；360 移动安全产品的活跃用户渗透率达 66.7%，累计活跃用户达到 11.61 亿。国际领先的安全技术团队，数千件原创技术和核心技术的专利是三六零的安全产品获得数亿用户信赖的根本保障。多年深耕互联网安全，奠定了三六零的网络安全产业龙头地位。

然而随着智能手机的普遍化，互联网从“PC 时代”逐渐过渡到“PC + 移动时代”，信息网络从 PC 到手机再到智能硬件的不断延展，万物互联的当下，有可能产生的安全问题牵一发而动全身。网络安全已经上升到国家战略层面，“没有网络安全，就没有国家安全”已成国人共识。作为网络安全行业的领军企业，三六零回归国内上市后，拟以 100%的内资身份，参与我国网络安全建设，带动相关领域技术体系自主可控，为本土企业发挥资本市场功能、践行网络强国战略树立典范，带动网络安全产业链共同应对日益复杂多变的网络安全形势，为国民网络安全及国家安全提供更强劲的安全保障。

（二）三六零借壳上市，没有输家的资本游戏

2017 年 11 月 7 日，重组方案尘埃落定，江南嘉捷公告复牌，直到 2017 年 11 月 30 日连续 18 次涨停，股价从 9.67 元/股，疯涨到 48.9 元/股，江南嘉捷市值扩大 5 倍。江南嘉捷原自然人股东金祖铭和金志峰父子不仅以 18.7 亿元的超低价格回购了江南嘉捷原市值 30 多亿元的核心业务与资产，且两人仍持有江南嘉捷（后更名为三六零）1.22%和 0.52%的股份，尽管持股比例被大幅稀释，但所拥有的股票价值远超过原江南嘉捷的总市值。精打细算的父子兵做了一笔只赚不亏的买卖。

Qihoo 360 美股退市私有化价格为 77 美元/ADS（51.33 美元/股），发行股

份总数181 899 503股，对应市值约为933 750.7821万美元(按6.71汇率折算为人民币6 265 467.748万元)。2018年2月28日，江南嘉捷更名为三六零，市值达到38 501 002.01万元，是Qihoo 360退市时市值的6倍。市值暴涨，皆大欢喜，参与私有化的机构投资者都实现了数倍的投资收益，协助三六零私有化上市成功的保荐机构们也赚取了不菲的佣金。

三六零原股东以7.89元/股的价格得到江南嘉捷的股权，而重组完成之后三六零股票价格最高达到63.24元/股。三六零创始人周鸿祎以直接和间接方式总计持有三六零23.41%的股份，其个人财富更是因此超过1 000亿元人民币，而在借壳上市前，周鸿祎的身价仅在200亿元左右。短短几个月，身价暴涨5倍。

(三) 利润承诺是难是易，三六零利润增长是否可期

在江南嘉捷与三六零原股东签订的《业绩承诺及补偿协议》中约定，三六零在2017年度、2018年度、2019年度和2020年度预测实现的合并报表范围扣除非经常性损益后归属于母公司所有者的净利润分别不低于220 000万元、290 000万元、380 000万元、415 000万元。根据三六零所公布的2018年度三季报，所实现的扣除非经常性损益后归属于母公司股东的净利润为236 425.80万元，与290 000万元的目标似乎还有不远的距离。

三六零的收入主要是广告和游戏，从2014年到2017年，公司的游戏收入分别为29.46亿元、26.58亿元、26.13亿元、16.92亿元，4年内连续下滑，复合增长率为-16.88%。由于移动互联网掀起的浪潮，手游市场大规模增长，网页游戏市场正在萎缩，三六零的游戏业务遭遇滑铁卢。2017年，三六零的广告收入为91.14亿元，同比增长53.89%，同时，广告业务的毛利率同比上涨了2.15%。对比国内一线互联网公司，百度的网络广告收入(剔除爱奇艺广告收入部分)增长速度不及10%，腾讯广告收入同比增长49%。这不禁引人深思，在三六零用户流量没有显著增加的时候，广告收入何来动力猛增。

从2014年到2017年，三六零的研发投入分别为28.82亿元、31.85亿元、22.72亿元、24.17亿元，占同期营业收入的比例分别为36.84%、34.04%、22.94%、19.75%，研发投入比重连年下降。研发投入下降，研发人员待遇降低，吸引人才的能力下降，公司的研发优势和竞争能力似乎令人堪忧。再加上大批

资深高管离职，三六零增长后劲似乎略显不足。对赌协议上记录的承诺历历在目，三六零的利润增长是否仍值得期待呢？

五、市场表现(601360)

三六零(原江南嘉捷)交易前后股价变动情况见图 48。

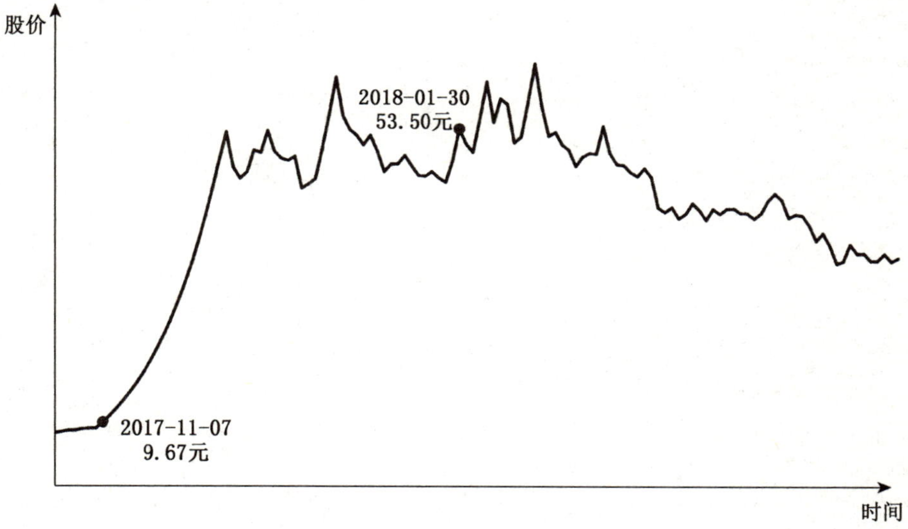

图 48　三六零(原江南嘉捷)交易前后股价走势

第六辑　跨境并购

002384

东山精密：
巧设SPV收购重大资产包，全面覆盖战略领域

一、收购相关方简介

（一）收购方：苏州东山精密制造股份有限公司

苏州东山精密制造股份有限公司(以下简称“东山精密”)成立于1980年，由苏州市东山钣金有限公司整体变更设立，并于2010年在深圳证券交易所挂牌上市。东山精密主要面向包括通信设备、新能源、精密机床制造等行业的客户提供精密钣金件、精密铸件和组配产品及技术服务。此外，东山精密通过开展“产学研一体化”校企合作模式，为企业成长注入勃勃生机，为就业及社会发展承担更多企业责任。

东山精密自公开上市后，先后主导两大重要并购交易，一是2016年收购在纳斯达克上市的柔性线路板和装配全球行业排名第五的企业美国维信(MFLEX)，二是本次收购印刷电路板企业Multek。两次重要资产重组旨在实现公司在产业战略转型的道路上寻求创新机制的目标，优化公司的主业、扩充产品线。

（二）收购标的：Multek

标的公司为FLEX下属的PCB制造业务相关主体，合称为Multek，具体包括位于珠海的五家生产主体（下述1—5）、位于毛里求斯和香港的两家贸易主体（下述6—7）、位于英属维尔京群岛和香港的四家控股主体（下述8—11）。收购标的公司股权结构如图49所示。

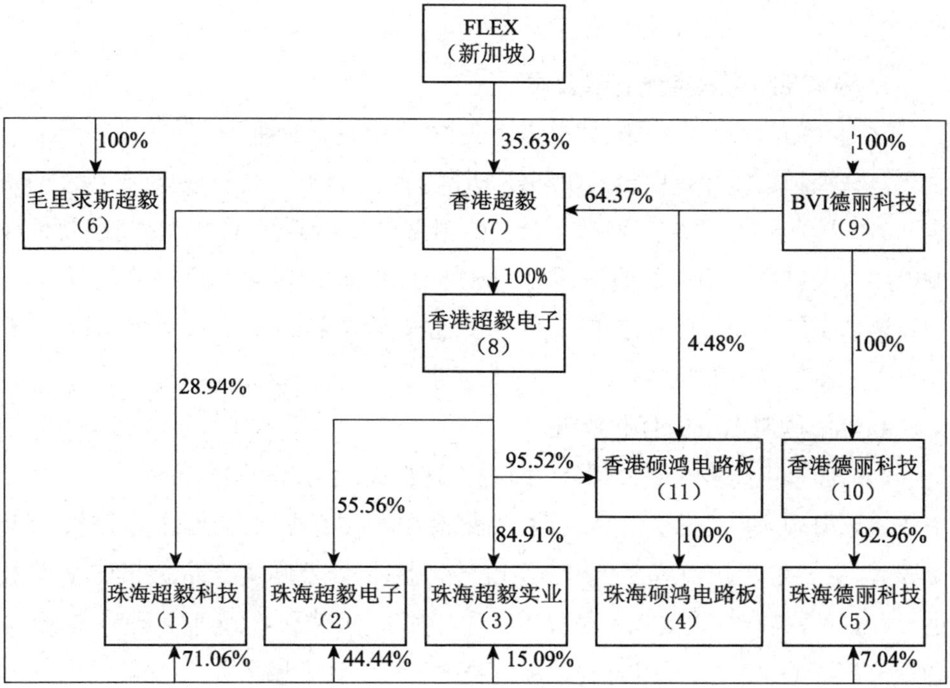

图49　收购标的股权结构图

1. 超毅科技（珠海）有限公司

超毅科技（珠海）有限公司（以下简称“珠海超毅科技”）是位于珠海的生产主体。珠海超毅科技是由台港澳和外国投资者于2005年合资成立，初始注册资本3 870万美元，主要生产和销售自产的新型仪表元器件和材料、新型电子元器件，及其同类产品的批发、零售和进出口业务，同时还涉足诸如系统应用管理和维护、软件开发、企业管理咨询、社会经济信息咨询、相关电子元器件产品的技术咨询等商业服务业。

2. 珠海斗门超毅电子有限公司

珠海斗门超毅电子有限公司(以下简称“珠海超毅电子”)是位于珠海的生产主体。珠海超毅电子是由台港澳和外国投资者于1994年合资成立,初始注册资本6 750万美元,主要生产和销售自产的新型电子元器件,及其同类产品的批发、零售和进出口业务,同样涉足诸如系统应用管理和维护、软件开发、企业管理咨询、社会经济信息咨询、相关电子元器件产品的技术咨询等商业服务业。

3. 珠海斗门超毅实业有限公司

珠海斗门超毅实业有限公司(以下简称“珠海超毅实业”)是位于珠海的生产主体。珠海超毅实业是由台港澳和外国投资者于2000年合资成立,初始注册资本9 610万美元,主要生产和销售自产的新型电子元器件,印刷电路板、挠性印刷电路板及其同类商品的装配,以及上述产品的批发、零售和进出口业务,同样涉足诸如系统应用管理和维护、软件开发、企业管理咨询、社会经济信息咨询、相关电子元器件产品的技术咨询等商业服务业。

4. 珠海硕鸿电路板有限公司

珠海硕鸿电路板有限公司(以下简称“珠海硕鸿电路板”)是位于珠海的生产主体。珠海硕鸿电路板是1992年由台港澳法人独资成立,初始注册资本1 830万美元,主要生产和销售自产的新型电子元器件,以及同类产品的批发、零售和进出口业务,同样涉足诸如系统应用管理和维护、软件开发、企业管理咨询、社会经济信息咨询、相关电子元器件产品的技术咨询等商业服务业。

5. 德丽科技(珠海)有限公司

德丽科技(珠海)有限公司(以下简称“珠海德丽科技”)是位于珠海的生产主体。珠海德丽科技是1995年由台港澳和外国投资者合资成立,初始注册资本5 680万美元,主要生产和销售自产的新型电子元器件,以及同类产品的批发、零售和进出口业务,同样涉足诸如系统应用管理和维护、软件开发、企业管理咨询、社会经济信息咨询、相关电子元器件产品的技术咨询等商业服务业。

6. Multek Technologies Limited

Multek Technologies Limited(以下简称“毛里求斯超毅”)是位于毛里求斯的贸易主体。毛里求斯超毅是1995年AUTAR Amal Arpun和LI KWONG WING Kee Chong共同成立的私人股份有限公司,随后于1996年2月Flex Ltd.

通过股权转让方式获得毛里求斯超毅100%的股权。

7. Multek Hong Kong Limited

Multek Hong Kong Limited(以下简称“香港超毅”)是位于香港的贸易主体。香港超毅起初命名为Happy Tycoon Trading Limited,是Harefield Limited和Fernside Limited于2000年共同成立的私人股份有限公司。香港超毅于2010年先后经历了公司名称变更和股权转让，Flex Ltd.也由此成为香港超毅第一大股东;随后Flex Ltd.把大部分股权转让给其全资子公司,变更了香港超毅的直接控股股东,但保留了Flex Ltd.对香港超毅的最终控制权。

8. Astron Group Limited

Astron Group Limited(以下简称“香港超毅电子”)是位于香港的控股主体。香港超毅电子是1985年成立的私人股份有限公司。先后经过数次变更,截至2018年2月,香港超毅电子的控股股东为香港超毅。

9. The Dii Group (BVI) Co. Limited

The Dii Group (BVI) Co. Limited(以下简称“BVI德丽科技”)是位于英属维尔京群岛的控股主体。BVI德丽科技是1996年成立的私人股份有限公司。截至2018年2月,BVI德丽科技的最终控制方是Flex Ltd.。

10. The Dii Group Asia Limited

The Dii Group Asia Limited(以下简称“香港德丽科技”)是位于香港的控股主体。香港德丽科技是于1995年成立的私人股份有限公司。先后经过数次变更,截至2018年2月,香港德丽科技变更为BVI德丽科技的全资子公司。

11. Vastbright PCB (Holding) Limited

Vastbright PCB (Holding) Limited(以下简称“香港硕鸿电路板”)是位于香港的控股主体。香港硕鸿电路板是1988年成立的私人股份有限公司。先后经过数次变更,截至2018年2月,香港硕鸿电路板的股东为香港超毅电子(持股95.52%)和BVI德丽科技(持股4.48%)。

(三) 香港SPV：Multek Group (Hong Kong) Limited

东山精密通过全资子公司香港东山精密联合光电有限公司(以下简称“香港东山”),在香港设立用于收购上市公司Flex Ltd.下属的PCB制造业务相关主体(合称“Multek”)交割事宜的特殊目的实体Multek Group (Hong Kong) Limited

(以下简称“香港 SPV”),注册资本不超过 100 美元。香港 SPV 为东山精密对外投资设立的境外全资子公司,为公司境外实现控股架构和推进相关资产收购及后续实际经营和融资事宜而设立。

二、收购事件一览

- 2018 年 1 月 23 日,东山精密因筹划重大事项开始停牌。
- 2018 年 1 月 23 日(美国当地时间),交易对方 FLEX 公司董事会审议通过本次交易事项。
- 2018 年 3 月 27 日,东山精密第四届董事会第二十二次会议审议通过设立香港 SPV 的相关议案及本次重大资产重组方案预案。
- 2018 年 4 月 27 日,国家市场监督管理总局反垄断局出具《不实施进一步审查决定书》(反垄断初审函〔2018〕第 1 号),决定对本次重大资产购买交易不实施进一步审查。
- 2018 年 5 月 12 日,东山精密发布重大资产重组预案(修订稿)及公司股票复牌公告,拟于下一交易日复牌。
- 2018 年 6 月 11 日,东山精密第四届董事会第二十九次会议审议通过重大资产重组草案。
- 2018 年 6 月 21 日,江苏省商务厅向东山精密颁发《企业境外投资证书》,确认本次交易符合相关法律、法规规定。
- 2018 年 6 月 27 日,江苏省发改委印发《项目备案通知书》,对本次交易予以备案。
- 2018 年 6 月 30 日,东山精密发布了 2017 年度股东大会审议公告,通过本次重大资产重组议案。
- 2018 年 7 月 26 日,本次重大资产重组交易双方实施交割。

三、收购方案

本次交易属于重大资产重组,同时,本次重组的交易对象为美国 NASDAQ 上市公司——FLEX,不构成关联交易。本次重大资产重组交易主要由两部分构成，一是通过境外子公司推进相关资产收购及后续实际经营和融资事宜；二是支付现金购买涵盖 5 家生产实体、2 家贸易实体和 4 家控股实体在内的标的资产包。

（一）东山精密子公司 MFLX 与 FLEX 签署《股份购买协议》

MFLX 成立于 1984 年，在全球 FPC 制造领域处于领先地位。2016 年 7 月，东山精密通过境外全资子公司香港东山，在美国特拉华州投资设立了一家全资子公司 Dragon Electronix Holdings Inc.（以下简称“美国控股公司”），并通过美国控股公司于美国特拉华州投资设立一家全资子公司 Dragon Electronix Merger Sub Inc.（以下简称“合并子公司”）。合并子公司与 MFLX 在交割条件全部满足后依据美国特拉华州相关法律进行公司合并。合并生效时，合并子公司并入 MFLX，以 MFLX 为合并后的存续公司，并成为东山精密的一家间接子公司，并且 MFLX 的普通股股票也自此从美国 NASDAQ 退市。东山精密通过收购 MFLX 的 100%股权，新增 FPC 产品生产能力，FPC 是 PCB 的一个类别，本次并购交易是东山精密继 2016 年合并 MFLX 以来在 PCB 领域的进一步布局。

2018 年 3 月 26 日，MFLX 代表东山精密与 FLEX 签署了《股权购买协议》。

（二）现金购买 Multek 资产包

东山精密以现金购买 Multek 资产包。《股份购买协议》约定此次并购交易的基础交易对价为 29 250 万美元。在交割时东山精密应当给 FLEX 汇入一笔金额至其银行账户，并将一笔 300 万美元托管存款的美元资金存入托管账户。如果最终成交价格高于基础交易对价，则东山精密应向 FLEX 指定账户支付差额，且双方应共同指令托管人将托管账户内的所有剩余资金汇入 FLEX 指定账户；如果最终成交价格低于基础交易对价，则进行反向操作；如果成交价格与基础交易对价额相等，则双方共同指令托管人将托管账户内的资金汇入 FLEX 指定的账户。

本次并购交易的资金来源主要包括并购贷款和其他自筹资金。截至并购交易公告披露日，本次融资方案包括融资期限为 5 年、金额为 1.755 亿美元的并购贷款和 1.17 亿美元的其他自筹资金。其中民生银行、中国银行、招商银行及其他融资机构与东山精密开展商业谈判,共同商讨本次并购融资事宜。为方便获取并购融资,抵押和质押了标的公司100%股权和主要核心资产,同时东山精密及其控股股东和实际控制人均为此次并购贷款提供连带责任担保。

四、案例评论

(一) 东山精密净利"变脸",两年猛翻16倍

东山精密早在2016年就以近40亿元的价格收购了美国的FPC公司MFLX。受益于此,东山精密2017年净利润高达5.19亿元,同比增长260%;而2015年东山精密的净利润只有0.31亿元。换言之,在过去短短两年时间,东山精密实现了净利润16.74倍的增长。这主要归功于东山精密收购美国MFLX公司以及触控行业企业牧东光电总公司,跨界到背光模组、液晶显示模组和触控模组业务。也正是因为收购MFLX,东山精密成为苹果和小米的供应商,其市值也从2012年不到30亿元增长为2017年的278亿元,其股价涨幅更是高达105.88%。

在净利一波"变脸"之后,东山精密苗头指向境外公司——Multek,更进一步地强化在FPC市场的竞争力度、巩固在FPC领域的实力。从东山精密的发展历史来看,净利的"变脸"足以体现其在转型布局新兴领域的决心和能力,但如此巨幅盈利究竟是转型成功的征兆还是东山精密炒概念的后续,仍有待市场对其进一步考证。

(二) 巧设香港SPV,迎娶"白富美"

香港SPV公司为东山精密通过全资子公司香港东山在香港设立专门用于收购Multek的特殊目的实体。通常情况下,设立SPV公司收购标的资产通常重点考虑并购融资便利性、跨境资本流动便利性、税收因素以及未来并购资本运作的需要四个方面。东山精密此次选择在香港设立SPV公司,不仅为此次并购融资提供了丰富的资金和良好的投资环境,还为并购海外Multek提供了便利的运行渠道。

东山精密通过香港SPV公司收购Multek,旨在打造行业领先地位,达到跃升为国内最大、全球前五的PCB厂商的目标。PCB业务现在正处于高速成长

期,存在供需两旺的特征。尤其是 FPC 业务进入爆发期,就需求端而言,双摄/3D Sensing 等模组的导入、LCP 天线、柔性电子等,带动单机 FPC 需求持续提升;就供给端而言,占全球一半市场的日本厂商逐步转向汽车市场,大陆台湾厂商大幅扩产承接苹果订单转移,东山盐城厂产能陆续释放、料号数持续增加,整个供给端的未来三年高成长可期。

(三) 运筹帷幄,全面布局战略领域、发挥战略协同效应

2018 年 7 月 26 日,东山精密与纳斯达克上市公司 Flex Ltd.交换了《股权购买协议》中约定的一系列交割文件,支付了股权转让款,完成了对伟创力旗下的 PCB 制造业务的战略收购。这是东山精密在 PCB 领域实现弯道超车、跻身全球第一梯队而迈出的关键性步伐,也是东山精密进一步聚焦主业、优化产业布局、走向全球化之路的标志性事件。

本次收购完成后,东山精密将形成覆盖柔性电路板、刚性电路板、刚柔结合板的全系列 PCB 产品组合,极大地丰富 PCB 产品结构,提升公司业务整体竞争力。此外,东山精密前期与 MFLEX 的整合经验可与 Multek 发挥协同效应,在产品和技术、生产和运营、市场营销和渠道管理等多方面实现优势互补。第一,东山精密与目标公司市场和渠道互补、共用客户资源实现销售协同。东山精密现有产品主要用途和下游应用领域与目标公司具有相似性,二者可以共享客户资源和销售渠道,打通全球市场。第二,东山精密与目标公司产品和技术互补。东山精密子公司 MFLX 主要从事柔性电路板(FPC)和柔性电路组件(FPCA)的设计、生产和销售;Multek 主要从事印刷电路板(PCB)的设计、生产和销售。二者合并后可丰富东山精密 PCB 产品结构、共享产品研发优势,提升 PCB 业务整体竞争力。第三,东山精密与目标公司生产运营经验互补。东山精密 2016 年合并 MFLX 促使东山精密的管理文化、管理理念、管理方式得到跨越式提升;Multek 更是 PCB 行业领军者,销售网络遍布全球,拥有丰富的生产和全球运营管理经验。二者的合并可以进一步提升东山精密的国际声誉,完善和优化现代企业管理模式。

五、市场表现(002384)

东山精密交易前后股价变动情况见图 50。

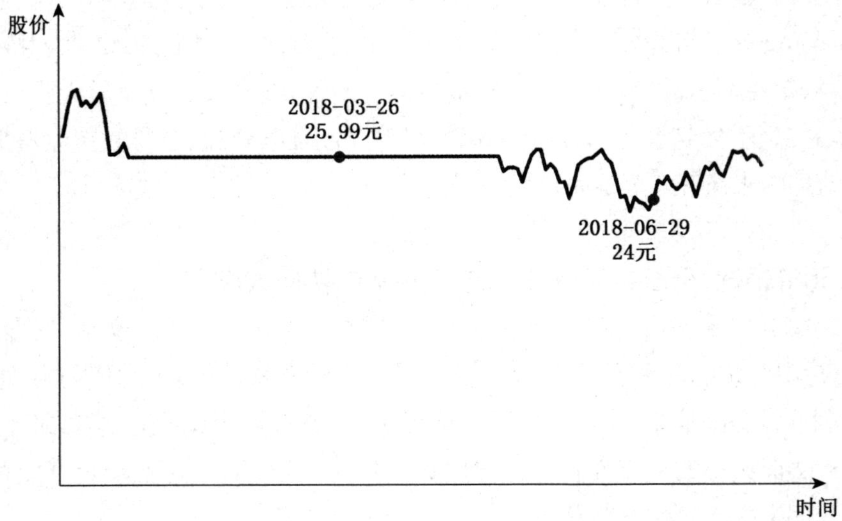

图 50　东山精密交易前后股价走势

002520

日发精机：
跨境收购新西兰航企，同心共筑“空中走廊”

一、收购相关方简介

（一）收购方：浙江日发精密机械股份有限公司

1999年3月，浙江日发纺织机械股份有限公司（以下简称“日发纺机”）和王本善共同出资设立浙江新昌日发精密机械有限公司（以下简称“新昌日发”）。2000年12月，经新昌日发股东会决议通过，新昌日发整体改制为股份有限公司，变更名称为“浙江日发数码精密机械股份有限公司”（以下简称“日发数码”）。2010年12月10日，日发数码人民币普通股股票在深圳证券交易所中小板挂牌交易。2013年3月，日发数码名称变更为“浙江日发精密机械股份有限公司”（以下简称“日发精机”）。日发精机致力于数控机床行业先进技术的应用和研发，于2014年切入航空领域。日发精机主要提供中高端数控机床产品，是国内唯一一家能够同时生产立式数控车床、卧式数控车床、立式加工中心、卧式加工中心、龙门加工中心和落地式镗铣床的企业，处于全国普及型数控机床前五强的领先地位。日发精机是国内航空主机厂少数民营加工设备供应商之一，通过对

Machining Centers Manufacturing S·P·A(以下简称“意大利 MCM 公司”)的收购成为赛峰、GE、空客、奥古斯塔韦斯特兰公司、法拉利等国际航空及民用设备巨头的供应商。自上市以来,日发精机控制权未发生过变动,控股股东为浙江日发控股集团有限公司(以下简称“日发集团”),实际控制人为吴捷先生和吴良定先生家族。

(二) 收购标的:日发捷航投资有限公司

日发捷航投资有限公司(以下简称“捷航投资”)成立于 2016 年 8 月,由日发集团以货币认缴出资 5 000 万元设立。2017 年 8 月,捷航投资注册资本从 5 000 万元变更为 150 000 万元。2017 年 12 月,经股东会决议通过,日发集团将捷航投资 18.80%股权转让给杭州锦琦投资合伙企业(有限合伙)(以下称“杭州锦琦”),将捷航投资 4.70%股权转让给杭州锦磐投资合伙企业(有限合伙)(以下称“杭州锦磐”)。捷航投资主要资产为通过 Rifa Jair Company Limited(以下简称“Rifa Jair”)间接持有的 Airwork Holdings Limited(以下简称“Airwork”)100%股权,最近三年内无实际经营业务。Airwork 是一家创始于 1936 年,并于 2013 年 12 月至 2017 年 12 月期间在新西兰证券交易所上市交易,主要从事直升机 MRO 业务和直升机、货机租赁及运营业务的新西兰老牌航空服务企业。经过八十余年的经营发展,Airwork 在直升机和货机运营领域积累了丰厚的行业资源和管理经验,并在技术水平、服务意识、行业信誉等方面具备突出的核心竞争力。随着机队的不断扩张,Airwork 的业务已覆盖大洋洲、欧洲、亚洲和非洲等地区,并致力于将自身打造为具备国际竞争力的集航空器运营和工程维修服务能力于一体的航空服务综合供应商。

(三) 关联控股方:浙江日发控股集团有限公司、杭州锦琦投资合伙企业(有限合伙)、杭州锦磐投资合伙企业(有限合伙)

1. 浙江日发控股集团有限公司

浙江日发控股集团有限公司(以下简称“日发集团”)前身为日发纺机,于 1997 年 2 月设立,由新昌纺织器材总厂职工集体基金管理协会(后更名为“新昌纺器投资基金协会”)与以吴捷为代表的 20 名自然人共同出资成立,成立时注册资本为 8 000 万元。日发集团主要从事实业投资管理业务。吴捷先生和吴良定先生家族为日发集团的实际控制人。

2. 杭州锦琦投资合伙企业(有限合伙)

杭州锦琦投资合伙企业(有限合伙)(以下称“杭州锦琦”),于 2017 年 11 月成立,主要从事实业投资,受托资产管理、投资管理以及投资咨询等业务。杭州锦琦的执行事务合伙人为杭州金投实业有限公司(以下简称“金投实业”),基金管理人为杭州金投资产管理有限公司(以下简称“金投资产”),金投实业的控股股东为杭州金投企业集团有限公司(以下简称“金投企业”),实际控制人为杭州市人民政府。杭州锦琦除持有捷航投资股权外,无其他对外投资情况。杭州锦琦已于 2018 年 1 月 5 日完成私募投资基金备案登记,基金登记编号为 SY7446。

3. 杭州锦磐投资合伙企业(有限合伙)

杭州锦磐投资合伙企业(有限合伙)(以下称“杭州锦磐”),于 2017 年 11 月成立,主要从事投资管理及资产管理业务。杭州锦磐的执行事务合伙人为金投实业,基金管理人为金投资产,金投实业的控股股东为金投企业,实际控制人为杭州市人民政府。杭州锦磐除持有捷航投资股权外,无其他对外投资情况。杭州锦磐已于 2018 年 1 月 5 日完成私募投资基金备案登记,基金登记编号为 SCA321。

二、收购事件一览

- 2017 年 11 月 23 日,日发精机筹划收购事宜,股票于开市起首次停牌。
- 2018 年 5 月 14 日,日发精机召开第六届董事会第十八次会议,审议通过《关于〈发行股份购买资产并募集配套资金暨关联交易预案〉及其摘要的议案》等相关议案,并于次日披露;公司股票暂不复牌。
- 2018 年 5 月 23 日,本次交易已获得新西兰 OIO 核准。新西兰 OIO 出具决定通知书,通知书载明:同意日发精机收购捷航投资 100%的股权,本次收购应于该决定通知书出具之日起 12 个月内完成。
- 2018 年 6 月 9 日,日发精机发布关于《浙江日发精密机械股份有限公司发行股份购买资产并募集配套资金暨关联交易预案(修订稿)》的公告,股票拟于 2018 年 6 月 11 日开市起复牌。
- 2018 年 7 月 24 日,日发精机发布《第六届董事会第十九次会议决议》公告，审议通过收购报告书(草案)。

● 2018 年 8 月 8 日，日发精机 2018 年度第二次临时股东大会审议通过本次重组相关议案。

● 2018 年 11 月 29 日，日发精机发布公告，发行股份购买资产并募集配套资金事项获得中国证监会核准批文。

三、收购方案

根据日发精机与日发集团、杭州锦琦及杭州锦磐签署的《发行股份购买资产协议》，日发精机拟通过发行股份的方式购买其分别持有的捷航投资 76.50%、18.80%以及 4.70%的股权。本次交易完成后，日发精机将通过捷航投资间接持有 Airwork 100%股权。

(一) 发行股份购买资产

日发精机拟通过向特定对象非公开发行 A 股股票的方式，购买日发集团、杭州锦琦以及杭州锦磐合计持有的捷航投资 100%股权。捷航投资的主要资产为其间接持有的 Airwork 100%股权。经交易各方友好协商，交易价格确定为 125 000 万元。本次发行股份购买资产的发行价格相应调整为 8.75 元/股，股份发行数量为 202 265 370 股。新增股票上市时间为 2019 年 1 月 30 日。

(二) 募集配套资金

本次交易拟以询价方式向不超过 10 名符合条件的特定投资者非公开发行股份募集配套资金，用于实施大型固定翼飞机采购及升级项目、直升机采购及升级项目，并支付本次交易中介机构费用。本次募集配套资金总额不超过 100 000 万元，不超过本次交易中以发行股份方式购买标的资产的交易价格的 100%。同时，本次募集配套资金发行股数总额不超过日发精机本次交易前总股本的 20%，即 110 817 793 股(含 110 817 793 股)。本次交易完成前后日发精机的股权结构变化如表 38 所示。

表 38　交易完成前后日发精机股权结构变化情况

股东名称	本次交易前		本次发行股数(万股)	本次交易后	
	股数(万股)	持股比例		股数(万股)	持股比例
日发集团	248 094 929	44.78%	154 733 009	402 827 938	53.26%
吴捷	43 740 000	7.89%	—	43 740 000	5.78%
五都投资有限公司	8 593 998	1.55%	—	8 593 998	1.14%
杭州锦琦	—	—	38 025 889	38 025 889	5.03%
杭州锦磐	—	—	9 506 472	9 506 472	1.26%
其他股东	253 660 042	45.78%	—	253 660 042	33.54%
合计	554 088 969	100%	202 265 370	756 354 339	100%

本次交易构成关联交易,构成重大资产重组,不构成重组上市。本次交易前,日发精机控股股东日发集团持有捷航投资 76.50%股权,捷航投资间接持有 Airwork 100%股权。日发精机控制权未发生变更,吴捷先生和吴良定先生家族仍为其实际控制人。

四、案例评论

(一) 跨境关联并购使通航的全球化基因片段快速连接

航空业所承载的客流、物流、资金流、信息流自带天然的全球化基因属性。随着中国步入航空行业发展的高速增长期和"一带一路"沿线市场的迅速扩张期,航空产业国际化向纵深发展将迎来巨大的战略机遇。

为做好产业布局和扩张,日发精机时刻关注航空制造产业及其配套服务产业的发展,积极找寻更多的海外业务机会,积极部署航空业务板块的全球化战略。2014 年,日发精机成功控股世界顶尖的高端数控机床厂商意大利 MCM 公司,打通国际产能合作的通路,充分利用意大利 MCM 公司在相关领域积累的经验与客户资源,实现公司在高端航空设备研发制造环节的海外布局,也为之后的并购提供了熟练的经验。与意大利 MCM 公司的合作,成为日发精机主要的业务收入和利润增长点,2017 年度,日发精机的航空业务板块占年度营业收入的 35.76%,比 2016 年度增长 26.19%,海外业务收入占比达 56.58%。数据显示日发精机的海外航空业务规模占比加重,验证了部署的成效。从与意大利 MCM 公司合作的指导意义上来看,日发精机不断加快公司在布局未来纵深化服务产业战略中的步伐，公司的全球化战略蓝图也已跃然纸上。

为进一步打开海外市场，日发精机拟通过收购捷航投资间接控股 Airwork，以提升公司航空业务的附加值。Airwork 是新西兰最大的通用航空服务供应商，业务范围覆盖新西兰、澳大利亚、东南亚、欧洲及南美洲等市场。此次对 Airwork 业务整合的跨境并购，使日发精机在自带国际化基因的通航业务上加快全球着陆的布局，促使全球航空产品制造及服务业务模块和市场快速连接，推动航空业务从研发制造环节向高端服务环节拓展；同时以澳新市场为据点，持续提升在中国、东南亚、非洲和拉美等新兴市场的业界声誉和行业影响力，进一步拓展和完善全球的航空业务版图。

（二）产业政策的背书，完成微笑价值链两端的产业布局

国家和地方政府产业政策的大力支持使得日发精机产业链大幅延伸。随着我国低空空域管理的不断规范、通航规模的初步建立以及法律法规与管理体系的逐步完善，通用航空产业的潜在市场正逐步转化为现实市场，我国通用航空产业体量显著增加。特别是 2017 年 2 月 17 日，中国民航局正式发布的《通用航空“十三五”发展规划》，为我国通用航空产业链条各个环节带来强劲的推动力，市场前景巨大。此外，通航领域相关政策的放宽促进了通航维修业的迅速发展，产业的发展将会使通航企业的维修业务向较大型维修单位集中。只是目前国内通航维修产业存在专业人才稀缺、维修规章制度不全、民航法规缺乏等问题。这些问题的产生一方面为产业深入发展提供了机遇和挑战，另一方面也为未来产业集中提供了可能。行业的领头羊需要具有规模、制造和服务齐头并进、产业及时转型和整合能力全面发展等特征的公司来担任，这就为日发精机战略的走向提供了方向和目标。

航空产业完美契合科技工业中的产业价值链微笑曲线，其中航空器、航空设备的研发创新环节和运营、租赁、维修等高端服务环节分别处于航空产业链的上、下游，占据着产业价值链最重要的两端，并具有配套产业丰富、辐射面广等特点。本次交易前，日发精机已通过收购意大利 MCM 公司和 Golgar，成功涉足航空机械制造、航空零部件加工业务，切入高端航空设备市场，成为空客、欧直、中航工业的重要供应商。本次交易后，通过取得 Airwork 100%股权，日发精机将整合国内外资源，基于 Airwork 成熟的航空维修技术和丰富的航空租赁及运营

经验，日发精机增加聚焦价值链两端的机会，推动自身从传统制造型企业向“航空产品及服务综合供应商”转型升级，不断提升主营业务的附加值和未来一站式服务的黏性，从研发制造环节向高端服务环节延伸，为日发精机成为中国领先的通用航空运营商和第三方直升机 MRO 服务商助力；同时在原有业务和并购业务的配合下勾勒出完美的产业微笑曲线，这也是通航产业发展的重要里程碑。

（三）着陆新西兰航企，促成“空中丝绸之路”的完美接壤

日发精机本次交易可谓领跑“一带一路”航梦，快速渗入全球化航空业务的辐射线路。“一带一路”包括“丝绸之路经济带”和“21 世纪海上丝绸之路”。2017 年 6 月，习近平主席进一步提出“空中丝绸之路”的概念。“空中丝绸之路”的提出让“一带一路”建设覆盖的维度和深度更加立体和全面，不仅连接大陆、沟通海洋，还在天空中构架起中国与沿线国家的合作桥梁。另外，澳大利亚与新西兰作为南太平洋最重要的两个国家，在“一带一路”向南太平洋延伸的战略布局中具有重要的战略地位。

本次交易前，日发精机主要从事数控机床、航空航天设备、航空航天零部件以及相关生产系统管理软件的研发、生产与销售。而 Airwork 具有八十多年的运营历史，是大洋洲航空服务领域的龙头企业，拥有丰富的国际货运服务经验，在澳大利亚及新西兰均具备一定的行业地位和竞争优势。随着政府的扶持力度不断加大，国内通航及航空物流等产业将迎来巨大的机遇，直升机 MRO、直升机租赁运营以及货机租赁运营等业务领域的市场活力信号也不断释放。在通航行业加快发展的背景下，与 Airwork 航空战略资源层面的多维度和深层次合作协同和共享机制下，日发精机逐步确立“航空产品及服务综合供应商”的地位，产品及服务业务结构将更加多元化，实现高端航空制造及高端航空服务的深度发展。同时，日发精机将充分利用 Airwork 丰富的行业资源和龙头地位，积极投身于中国—东南亚、中国—大洋洲等海上物流航线的建设，并以此为契机深入参与到中国与沿线国家多维空中走廊的构建中，为我国打造安全高效的“一带一路”陆海空通道网络做出贡献。本次重组将进一步增进我国与东南亚、澳大利亚、新西兰及周边国家的经贸往来和科技文化交流，符合我国建设“一带一路”与“空中丝绸之路”的发展战略。

(四) 此次并购的意义

1. 优势互补和协同,提高业务核心竞争力

日发精机及日发集团在国内航空领域有着丰富的资源和经验;而 Airwork 在新西兰和澳大利亚在直升机和货机运营领域恰恰也积累了丰厚的行业资源和管理经验,并在技术水平、服务意识、行业信誉等方面拥有突出的核心竞争力。本次交易日发精机保持自身业务的发展,与 Airwork 又有着完美的优势互补和良好的协同效应。

第一,在资源差异化方面。目前 Airwork 拥有全球主要通航飞机和发动机厂商的 MRO 资质认证,包括霍尼威尔服务中心资格认证和发动机测试房认证、欧直服务中心认证、欧洲通航安全机构维修认证等。日发精机利用 Airwork 在航空服务领域的丰富牌照,从维修、租赁和运营领域切入海外高端航空服务市场,迅速完成日发精机航空的制造和服务业务向国际化的纵向和深度进行布局。

第二,在供应和销售渠道方面。日发精机的客户与 Airwork 的供应商有着很高的重合度,将充分发挥供应和销售的协同效应,梳理并搭建客户和供应商信息的共享平台,建立客户供应商的内部协作机制,实现海外销售渠道的拓展和升级,为经营规模的外延式扩张做准备。

第三,在研发技术方面。通过引入和嫁接 Airwork 在 MRO 业务中采用的技术标准和大数据分析系统,日发精机把商用级别的制造装配技术(如:自动钻铆系统、数字化测量系统、数字化移动系统、离线编程和仿真软件等自动化装配技术)积极转化到通用航空器维修领域,并对原有产品技术方案进行定制化从而提升在通航后服务市场的竞争力。而作为 MRO 服务运营商,Airwork 的工程维修业务亦将与日发精机领先的航空零部件加工技术实现协同,显著提升其技术实力与服务水平。

通过 Airwork 丰富的资源、供应商客户重合、技术研发上的协同,从维修、租赁和运营领域切入海外航空服务市场,在进一步实现主营业务多元化、全球化的同时,推动自身技术、产品在应用领域上的拓展,在全球布局和转型升级上可谓一举多得。

2. 注入优质资产,提高盈利能力

Airwork 是一家具有高盈利能力的老牌航空服务企业。2017 年,Airwork 业绩表现还算出色,实现营收 74 758.62 万元、净利润 8 658.04 万元。因此,在本

次交易完成后，Airwork 可以通过协同日发精机及日发集团在国内航空领域的资源，在进一步夯实其亚太市场细分领域领先地位的同时，尽快完成中国航空服务市场的布局，预计未来将具备更全面的服务产品和可持续的盈利能力；日发精机亦将以本次交易为契机，通过注入高端航空服务业优质资产，实现经营规模和盈利能力的提升。此次成功的并购，为未来业务版图的扩张和稳固奠定了基石。

五、市场表现(002520)

日发精机交易前后股价变动情况见图 51。

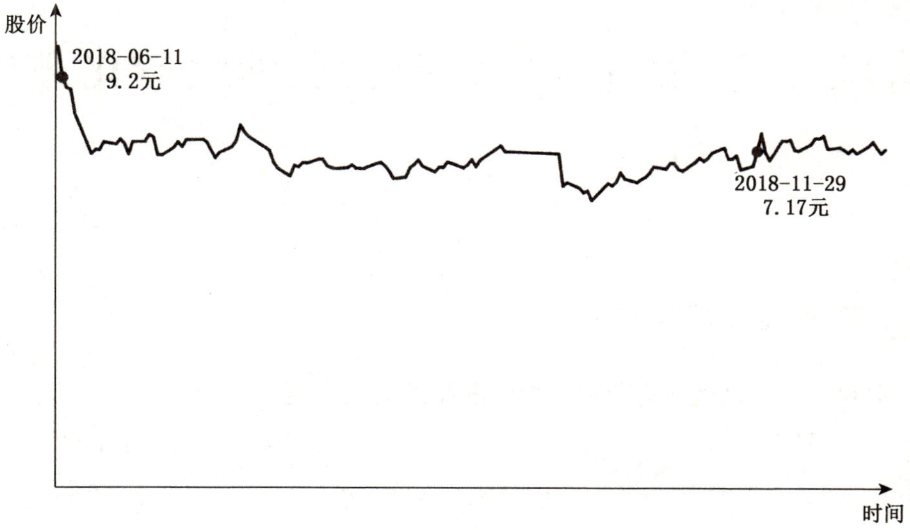

图 51　日发精机交易前后股价走势

300662

科锐国际：跨境并购，推进人力资源行业的全球化布局

一、收购相关方简介

(一) 收购方：北京科锐国际人力资源股份有限公司

北京科锐国际人力资源股份有限公司(以下简称“科锐国际”)于 2005 年 12 月 5 日在北京市朝阳区成立，当时注册资本为 18 000 万元，是由科锐国际人力资源(北京)有限公司(以下简称“科锐有限”)整体变更设立的股份有限公司。2014 年 12 月 12 日，科锐有限召开董事会会议，与会董事一致同意科锐有限变更为股份有限公司。2015 年 1 月 23 日，科锐有限在北京市工商行政管理局完成工商变更登记，整体变更设立为股份有限公司。经中国证券监督管理委员会许可，科锐国际于 2017 年 6 月 2 日首次向社会公众公开发行人民币普通股 4 500 万股，同时，在深交所挂牌上市。

科锐国际是国内领先的人力资源整体解决方案提供商，依托内部高效的人才管理系统、先进的管理办法和国际化接轨的产品，为客户提供中高端人才访寻、招聘流程外包、灵活用工及其他各类系统加服务的人力资源服务方案。科锐国际成立之初主要从事中高端人才访寻业务，积淀了较高的知名度和高忠诚度

的客户。之后,基于对客户需求的深度理解和自身突出的招聘能力,借鉴国外人力资源新的发展方向,科锐国际率先在国内推出招聘流程外包业务,不断发展和优化灵活用工业务。近一年,科锐国际在“一体两翼”的战略方针指导下,不断通过技术的手段强化 B 端和 C 端的聚合能力,充分运用公司的“才客网”、“即派”平台、“51Ruipin”平台、“薪薪乐”、“才到”、“翰林派”以及微信平台,实现平台上客户及人才的深度撮合,为客户提供人力资源咨询、人才测评、人才的培训与发展、人才的招聘、雇佣、管理的人力资源全产业链服务,为候选人整个职业生命周期提供全覆盖服务,逐渐形成科锐国际业务体系的平台加服务的商业生态圈模型。

(二) 收购标的: Investigo Limited

Investigo Limited(以下简称“Investigo”)成立于 2003 年 6 月,是一家专注于会计、金融、银行、战略、房地产、人力等领域招聘的人力资源服务企业,主要为英国、欧洲的蓝筹企业以及中小企业提供中高端人才访寻和灵活用工服务。经过多年发展,Investigo 在英国的人力资源招聘市场奠定了良好的市场声誉与行业地位,在战略咨询、金融财务等多个细分领域均位于市场前列。

二、收购事件一览

- 2018 年 3 月 6 日,科锐国际股票自当日开市起停牌,并于次日发布《关于重大资产重组停牌的公告》。
- 2018 年 4 月 20 日,本次交易获交易对方 Fulfil(2) Limited(以下简称“Fulfil(2)”)董事会审议通过。
- 2018 年 4 月 26 日,科锐国际的全资子公司香港 AP 与 Fulfil(2)及担保人签署《股份购买协议》和《股东协议》。
- 2018 年 4 月 27 日,科锐国际发布第二届董事会第五次会议决议公告,审议通过《关于〈北京科锐国际人力资源股份有限公司重大资产购买报告书(草案)〉及其摘要的议案》及其他相关议案。
- 2018 年 5 月 14 日,科锐国际收到北京市商务委员会下发的《企业境外投资证书》(境外投资证第 N1100201800210 号),同意科锐国际收购 Investigo 的

52.5%股权。

● 2018 年 5 月 17 日,科锐国际股票复牌。

● 2018 年 5 月 21 日,科锐国际收到北京市发展和改革委员会下发的《项目备案通知书》(京发改〔2018〕976 号),同意对科锐国际收购 Investigo 的 52.5%股权项目予以备案。

● 2018 年 6 月 1 日,科锐国际召开 2018 年第三次临时股东大会,审议通过《关于〈北京科锐国际人力资源股份有限公司重大资产购买报告书(草案)〉及其摘要的议案》《关于公司符合进行重大资产购买条件的议案》《关于公司重大资产购买方案的议案》等与本次重大资产重组相关的议案。

● 2018 年 6 月 20 日,科锐国际取得中国光大银行股份有限公司北京分行出具的《业务登记凭证》,科锐国际已办理"ODI 中方股东对外义务出资"的登记手续,境外主体为香港 AP,经办外汇局为国家外汇管理局北京外汇管理部。

● 2018 年 6 月 29 日,科锐国际的全资子公司香港 AP 根据《股份购买协议》约定向交易对方支付交易对价 2 200 万英镑,并于当日收到 Fulfil(2)交付的标的股份的权属证书,香港 AP 合法持有标的公司 7 875 000 股 A 类股。至此,科锐国际与 Investigo 的股权交割完成。

三、收购方案

科锐国际以支付现金的方式通过其全资子公司香港 AP 向 Fulfil(2)购买其所持有的 Investigo 52.5%股权。本次交易以英镑现金的方式支付,资金来源为科锐国际和香港 AP 的自有资金及通过法律法规允许的其他方式筹集的资金。本次重大资产购买为市场化收购,在综合考虑 Investigo 的品牌影响力、管理能力等影响股权价值的多种因素,且经过交易各方基于公平合理的原则多次协商后,本次交易价格确定为 2 200 万英镑(约合人民币 2 200×8.6551 = 19 041.22 万元)。在本次交易前,Fulfil(2)持有 Investigo 全部已发行的 15 000 000 股普通股。在本次交易中,香港 AP 将向 Fulfil(2)购买其所持有的 Investigo 7 875 000股普通股。根据《股份购买协议》及 Investigo 于 2018 年 4 月 19 日做出的股东会议决议,在交割时,香港 AP 所购买的 7 875 000 股普通股将更名为 A 类股,由 Fulfil(2)继续持有的 7 125 000 股普通股将更名为 B 类股。在本次交易后,香港 AP 持有的 Investigo 的股份数量占其总股本的 52.5%,Investigo 将成为科锐国际的控股子公司。

本次交易构成重大资产重组,不构成关联交易,不构成借壳上市。本次交易为支付现金购买资产,不涉及发行股份,本次交易前后科锐国际控股股东均为北京翼马人力资源有限公司(以下简称"北京翼马"),实际控制人未发生变化,仍为高勇、李跃章,故本次交易未导致科锐国际控制权发生变化,不构成重组上市。本次交易前后各方股权结构如图 52 所示。

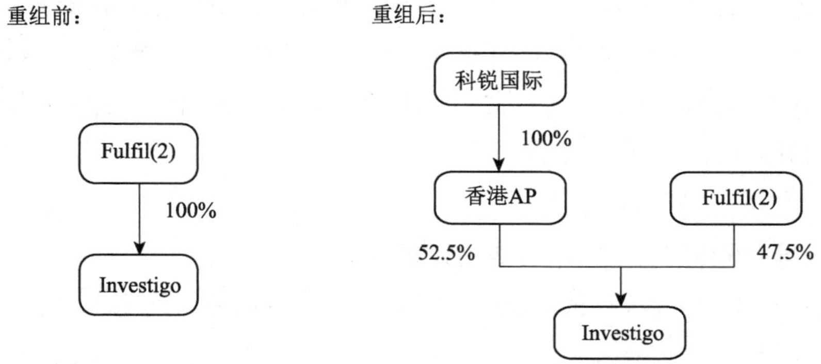

图 52　重组前后 Investigo 的股权结构

四、案例评论

(一) 整合资源走向国际,拓展业务地域范围

2018 年 6 月,科锐国际完成对英国领先的人力资源公司 Investigo 的收购,正式进军欧洲人力资源市场。本次收购完成后,科锐国际将与 Investigo 在多方面充分发挥协同效应,使科锐国际在资源整合后打开欧洲市场大门,拓展原有市场范围,走进国际舞台的中央,形成全球范围内的高效网络及运营体系。

在业务领域方面,此次并购完成后双方将在业务细分领域进行整合以及协同发展。Investigo 侧重于金融、审计、咨询等行业的中高端人才访寻和灵活用工,而科锐国际侧重医疗服务、消费品、地产及高科技行业的中高端人才访寻和灵活用工,此次两者结合将有利于促进各自业务线的增加。同时 Investigo 的业务将与科锐国际的两大主营业务形成优势互补,收购完成后可以借鉴国际成熟市场的经验,推动科锐国际中高端人才访寻和灵活用工业务的快速发展,满足市场多元化的招聘需求。

在市场领域方面，在本次收购前，科锐国际的主营业务收入基本上来源于境内，境外收入占比仅有5%。此次的收购标的Investigo主要为英国、欧洲的蓝筹企业以及中小企业提供中高端人才访寻和灵活用工服务。本次收购完成后，科锐国际将借此进入英国人力资源市场，新增英国和欧洲大陆业务，同时进一步打开美国市场，补充美国地区的原有业务，实现地理覆盖的延伸，助力科锐国际的国际化布局；此外，科锐国际将在中国内地、中国香港、印度、新加坡、马来西亚、美国、英国等全球市场拥有超过90家分支机构和专业团队。同时，科锐国际还选拔了国内高科技、医药、工业、能源、汽车等核心领域中拥有丰富海外人才招聘经验的优秀顾问，共同成立了国际化人才招聘项目组，积累了丰富的国际化人才招聘实践案例，洞察了海外重点市场人才，积极布局科锐国际的国际化业务。因此，这次并购可谓是科锐国际迈向国际市场的一大步。

（二）境外并购再下一城，培育战略发展新动能

此前科锐国际就已并购整合了香港Aurex，将业务拓展到了澳洲和美国。此次科锐国际收购Investigo，不仅将业务进一步深耕于英国、辐射欧洲，还为公司的市场表现“锦上添花”，在5月17日复牌后迎来了连续两个涨停板，表明了市场对科锐国际此举的认可。

从更深层次看，目前中国的人力资源服务行业蓬勃发展，但同时面临着市场极度分散、企业规模小、产品同质化严重等的问题。从国际上人力资源行业的发展经验来看，公司要实现发展壮大，并购重组活动是重要一环。通过并购有高度拓展空间和客户黏性的企业，可以深化科锐国际的业务线，实现业务的规模化发展和强劲的财务增长。Investigo是老牌人力资源强国——英国的一家运营效率极高的人力资源服务公司，在规模体量、业务组成、人员构成、客户群体以及管理模式等方面都与科锐国际契合。首先，Investigo体量适中，在此次并购中估值相对便宜，对科锐国际来说是一个较优的选择；其次，Investigo的业务线主要由中高端人才访寻和灵活用工组成，与科锐国际的业务线颇为符合；第三，科锐国际的管理团队通过前期多轮互访考察和业务合作计划讨论，也与Investigo形成了相互高度认同的价值观和战略发展目标。此外，双方在地域上不存在竞争关系，这样就能够充分发挥“一带一路”倡议下带来的地缘和行业上的互补合作机会，同时可以借鉴发达国家人力资源行业优秀的IT系统和运营模式。科锐国际此次选择跨境并购，不仅是为了契合科锐国际的长远战略布局，为其未来培育新的增长点和发展新动能，更是符合整个人力资源服务行业的发展规律，以及为实现科锐国际“内生外延”的战略规划所进行的主动出击。

（三）创新并购方式，搭建间接收购平台

科锐国际在进行海外并购时，对交易方式做了特殊的安排。科锐国际在收购 Investigo 公司时并没有以上市公司为平台直接收购，而是采用了间接收购的方式，即把境外全资子公司香港 AP 作为收购 Investigo 公司的平台。如果直接由科锐国际去并购 Investigo，不仅审批环节较复杂，而且增加了交易的不确定性，也会面临并购成功后较高的税务成本。科锐国际通过境外全资子公司香港 AP 实现并购目标，隔离了法律风险，而且具有操作灵活，降低成本等优势。

五、市场表现(300662)

科锐国际交易前后股价变动情况见图 53。

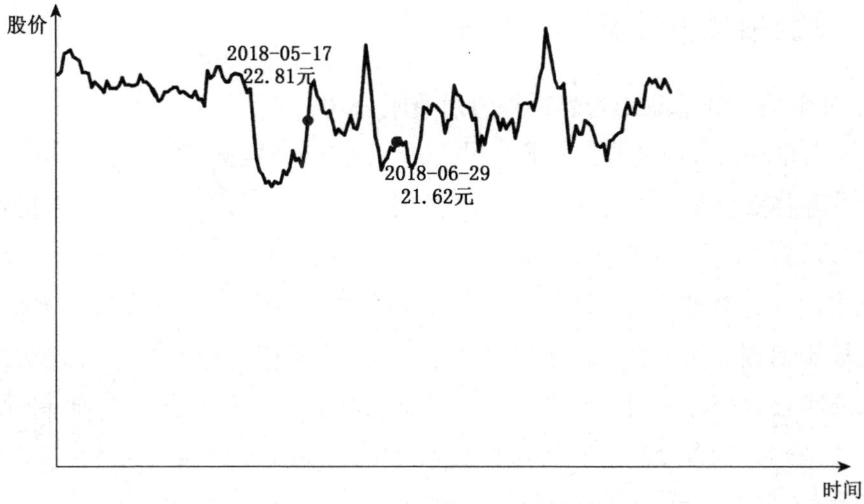

图 53　科锐国际交易前后股价走势

300673

佩蒂股份：
海外并购，打造国际化综合性宠物产业集团

一、收购相关方简介

(一) 收购方：佩蒂动物营养科技股份有限公司

佩蒂动物营养科技股份有限公司(以下简称“佩蒂股份”)的前身为温州佩蒂动物营养科技有限公司，于2002年10月在浙江省平阳县成立，当时注册资本为5 800万元，并于2014年12月整体变更设立为股份有限公司。佩蒂股份是专业从事营养保健型、功能型宠物休闲食品研发和生产销售的高新技术企业。佩蒂股份自创立起一直专注于宠物产业，主要产品有畜皮咬胶、植物咬胶、营养肉质零食、可食用鸟食及小动物玩具、烘焙饼干等。佩蒂股份以“研制、提供营养均衡的宠物食品和富有情趣的宠物用品，促进人与宠物间的情感交流、和谐相处”为经营宗旨，致力于创意产品和创新研发以推动企业发展。佩蒂股份在我国宠物食品领域具有较大规模和影响力，是中国检验检疫协会宠物分会副会长单位。

佩蒂股份作为业内领军企业，为国家级高新技术企业，设有浙江省省级高新技术企业研究开发中心和省级企业研究院“浙江省佩蒂宠物健康营养食品研究

院”,并与高校、科研所建立产学研合作计划,目前已获得32项专利,其中发明专利11项。佩蒂股份根植于宠物食品行业多年,与全球范围内多家宠物行业巨头建立了长期合作关系,产品畅销全球多个国家和地区,是国内领先的宠物食品供应商。

佩蒂股份是较早响应国家“一带一路”倡议并成功“走出去”的企业,通过“一带一路”沿线国家实现上游资源的优化配置并拓展海外生产基地,降低生产成本、提升利润和发展空间。除经营ODM出口业务外,佩蒂股份还积极推动自主品牌的市场拓展,目前已拥有“佩蒂”“CPET”“MEATYWAY”“PEIDI”“禾仕嘉”“贝家”等国内外知名品牌,其中“CPET”商标于2013年1月被国家工商行政管理总局认定为中国驰名商标,产品深受客户好评和宠物及其家庭的青睐。佩蒂股份现已成为国内具有影响力的综合性宠物休闲食品生产企业,获得国际众多知名品牌商及大型专业连锁零售商的认可,在宠物食品行业内具有较强的综合竞争力。经中国证券监督管理委员会许可,佩蒂股份于2017年7月11日首次向社会公众公开发行人民币普通股2 000万股,在深交所创业板上市。

(二) 收购标的: BOP Industries Limited、Alpine Export NZ Limited

1. 直接标的: BOP Industries Limited

BOP Industries Limited(以下简称“BOP”)是新西兰一家主要从事宠物食品分销和营销的公司。BOP主要资产为其持有的Alpine Export NZ Limited100%股份(实缴)。经过近年来的发展,BOP已形成了自己特有的产品类型、经营策略、经营方法,公司的管理和技术团队、销售和采购渠道稳步发展,生产工艺逐步成熟;客户群体已逐步拓展至美国、亚洲等海外市场,已经拥有了较为稳定的客户渠道。

2. 最终标的: Alpine Export NZ Limited

Alpine Export NZ Limited(以下简称“Alpine”)是专业从事宠物食品的生产、加工和销售的新西兰企业,主要产品是以生牛皮、牛肉、羊肉、鸡肉、淀粉等为原材料的高端宠物肉质零食。经过多年的经营与发展,目前其管理和技术团队、销售与采购渠道稳定,生产技术成熟。Alpine的销售区域主要是新西兰和美国,2017年实现营收6 240.45万元,同比增长34.49%,净利润622.58万元,同比增长74.34%,具有较强的获利能力和较好的发展前景。

(三) 交易对方：Judge 信托

Judge 信托是一个在新西兰依法设立的家庭信托。Mark John Russell、Kate Jane Russell 以及 Marcus Arthur Macdonald 以 Judge 信托的受托人的身份持有交易标的 BOP 100%股份(实缴)，是 BOP 资本所有发行股份的法律上和权益上所有人。Judge 信托受控于其受托人 Mark John Russell、Kate Jane Russell 以及 Marcus Arthur Macdonald 与佩蒂股份及 Petpal Pet Nutrition NZ Limited(新西兰北岛小镇宠物食品有限公司，以下简称“北岛小镇”)(本次交易的买方)均无关联关系。

二、收购事件一览

- 2017 年 11 月 30 日，佩蒂股份发布《关于公司和全资子公司签署股份收购备忘录的公告》，佩蒂股份及其全资子公司北岛小镇与 Judge 信托、Mark John Russell 签署四方备忘录，北岛小镇意向收购 BOP 发行 70% 的股份(实缴)。Judge 信托有权将其持有的剩余 30%的股份置换成北岛小镇的股份。
- 2018 年 4 月 23 日，佩蒂股份召开第二届董事会第四次会议和第二届监事会第四次会议，分别审议通过《关于变更部分募集资金用途及全资子公司收购股份的议案》，同意佩蒂股份拟变更部分募集资金加自有资金向北岛小镇增资 1 800万美元，由北岛小镇向 Judge 信托的受托人支付对价 23 106 481 新西兰元收购其持有的 BOP 已发行的 100%股份(实缴)，并批准了相关协议。佩蒂股份及全资子公司北岛小镇于当日与卖方 Judge 信托的受托人签署《股份出售和购买协议》。
- 2018 年 4 月 25 日，佩蒂股份发布《关于变更部分募集资金用途及全资子公司收购股份的公告》。
- 2018 年 4 月 27 日，佩蒂股份发布《关于变更部分募集资金用途及全资子公司收购股份的可行性分析报告》。
- 2018 年 5 月 11 日，佩蒂股份召开 2018 年第一次临时股东大会，审议通过《关于变更部分募集资金用途及全资子公司收购股份的议案》，批准佩蒂股份变更部分募集资金加自有资金向新西兰全资子公司北岛小镇增资 1 800 万美元，北岛小镇向 BOP 原股东支付对价 23 106 481 新西兰元收购 BOP 已发行

100%股份。

● 2018 年 7 月 5 日，佩蒂股份发布《关于完成 BOP INDUSTRIES LIMITED 100%股份收购的公告》，根据《股份出售和购买协议》，北岛小镇向 BOP 原股东支付了股份转让款并完成了在政府部门的变更手续。至此，佩蒂股份与 BOP 的股权交割完成。

三、收购方案

2016 年 11 月 2 日，根据第一届董事会第十九次会议决议，佩蒂股份计划出资不超过 500 万美元投资设立新西兰子公司北岛小镇。截至 2018 年 4 月 25 日佩蒂股份发布《关于变更部分募集资金用途及全资子公司收购股份的公告》，北岛小镇尚处于建设期，佩蒂股份对其注资尚未完成。

本次收购由北岛小镇以现金新西兰元支付股份转让对价的方式进行，收购 BOP 已发行的 100%股份。为保证北岛小镇完成本次股份收购事宜，佩蒂股份变更部分首次公开发行股票所募集资金(原用于建设年产 3 000 吨畜皮咬胶生产线技改项目)的用途加自有资金，共计向北岛小镇增资 1 800 万美元。

本次交易对价由双方协商达成。根据立信会计师事务所于 2018 年 4 月 2 日对 BOP 出具的信会师报字〔2018〕第 ZA40518 号审计报告，BOP 在 2017 年度的 EBITDA 为 23 106 481 新西兰元(约合 10 220.69 万人民币)，经双方商议本次交易的对价为 23 106 481 新西兰元，对价的计算公式为：BOP 在 2017 年的 EBITDA 2 310 648.10 新西兰元×10 倍。北岛小镇在股份交割时以新西兰元向 Judge 信托支付股份转让款并于交割后完成在政府部门的变更手续。

四、案例评论

(一) 加快募投项目建设，构建全球化平台

此次跨境收购 BOP 及其旗下的 Alpine，显示了佩蒂股份在海外市场的战略前瞻性和加速海外布局的决心。佩蒂股份一贯重视产品的研发生产和募投项目建设，积极在全球范围内寻找优势资源加以整合利用，以实现公司持续发展壮大的目标。早在 2013 年，佩蒂股份就在越南建立了第一家海外生产基地。此后在

“一带一路”政策的引导下，佩蒂股份积极响应“企业‘走出去’是促进共同发展、实现共同繁荣的合作共赢之路”的口号，自2017年7月A股上市以来，先后投资建立了越南巴啦啦宠物食品有限公司、新西兰北岛小镇宠物食品有限公司和柬埔寨跨客置业有限公司等。随着宠物食品行业的发展和高端产品需求的不断扩大，佩蒂股份在海外原有生产基地的生产能力已经难以满足其将业务领域扩展到欧美地区以及市场新需求的需要。而BOP作为新西兰一家专业从事宠物食品业务的公司，不仅拥有新西兰独特的原材料优势，而且经过多年以来的发展，已经拥有相对成熟的生产工艺及稳定的客户渠道，并在美洲、亚洲等地拥有成熟稳定的海外市场以及较高的认可度。此次收购的BOP旗下的Alpine专业从事宠物食品的生产加工和销售，拥有品质优良的原材料资源、生产技术优势以及新西兰和欧美市场的高端客户资源优势，符合佩蒂股份拓展市场领域、增加高端产品种类等的需要，契合募投项目建设目标，更有利于助推佩蒂股份“继续积极参与国内外市场竞争，面向全球市场，领先国内市场，致力于打造创新型和国际化的综合性宠物产业集团”的发展目标。

本次收购完成后，将有助于佩蒂股份吸收先进的生产工艺，整合产业资源，在国内宠物食品行业中占据先机的同时开拓海外市场。因此，此次佩蒂股份抓住历史机遇，收购新西兰BOP及其旗下的Alpine，积极探索并尝试不断开拓、布局海外市场，稳固国内市场，为企业进一步发展寻找新的空间。

（二）实现渠道资源共享，拓展宠物食品高端市场

BOP控制下的Alpine是新西兰高端宠物肉质零食生产商，专业从事宠物食品的生产加工和销售，尤其以高端宠物肉质零食为主，下游客户主要集中在新西兰和美国地区。在美国这样的宠物行业发达的国家，其宠物食品行业对产品原材料的新鲜程度要求很高，并且朝着原材料有机无添加的方向发展，对宠物食品的原材料品质以及生产过程要求较高。而Alpine地处新西兰，拥有当地得天独厚的天然畜牧环境优势，Alpine产品中所使用的生牛皮、牛肉等原材料天然、无污染、品质高，因此生产出来的宠物食品有机健康，在美国等地的高端宠物食品市场具有较强的竞争力和较高的知名度。虽然佩蒂股份此前也在新西兰和越南等地建立过主粮工厂，但是与收购具有多年成熟生产经验以及既有客户群体的Alpine相比，原材料生产基地带来的效益显然更低。佩蒂股份本次收购Alpine

完成后,佩蒂股份和 Alpine 将实现境内外产业的整合优化。首先,佩蒂股份将与 Alpine 共享新西兰优质的原材料资源,获得新西兰优质的原料资源和工艺流程;其次,与建立主粮工厂相比大大降低了生产成本;第三,双方可以进行产品线的整合,拓展高端肉质零食的品类,以“新西兰高端主粮+零食”丰富佩蒂股份的产品线,定位高端化迎合国内消费升级趋势,从而有望进一步拓展内销收入的增长空间;第四,佩蒂股份原有的咬胶产品较竞争对手来说也定位于中高端,收购 Alpine 后,可以将自己的咬胶产品推广给 Alpine 的高端客户,Alpine 的肉质零食等产品也可以推广给佩蒂股份的原有客户,同时配合佩蒂股份内销市场的拓展进军中国市场。佩蒂股份与 Alpine 共享双方多年来积累的客户资源和销售渠道,也获得了 Alpine 的高端客户群体和高端宠物食品市场。通过本次收购,双方能够实现资源渠道共享,开拓新的市场份额,促进双方业绩的协同增长。

(三) 设置 SPV 公司,收购手法巧妙

本次交易的一个亮点就在于设立了境外 SPV 公司。本次交易的购买方为北岛小镇,是佩蒂股份于 2016 年 11 月出资设立的新西兰全资子公司。2016 年 11 月 2 日,根据第一届董事会第十九次会议决议,佩蒂股份计划出资不超过 500 万美元投资设立新西兰子公司北岛小镇。截至 2018 年 4 月 25 日佩蒂股份发布《关于变更部分募集资金用途及全资子公司收购股份的公告》,北岛小镇尚处于建设期,佩蒂股份对其注资尚未完成,北岛小镇没有实质性的业务,是本次为收购 BOP 搭建的平台。通过设立境外 SPV 公司,佩蒂股份不仅能在某种程度上避开外汇管制,享受外企待遇,而且还能享受税收优惠政策带来的好处,更重要的是审查机制和收购程序也更为简便。这种通过设立境外 SPV 公司进行海外并购的方式,已经成为目前中国跨境并购的新趋势。

五、市场表现(300673)

佩蒂股份交易前后股价变动情况见图 54。

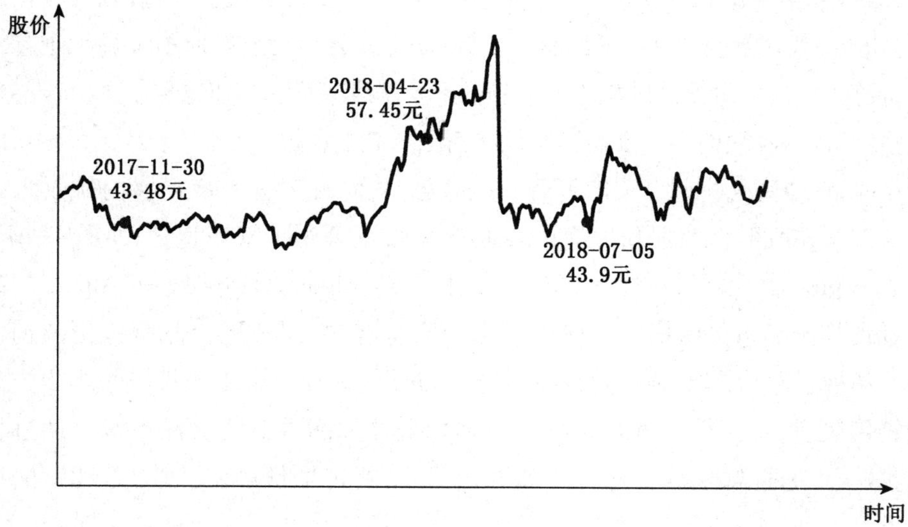

图 54　佩蒂股份交易前后股价走势

600136

当代明诚：跨境收购新英体育，剑指体育版权市场

一、收购相关方简介

（一）收购方：武汉当代明诚文化股份有限公司

武汉当代明诚文化股份有限公司（以下简称“当代明诚”）的前身系武汉道博实业股份有限公司（以下简称“道博实业”），是由海南省高科技开发总公司、三亚市河西城市信用社及海南宏盛实业有限公司三家公司以定向募集的方式发起设立的股份有限公司，于1992年10月30日正式成立，并于1998年3月3日在上交所上市。2015年5月18日，武汉当代科技产业集团股份有限公司（以下简称“当代集团”）通过对当代明诚的控股股东武汉新星汉宜化工有限公司（以下简称“新星汉宜”）增资，成为新星汉宜的控股股东，进而间接控制道博实业。道博实业的实际控制人也由陈小燕变更为艾路明。2016年5月，道博实业更名为武汉当代明诚文化股份有限公司。

2014年以前，当代明诚的主营业务主要有磷矿石贸易、房地产开发与学生公寓的运营与管理等。2014年度，当代明诚启动了重大战略转型，将未来发展方向锁定在成长性较好、发展前景广阔的文化产业。随后，当代明诚通过剥离原

有产业以及并购强视传媒有限公司(以下简称“强视传媒”)、双刃剑(苏州)体育文化传播有限公司(以下简称“双刃剑体育”)等公司,初步实现“影视＋体育”双主业发展的战略规划。

(二) 收购标的:Super Sports Media Inc.

Super Sports Media Inc.(以下简称“新英体育”)成立于2010年8月2日,公司类型为开曼群岛豁免公司。新英体育是一家国内领先的体育内容运营商,其核心业务包括体育赛事版权及其他商业权利的整合运营,在渠道上主要面向互联网、广电、运营商等媒体渠道,覆盖互联网网站、电视、IPTV、互联网电视移动终端等媒体终端。新英体育主营业务收入主要来自版权分销、产品订阅、广告赞助三个板块,其中版权分销收入占总收入的比重较大,优质赛事版权是新英体育开展业务的基础。目前,新英体育拥有2010/2011赛季至2018/2019赛季英超联赛在中国内地及澳门地区的全媒体独家转播权,以及2018/2022年欧洲全部国家队比赛的新媒体版权和赞助权益。通过不断发展,新英体育已逐步在体育版权细分市场建立了一定的优势地位,具备较好的发展潜力。

二、收购事件一览

● 2017年2月14日,当代明诚因筹划重大事项开始停牌。

● 2017年7月12日,当代明诚召开第八届董事会第二十二次会议,审议并通过《关于公司重大资产购买的议案》等共8项与本次交易相关的议案。

● 2017年8月31日,当代明诚股票复牌。

● 2017年12月28日,当代明诚召开第八届董事会第三十二次会议,审议并通过《关于公司重大资产购买的议案》等共10项与本次交易相关的议案。

● 2018年1月11日,湖北省发改委出具鄂发改外经备〔2018〕第2号《武汉当代明诚文化股份有限公司通过当代明诚(香港)有限公司并购开曼群岛新英体育有限公司100%股权项目备案的通知》,对本次交易予以备案,有效期1年。

● 2018年1月16日,湖北省商务厅向当代明诚颁发了编号第N4200201800010号《企业境外投资证书》,对本次交易予以备案,有效期2年。

● 2018年1月19日,当代明诚召开2018年第一次临时股东大会,审议并通过《关于公司重大资产购买的议案》等共 11 项与本次交易相关的议案。

- 2018 年 1 月 24 日,国家外汇管理局湖北省分局为当代明诚办理《业务登记凭证》(业务编号:35420000201801231654),业务类型为 ODI 中方股东对外义务出资。
- 2018 年 8 月 22 日,当代明诚召开第八届董事会第四十九次会议,审议并通过《关于公司与重组的交易对方签署股份买卖协议之补充协议的议案》。
- 2018 年 9 月 6 日,本次重大资产购买所涉及的标的资产已经完成过户,本次交易交割完成。

三、收购方案

本次交易当代明诚以当代明诚(香港)有限公司(以下简称“明诚香港”)为收购主体,以支付现金的方式,购买交易对方持有的新英体育 100%股份并认购新英体育新发行的股份。新英体育 100%股权评估值为 354 167.93 万元,经各方协商确定,本次交易的交易价格为 5 亿美元(按照评估基准日的外汇牌价 6.863 3 换算为人民币为 34.32 亿元)。本次交易构成重大资产重组。

(一) 交易价格构成

交易价格 5 亿美元由两部分组成,其中 4.315 亿美元用于收购交易对方持有的新英体育的 100%股权,6 850 万美元用于认购新英体育新发行的股份 7 499 453股。明诚香港应向各交易对方分别支付的现金对价情况如表 39 所示。

表 39 当代明诚向交易对方支付的现金对价情况

序号	交易对方	出售股份性质	出售股份数量(股)	持股比例	现金对价(美元)
1	IDG China Media Fund L.P.	普通股	2 500 000	5.29%	22 826 350
2	IDG－Accel China Growth Fund L.P.	优先股	14 681 835	31.08%	134 110 200
3	IDG－Accel China Growth Fund－A L.P.	优先股	3 000 375	6.35%	27 400 250
4	IDG－Accel China Investors L.P.	优先股	1 367 790	2.9%	12 513 500
5	EASY EXCEL LIMITED	普通股	2 500 000	5.29%	22 826 350
6	Edia Media Yang Holding Limited	优先股	5 475 000	11.59%	50 010 850

（续表）

序号	交易对方	出售股份性质	出售股份数量(股)	持股比例	现金对价(美元)
7	Edia Media Hu Holding Limited	优先股	5 475 000	11.59%	50 010 850
8	BesTV INTERNATIONAL (CAYMAN) LIMITED	优先股	6 918 605	14.65%	63 214 750
9	PCCW Media Limited	优先股	5 321 980	11.26%	48 586 900
合计			47 240 585	100%	431 500 000

(二) 支付方式及资金来源

本次交易价格为5亿美元，由明诚香港在境外直接向交易对方支付，全部以美元现金支付。当代明诚拟向当代集团、李建光、喻凌霄、李红欣等对象非公开发行股份，募集资金总额不超过20亿元，募集资金在扣除发行费用后的募集资金净额计划全部用于对子公司明诚香港增资以收购新英体育股权。当代明诚将根据实际募集的资金净额，调整并决定募集资金投入项目的金额，不足部分自筹解决。当代明诚自筹资金来源包括自有资金及通过法律法规允许的其他方式筹集的资金。

为尽快推动交易顺利实施，当代明诚以自筹资金先行支付收购新英体育股权的交易对价，履行交割手续，并在非公开发行股票的募集资金到位后，对公司前期先行投入的自筹资金予以置换。收购新英体育股权事宜不以非公开发行股票的成功实施为前提，若非公开发行股票未能成功实施，当代明诚仍将以自筹资金支付收购新英体育的交易对价。

四、案例评论

(一) 一系列并购实现转型，“影视＋体育”双主业发展

当代明诚1992年在武汉成立，早年的主营业务涉猎广泛，曾经横跨磷矿石贸易、房地产开发和学生公寓的运营等多个行业。2015年当代集团获得当代明诚的控制权后，对当代明诚的发展战略和主营业务做出重大调整，将当代明诚未来的发展方向锁定在成长性较好、发展前景广阔的文化产业，当代明诚也因此成为当代文化、体育产业的主要上市平台。

当代明诚主要通过能够充分发挥资源整合优势的外延式并购以及逐渐剥离原有产业实现这一转型。具体而言,当代明诚通过产业整合的方式对行业内具备一定业务优势和竞争实力的知名企业实施并购,为实现公司整体战略构想奠定了坚实的基础。2015 年,当代明诚发行股份及支付现金购买强视传媒有限公司(以下简称“强视传媒”)100%股权,正式切入了文化产业。同年,对原有非文化类的磷矿石贸易、学生公寓的租赁及运营管理等相关产业进行剥离。2016 年,当代明诚通过发行股份及支付现金购买双刃剑体育 100%股权,将主营业务从影视行业延伸至体育行业。随后,当代明城致力于体育产业链的深耕和延伸,通过收购 Nice International Sports Limited(以下简称“耐丝国际”)实现了对拥有因涅斯塔、苏亚雷斯等众多明星球员的欧洲顶级体育经纪公司西班牙 Media Base Sports S.L 和英国 Media Base Sports 2 Limited(以下简称“MBS”)的控股,进入体育经纪领域,开拓球员经纪市场;通过成立郝海东体育发展(上海)有限公司(以下简称“郝海东体育”)布局足球经纪的前端市场——体育培训,进一步丰富了体育业务类型;通过控股武汉汉为体育投资管理有限公司(以下简称“汉为体育”),切入场馆运营领域,进军大众体育。

当代明诚通过一系列的并购,基本实现了“影视 + 体育”双主业发展的战略规划。其中,影视板块以强视传媒、上海当代时光文化传媒有限公司(以下简称“当代时光”)为龙头,布局影视剧制作、艺人经纪、影院管理、影视营销等业务板块,通过平台集聚效应,基本实现影视工业化生产,已向中国各级电视台及海外提供超过 1 500 集的电视剧。体育板块由顶尖体育营销公司双刃剑体育、欧洲顶级体育经纪公司 MBS、湖北本土优秀的全民健身运营商汉为体育等组成,并与湖北省、武汉市体育局共同组建湖北首支 NBL 俱乐部。而本次收购新英体育也是当代明诚进一步扩展体育产业链、布局国际体育赛事版权市场的重要举措。

(二) 并购新英体育完善产业链,“2B+2C”深入体育版权市场

在进入体育产业后,当代明诚对体育各细分市场有了更深刻的了解。虽然当代明诚已逐步搭建起了以体育营销、体育经纪、体育场馆运营、青训为主的体育生态圈,但在赛事版权尤其是顶级赛事版权的获取、运作及开发能力方面仍较为薄弱。

而标的公司新英体育是体育版权市场的龙头企业,其核心业务包括体育赛

事版权及其他商业权利的整合运营，辐射范围涵盖互联网网站、电视、IPTV、互联网电视移动终端等媒体终端。新英体育拥有 2010/2011 赛季至 2018/2019 赛季英超联赛在中国内地及澳门地区的全媒体独家转播权，以及 2018/2022 年欧洲全部国家队比赛的新媒体版权和赞助权益，其网站作为顶级体育赛事英超联赛的独立流量入口，拥有坚实的观众基础和极高的知名度。收购新英体育能够使当代明诚拥有中国顶级的版权运营团队以及包括英超、欧洲杯等头部赛事的版权权益，从而正式进入体育赛事版权领域，完善公司体育产业链。

而对于未来版权业务布局，当代明诚和新英体育规划也很清晰，将采用"2B+2C"战略。其中 2B 是版权分销业务。2017 年，新英体育版权分销收入为 69 757.85万元，占总收入的 80.75%，2B 端业务对新英体育来说至关重要，拿下顶级赛事的版权，才能使当代明诚真正站在资源链的最顶端、最源头，才有能力整体设计和布置优势资源。2C 端即直接面对用户。新英体育在 2C 端对体育产业付费模式以及对体育用户有着深刻了解，但是缺乏好的外部资源、流量以及众多投资人的认可。为解决这个问题，新英体育选择与爱奇艺合作，在当代明诚完成并购最后一次支付工作前，新英体育与爱奇艺共同宣布成立合资公司，打造全新体育视频平台"爱奇艺体育"。合资公司北京新爱体育传媒科技有限公司获得的 A 轮融资总计达到 8.5 亿元，体现了资本市场对新英体育以及爱奇艺的信心，这对于刚刚完成收购新英体育，志在体育市场的当代明诚来说，无疑是巨大的利好。并且合资公司能够帮助新英体育接入爱奇艺在 2C 端积累的海量客户，利用其在自制内容方面积累的 IP 开发运营经验，深度开发双方的优质体育版权内容，共享平台、广告等资源。这些都在一定程度上解决了新英体育主要依靠 2B 版权分销而形成的单一收入结构与客户集中的问题，带来付费订阅新的利润增长点，也因此降低了此次当代明诚并购交易的风险。

(三) 整合各方体育资源，构建版权市场龙头地位

在体育版权领域，新英体育与江苏苏宁体育产业有限公司（以下简称"苏宁体育"）一直处于竞争关系。在新英体育众多赛事版权中，英超联赛是最核心的版权资源，2015 年 1 月 1 日至 2017 年 5 月 31 日，英超赛事版权取得的相关收入在新英体育整体营收中的占比超过 95%，利润总额的整体占比也高达 144.86%。新英体育拥有英超联赛 2013—2018 赛季的独家转播和相关版权，但

是2019—2022赛季的英超版权却被苏宁体育以7.21亿美元(约50亿元人民币)高价收入囊中。

对于当代明诚来说,收购新英体育是为了进入体育版权行业,但并非仅限于此,当代明诚更致力于发挥上市平台优势,整合各方体育资源,提升在体育版权领域的主导地位。在收购新英体育的公告发布不久,2017年6月,当代明诚就宣布与苏宁体育成立合资公司,共同开发国际体育赛事版权。合资公司注册资本为1亿元,其中当代明诚、苏宁各自出资4 500万元及4 000万元,分别占股45%与40%。合资公司成立后,苏宁版权方将以一定对价向合资公司授予其拥有的英超联赛2019—2022赛季等欧洲足球赛事版权在约定地域范围内的独占分销权。

依托新英体育打磨近十年的平台和团队形成的版权内容运营优势,以及苏宁体育的资源优势,当代明诚在上游将凭借庞大的客户基础提升版权的获取能力和议价能力,在下游将为视频用户提供更丰富的赛事资源,提升用户黏性和会员体系定价能力。通过整合各方体育资源,当代明诚将构建在体育版权市场的龙头地位和核心竞争优势。

五、市场表现(600136)

当代明诚交易前后股价变动情况见图55。

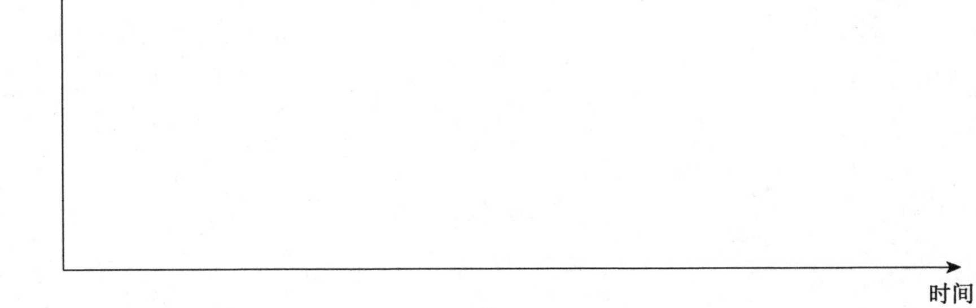

图55　当代明诚交易前后股价走势

第七辑 “一带一路”并购

002745

木林森：
巧妙借力欧司朗，国际照明市场显露“新星”

一、收购相关方简介

（一）收购方：木林森股份有限公司

木林森股份有限公司(以下简称“木林森”)的前身为中山市木林森电子有限公司，由孙清焕、中山市华北机电阀门有限公司于 1997 年 3 月共同出资设立，并于 2015 年 2 月经中国证监会批准 IPO 后正式上市。2008 年 6 月 12 日公司名称由“中山市木林森电子有限公司”变更为“木林森电子有限公司”。2010 年 8 月 6 日公司正式更名为木林森股份有限公司。

木林森主要专注于 LED 封装及应用系列产品研发、生产与销售业务，是国内 LED 封装及应用产品的主要供应商，产品广泛应用于家用电子产品、灯饰、景观照明、交通信号、平板显示及亮化工程等领域。木林森在 2013 年起加大对 LED 照明灯具的投入，LED 照明灯具成为新的利润增长点。随着产品线的不断完善及产业链的适度延伸，木林森的核心竞争力不断强化，全球化布局也随之成为它的重要战略举措，但受制于全球化销售渠道和品牌的稀缺性，木林森自身建立海外销售团队十分困难。截至目前，孙清焕直接持有木林森 67.32%的股份，并通过中山市榄芯实业投资有限公司(以下简称“榄芯实业”)间接持有其0.39%的股份,为木林森的控股股东和实际控制人。

(二) 收购标的: 和谐明芯(义乌)光电科技有限公司

和谐明芯(义乌)光电科技有限公司(以下简称“明芯光电”)由义乌和谐明芯股权投资合伙企业与和谐卓睿投资管理有限公司于 2016 年 7 月 21 日共同出资设立。明芯光电主要经营光电材料及器件的技术开发、销售;照明产品的研发、销售。明芯光电虽然创立不久,但是发展极好,截至 2017 年 6 月 30 日,明芯光电总资产达到 1 136 417.12 万元。本次收购前和谐明芯的控股股东为义乌和谐明芯股权投资合伙企业。

除此之外,明芯光电持有 LEDVANCE GmbH(以下简称“朗德万斯”)100%的股权。朗德万斯是由 OSRAM Lamps GmbH(以下简称“欧司朗公司”)通过剥离通用照明业务而设立的经营主体,并于 2016 年 7 月 1 日正式实现独立运营。因此借助于朗德万斯的品牌影响及营销渠道,明芯光电可以增强自身发展潜力,在照明行业迅速抢占市场。

(三) 关联控股方: 义乌和谐明芯股权投资合伙企业(有限合伙)

义乌和谐明芯股权投资合伙企业(以下简称“和谐明芯”)由珠海和谐卓越投资中心、和谐浩数投资管理(北京)有限公司、木林森股份有限公司、义乌市国有资本运营中心于 2016 年 7 月 15 日共同发起设立,珠海和谐卓越投资中心(有限合伙)为执行事务合伙人。和谐明芯的主要经营范围为项目投资、股权投资及管理、资产管理。本次交易前各方股权结构如图 56 所示。

二、收购事件一览

- 2016 年 7 月 15 日,木林森因筹划重大事项开始停牌。
- 2016 年 9 月 28 日,木林森与明芯光电全体股东签署《发行股份及支付现金购买资产框架协议》。
- 2017 年 3 月 29 日,明芯光电股东会作出决议,同意将明芯光电 100%股权转让予木林森。

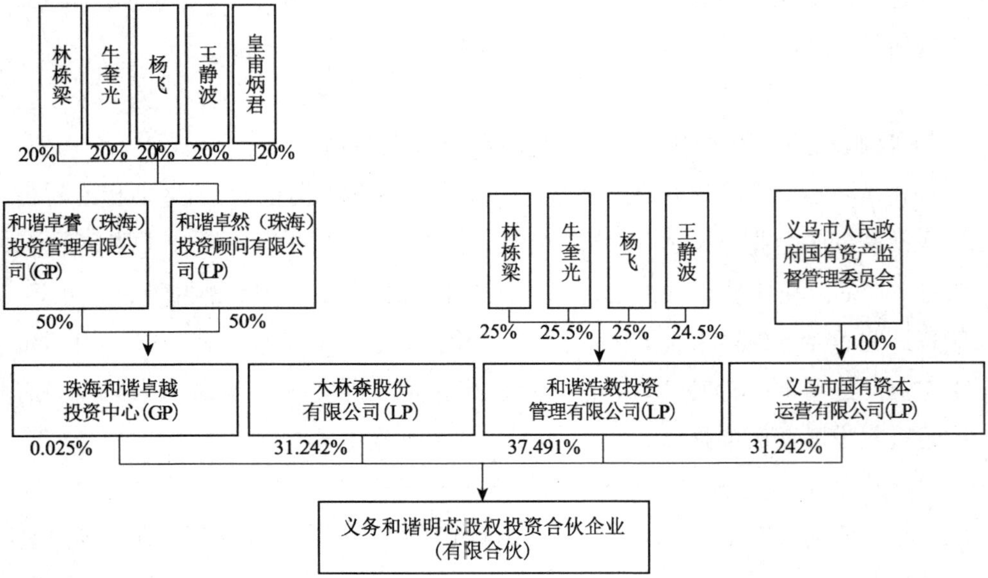

图 56　重组前各交易方股权结构

● 2017 年 3 月 31 日，木林森发布第三届董事会第八次会议决议，审议通过《关于发行股份及支付现金购买资产并募集配套资金方案的议案》。

● 2017 年 5 月 2 日，木林森发布发行股份及支付现金购买资产并募集配套资金暨关联交易预案(修订稿)，根据深圳证券交易所的要求，对预案进行相应的修订、补充和完善。

● 2017 年 9 月 30 日，木林森发布发行股份及支付现金购买资产并募集配套资金暨关联交易报告书草案。

● 2017 年 10 月 20 日，木林森 2017 年第六次临时股东大会审议通过发行股份及支付现金购买资产并募集配套资金的相关议案。

● 2018 年 1 月 4 日，木林森重大资产重组事项获得中国证监会并购重组委员会审核通过。

● 2018 年 1 月 5 日，木林森股票复牌。

● 2018 年 2 月 1 日，木林森关于发行股份及支付现金购买资产并募集配套资金暨关联交易事项获得中国证监会核准。

● 2018 年 4 月 2 日，木林森本次收购明芯光电 100%股权已经实现资产过户，完成了工商变更登记。

三、收购方案

本次交易属于重大资产重组，同时，本次重组的交易对象为义乌和谐明芯股权投资合伙企业（有限合伙）、和谐卓睿投资（珠海）投资管理有限公司以及明芯光电全体股东，分别为和谐明芯的控股股东及其关联方，因此本次交易也构成关联交易。本次重大资产重组交易主要由两部分构成，一是发行股份及支付现金购买资产；二是发行股份募集配套资金，且本次发行股份及支付现金购买资产不以募集配套资金的成功实施为前提。

（一）发行股份及支付现金购买资产

本次交易标的资产为明芯光电 100%的股份。本次交易重组中，木林森拟通过发行股份及支付现金的方式购买和谐明芯及卓睿投资持有的明芯光电 100%的股权。本次交易的评估基准日为 2017 年 6 月 30 日，评估机构采用资产基础法对明芯光电 100%股权进行评估，并采用收益法和市场法对下属经营实体朗德万斯 100%股权进行评估，最终采用收益法评估结果作为朗德万斯 100%股权价值的评估依据。根据资产基础法评估结果，明芯光电 100%股权的评估值为 405 306.38 万元，并经各方协商后确定明芯光电 100%股权的交易价格为 400 000 万元。木林森拟以现金方式支付明芯光电交易对价的 31.35%，总计 125 400 万元；以发行股份的方式支付明芯光电交易对价的 68.65%，总计 274 600 万元。

本次发行股份购买资产的定价基准日为木林森第三届董事会第八次会议决议公告日。经协商，交易各方约定本次发行股份购买资产的发行价格为定价基准日前 120 个交易日木林森股票均价的 90%，并根据木林森 2016 年度利润分配方案予以调整，发行价格为 28.36 元/股。按此股价发行，木林森总计发行股份数为 96 826 516 股。交易对方就本次交易取得的木林森股份数量和现金对价情况如表 40 所示。

表 40 木林森向交易对方支付的现金与发行股份数量情况

序号	交易对方	出资比例	交易价格（万元）	现金支付（万元）	股份支付（万元）	股份支付（股）
1	和谐明芯	99.9%	399 600	125 000	274 600	96 826 516
2	卓睿投资	0.1%	400	400	—	—
合计		100%	400 000	125 400	274 600	96 826 516

(二) 发行股份募集配套资金

木林森拟向不超过 10 名特定投资者非公开发行股份募集配套资金，募集资金总额不超过 120 500 万元，募集的配套资金不超过本次拟购买标的资产的交易价格的 100%，且发行的股份数量不超过发行前木林森总股本的 20%。本次募集资金的发行价格为 28.36 元/股，发行数量约为 96 826 516 股股份。募集的配套资金用于义乌 LED 照明应用产品项目和支付本次重大资产重组的相关费用。其中以不超过 113 000 万元的资金用于义乌 LED 照明应用产品项目、预计以不超过 7 500 万元的资金用于本次重组相关费用的支付。交易完成前后，不考虑配套融资影响下木林森的股权结构变化情况如表 41 所示。

表 41　交易完成前后木林森股权结构变化情况

股东名称	本次交易前		本次交易后	
	持股数量(万股)	持股比例	持股数量(万股)	持股比例
孙清焕	355 660 700	67.32%	355 660 700	56.89%
天弘基金	24 384 148	4.62%	24 384 148	3.90%
建信基金	15 173 152	2.87%	15 173 152	2.43%
中山市小榄镇城建资产经营有限公司	14 999 900	2.84%	14 999 900	2.40%
华富基金	14 423 420	2.73%	14 423 420	2.31%
建信基金	7 857 908	1.49%	7 857 908	1.26%
中山市榄芯实业投资有限公司	7 320 000	1.39%	7 320 000	1.17%
香港中央结算有限公司(陆股通)	4 041 790	0.77%	4 041 790	0.65%
北京和聚投资管理有限公司	3 976 486	0.75%	3 976 486	0.64%
中国工商银行股份有限公司	3 548 088	0.67%	3 548 088	0.57%
和谐明芯	—	—	96 826 516	15.49%
其他股东	76 942 326	14.56%	76 942 326	12.31%
合计	528 327 918	100%	625 154 434	100%

本次交易完成后，不考虑配套融资影响，孙清焕将持有木林森 56.89% 的股权，本次交易没有导致木林森的控股股东和实际控制人发生变更，其实际控制人仍为孙清焕。

四、案例评论

(一) 依托“一带一路”，政策助力木林森“走出去”

自“一带一路”倡议提出以来，一系列鼓励国内企业开展海外贸易的政策相继出台，国税局也紧跟“一带一路”建设步伐，陆续推出服务“一带一路”建设 10 项税收措施，拓展国别税收咨询等 8 个方面服务举措，及时提供税收政策支持和辅导，精准对接企业“走出去”和“引进来”，企业轻装“走出去”不再是空中楼阁，有了越来越多的政策支撑。

中国是全球 LED 照明市场最重要的生产、出口基地，对外出口享有的红利正开始显现并逐步释放，这给国内 LED 企业的“出海”之路提供了极大的契机。近几年，除了欧美市场 LED 的需求量不断上涨外，巴西、智利等南美国家，以及印度、东南亚等新兴国家市场对 LED 需求也日渐旺盛。在当前国内市场竞争激烈的环境下，中国 LED 企业亟待“走出去”，以抢占市场先机。而“一带一路”正好为中国企业“走出去”开辟海外新市场的道路提供了诸多便利。2014 年，国务院《政府工作报告》中更是明确提出：推进对外投资管理方式改革，要大幅下放审批权限，鼓励中国企业在“走出去”中提升竞争力。在这样有利的大环境下，借助政策支持，木林森可以大刀阔斧开辟海外市场，在国际市场上提升品牌知名度和影响力，完成其“世界有好灯、首选木林森”的宏伟蓝图。

（二）借力欧司朗，成本优势结合品牌效应，国际照明新星冉冉升起

作为全球前十大 LED 器件制造商，木林森自成立以来一直专注于 LED 产品；明芯光电也主要经营光电材料及器件的技术开发和照明产品的研发、销售。木林森此次收购明芯光电，意在收购明芯光电的控股公司朗德万斯，可谓是醉翁之意不在酒，在乎其控股公司。朗德万斯是由于欧司朗公司对其通用照明的光源业务 CLB（传统照明及镇流器）和 LLS（LED 灯及系统）分拆而设立的，并于 2016 年 7 月 1 日开始在欧司朗集团（包括 OSRAM GmbH 和 OSRAM SYLVANIA Inc.）下独立运营。朗德万斯主要销售通用照明的光源、灯具以及智能家居的产品，并在未来一段时间内继续使用欧司朗公司特许的欧司朗品牌。作为欧司朗公司的光源事业部，朗德万斯拥有非常持久稳定的客户关系和强大的分销网络，现已在全球各地市场开展业务，不仅了解普通照明市场的所有需求，还能满足客户的个性化需求，每年预计收入约 20 亿欧元。这对木林森来说十分重要，欧司朗公司作为全球第二大照明企业，站在这个巨人的肩膀上，开辟市场的道路必定会更加顺畅。

本次收购是木林森迈向国际化的重要一步，不仅有利于木林森拓展海外市

场、延伸产业链,还可以借助欧司朗公司百年沉淀的优质品牌、全球化的采购渠道和销售网络、经验丰富的经营管理团队以及成熟、全面的全球管理体系提升自我。因此木林森将凭借此次并购迎来跨越式的发展,公司的主营业务也将因此更有保障,持续经营能力和公司股东价值也将大幅提升。木林森上海总代理、渡森照明总经理张超认为,接下来木林森不但会成为国内市场的强者,借助欧司朗公司的渠道、技术等优势,还将成为国际市场的强者,未来的木林森或将"所向披靡"。

五、市场表现(002745)

木林森交易前后股价变动情况见图 57。

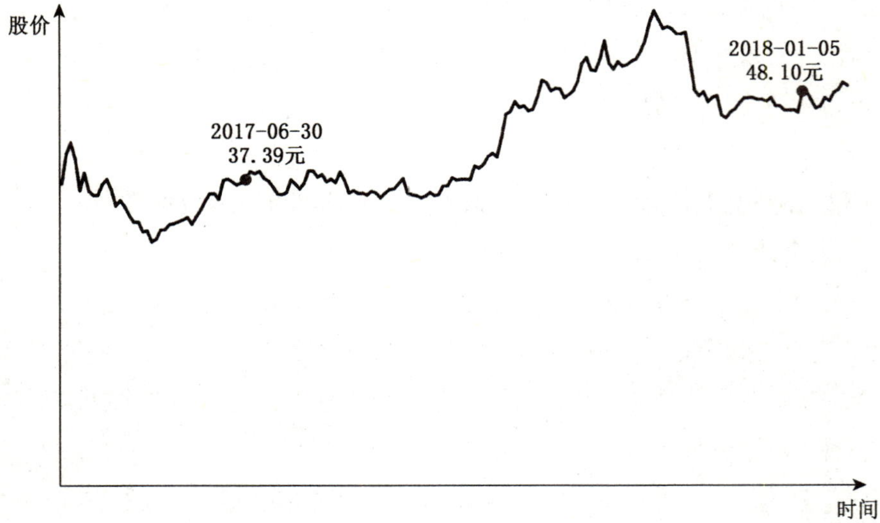

图 57 木林森交易前后股价走势

300209

天泽信息：布局跨境电商市场，创业板第一大并购案例

一、收购相关方简介

（一）收购方：天泽信息产业股份有限公司

天泽信息产业股份有限公司(以下简称“天泽信息”)前身为江苏天泽信息产业有限公司，成立于2000年5月25日，于2009年8月21日整体变更为股份有限公司。2011年4月6日，天泽信息经中国证券监督管理委员会核准，首次公开发行人民币普通股2 000万股。经深圳证券交易所批准，天泽信息股票于2011年4月26日在深圳证券交易所创业板上市挂牌交易。本次并购交易前，无锡中住集团有限公司是天泽信息的第一大股东，持股21.36%；孙伯荣为天泽信息的实际控制人，直接和间接合计持有32.61%的表决权。

天泽信息属于软件和信息技术服务业，主要为高端装备制造企业及其上下游厂商和现代农业、交通及物流运输、新能源及环保等行业相关企业和相关政府部门提供以物联网技术为核心的信息管理解决方案及相关的软硬件产品与服

务。天泽信息以发展成为产业互联网 IT 服务市场的龙头为目标。2011 年天泽信息在创业板上市以后,分别以 2.12 亿元、10 亿元收购现代商友软件集团有限公司(以下简称“商友集团”)、远江信息技术有限公司(以下简称“远江信息”),构建了“现代制造”、“公共服务”和“海外及投资”三大业务板块。

(二) 收购标的: 深圳市有棵树科技股份有限公司

深圳市有棵树科技股份有限公司(以下简称“有棵树”)成立于 2010 年 4 月 20 日,是由自然人股东肖四清和肖燕共同出资设立的有限责任公司,于 2015 年 11 月整体变更为股份有限公司。经全国中小企业股份转让系统有限责任公司同意,有棵树股票于 2016 年 4 月 6 日起在全国中小企业股份转让系统挂牌公开转让,证券代码为 836586。本次交易前,肖四清为有棵树的实际控制人,直接持 6 933.40 万股,比例为 29.99%。

有棵树自 2010 年成立以来便开始从事跨境电商出口业务,业务保持较快增长。有棵树主要以 B2C 模式面向国外消费者,并依托 eBay、亚马逊、Wish、速卖通等第三方电商平台,将中国制造的 3C 电子产品、户外用品、家居生活用品、玩具、车载用品等高性价比产品销往全球 100 多个国家及地区。有棵树通过自身低成本、高效率的跨境仓储物流网络将产品迅速销售至海外市场,利用先发优势获得高回报,并最大限度地拓展市场分额。目前,有棵树出口业务的在线产品 SKU(库存量单位)数量逾 12 万个,其中活跃 SKU 为 6 万至 7 万个,活跃供应商超过 4 000 家。有棵树在全球范围内自营仓库面积已逾 16 万平方米,结合“海陆空铁”四大运输模式,基本形成了一个高效、可靠的仓储物流网络。

二、收购事件一览

● 2017 年 2 月 10 日,天泽信息因筹划重大事项开始停牌。

● 2017 年 8 月 4 日,天泽信息第三届董事会 2017 年第五次临时会议审议通过本次交易的预案等相关议案。同日,有棵树召开第一届董事会第十六次会议,审议通过有棵树股东向天泽信息转让股权暨有棵树公司性质整体变更、申请有棵树股票在全国股转系统终止挂牌等与本次交易相关的议案。

● 2017 年 8 月 19 日,有棵树召开 2017 年第四次临时股东大会,审议通过有棵树股东向天泽信息转让股权暨有棵树公司性质整体变更、申请有棵树股票在全国股转系统终止挂牌等与本次交易相关的议案。

- 2017 年 8 月 25 日,有棵树向全国股转公司报送了终止挂牌的申请材料,经审核,全国股转公司同意有棵树股票自 2017 年 9 月 18 日起在全国股转系统终止挂牌。
- 2017 年 9 月 15 日,天泽信息股票复牌。
- 2018 年 5 月 25 日,天泽信息第三届董事会 2018 年第五次临时会议审议通过本次重组的正式方案。
- 2018 年 6 月 9 日,有棵树召开 2018 年第二次临时股东大会,审议通过有棵树股东向天泽信息转让股权等与本次重组相关的议案。
- 2018 年 6 月 14 日,天泽信息召开 2018 年第二次临时股东大会,审议通过本次重组方案及相关议案。
- 2018 年 12 月 18 日,本次重组方案获得中国证监会核准。

三、收购方案

本次交易方案包括天泽信息发行股份及支付现金购买资产、募集配套资金两个部分。本次发行股份购买资产不以募集配套资金的成功实施为前提,最终配套融资成功与否不影响本次发行股份购买资产行为的实施。

(一) 发行股份及支付现金购买资产

本次交易标的资产为有棵树 99.999 1%的股权。截至评估基准日 2017 年 12 月 31 日,有棵树归属于母公司所有者权益账面价值为 117 639.86 万元,采用收益法确认的评估价值为 340 300 万元,评估增值 222 660.14 万元,增值率 189.27%。天泽信息以发行股份及支付现金相结合的方式向肖四清等 32 位交易对方购买其持有的有棵树合计 99.999 1%股权,共计作价 339 997.06 万元。其中,以发行股份方式支付 297 857.47 万元,占本次交易对价的 87.61%,剩余 12.39% 的交易对价以 42 139.59 万元现金予以支付。

本次发行股份购买资产的定价基准日为天泽信息第三届董事会 2018 年第五次临时会议决议公告日,本次发行股份购买资产发行价格为 22 元/股,不低于定价基准日前 20 个交易日天泽信息股票交易均价的 90%，即 17.01 元/股。2018 年 5 月 17 日，天泽信息召开 2017 年年度股东大会审议通过《2017 年度利润分配预案》，以当时总股本 292 122 316 股为基数，向全体股东每 10 股派 0.20 元人民币现金。因此，天泽信息本次发行股份购买资产价格调整为 21.98 元/股。扣除现金对价后，按此股价发行股份，天泽信息向交易对方合计发行 135 512 938股股票。

(二) 发行股份募集配套资金

天泽信息拟采用询价方式向不超过 5 名(含 5 名)符合条件的特定对象发行股份，募集配套资金不超过 130 000 万元用于支付本次交易的现金对价、交易相关费用和标的公司的募投项目建设，募集资金总额不超过本次交易中以发行股份方式购买资产的交易价格扣除交易对方在本次交易停牌前六个月内及停牌期间以现金增资入股标的资产部分对应的交易价格后的 100%。交易完成前后天泽信息股权结构变化情况如表 42 所示。

表 42　交易完成前后天泽信息股权结构变化情况

股东名称	本次交易前		本次交易后(不考虑配套融资)	
	持股数量(股)	持股比例	持股数量(股)	持股比例
控股股东和实际控制人：				
无锡中住集团有限公司	6 208.49	21.36%	6 208.49	14.57%
孙伯荣	3 269.77	11.25%	3 269.77	7.67%
控股股东和实际控制人小计	9 478.26	32.61%	9 478.26	22.24%
陈进	3 586.16	12.34%	3 586.16	8.41%
刘智辉	2 913.75	10.02%	2 913.75	6.84%
东吴证券股份有限公司	875.77	3.01%	875.77	2.05%
上市公司其他股东	12 211.74	42.01%	12 211.74	28.65%
本次重组后新增股东：				
肖四清	—	—	4 638.44	10.88%
汤臣倍健	—	—	1 338	3.14%
建研科技	—	—	1 338	3.14%
广发信德	—	—	711.68	1.67%
其他 21 位新增股东	—	—	5 525.17	12.98%
合计	29 065.67	100%	42 616.97	100%

本次交易未导致天泽信息的控股股东和实际控制人发生变更,天泽信息控股股东仍为无锡中住集团有限公司,实际控制人仍为孙伯荣。

四、案例评论

(一) 紧抓机遇,布局“一带一路”沿线跨境电商市场

布局“一带一路”沿线跨境电商市场对沿线国家经济共赢有着深远意义,也为我国本土企业带来了发展机遇。一方面,目前跨境电商业务主要集中在欧美、日韩等成熟市场,而在东南亚、中东、俄罗斯等区域发展程度较低。“一带一路”沿线总人口约 44 亿人,经济体量约 21 万亿美元,分别约占全球的 63%和 29%,因此未来跨境电商的发展空间和潜力不可估量。另一方面,物流效率和物流成本是跨境电商的发展命脉,新兴市场跨境电商的发展必须以物流基础设施的完善为前提。“一带一路”沿线国家将在政策引导和政策扶持背景下投资建成大量的铁路、机场、港口等基建项目,这将大幅改善新兴市场在跨境物流方面的成本和效率。随着基础设施的逐渐完善,尤其是海陆空通道网络架构的顺利布局,“一带一路”沿线区域的互联互通将达到一个新水平,跨境电商贸易也将随之大幅增长。

随着我国居民生活水平的不断提高,消费者对国内外商品的需求迅速扩张,再加上仓储物流、在线支付等配套体系的进一步完善,跨境出口电商市场近年来呈现出爆发式增长的态势,进出口贸易正逐步由传统贸易模式走向跨境电商模式。近年来,中国跨境电商交易规模由 2012 年的 2.1 万亿元增长到 2017 年的 8.06 万亿元,年均复合增长率达到 25.13%,占中国货物进出口总值的比重也由 2012 年的 8.61%增至 2017 年的 28.99%。

标的公司有棵树长期致力于与世界主要国家的物流服务商及代理商的深度合作。随着 2013 年“中欧班列”的开通,以出口业务为主的有棵树全面覆盖了“海陆空铁”四大运输模式。为积极响应国家“一带一路”建设,在未来的合作中,有棵树将会和“中欧班列”开展更紧密的合作,通过铁路运输通道,为全球消费者带来更多优质商品。2017 年 8 月,有棵树正式实施“中东跨境出口电商平台及海外仓储建设项目”,并于同月上线了自主研发的专注于中东市场的自营 B2C 网上购物平台 SkyBay 的网站和移动设备应用软件。有棵树通过自营电商平台

SkyBay 直接面向中东地区的终端消费者,从应用多元化视角提高了公司在新兴市场的占有率,丰富了企业的销售渠道。

(二) 有棵树 34 亿元“出嫁”,成就创业板第一大并购案例

有棵树成立于 2010 年,在登陆新三板的跨境电商企业中,有棵树是唯一实现进出口双向跨境电商商业模式的企业,先后获得 4 轮合计近 10 亿元的融资,是历史融资额最高的未上市跨境电商公司。有棵树于 2016 年挂牌新三板,并于 2017 年 5 月晋升创新层,是国内跨境电商第一梯队中的代表性企业,过去三年连续保持了净利润 100%以上的增长。

截至并购交易评估基准日,有棵树的资产规模达到 17.4 亿元,本次交易标的 99.999 1%股权对应的净资产账面价值为 11.76 亿元,评估价值为 34.03 亿元,评估增值 189.27%。基于评估值,天泽信息收购有棵树的交易价格为 34 亿元,从交易金额来看,此次交易可谓是创业板并购交易之最。

(三) 完善产业布局,培育新的利润增长点

本次交易收购方天泽信息正致力于打造产业互联网 IT 服务市场龙头企业,标的公司有棵树目前已发展为国内跨境电商的代表企业之一,因此本次天泽信息收购有棵树可谓是“强强联合”。伴随着“互联网 + ”的大趋势,发展基于物联网及大数据分析的跨境电商已成为大势所趋,而跨境电商企业的信息化、自动化、智能化和集成化程度将在这场演变中充当重要的角色。有棵树在行业内经过多年的沉淀和积累,目前已初步形成了集品牌、产品发掘、货源把控、国际物流、跨境电商通关、仓配服务于一体的跨境综合服务商。并购重组成功后,天泽信息正式进军跨境电商领域,借助有棵树在供应链整合、国际仓储物流、管理团队、数字营销经验等方面的优势,能够快速实现在跨境电商领域的业务布局,发挥与有棵树在仓储管理、溯源供应链、物流管理和区域品类等业务领域的协同效应,分享跨境电商高速增长的红利,进一步提升合并后公司的盈利能力。

五、市场表现(300209)

天泽信息交易前后股价变动情况见图 58。

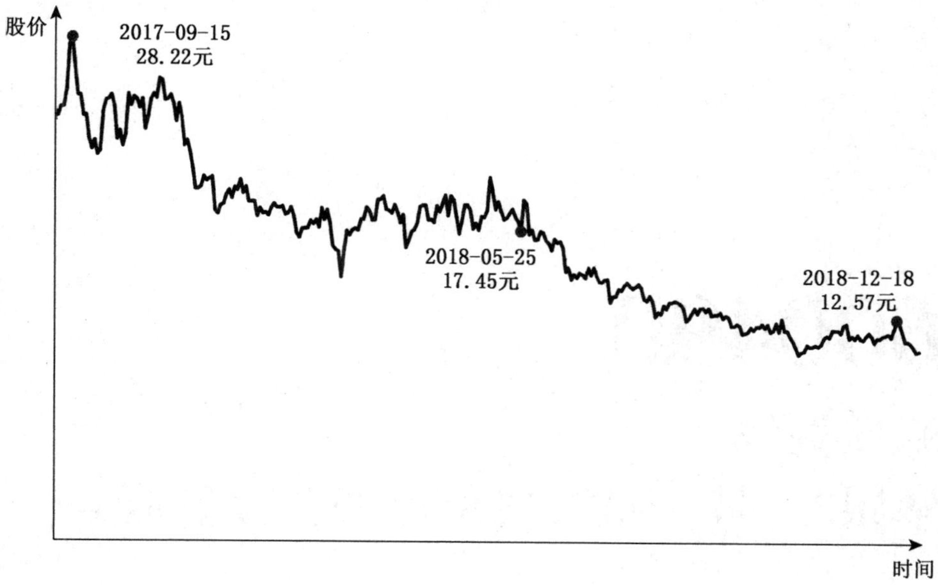

图 58 天泽信息交易前后股价走势

600490

鹏欣资源：紧跟“一带一路”，剑指海外黄金资源

一、收购相关方简介

（一）收购方：鹏欣环球资源股份有限公司

鹏欣环球资源股份有限公司(以下简称“鹏欣资源”)原名上海中科合臣股份有限公司(以下简称“中科合臣”)，成立于2000年9月29日，是一家由上海中科合臣化学有限责任公司(以下简称“合臣化学”)作为主要发起人，以发起方式设立的股份有限公司。2003年6月11日经证监会批准，鹏欣资源面向公众发行人民币普通股，并于2003年6月26日在上海证券交易所上市交易。2008年12月，上海鹏欣(集团)有限公司(以下简称“鹏欣集团”)受让合臣化学70%的股权，进而间接控制中科合臣34.24%的股份，中科合臣的实际控制人也因此变更为鹏欣集团的实际控制人姜照柏。2013年6月，“上海中科合臣股份有限公司”更名为“鹏欣环球资源股份有限公司”。

鹏欣资源的主要业务为金属铜的采选冶及销售，即通过开采、加工和冶炼铜矿石生产高纯阴极铜并进行销售，产品广泛应用于电线电缆、电子、铜材加工、机械制作及铜合金锻造等领域，甚至还包括新材料、贸易及金融等领域。在实业生

产方面,鹏欣资源拥有位于刚果(金)的希图鲁铜矿,这是当地规模最大、技术最先进、环保最好的铜企业之一。国际贸易方面,鹏欣资源主要从事一般贸易、基差贸易和期货套保。金融投资方面,2016年鹏欣资源主要参与了浙江龙生汽车部件股份有限公司(以下简称“龙生股份”)的定增项目。新材料方面,鹏欣资源尚处于起步阶段,仍有待发展。

(二) 收购标的:宁波天弘益华贸易有限公司、CAPM African Precious Metals (Proprietary) Limited、奥尼(Orkney)金矿

1. 宁波天弘益华贸易有限公司

宁波天弘益华贸易有限公司(以下简称“宁波天弘”)于2014年12月24日由王忠林和黄升祥共同出资设立,未开展实际经营业务。2017年4月25日,姜照柏与王忠林签署股权转让协议,约定王忠林以0元的价格向姜照柏转让其所持有的宁波天弘60%股份。至此,姜照柏成为宁波天弘的第一大股东。

宁波天弘无实际经营业务,实质为方便本次交易的持股型公司,而其控股公司CAPM African Precious Metals (Proprietary) Limited(以下简称“CAPM”)拥有位于南非的奥尼(Orkney)金矿(以下简称“奥尼金矿”)矿业权及相关资产,因此奥尼金矿为本次交易的核心标的公司。

2. CAPM African Precious Metals (Proprietary) Limited

CAPM African Precious Metals (Proprietary) Limited(以下简称“CAPM”)原名为China African Precious Metals (Proprietary) Limited,系2010年2月24日成立的公司。主要经营业务包括矿业开采、勘探及附属活动。CAPM的核心资产为南非奥尼金矿矿业权。CAPM获取南非奥尼金矿相关资产的过程可谓占据天时、地利、人和。

Pamodzi Gold Orkney (Pty) Ltd(以下简称“PGO”)为南非上市公司Pamodzi Gold Limited(以下简称“PGL”)的子公司,为奥尼金矿矿业权及相关资产的原所有人。但因为在黄金套期保值策略选择中的失利,2008年PGL深陷财务危机,并于2009年宣告破产。而PGL的原子公司PGO及其旗下所有公司也被南非比勒陀利亚高等法院判为临时托管,并交由指定托管人。随后Auroa Empowerment Systems (Proprietary) Limited(以下简称“Aurora”)于2009年7月27日向托管人发起购买意向,并经托管人认可。但由于Aurora资金提供方

的失信，以及 Aurora 无法从其他渠道获得足够的资金，最终迫使此收购意向终止，这也使 PGO 的生产经营更为困顿。之后，2011 年 8 月 1 日，PGO 与 CAPM 签订资产购买协议，CAPM 以 1.5 亿兰特（根据当时美元兑兰特的汇率 1∶6.725 2，折合为 2 230.42 万美元）收购 PGO 所持有的奥尼金矿相关资产。这整个收购过程可谓是对的时间、对的标的。

3. 奥尼（Orkney）金矿

南非奥尼金矿的开采历史悠久，早在 1886 年就开始开展采矿业务。但自 2009 年 PGO 公司破产清算起，奥尼金矿的生产基本处于停滞状态，并于 2010 年 3 月停产。奥尼金矿如此悠久的历史和开采能力并未为其带来明显的开采优势，在奥尼开采历史年度内，受到南非金矿业不景气、兰特（货币）对美元显著走强、多次更换金矿所有者以及奥尼金矿所有者 PGL 和 PGO 破产清算等影响，奥尼金矿的生产持续受到影响，产量未能保持较高水平。

但事实上，2009 年度 PGO 公司的财务报表显示，奥尼金矿历史上曾达到过 206 万吨开采量的辉煌成绩，这可以印证奥尼金矿的生产条件及竖井、巷道工程设施较好，整体来看具备较好的矿石开采条件，能够形成较大的矿石开采规模。

二、收购事件一览

- 2017 年 6 月 26 日，鹏欣资源召开第六届董事会第十七次会议，审议通过本次交易预案及相关议案。
- 2017 年 7 月 11 日，鹏欣资源召开第六届董事会第十八次会议，审议通过本次交易预案及相关议案。
- 2017 年 8 月 24 日，鹏欣资源召开第六届董事会第二十一次会议，审议通过本次交易预案及相关议案。
- 2017 年 10 月 25 日，鹏欣资源召开第六届董事会第二十四次会议，审议通过本次交易重组报告书及相关议案。
- 2017 年 11 月 15 日，鹏欣资源召开 2017 年第五次临时股东大会，审议通过本次交易重组报告书及相关议案；审议通过豁免姜照柏、姜雷及其一致行动人因本次交易而触发的要约收购上市公司股份的义务。
- 2017 年 12 月 11 日，鹏欣资源下属公司上海鹏欣矿业投资有限公司（以下简称“鹏欣矿投”)收到关于本次配套募集资金投资项目所需国家发改委办公厅核发的《项目备案通知书》(发改办外资备〔2017〕521 号)。

● 2017 年 12 月 12 日,鹏欣资源下属公司鹏欣矿投收到关于本次配套募集资金投资项目所需上海市商委核发的《企业境外投资证书》(境外投资证第 N3100201700680 号)。

● 2018 年 2 月 13 日,鹏欣资源召开第六届董事会第二十六次会议,审议通过本次交易重组报告书及相关议案。

● 2018 年 3 月 2 日,鹏欣资源召开第六届董事会第二十七次会议,审议通过本次交易重组报告书及相关议案。

● 2018 年 4 月 28 日,鹏欣资源收到中国证监会核发的《关于核准鹏欣环球资源股份有限公司向姜照柏等发行股份购买资产并募集配套资金的批复》(证监许可〔2018〕758 号),中国证监会已经核准鹏欣资源向姜照柏等发行股份及支付现金购买资产并非公开发行股份募集配套资金的事宜。

三、收购方案

本次交易属于重大资产重组。姜照柏与姜雷为发行股份及支付现金购买资产交易对方,其中姜照柏为鹏欣资源实际控制人;姜雷为鹏欣资源董事、姜照柏之弟,故本次交易构成关联交易。本次交易整体方案包括发行股份及支付现金购买资产及发行股份募集配套资金两部分,且本次发行股份及支付现金购买资产不以募集配套资金的成功实施为前提。

(一) 发行股份及支付现金购买资产

本次交易标的资产为宁波天弘 100%的股权。在交易中鹏欣资源拟向姜照柏、姜雷以发行股份及支付现金的方式购买其合计持有的宁波天弘 100%股权。本次交易的评估基准日为 2017 年 4 月 30 日,交易标的宁波天弘 100%股权的评估值为 190 882.04 万元,评估增值率 206 931.13%。以股权评估值为基础,经双方协商确定最后的交易价格为 190 882 万元。本次交易的现金对价为 40 000 万元,其余部分以鹏欣资源发行股份为对价支付。其中,姜照柏、姜雷分别以其持有的宁波天弘 62.5%股权、37.5%股权,取得本次交易的现金对价和鹏欣资源发行的股份。

本次发行股份的定价基准日为鹏欣资源审议本次重组事项的第六届董事会第十七次会议决议公告日，并以定价基准日前20个交易日鹏欣资源股票交易均价作为市场参考价，最后协商确定本次发行股份购买资产的发行价格为6.85元/股。在扣除现金对价后，按此股价发行股份，鹏欣资源向交易对方合计发行220 265 693股股份。交易对方就本次交易取得的鹏欣资源股份数量和现金对价情况如表43所示。

表43　鹏欣资源向交易对方支付的现金与发行股份数量情况

序号	交易对方	出资比例	交易价格(万元)	现金支付(万元)	股份支付(万元)	股份支付(股)
1	姜照柏	62.5%	119 301.25	25 000	94 301.25	137 666 058
2	姜雷	37.5%	71 580.75	15 000	56 580.75	82 599 635
合计		100%	190 882	40 000	150 882	220 265 693

(二) 发行股份募集配套资金

鹏欣资源拟在本次发行股份及支付现金购买资产的同时，通过询价方式向不超过10名符合条件的特定投资者非公开发行股份募集配套资金，募集资金总额不超过150 882万元，不超过本次拟以发行股份方式购买资产的交易价格的100%(不包括交易对方在本次交易停牌前六个月内及停牌期间以现金增资入股标的资产部分对应的交易价格)；同时发行股份数量将不超过本次发行前鹏欣资源总股本的20%。本次配套募集资金支付相关中介费用后，将用于支付现金对价及南非奥尼金矿生产建设项目。交易完成前后，鹏欣资源股权结构变化情况如表44所示。

表44　交易完成前后鹏欣资源股权结构变化情况

股东名称	本次交易前		本次发行	本次交易后 不考虑配套资金	
	持股数量(股)	持股比例	持股数量(股)	持股数量(股)	持股比例
鹏欣集团	415 858 727	21.99%	—	415 858 727	19.69%
西藏智冠	91 183 431	4.82%	—	91 183 431	4.32%
逸合投资	80 000 000	4.23%	—	80 000 000	3.79%
张华伟	75 245 000	3.98%	—	75 245 000	3.56%

（续表）

股东名称	本次交易前		本次发行	本次交易后	
				不考虑配套资金	
	持股数量（股）	持股比例	持股数量（股）	持股数量（股）	持股比例
谈意道	75 000 000	3.97%	—	75 000 000	3.55%
合臣化学	45 000 000	2.38%	—	45 000 000	2.13%
西藏风格	30 000 000	1.59%	—	30 000 000	1.42%
姜照柏	500 000	0.03%	137 666 058	138 166 058	6.54%
姜雷	—	—	82 599 635	82 599 635	3.91%
其他股东	1 078 579 704	57.03%	—	1 078 579 704	51.08%
合计	1 891 366 862	100%	220 265 693	2 111 632 555	100%

本次交易前鹏欣集团直接和间接持有鹏欣资源25.95%的股份，为鹏欣资源控股股东；姜照柏及其一致行动人合计持有鹏欣资源30.80%股份，为鹏欣资源实际控制人；本次交易完成后，鹏欣集团仍为鹏欣资源控股股东；姜照柏仍为鹏欣资源实际控制人。因此，本次交易前后鹏欣资源控股股东均为鹏欣集团，实际控制人均为姜照柏，本次交易不会导致鹏欣资源控制权发生变化。

四、案例评论

（一）顺应“一带一路”倡议，开发有色矿产资源

2012年11月19日，工业和信息化部发布《工业和信息化部关于促进黄金行持续健康发展的指导意见》，以引导黄金行业健康发展，促进黄金资源有序开发，提高资源利用水平，推动黄金产业结构调整，加快黄金产业转型升级。其中要求企业强化在全球范围内的资源配置，以我国周边、非洲和拉美国家为重点，通过国际合作，开展重要成矿带成矿规律研究、资源潜力评价和境外勘查开发，形成一批境外黄金资源勘查开发基地。本次并购的标的公司虽为宁波天弘，但交易的核心资产却是南非的奥尼金矿。南非作为“一带一路”建设中海上丝绸之路的一点，是中国产业全球化布局中的重要合作伙伴。从政策意义上说，此次并购符合国家的产业规划、行业指引，符合鼓励跨国并购的战略导向，符合新常态下我国经济的转型升级，是对国家加快实施“走出去”及“一带一路”倡议的政策落实；从资源角度上说，寻找海外矿藏，加强对海外金矿的采掘有利于增加我国

控制的黄金资源储量，推动我国有色金属产业的发展。

(二) 疑云密布的并购之路

本次交易中鹏欣资源是通过收购宁波天弘而获得 CAPM 公司的控制权，最终获得 CAPM 公司所拥有的位于南非的奥尼金矿矿业权及相关资产。这看似是一次普通的间接收购，实际在交易背后还存在许多疑点。2017 年 6 月，鹏欣资源提出收购宁波天弘的交易预案，此预案的内容并非第一次提出，早在 2014 年，鹏欣资源就曾发布类似方案，意图将这份南非金矿的资产注入上市公司，然而，方案稿几经修改后却于第二年 9 月"终止"。当时鹏欣资源称，"条件尚未完全成熟，因此对本次非公开发行事项予以终止"。然而在三年之后，鹏欣资源再次将此收购事项提上日程，并且两次并购内容除募集资金数量、标的资产名称有变化外，核心内容却是一样的。

另外一点便是此次收购的标的资产价值与最后的成交价格之间的巨大差异。在资产评估基准日，宁波天弘的所有者权益为 92.2 万元，而此次交易最终的成交价格为 19.08 亿元，两者之间两千余倍的差距令人咋舌。同时本次收购的核心资产为南非奥尼金矿，但是该金矿自 2010 年就已停产，且实际控制人在 2012 年购入该矿产的成本仅约合人民币 1 亿多元，在这停产的几年内，金矿出现了迅速的价值增长。上交所对此发出了二次问询函，指出 CAMP 于 2011 年 8 月以 2 230 万美元收购奥尼金矿，其后虽对该金矿进行了部分投入，但是本次交易作价的公允性依然是存有疑问的。

同时根据 Minxcon 公司 2015 年出具的储量报告显示，奥尼金矿的黄金储量为 501.74 吨，而黄金业务的特点是利润很高、现金流充裕，很容易形成良性现金流，而且资金回收很快。从这一方面看，奥尼金矿确实属于优质资产，能为鹏欣资源带来利润增长。但是，按照 256.77 元人民币/克的国际金价与 11.37%的黄金业务的净利率计算，奥尼金矿全部黄金储备的价值应当在 146 亿元左右，这又与 19 亿元的收购价格相去甚远。如果奥尼金矿真的如此优质，又为何以低廉的价格被一而再、再而三地收购？诸如此类的疑团亟待时间来揭秘。

(三) 引进金矿资源，拓展公司黄金业务

目前，鹏欣资源的主营业务是金属铜的采选冶炼及销售，在铜矿的采选以及

金属铜的冶炼上具有丰富的矿藏资源与工艺技术。同时,鹏欣资源在本次交易前就已经投资了部分海外矿山,在海外矿藏的经营上有着独到的优势。而此次交易的核心资产作为海外金矿山,其主要产品为黄金。黄金作为贵金属,其本身的价值是完全能够得到保障的,能够为公司避免存货积压而导致的资产减值损失,因此投资金矿,也能为鹏欣资源带来良好稳定的现金流。并且,采掘业存在天然的以及人为的进入壁垒,初始勘探工作、矿业权取得等历时较长,不确定性较高,这样的行业环境也保证了黄金采掘业的盈利。

目前我国国内黄金资源禀赋较差、黄金增产难度大,受各种因素制约,我国黄金资源综合利用率提升进展缓慢。我国主要以岩金为主,伴生金比重较大,难选冶金矿占比较高,小型矿床多,大型、超大型矿床少,如果是投资国内金矿,难以规避这类问题。而奥尼金矿位于南非西北省克拉克斯多普金矿富集地带,其资源储量丰富,黄金品位较高,具备缓倾角、矿脉薄、多矿区开采的天然优势,相比于国内的金矿而言,开采成本与加工成本就能够得到降低。同时奥尼金矿的黄金储量达到 501 吨,相比于国内金矿,略逊色于山东招金集团有限公司,其储量能够排至中国第五。如此大的黄金储量规模,一方面能够形成规模经济,降低单位黄金的开采成本,另一方面也减少了投资多个小型矿业所带来的管理费用。再者,奥尼金矿有着悠久的开采历史,2010 年 3 月停产前各个矿区均建成了完整的竖井提升、中段运输、通风排水和其他辅助设施,地表供电、水源、排土场、职工宿舍、办公楼等生产设施完备,能够有效减少恢复黄金开采所需要占用的资金数额,使公司能够尽快进行生产。因此奥尼金矿对于鹏欣资源而言,是其拓展黄金业务的优质选择。

鹏欣资源主要从事金属铜的采选、冶炼及相关产品的销售,主营业务收入与市场铜价的波动情况息息相关。因此对于鹏欣资源而言,引入奥尼金矿可以改变鹏欣资源当前单一的业务结构,避免因为金属铜行业不景气而对公司造成过大打击。同时黄金兼备一般商品和货币的双重属性,是稀缺的全球性战略资源,在应对金融危机、保障国家经济安全中具有不可替代的作用。在稀缺的黄金资源储量、有限的生产能力以及日益旺盛的黄金需求的背景下,适时进入黄金开采及冶炼业务领域,不仅能够为鹏欣资源的资产进行保值,还能够进一步拓展公司业务,实现业务多元化的转型升级。

五、市场表现(600490)

鹏欣资源交易前后股价变动情况见图 59。

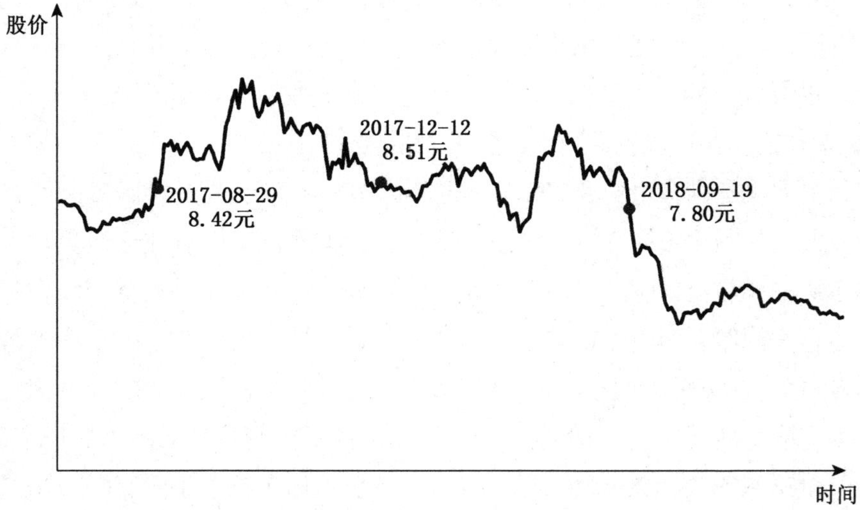

图 59 鹏欣资源交易前后股价走势

600988

赤峰黄金：
“一带一路”寻找黄金资源，打开国际化窗口

一、收购相关方简介

(一) 收购方：赤峰吉隆黄金矿业股份有限公司

赤峰吉隆黄金矿业股份有限公司(以下简称“赤峰黄金”)的前身为广州市宝龙特种汽车有限公司(以下简称“宝龙有限”)，成立于 1998 年 6 月。2000 年 7 月，宝龙有限整体变更为股份有限公司，公司名称也因此变更为“广州市宝龙特种汽车股份有限公司”(以下简称“宝龙汽车”)。2004 年 4 月 14 日，宝龙汽车于上交所挂牌上市。2007 年宝龙汽车通过了股权分置改革方案，并于 2010 年更名为“广东东方兄弟投资股份有限公司”(以下简称“东方兄弟”)。2012 年，东方兄弟发行股份收购赤峰吉隆矿业有限责任公司(以下简称“吉隆矿业”)100%股权，并于 2012 年更名为“赤峰吉隆黄金矿业股份有限公司”。

赤峰黄金注册资本为 14.26 亿元，从业人员 4 000 余人。所属黄金矿山企业共有 8 项采矿权和 12 项探矿权，已提交国土资源管理部门评审备案的黄金资源储量约 55.75 吨，矿区面积近 60 平方公里，已成为全国 12 大黄金集团之一。赤

峰黄金的主营业务为黄金采选及资源综合回收利用业务，主要通过下属子公司开展：吉隆矿业、赤峰华泰矿业有限责任公司（以下简称“华泰矿业”）、辽宁五龙黄金矿业有限责任公司（以下简称“五龙黄金”）从事黄金采选业务，郴州雄风环保科技有限公司（以下简称“雄风环保”）与安徽广源科技发展有限公司（以下简称“广源科技”）同属资源综合回收利用行业，雄风环保从事有色金属资源综合回收利用业务，广源科技从事废弃电器电子产品处理业务。赤峰黄金一直视黄金采选与资源综合回收利用双轮驱动为公司的发展战略，在黄金采选业务稳步经营的基础上，推动发展资源综合回收利用业务。截至目前，赤峰黄金的控股股东、实际控制人为赵美光先生。

（二）收购标的：MMG Laos Holdings Limited

MMG Laos Holdings Limited（以下简称“MMG Laos”）的前身 CRA Exploration (Laos) Limited（以下简称“CRA”）于 1993 年 5 月 25 日注册成立，之后经历了五次更名、三次股份增发和八次股份转让。最后一次股权变更之后，Album Investment 获得了 MMG Laos100%的股权。MMG Laos 持股 Lane Xang Minerals Limited（以下简称“LXML”），并未开展实质经营业务。

1993 年 6 月 15 日，MMG Laos 的前身 CRA 与老挝政府签署了 MEPA 协议，约定 MMG Laos 可在老挝境内全资成立一家有限责任公司并负责运营 Sepon 矿山。同年 9 月，MMG Laos 在老挝境内设立 LXML 以运营 Sepon 矿山。Sepon 矿山拥有较为丰富的铜、黄金资源储量，2003 年 3 月起 LXML 在 Sepon 铜金矿进行矿产资源开采加工，至今该矿山已持续稳定经营超过 15 年。LXML 生产的阴极铜系大宗商品，生产后，通过卡车从老挝沙湾拿吉市的仓库运输到曼谷周边的终端工厂，并最终用于继续生产铜线、电缆、铜管和母线。除此之外，部分阴极铜经过海运方式销往中国企业继续深加工。本次交易后 MMG Laos 及其相关方的股权结构如图 60 所示。

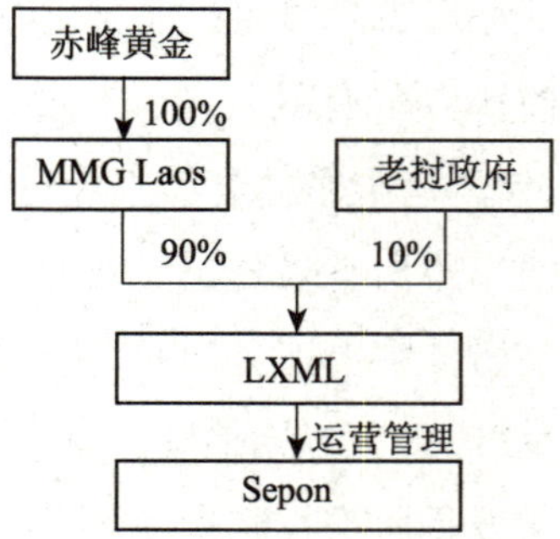

图 60　本次交易后 MMG Laos 及其相关方的股权结构

二、收购事件一览

- 2018 年 6 月 21 日，赤峰黄金召开第六届董事会第二十次会议，审议通过《关于签署〈股份购买协议〉的议案》等与本次交易相关的议案，同意签署附生效条件的《股份购买协议》，购买 MMG Laos 的全部已发行股份。同日，赤峰黄金与 Album Investment 及卖方担保人 MMG 签署了《股份购买协议》。
- 2018 年 8 月 16 日，内蒙古商务厅下发境外投资证第 N1500201800036 号《企业境外投资证书》，同意赤峰黄金向 Album Investment 支付款项，投资总额 27 500 万美元。
- 2018 年 9 月 5 日，内蒙古发改委下发内发改外经函〔2018〕578 号《境外投资项目备案通知书》，对赤峰黄金收购 MMG Laos 股权项目予以备案。
- 2018 年 9 月 18 日，国家市场监督管理总局出具了反垄断初审函〔2018〕第 176 号《经营者集中反垄断审查不实施进一步审查决定书》，决定对赤峰黄金收购 MMG Laos 股权案不实施进一步审查，许可公司实施集中。
- 2018 年 10 月 12 日，赤峰黄金召开第七届董事会第二次会议，审议通过《关于本次重大资产购买符合实质条件的议案》《关于公司重大资产购买具体方案的议案》等与本次交易相关的议案，并且审议通过非公开发行 A 股股票相关事项。
- 2018 年 10 月 16 日，赤峰黄金取得中国工商银行股份有限公司赤峰广场支行提供的业务编号为 35150400201810156171 的《外汇业务登记凭证》，赤峰黄金已办理完毕“ODI 中方股东对外出资义务”的登记手续。
- 2018 年 10 月 29 日，赤峰黄金召开2018 年第二次临时股东大会，审议通过《关于本次重大资产购买符合实质条件的议案》《关于公司重大资产购买具体方案的议案》《关于〈赤峰吉隆黄金矿业股份有限公司重大资产购买报告书(草案)〉及其摘要的议案》等与本次交易相关的议案。
- 2018 年 11 月 15 日，赤峰黄金召开第七届董事会第四次会议，审议通过《关于签署〈股份购买协议补充协议〉的议案》。
- 2018 年 12 月 1 日，赤峰黄金发布《关于重大资产购买交割完成的公告》。

三、收购方案

本次交易属于重大资产重组，但不构成关联交易。使用收益法的评估结果作为最后的评估结论，标的公司 MMG Laos 截至评估基准日 2017 年 12 月 31 日归属于母公司所有者权益的账面值为 348 965.63 万元，评估值为 365 350.76 万元①，评估增值 16 385.12 万元，增值率为 4.70%。交易各方通过商业谈判的方式协商并最终签署协议，确定 90%的 MMG Laos 交易对价为 2.75 亿美元。以协议签署日美元兑人民币汇率中间价 6.4706 计算，折合人民币约为 177 941.50 万元。

本次交易由赤峰黄金自有资金及自筹资金先行支付。此外，赤峰黄金第七届董事会第二次会议审议通过了非公开发行股票的预案，拟非公开发行股票募集资金，募集资金总额不超过 177 941.50 万元，扣除发行费用后将全部用于收购 MMG Laos 已发行股份，实际募集资金低于本次收购交易总额的部分由赤峰黄金自行解决。在募集资金到位前，赤峰黄金将根据项目进度的实际需要以自筹资金先行投入，并在募集资金到位之后按规定予以置换。本次非公开发行股票与本次重大资产购买交易独立实施，本次重大资产购买交易不以非公开发行核准为生效条件。

(一) 银团并购贷款、贸易性融资和自有资金

1. 银团并购贷款

并购贷款银团拟为本次收购提供 10 亿元人民币或等值美元的并购贷款，贷款期限 7 年，每半年还款一次，前 6 年每年还款 1.4 亿元，第 7 年还款 1.6 亿元，人民币贷款利率执行人民银行同期贷款基准利率，美元利率执行 3 个月 LIBOR + 215BP，按季付息，并拟以赤峰黄金子公司五龙黄金及雄风环保的股权进行质押、以五龙黄金采矿权进行抵押。

2. 贸易性融资

根据 2018 年 9 月 21 日赤峰黄金及相关方与全球性大宗商品贸易和物流企业集团——托克集团的子公司 Trafigura Pte Ltd.托克私人有限公司（以下简称“托克”）签署《收购和预付款的指示性条款清单》，托克拟为本次收购提供 1.40 亿美元的收购融资贷款（在贷款期间，如双方同意，托克可以增加 2 500 万美元的贷款额度），预付款期限至 2020 年 4 月 30 日结束，利率为 1 个月 LIBOR + 年化 3.8%，而赤峰黄金拟以在 16 个月内向托克交付阴极铜的方式每月均等偿还。

---

① 股东全部权益价值为 55 913.62 万美元，按照评估基准日汇率 6.534 2，折合人民币 365 350.76 万元。

3. 自有资金

截至 2018 年 6 月 30 日,赤峰黄金的货币资金余额为 29 857.83 万元,尚未使用的银行授信额度余额为 57 000 万元,自有资金加授信额度余额合计为 86 857.83万元。

以中国外汇交易中心公布的 2018 年 9 月人民币兑美元月平均汇率 6.8445 计算,上述赤峰黄金自有及自筹资金规模合计为 4.38 亿美元,已超过本次交易总额 2.75 亿美元,能够满足本次收购的资金需求。

(二) 非公开发行股份募集资金

本次非公开发行股票的发行对象为包括赤峰黄金控股股东、实际控制人赵美光在内的不超过十名符合中国证监会规定的特定投资者。本次非公开发行股票的定价基准日为发行期首日。发行人本次非公开发行股票的发行价格不低于定价基准日前二十个交易日发行人股票交易均价的 90%。认购人此次认购的股票自本次非公开发行结束之日起 36 个月内不得转让。本次发行尚需赤峰黄金股东大会审议通过,且需报中国证监会核准。

四、案例评论

(一) 赤峰黄金“走出去”,沿“一带一路”寻觅黄金资源

赤峰黄金是一家国内上市的民营黄金企业,从 2014 年起,赤峰黄金便开始在全国范围内搜寻合适的黄金矿产资源,但由于国内的黄金资源市场竞争日趋激烈,中等以上规模的可并购黄金矿山日益减少。于是,从 2016 年起赤峰黄金将目光投向了海外,“走出去”,寻找适合其“胃口”的黄金资源。随后的两年,赤峰黄金分别考察了俄罗斯、蒙古国、印度尼西亚、澳大利亚、南非、南美、东南亚等“一带一路”沿线国家和地区的金矿项目,即便筛选后递到董事长吕晓兆办公桌上的黄金项目资料不下二三十份,但是,赤峰黄金并未能选择出适合的标的公司。

“黄金、铜等国内稀缺矿产资源属于国家鼓励类‘走出去’获取的资源,也是企业自身发展的要求。”赤峰黄金的团队表示,他们在制定并购策略的时候分析了很多,最后选择沿着“一带一路”沿线国家找黄金资源,搭上“一带一路”倡议的东风,顺势而为。“识时务者为俊杰”正好印证在赤峰黄金的身上,懂得乘势而

为，也让本次并购进展格外的顺利。

（二）技术与管理双优势，为标的公司攻关赋能

Sepon从2003年至2013年生产了10年的黄金，最高年产黄金可达6吨。但随着地表氧化金矿消耗殆尽，该矿地表的氧化铜矿储量只有17万多吨，按照现有年产7万多吨铜的生产规模来算，Sepon的生产年限只有两年，随后就不得不转入地下原生矿开采阶段。因此Sepon将面临着并购后的第一个考验——现有采选生产系统及工艺需要随着矿石性质的变化而调整。

但赤峰黄金的董事长吕晓兆则认为，采选原生矿是赤峰黄金的优势，该原生矿性质类似于贵州烂泥沟金矿、贵州水银洞金矿，而且近些年我国很多企业已经攻克了复杂矿难选冶技术。因此赤峰黄金要做的，就是结合该矿具体的矿石性质，进行科研以确定最优化的选冶指标。同时，吕晓兆承诺未来将派一部分专业技术和高水平的管理人员到现场，进一步发挥国内黄金生产技术和经营管理优势，取长补短，对原有生产工艺、技术进行科研和改造，对不合理的生产成本进行精细化管理。因此，就技术和管理层面而言，Sepon铜金矿未来由露天采矿转入地下采矿，可能并不算是一个难题。

五、市场表现(600988)

赤峰黄金交易前后股价变动情况如图61所示。

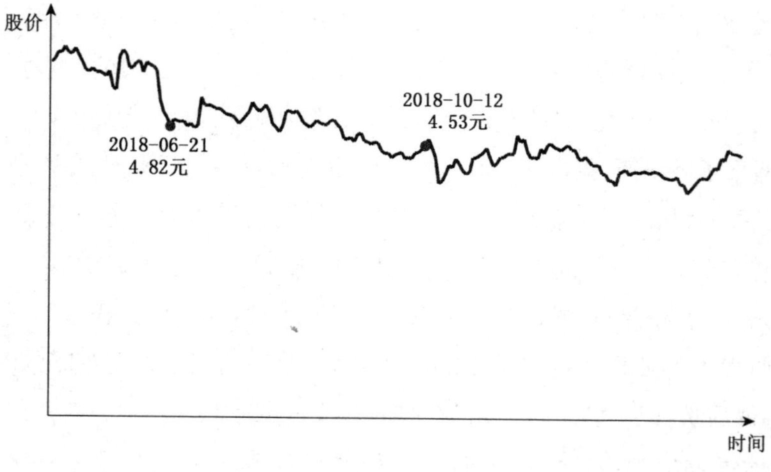

图61　赤峰黄金交易前后股价走势

第八辑　其他典型并购

002314

南山控股：

B转A好事多磨，成就A股物流地产第一股

一、收购相关方简介

（一）收购方：深圳市新南山控股（集团）股份有限公司

深圳市新南山控股（集团）股份有限公司（以下简称“南山控股”）前身是成立于2001年4月的深圳市雅致轻钢房屋系统有限责任公司，2005年经全体股东批准改组为深圳市雅致集成房屋（集团）股份有限公司（以下简称“雅致股份”）。2009年11月雅致股份经中国证券监督管理委员会批准在深圳证券交易所中小企业板挂牌上市。2014年6月，雅致股份召开临时股东大会审议通过《关于雅致集成房屋（集团）股份有限公司向特定对象发行股份购买资产》等相关议案。次年雅致股份取得中国证监会《关于核准雅致集成房屋（集团）股份有限公司向中国南山开发（集团）股份有限公司等发行股份购买资产并募集配套资金的批复》。同年11月雅致股份公司名称由“雅致集成房屋（集团）股份有限公司”变更为“深圳市新南山控股（集团）股份有限公司”。

目前南山控股是一家以房地产开发为主要业务，集成房屋、船舶舾装业务相结合的多元化、集团型的企业。成立至今，南山控股的产品和服务不断受到社会

和政府的高度肯定,先后获得“全国用户满意服务企业”,“中国著名品牌”,“改革开放 30 年广东省建材行业突出贡献企业”等荣誉称号。南山控股不仅关注自身的经营发展,同时承担企业的社会责任与民族责任。2008 年积极参与到汶川大地震的救援中,被国家住房和城乡建设部授予“抗震救灾集体荣誉称号”及“2008 年抗震救灾先进集体”,2015 年更是被评为“2015 年度中国房地产风云榜最具影响力楼盘”。

(二) 收购标的:深圳赤湾石油基地股份有限公司

深圳赤湾石油基地股份有限公司(以下简称“深基地”)1995 年经深圳市人民政府批准,由中外合资的赤湾石油基地股份有限公司改组设立。1995 年 6 月经深圳市人民政府和深圳市证券管理办公室批准,深基地向社会公开发行境内上市外资股(B 股)股票。

深基地的主营业务分为两大板块,一是通过控股子公司以物流园区为平台,拥有并管理多个大型物流园区,为包括高端制造企业、零售企业、电子商务企业及专业第三方物流公司在内的客户提供仓储、配送、库内管理、供应链管理、设备租赁等多元化及物流一体化综合服务。二是为中国南海东部石油的勘探、开发及生产活动提供石油后勤服务,并为石油行业客户提供码头、港口服务、堆场、仓库及办公楼的租赁业务等。

(三) 关联控股方:中国南山开发(集团)股份有限公司

中国南山开发(集团)股份有限公司(以下简称“中国南山集团”)始于 1982 年,因国家南海石油开发战略而生,经国务院批准,由招商局集团有限公司、中国海洋石油总公司,以及广东省国资委、深圳市国资委、黄振辉投资有限公司等共同组建,是国有企业混合所有制探索的先行者。目前中国南山集团已成为以深圳赤湾为总部,综合物流、产城综合开发、资产管理与金融服务等核心产业辐射全国的综合性企业集团。

南山控股和深基地的控股股东及实际控制人均为中国南山集团。根据相关法律、法规和规范性文件及《上市规则》的规定,本次并购构成关联交易。具体落实到交易流程,南山控股审议本次交易的董事会表决时,关联董事已回避表决;在深基地审议本次交易的董事会表决时,关联董事也已回避表决。

二、收购事件一览

● 2016年3月7日，南山控股发布重大事项停牌公告。

● 2016年6月7日，南山控股发布关于重大资产重组停牌期满申请继续停牌的公告。

● 2016年6月30日，南山控股召开第四届董事会第十九次会议，审议通过《关于深圳市新南山控股(集团)股份有限公司发行A股股份换股吸收合并深圳赤湾石油基地股份有限公司并募集配套资金暨关联交易之方案的议案》。

● 2016年7月2日，南山控股发布收购报告书(草案)及公司股票暂不复牌的提示性公告。

● 2016年7月8日，南山控股收到深圳证券交易所《关于对深圳市南山控股(集团)股份有限公司的重组问询函》。

● 2016年7月16日，南山控股发布《关于延期回复深圳证券交易所问询函并继续停牌的公告》。

● 2016年7月19日，南山控股发布关于公司股票复牌的公告。

● 2016年8月2日，南山控股发布关于吸收合并深圳赤湾石油基地股份有限公司及配套融资事项获得国务院国资委批复的公告。

● 2016年8月3日，南山控股召开了2016年第三次临时股东大会，审议通过《关于深圳市新南山控股(集团)股份有限公司发行A股股份换股吸收合并深圳赤湾石油基地股份有限公司并募集配套资金暨关联交易之方案的议案》等相关议案。

● 2016年8月16日，南山控股发布关于调整重大资产重组方案的公告。

● 2016年8月30日，南山控股发布了关于重大资产重组事项获得商务部原则同意批复的公告。

● 2016年9月01日，南山控股发布了关于收到《中国证监会行政许可申请受理通知书》的公告。

● 2016年9月23日，南山控股发布停牌公告。

● 2016年9月30日，南山控股发布深圳市新南山控股(集团)股份有限公司关于公司股票复牌的公告。

● 2016年10月10日，南山控股发布了关于中止重大资产重组审核的公告，原因在于本次交易所可能涉及的相关政策尚未明确，南山控股、深基地需要落实相关事宜。

● 2016 年 10 月 17 日，南山控股收到《中国证监会行政许可申请中止审查通知书》。

● 2017 年 1 月 10 号，南山控股发布《关于更换公司发行股份购买资产并募集配套资金项目持续督导期独立财务顾问主办人的公告》。

● 2017 年 10 月 31 日，南山控股召开第五届董事会第五次会议，审议通过恢复提交证监会审核换股吸收合并深基地 B 交易议案。

● 2017 年 11 月 9 日，南山控股收到《中国证监会行政许可申请恢复审查通知书》。

● 2017 年 11 月 27 日，南山控股召开第五届董事会第六次会议，审议通过此次并购交易相关议案。

● 2017 年 12 月 11 号，南山控股召开第五届董事会第七次会议，审议并通过此次并购交易的估值报告更新议案。

● 2017 年 12 月 20 日，南山控股收到《中国证监会行政许可项目审查一次反馈意见通知书》。

● 2018 年 1 月 09 日，南山控股发布《关于〈中国证监会行政许可项目审查一次反馈意见通知书〉〔162171 号〕之反馈意见回复》及并购交易报告书。

● 2018 年 1 月 18 日，南山控股发布《关于中国证监会并购重组委审核公司发行 A 股股份换股吸收合并深圳赤湾石油基地股份有限公司暨关联交易事项的停牌公告》。

● 2018 年 1 月 25 日，南山控股发布《关于发行 A 股股份换股吸收合并深圳赤湾石油基地股份有限公司暨关联交易事项获中国证监会并购重组委审核通过暨公司股票复牌的公告》。

● 2018 年 2 月 22 日，南山控股收到证监会核发的核准批复文件。

● 2018 年 5 月 3 日，南山控股发布《关于发行股份吸收合并深圳赤湾石油基地股份有限公司事宜的提示性公告》《关于换股吸收合并深圳赤湾石油基地股份有限公司现金选择权派发及实施的提示性公告》《关于发行股份吸收合并深圳赤湾石油基地股份有限公司事宜的提示性公告》。

● 2018 年 5 月 4 日，南山控股发布《关于公司股票连续停牌直至现金选择权实施完毕的提示性公告》。

● 2018 年 5 月 8 日，南山控股发布《关于发行股份吸收合并深圳赤湾石油基地股份有限公司事宜的提示性公告》。

● 2018 年 5 月 16 日，南山控股发布《关于换股吸收合并深圳赤湾石油基地股份有限公司现金选择权实施的第一次提示性公告》《关于换股吸收合并深圳赤湾石油基地股份有限公司现金选择权实施的第二次提示性公告》《关于换股吸收合并深圳赤湾石油基地股份有限公司现金选择权实施的第三次提示性公告》。

● 2018 年 5 月 25 日，南山控股发布《关于公司股票复牌的公告》《关于现金选择权申报结果的公告》。

● 2018 年 6 月 15 日，南山控股发布《关于深圳赤湾石油基地股份有限公司股票终止上市并摘牌的公告》《关于发行股份换股吸收合并深圳赤湾石油基地股份有限公司的进展公告》。

● 2018 年 7 月 17 日，南山控股发布《发行 A 股股份换股吸收合并深圳赤湾石油基地股份有限公司暨关联交易实施情况暨新增股份上市报告书》。

三、收购方案

本次交易属于换股吸收合并，即南山控股拟以发行 A 股股份换股方式吸收合并深基地。本次交易不会导致南山控股的控股股东和实际控制人变更。本次交易不构成借壳上市，但构成重大资产重组和关联交易。

(一) 发行股份募集配套资金

在本次换股吸收合并的同时，南山控股拟采用锁价发行方式向不超过 10 名特定对象(国开汉富融翔、国开汉富贵富、金信基金拟设立的资管计划)非公开发行 A 股股票募集配套资金，总额不超过 16.5 亿元。具体而言，本次交易前，南山控股的总股本为 1 877 530 273 股，深基地的总股本为 23 060 万股，南山控股因本次合并将发行 A 股股票 830 252 240 股吸收合并深基地；本次交易后，存续的南山控股的总股本将增至 2 707 782 513 股，深基地则将终止上市并注销法人资格。本次合并前后南山控股的直接控股股东和实际控制人均未发生变化。交易前后南山控股股权结构变化如表 45 所示。

募集配套资金的实施以本次换股吸收合并实施完成为前提,若本次换股吸收合并无法实施完成,则募集配套资金自始不生效。最终募集配套资金的完成情况不影响本次换股吸收合并的实施。

表 45　南山控股换股吸收合并深基地前后股权结构变化

股东	本次吸收合并前		本次吸收合并后	
	持股数量(万股)	持股比例(%)	持股数量(万股)	持股比例(%)
中国南山集团及其关联方	142 263.50	75.77%	185 259.48	68.42%
原南山控股 A 股公众股东	45 489.53	24.23%	45 489.53	16.80%
原深基地 B 股公众股东	—	—	40 029.25	14.78%
特定投资者	—	—	—	—
合计	187 753.03	100%	270 778.25	100%

(二) 本次换股吸收合并发行的股票种类、面值、换股价格和换股比例

1. 南山控股换股价格

本次换股吸收合并交易中,南山控股发行境内普通股(A 股),每股面值为 1 元。南山控股于定价基准日前 20 个交易日股票交易均价为 6.48 元/股。综合考虑历史股价、经营业绩、市值规模以及可比公司股价等因素,经公平协商,最终确定南山控股的换股价格为定价基准日前 20 个交易日南山控股股票交易均价的 90%,即 5.83 元/股。

2016 年 5 月 23 日,南山控股 2015 年年度股东大会审议通过《利润分配方案》,以 1 877 530 273 股为基数,向全体股东每 10 股派发现金红利 1.88 元(含税),送红股 0 股,不以公积金转增股本,上述分红除息于 2016 年 6 月 23 日实施完成,南山控股换股价格调整为 5.64 元/股。

2. 深基地换股价格

本次合并中,经公平协商,综合考虑历史股价、经营业绩、市值规模、同类交易溢价率等因素,深基地股东的换股价格以定价基准日前 20 个交易日交易均价为基础,并在此基础上给予 40%的换股溢价率确定,即 23.27 港元/股。采用 B 股停牌前一交易日即 2016 年 3 月 4 日中国人民银行公布的人民币兑换港币的中间价(1 港币 = 0.840 3 人民币)进行折算,折合人民币 19.55 元/股。

(三) 本次交易所涉及的现金选择权

为充分保护南山控股及深基地全体股东特别是中小股东的利益,本次交易

将由现金选择权提供方向南山控股及深基地除中国南山集团及其关联方以外的全体股东提供现金选择权。享有现金选择权的股东可以将其所持有的南山控股A股、深基地B股分别按照5.64元/股(除息后)、18.28港元/股的价格全部或部分申报行使现金选择权。

四、案例评论

(一) 吸收合并,好事多磨

2016年3月南山控股发布重大事项停牌公告,并于同年6月底公告了拟换股吸收合并深基地的并购议案;但2016年10月10日,南山控股及深基地同时发布公告,表明由于本次交易可能涉及相关政策尚未明确,南山控股、深基地需要落实相关事宜,遂向证监会提出中止审核的申请。

针对国庆期间并购双方提出中止重组审核的原因,可能是由国庆期间地产调控加码、多个城市重启限购限贷、央行银监会警示房贷风险等因素所致。这一系列性、多部门的联合行动,无外乎预示着来自高层的政策变动将席卷地产市场。尤其是考虑到2009年后暴涨的房价、2010年初证监会曾暂停了房企的所有重组和再融资,直至2013年末才逐渐放开楼市冷却这一历史,南山控股和深基地对于此次是否会再次冻结地产融资的担忧不无道理。

另一个导致并购双方申请中止审核的原因可能与证监会发布的最新上市公司重组办法相关,该办法新增"公司控制权变更之日起60个月内,因购买资产而触发相关标准的交易,归为借壳上市"这一条目,而此前借壳上市并无60个月这一要求;此外对于公司控制权的定义也制定了不同以往的新规定;而且对于借壳标准,从总资产这一单一指标拓展为总资产、净资产、收入、净利润、股份这五大类指标,并规定只要其中任一指标超过上市公司控制权变化前的100%都算借壳。由此看来,南山控股可能涉及的一件重要事件是2015年其直接控股股东从赤晓企业变成了南山集团,但实际控制人并未发生变化,而这是否构成新规定的控制权变更是南山控股的待明确事项。

虽然此次并购暂停的根本原因未有定论,但这并不影响此次重组的结果和市场对此次并购的判断。南山控股吸收合并深基地自重组草案发布以来进展顺利,截至中止审核申请日,吸并草案也已经获得国资委和商务部的同意,只剩证监会这一道关卡,这无疑对本次南山控股的国企改革进程奠定了良好的基础。结合监管机构针对重大资产重组出台的管理办法等多项法规和监管指引,南山控股吸收合并深基地相比其他A股市场的重大资产重组项目更为复杂,也涉及更多政策法规。因此不难推断,此次中止审核申请的目的旨在充裕时间、准备完备的补充材料以顺利过会。

(二) A、B股合并,大湾区走出又一"妖股"

进入2018年5月,南山控股和深基地频频发布公告,南山控股拟通过证券转换方式与深基地进行换股,深基地股份与南山控股股份的换股比例为1∶3.600 4,南山控股的换股价格为5.43元/股。两家公司股票也于同期开始停牌,此后进入现金选择权派发、行权申报、行权清算交收阶段,直至实施换股结束,其间不再进行交易。

根据以往案例,结合公司基本面、技术面分析,带有粤港澳大湾区概念的南山控股被热炒的可能性极大,有分析人士更是表明至少有30%的上涨空间,并且随即将成为下一个三连板的"沙河实业股份有限公司"。

(三) 南山控股吸收合并深基地顺利过会,有望成就物流地产第一股

南山控股换股吸收合并深基地顺利过会,将成就A股纯正物流地产第一股。物流仓储是地产行业少有的成长领域,南山控股作为物流行业二梯队龙头,又将是A股首家纯正物流地产标的,未来将充分受益于行业红利。

得益于电商及其带动的快递行业、消费升级、第三方物流等驱动因素以及存量替换,高端仓储行业持续景气,是地产行业少有的成长领域。截至2017年上半年,按照各物流地产运营商存量占比而言,南山控股作为物流地产二梯队龙头,行业地位和资产质量相对领先。

此外,南山控股股东——中国南山集团在赤湾片区拥有3.4平方公里的土地。其中赤湾二路以南主要是港口码头用地,约占三分之一;赤湾二路至赤湾六路之间主要是工业用地,未来具备部分改造为研发楼等自持物业的空间;赤湾六路以北是未来商业化开发的重点区域,具体包括红昌地块、2号线与5号线赤湾双地铁口上盖综合体等。赤湾片区潜在可开发空间体量巨大,从长远来看,赤湾片区整体规划具备更多空间。而且中国南山集团在全国重点一二线城市拥有1万亩工业和物流

用地，可对接物流业务，部分也可打造为物流园区和运输基地。

本次重大资产重组完成后，南山控股股本27亿股，较采用RNAV估值方法折价近30%①，安全边际显著，另外结合其控股公司中国南山集团潜在的土地资源优渥，未来可能存在进一步的整合空间。

五、市场表现(002314)

南山控股交易前后股价变动情况见图62。

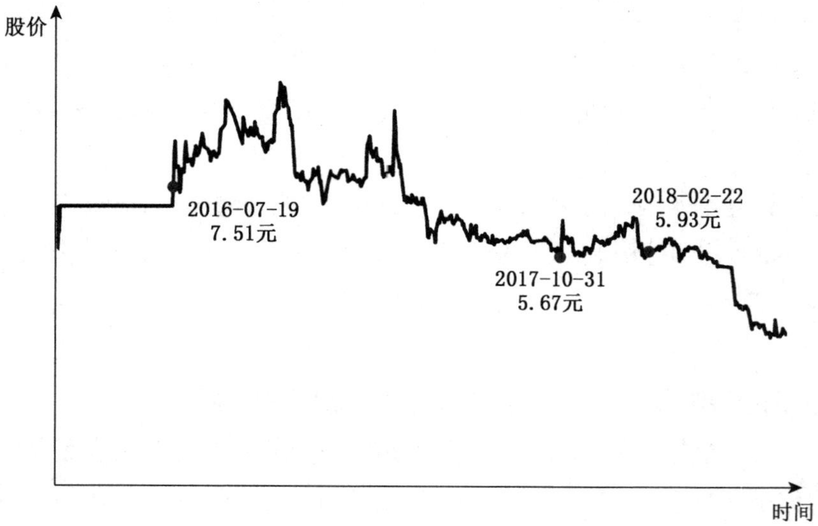

图62　南山控股交易前后股价走势

① RNAV：Revaluated Net Assets Value，即重估净资产，该种估值方法适用于房地产企业或有大量自有物业的公司。如果公司股价相对RNAV有较大折扣，则说明公司股价被低估。

002445

ST 中南(原中南文化):
国资“抄底”,新设公司积极救市

一、收购相关方简介

(一) 收购方: 江阴滨江扬子企业管理发展中心

江阴滨江扬子企业管理发展中心(有限合伙)(以下简称“滨江扬子”)成立于 2018 年 10 月 19 日,注册资本为 7.33 亿元。公司成立的目的是协助江苏省江阴市当地政府解决中南红文化集团股份有限公司(以下简称“ST 中南”)的违规问题。滨江扬子为有限合伙企业,非公司法人、无控股股东,实际控制人为江阴高新技术创业园管理委员会(以下简称“江阴高新管委会”)。

江阴高新管委会为江阴高新技术产业开发区管理委员会下属事业单位,注册资本 5 万元,经营范围包括组织各类科研成果的研发和孵化、实施各类技术专利的推广应用、培育各类科技型企业,以及围绕上述活动提供技术后勤服务。

(二) 收购标的: 中南红文化集团股份有限公司

中南红文化集团股份有限公司(以下简称“ST 中南”)于 2003 年 5 月在江苏省江阴市成立,注册资本为 14.09 亿元。ST 中南原名为江阴江南管业设备成套有限公司，2007 年 12 月 14 日，股东江阴市江南高压管件厂更名为江阴中南投资有限公司，2008 年 1 月 21 日，经公司董事会决议及中华人民共和国商务部核准，ST 中南变更为股份有限公司，并更名为“江阴中南重工股份有限公司”。2016 年 5 月 5 日，ST 中南的名称由“江阴中南重工股份有限公司”变更为“中南红文化集团股份有限公司”。ST 中南的主要业务为文化传媒业务和金属制造业务，包括：电视剧、电影项目的投资、策划、制作、发行、营销及其衍生品开发；艺人培养和艺人经纪；版权开发、运营；游戏制作、发行；文化产业的股权投资；金属管件、法兰、管系、压力容器的生产和销售。

二、收购事件一览

- 2018 年 10 月 24 日，ST 中南原控股股东江阴中南重工集团有限公司和滨江扬子签署《关于表决权等股东权利授权委托协议》，并约定该协议在《债务转移协议》通过股东大会审议后同步生效。
- 2018 年 11 月 8 日，江阴高新技术产业开发区管委会办公会同意该并购事项。
- 2018 年 11 月 12 日，ST 中南召开 2018 年第三次临时股东大会，审议通过《关于公司签订债务转移协议暨关联交易的议案》，因此《关于表决权等股东权利授权委托协议》同步生效。
- 2018 年 11 月 16 日，ST 中南发布《关于公司实际控制人变更暨权益变动的提示性公告》《简式权益变动报告书》及《详式权益变动报告书》。

三、收购方案

为维护地方上市公司资本市场秩序，江阴高新管委会作为江阴高新技术产业开发区管理委员会下属事业单位，高度重视 ST 中南违规问题的解决，并作为主要出资人通过全资子公司江阴滨江科技创业投资有限公司设立江阴高新区企业管理发展中心(有限合伙)，由该企业担任滨江扬子的执行事务合伙人，协助江阴市当地政府解决 ST 中南违规问题。

ST 中南原控股股东江阴中南重工集团有限公司(以下简称“中南集团”)与

滨江扬子于2018年10月24日签署《关于表决权等股东权利授权委托协议》，根据协议约定，中南集团无条件及不可撤销地授权滨江扬子作为中南集团唯一、排他的代理人，就其持有的ST中南389 162 300股股份（占中南集团股本总额的27.59%）全权代表其行使表决权以及提名、提案权，委托期限为本协议签署日2018年10月24日起至2019年12月31日止，并约定该协议在《债务转移协议》通过股东大会审议后同步生效。2018年11月12日，ST中南召开2018年第三次临时股东大会审议通过《关于公司签订债务转移协议暨关联交易的议案》，《关于表决权等股东权利授权委托协议》同步生效。本次权益变动导致ST中南的实际控制人由陈少忠变更为江阴高新管委会。该表决权委托办理完毕后，滨江扬子将获得占中南集团股本总额27.59%的可支配表决权以及提名、提案权，中南集团则丧失了可实际支配的表决权、提名权、提案权。

本次权益变动事项不涉及资金支付，不存在资金来源于ST中南及其关联方的情形。本次权益变动前，滨江扬子未直接或间接持有ST中南的股份。本次权益变动后，滨江扬子仍不直接持有ST中南的股份，但通过权利委托的方式拥有ST中南389 162 300股股份（占中南集团股本总额的27.59%）所对应的表决权以及提名、提案权。具体变动情况如表46所示。

表46 滨江扬子在ST中南拥有权益的股份数量和比例变动情况

信息披露义务人名称	本次权益变动前		本次权益变动增减		本次权益变动后	
	表决权数量（万股）	比例	表决权数量（万股）	比例	表决权数量（万股）	比例
滨江扬子	0	0%	38 916.23	27.59%	38 916.23	27.59%

四、案例评论

（一）国资"抄底"，积极救市纾困

2018年6月，ST中南宣布控股股东质押股票触及平仓线，ST中南股票停牌；8月，ST中南副总经理、董事会秘书陈光，董事、首席文化官刘春等纷纷宣布辞职；此后又爆出ST中南有三大重要事项均未履行内部审批决策程序及信息披露义务、2018年业绩暴跌以及实际控制人陈少忠卷入多起诉讼案的问题。根据8月30日ST中南的公告，多家公司以追讨欠款、要求履行担保责任等为由，

状告ST中南、中南集团及陈少忠等，合计金额高达9亿元。同时，陈少忠所持ST中南的股份全部被质押、冻结。此外，陈少忠还存在将ST中南的借款转入其个人账户、违规占用上市公司资金、开具商业承兑汇票、对外担保等问题。各类金额巨大的诉讼纠纷案使得陈少忠和ST中南的银行账户及股份被冻结。在经历重组失败、高管离职、业绩下滑、身陷诉讼等种种风波后，ST中南陷入危机。为解决ST中南的违规问题，江阴政府火速成立滨江扬子接手ST中南的股权。

本次权益变动完成后，滨江扬子后续将积极利用自身资源，帮助ST中南解决面临的困难和危机，支持ST中南进一步健康、稳定、可持续经营。同时，滨江扬子将根据ST中南的经营管理及后续发展情况，按照国家有关法律法规及《公司章程》规定的程序和方式，适时改组董事会，对ST中南的董事、监事、高级管理人员进行必要的调整。

（二）国资收购民企，借壳引争议

2018年11月16日，ST中南发布《关于公司实际控制人变更暨权益变动的提示性公告》、《简式权益变动报告书》及《详式权益变动报告书》，滨江扬子接手，即国资接盘，ST中南正式被借壳。

2018年10月，ST中南公布了一份关于ST中南的债务转移协议。协议是关于ST中南对江阴高新投资所欠6.2亿元债务，其中3.3亿元债务转移至中南集团名下，由中南集团承担清偿责任，以抵消中南集团对ST中南违规占用4.3亿元资金中的3.3亿元部分。剩余1亿元的解决办法是：中南集团、陈少忠与滨江扬子签署资产转让协议，中南集团将其部分债权、股权转让给滨江扬子。这样的做法引起部分市场参与者的不满，他们认为对于问题缠身的上市公司，出手时要谨慎，纾困民企也要有底线——防范国资流失，这就要求救助对象是务实经营而流动性只是暂时遇到困难的好企业。否则，国资可能拿着一堆无法兑现的坏账，而大股东和金融机构却因祸得福。如果不加甄别地纾困民企，结果可能是牺牲国民利益。因此，存在诸多违规问题的ST中南获国资“抄底”救助，究竟是好是坏，还是一个值得讨论的问题。

五、市场表现(002445)

ST中南(原中南文化)交易前后股价变动情况见图63。

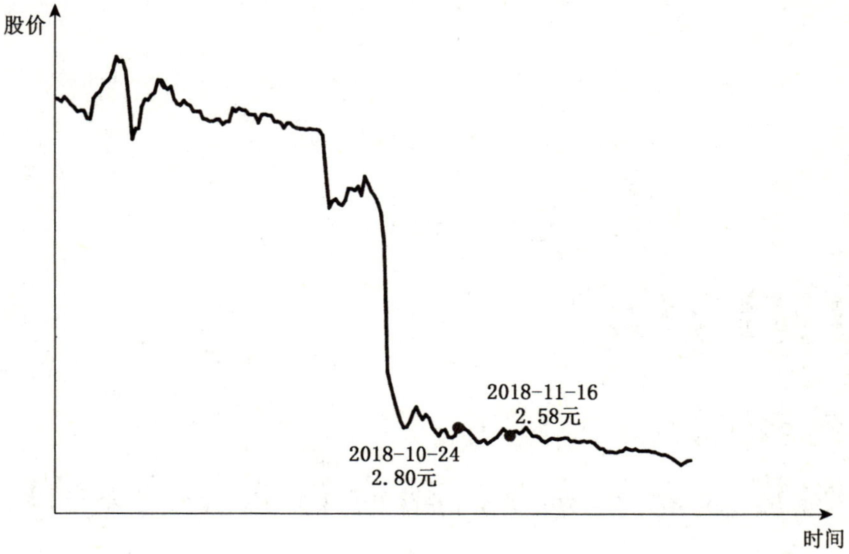

图 63　ST 中南(原中南文化)交易前后股价走势

300108

吉药控股：

并购贷款融资收购，顺应行业整合趋势

一、收购相关方简介

（一）收购方：吉药控股集团股份有限公司

吉药控股集团股份有限公司(以下简称“吉药控股”)的前身是通化双龙化工股份有限公司，由通化双龙集团化工有限公司于 2007 年 12 月 25 日整体变更设立。经证监会核准，吉药控股首次公开发行 1 300 万股人民币普通股股票，发行后总股本为 5 200 万股。经深圳证券交易所同意，吉药控股的股票于 2010 年 8 月 25 日起在深交所上市。

吉药控股的主营业务包括医药和化工两大板块。医药板块方面，2014 年重大资产重组收购吉林金宝药业股份有限公司(以下简称“金宝药业”)控股权后，吉药控股主要从事中成药的研发、生产和销售。化工板块方面，吉药控股以高分散白炭黑系列产品的生产、销售为主。2017 年年报显示，吉药控股在医药行业和化工行业实现的收入占全部营业收入比重分别为 72.41%和 27.59%，由此可见，医药是吉药控股主要的创收板块。吉药控股的控股子公司金宝药业是吉林省首批通过国家新版 GMP 认证的企业之一，多年来一直致力于中西成药的生

产、研发和销售,拥有较完善的销售渠道优势和产品优势。截至2017年末,金宝药业拥有自主产权的批准文号80个,从事生产、销售药品品种达460多个,其中生产和销售的有41个品种被列入国家医保目录,34个品种被列入《国家基本药物目录》,39个品种被列入OTC品种目录。截至目前,吉药控股的控股股东为卢忠奎,实际控制人为卢忠奎及黄克凤夫妇。

(二) 收购标的:长春普华制药股份有限公司

长春普华制药股份有限公司(以下简称"普华制药")的前身长春三顺药业有限公司成立于1997年11月28日,于1998年9月3日更名为"三九集团长春三顺药业有限公司"(以下简称"三顺药业")。三顺药业于2001年6月28日以整体变更方式设立长春三九生物制药股份有限公司,并于2006年8月2日更名为"长春普华制药股份有限公司"。本次交易前,杨华直接持有普华制药36.69%的股权,是普华制药控股股东及实际控制人。

普华制药成立于1997年11月,主要从事中成药、化学药品的研发、生产和销售,是吉林省高新技术企业、GMP认证企业。经过多年在医药制造领域的精心耕耘,普华制药形成了以眼科用药为主,皮肤科用药、肌肉骨骼系统及其他领域用药协同发展的业务格局。普华制药的主要产品中,复方熊胆滴眼液2004年被列为国家中药保护品种,是治疗细菌性眼结膜炎、流行性角结膜炎的国家级新药。

二、收购事件一览

- 2018年6月12日,吉药控股因筹划重大事项开始停牌。
- 2018年9月11日,吉药控股第四届董事会第十三次会议审议通过《吉药控股集团股份有限公司重大资产购买预案》及本次交易的相关议案。
- 2018年11月22日,吉药控股第四届董事会第十六次会议审议通过《吉药控股集团股份有限公司重大资产购买报告书(草案)》及本次交易的相关议案。
- 2018年12月10日,吉药控股2018年第五次临时股东大会通过本次重大资产购买的决议。
- 2018年12月16日,普华制药已在长春市工商行政管理局完成股东变更登记手续。

三、收购方案

本次交易属于重大资产重组,同时不构成关联交易。吉药控股以自有资金及并购贷款资金购买杨华等46位自然人持有的普华制药99.68%股份。本次标的资产的评估基准日为2018年6月30日,采用收益法进行评估,普华制药100%股权的净资产账面价值为22 961.01万元,评估值为62 209.10万元,较账面价值增值39 248.09万元,增值率170.93%。普华制药99.68%股权对应的评估价为62 010.03万元,依据此评估价,交易各方协商确定本次交易标的资产即普华制药99.68%股份的交易价格为61 806.22万元。

本次交易为纯现金收购,因此不会导致收购方股权结构的变化,交易后吉药控股的实际控制人仍为卢忠奎及黄克凤夫妇。

四、案例评论

(一) 横向收购优质资产,顺应行业整合趋势

医药行业还处于成长初期,行业集中度整体较低。2017年,国务院办公厅印发《关于进一步改革完善药品生产流通使用政策的若干意见》,提出加大医药产业结构调整力度,推动落后企业退出,着力化解药品生产企业数量多、规模小、水平低等问题,支持药品生产企业兼并重组,培育一批具有国际竞争力的大型企业集团,提高医药产业集中度。政策的鼓励促使2018年医药行业并购迎来春天。在此背景下,吉药控股也通过兼并收购的方式完善医药产业链。吉药控股主营业务分为医药板块和化工板块,其中医药板块的核心中药覆盖妇科、心脑血管等领域。此次吉药控股拟并购的标的普华制药也有类似板块,主要以眼科用药为主,也有皮肤科用药及肌肉骨骼系统用药。本次收购普华制药是吉药控股向完善医药产业布局迈出的坚实一步。

(二) 普华制药寻求IPO屡次遇阻,被迫选择"曲线救国"

对于普华制药而言,作价6亿元寻求被上市公司收购可能是其在IPO不顺

之下的无奈之举。普华药业从2010年开始接受上市辅导，于2014年10月首次报送创业板IPO招股说明书。收到证监会反馈意见后，普华制药再次于2016年8月报送修订后的IPO招股说明书。经过几年的排队后，普华制药终于在2017年2月24日迎来了上会的机会。然而，由于存在财务不规范和子公司的担保等问题，首发申请遭到否决。一心想进入资本市场的普华制药，于2017年12月第三次向证监会报送了IPO招股说明书，向A股发起冲击。不过，在半年之后，证监会官网资料显示，普华制药IPO申请最终在2018年6月20日终止审查。普华制药的经营业绩是可观的，2016年、2017年营业收入分别达到1.67亿元、2.08亿元，净利润均超过4 000万元，这显然是符合创业板上市财务指标要求的。此次IPO终止，多少是受到"莎普爱思滴眼液"风波后政策风险的影响。

普华制药IPO之路不畅，再等待下去，时间成本将更高。但是IPO和被上市公司收购这两种方式对普华制药的估值存在较大差异，我国A股医药制造行业的市盈率平均值高于20倍，而本次被吉药控股收购其估值增值不到两倍。另外，不同的方式对于普华制药而言后续的影响也不相同，相较而言，通过IPO上市更容易获得充裕且廉价的资金。普华制药在谋求通过IPO上市多年之后，转而选择通过被上市公司收购来融资。这或许是在IPO审核趋严背景下，普华制药急于通过上市平台获得融资的无奈之举。

(三) 并购贷款融资收购，快速扩张医药板块

吉药控股在过去一年来进行了大手笔的现金投资和收购。2018年作价2.3亿元现金收购医药制造企业浙江亚利大胶丸有限公司，以2 800万元现金收购药品批发企业辽宁美罗医药供应有限公司，加上此次6.18亿元现金收购普华制药，合计投入近8.76亿元。截至2018年12月底，吉药控股账面现金及现金等价物仅为3.3亿元。因此，吉药控股如此大手笔的收购所需支付的对价不得不通过外部融资获得。这也就不难解释吉药控股为何会在2018年11月23日发布《关于向银行申请并购贷款的公告》。具体而言，吉药控股拟向兴业银行股份有限公司长春分行申请不超过3亿元的并购贷款，期限不超过5年，用于支付普华制药99.68%股份的并购款。

相比发行股份购买资产，通过并购贷款融资现金收购不会稀释吉药控股原股东的股权，而且无需证监会核准，时间成本较低，有利于吉药控股在医药领域

实现快速扩张。但是,加杠杆融资收购必然增大财务风险。吉药控股 2018 年三季报中的流动比率为 1.54,上年同期为 5.74,短期偿债能力明显降低;现金比率 18.65%,上年同期为 73.45%,即时支付现金能力大幅下滑;资产负债率为 48.39%,上年同期为 31.65%,财务杠杆加大。

五、市场表现(300108)

吉药控股交易前后股价变动情况见图 64。

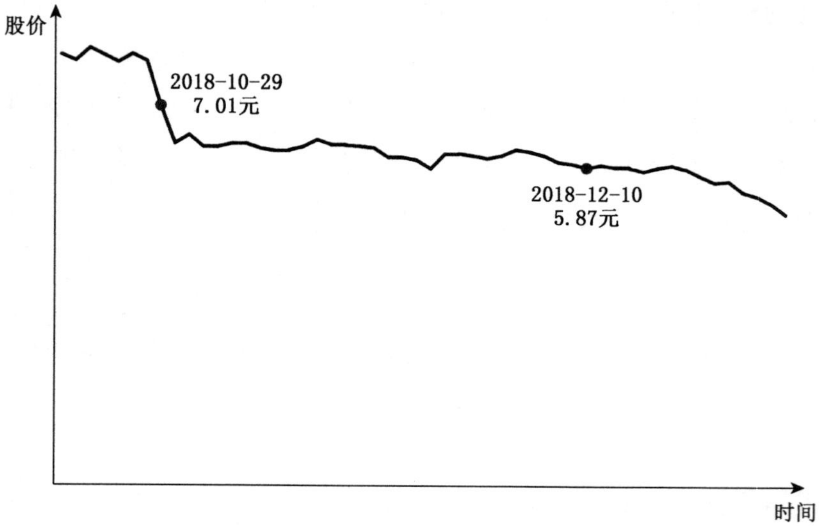

图 64 吉药控股交易前后股价走势

300149

量子生物：借力产业基金，并入CRO领域龙头资产

一、收购相关方简介

(一) 收购方：量子高科(中国)生物股份有限公司

量子高科(中国)生物股份有限公司(以下简称"量子生物")为自然人实际控制的民营企业，由江门量子高科生物工程有限公司于2008年12月依法整体变更设立，并于2010年12月22日向境内投资者首次发行1 700万股人民币普通股。

量子生物一直专注于以低聚果糖、低聚半乳糖益生元产品为代表的微生态健康制剂的研发、生产和销售，其益生元系列产品收入占营业收入比重在2016年、2017年分别为96.35%、95.6%。在益生元低聚糖标准体系建设方面，量子生物既是低聚果糖国家标准的起草单位及低聚半乳糖国家标准的推动者和协助单位，同时也是低聚果糖国家标准样品的研制单位。量子生物于2015年首次成功研制出六个低聚果糖成分国家标准品，填补了全国乃至全球的低聚果糖实物标准品的空白，2017年，量子生物再次研制出四个低聚果糖成分和三个低聚半乳糖成分国家标准品。量子生物一直是中国益生元低聚糖产业的开拓者和推进者，有较强的自主创新技术优势。

（二）收购标的：上海睿智化学研究有限公司

上海睿智化学研究有限公司(以下简称"睿智化学")是由自然人股东于2003年4月7日出资设立的民营企业。其后经过五次增资和三次股权转让，截至本次交易前 China Gateway Life Science (Holdings) Limited(以下简称"CGHK")持有睿智化学25%股权，上海睿昀企业管理中心(有限合伙)(以下简称"睿昀投资")持有睿智化学30%股权，上海睿钊企业管理中心(有限合伙)(以下简称"睿钊投资")持有睿智化学5%股权，实际控制人为惠欣及其家族。

睿智化学主要从事CRO(Clinical Research Organization)和CMO业务，并以CRO业务为主，是一家为全球医药企业和科研机构提供全流程、专业高效的临床前研发外包服务及外包生产服务的CRO和CMO企业。CRO即临床试验业务，主要包括临床试验方案和病例报告表的设计与咨询、临床试验监查工作、数据管理、统计分析以及统计分析报告的撰写等，是一种专业要求极高的外包服务。根据中国证监会《上市公司行业分类指引(2012年修订)》，睿智化学属于科学研究和技术服务业下的"研究和试验发展(M73)"。

在本次并购交易前，标的公司睿智化学实施了股权整合。ShangPharma Holdings Limited(以下简称"尚华集团")为惠欣及其家族实际控制的企业，该公司通过其控制的睿智化学、ShangPharma Technology Group(HK) Limited等开展CRO、CMO、新药自主研发、医药初创企业投资等业务。本次交易的标的公司睿智化学为尚华集团的CRO及CMO业务主体。2016年，为整合集团内的各CRO、CMO业务企业，优化集团内的股权结构，尚华集团开展了以睿智化学为主体的股权整合工作。睿智化学通过收购尚华集团下属各CRO和CMO企业，最终将CRO及CMO业务全部整合至睿智化学。

二、收购事件一览

- 2016年12月15日，量子生物因筹划重大事项开始停牌。
- 2017年6月12日，量子生物召开第三届董事会第二十八次会议，审议通过本次交易的预案及相关议案。
- 2017年9月19日，量子生物召开第三届董事会第三十四次会议，审议通过《关于公司中止本次发行股份及支付现金购买资产并募集配套资金暨关联交易方案的议案》以及《关于量子磁系产业基金受让睿智化学10%股权暨关联交易的议案》。

● 2017年9月19日,量子生物下属的量子磁系产业基金与睿昀投资、张天星签署《关于上海睿智化学研究有限公司之股权购买协议》。

● 2017年9月22日,量子生物股票复牌。

● 2017年10月10日,量子生物召开2017年第三次临时股东大会,审议通过量子磁系产业基金受让睿昀投资、张天星持有的睿智化学合计10%股权的议案。

● 2018年1月12日,睿智化学董事会做出决议并经全体股东确认,同意向量子生物转让睿智化学合计90%股权。

● 2018年1月12日,量子生物召开第三届董事会第三十九次会议,审议通过本次交易的报告书及相关议案。

● 2018年1月30日,量子生物取得江门市商务局核发的编号为"粤江外资备201800096"的《外商投资企业设立备案回执》。

● 2018年3月30日,量子生物召开2018年第三届董事会第四十二次会议,通过本次交易的补充协议。

● 2018年5月22日,量子生物收到中国证监会对本次交易的核准批复。

● 2018年5月22日,量子生物发布《关于公司发行股份及支付现金购买资产暨关联交易之标的公司资产过户完成的公告》。

三、收购方案

本次交易属于重大资产重组;交易对方曾宪经为量子生物实际控制人之一,同时睿昀投资、睿钊投资、CGHK为一致行动人,本次交易完成后睿昀投资、睿钊投资合计持有量子生物的股权比例将超过5%,因此本次交易构成关联交易。

本次交易标的资产为睿智化学90%股权。本次交易重组中,量子生物向睿昀投资、CGHK、睿钊投资、Mega Star、张天星、曾宪经等6位交易对方发行77 482 821股股份,支付现金合计90 350万元购买其持有的睿智化学90%股权。本次标的资产的评估基准日为2017年3月31日,睿智化学股东全部权益的评估价值为234 000万元,账面净资产值为41 822.51万元,评估增值率为

459.51%。睿智化学 90%股权对应的评估值为 210 600 万元。经交易各方协商,睿智化学 90%股权的交易作价确定为 214 400 万元,其中,量子生物向 CGHK、Mega Star 和曾宪经支付现金总对价 90 350 万元,其余对价通过发行股份方式支付。

本次发行股份购买资产以量子生物第三届董事会第三十九次会议决议公告日前 60 个交易日的均价 16.01 元/股作为发行价格。本次发行股份的价格高于各期交易均价的 90%,充分保障了量子生物及中小股东的利益。量子生物向各交易对方发行股份及支付现金的情况如表 47 所示。

表 47 量子生物向交易对方支付的现金与发行股份数量情况

序号	交易对方	持股比例	交易价格(万元)	现金支付(万元)	股份支付(万元)	股份支付(股)
1	睿昀投资	30%	71 400	—	71 400	44 597 126
2	CGHK	25%	61 100	61 100	—	—
3	睿钊投资	5%	11 700	—	11 700	7 307 932
4	Mega Star	23.50%	54 990	18 720	36 270	22 654 590
5	张天星	2%	4 680	—	4 680	2 923 173
6	曾宪经	4.50%	10 530	10 530	—	—
合计		90%	214 400	90 350	124 050	77 482 821

本次交易完成后,量子生物将持有睿智化学 100%股权。本次交易没有导致量子生物的控股股东和实际控制人发生变更,仍为曾宪经、黄雁玲夫妇。交易完成前后量子生物股权结构变化情况如表 48 所示。

表 48 交易完成前后量子生物股权结构变化情况

股东名称	本次交易前		本次交易后	
	持股数量(万股)	持股比例	持股数量(万股)	持股比例
凯地生物	8 019.90	19%	8 019.90	16.05%
曾宪经	2 260.55	5.36%	2 260.55	4.52%
睿昀投资	—	—	4 459.71	8.93%
睿钊投资	—	—	730.79	1.46%
Mega Star	—	—	2 265.46	4.53%
张天星	—	—	292.32	0.59%
其他股东	31 929.55	75.64%	31 929.55	63.91%
合计	42 210	100%	49 958.28	100%

四、案例评论

(一) 并购一度中止,利用产业基金继续推进重组

量子生物于 2017 年 9 月 20 日发布《关于中止重大资产重组事项和产业基金购买上海睿智化学研究有限公司部分股权的公告》,中止收购睿智化学 100%股权的重大资产重组事项,究其原因在于政策的不确定性。本次拟发行股份购买的标的资产睿智化学曾经是组约证券交易所退市企业 ShangPharma Corporation(以下简称"尚华医药")的下属公司,由于原境外上市公司资产于境内资本市场参与并购重组业务的监管政策尚未明确,造成初次交易耗时较长且审核结果具有较大不确定性。

但在中止重组的背景下,量子生物通过量子磁系产业基金受让睿智化学 10%的股权继续推进此次并购事项,推进公司在生物、医药与健康产业的战略升级。量子磁系产业基金是量子生物的下属企业,通过量子磁系产业基金投资睿智化学有助于充分利用外部资金,降低量子生物的资金压力。量子生物通过下属基金持有睿智化学 10%的股权,量子生物实际控制人持有睿智化学 4.50%股权,量子生物合计持有标的公司睿智化学 14.50%股权。量子生物与睿智化学的绑定进一步加深。

(二) 间接控股股东中概股回归,助力本次交易推进

尚华医药是尚华集团间接持股 100%的企业,直接持有 CGHK 100%股权、间接持有睿智化学 25%股权。2010 年 10 月,尚华医药于纽交所上市,股票代码为 SHP。上市时尚华医药以 15 美元/ADS 发行 320 万份美国存托凭证,以发行价计算市值约 2.80 亿美元,以当时汇率计算折合人民币约 18.60 亿元。上市当年尚华医药实现营业收入约 9 030 万美元、实现净利润约 1 300 万美元,客户主要集中在北美地区,最大客户为葛兰素史克和礼来。2013 年 3 月尚华医药正式私有化完成,申请 ADS 退市并注销登记证券。尚华医药签署私有化协议时,包括 10 家全资下属公司,分别为 CGHK、CEHK、睿智化学、开拓者化学、上海开拓者生物医药有限公司、凯惠科技发展(上海)有限公司、凯惠药业(上海)有限公司(以下简称"凯惠药业")、成都睿智化学研究有限公司(以下简称"成都睿智")、ChemPartner Corporation (以下简称"USCP")、ChemPartner Europe ApS (以下

简称“EuroCP”)、ShangPharma (BVI) Holdings Ltd.。因此,量子生物此次收购睿智化学构成中概股私有化回归。

2016 年,为整合睿智化学间接控股股东尚华集团内的各 CRO、CMO 业务企业,优化集团内的股权结构,尚华集团开展了以睿智化学为主体的股权整合工作。睿智化学通过收购尚华集团下属各 CRO 和 CMO 企业,最终将 CRO 及 CMO 业务全部整合至睿智化学。整合完成后的睿智化学获得 8 家下属公司,其中 CEHK、成都睿智、开拓者化学、凯惠药业属于尚华医药 IPO 时的主要下属公司,EuroCP、USCP 属于尚华医药私有化时的下属公司。凯惠睿智、睿智医药等其他 2 家下属公司均在尚华医药私有化后设立。

(三) 收购 CRO 行业龙头资产,提升公司的盈利能力

睿智化学在 CRO 领域处于国内领先水平,已形成 CRO 和 CMO 两大业务主线,可以实现新药研发的临床前实验全流程服务。2015 年至今,睿智化学为全球超过 500 家客户累计执行超过 6 000 项 FFS 模式的 CRO 项目和 CMO 项目。睿智化学的客户包括大型制药企业、医药初创企业、大学及研究机构等,2015 年至今已与全球前 20 家制药企业中的 18 家开展业务。将睿智化学并入,有利于量子生物生物、医药与健康产业战略升级,进一步提升量子生物的竞争力。

睿智化学所处的 CRO 和 CMO 行业近年来发展迅速,市场需求前景广阔。本次交易完成后,量子生物将新增 CRO 和 CMO 业务,收入规模和盈利能力将有所提升。睿智化学 2015 年、2016 年和 2017 年分别实现净利润 5 566.66 万元、8 889.15 万元和 12 047.42 万元,盈利情况良好。量子生物发布的 2018 年业绩预告显示,预计 2018 年全年净利润为 1.56 亿元至 1.73 亿元,上年同期为 5 780.95 万元,同比增长 170%至 200%。量子生物表示,做出上述预测,主要原因是报告期合并子公司上海睿智化学研究有限公司 2018 年 6—12 月经营成果的贡献。可见本次交易有利于优化和改善量子生物的业务组合、扩大公司盈利空间,可以切实提升量子生物的企业价值。

五、市场表现(300149)

量子生物交易前后股价变动情况见图 65。

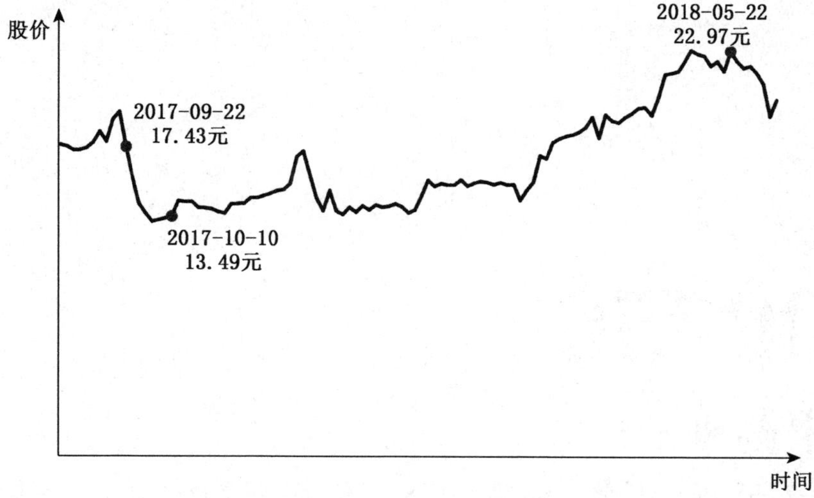

图 65　量子生物交易前后股价走势

600750

江中药业：华润医药要约收购，医药帝国再下一城

一、收购相关方简介

（一）收购方：华润医药控股有限公司

华润医药控股有限公司（以下简称“华润医药”）是国内最大的医药企业集团之一。华润医药控股生产经营涵盖了医药制造、医药流通、医药研发和医疗设备制造多个领域，产业链完整。华润医药控股所属企业在北京、上海、深圳、四川、山东等地拥有现代化的生产基地、分销中心和高水平的研发中心，提供医药研发、生产、批发、配送、零售连锁和医院分销服务。主要在中成药、免煎中药、化学合成药物、生物药、天然药物、原料药中间体、营养保健品、医疗器械、制药装备、医药流通等领域为患者和社会提供产品与服务，其中在心血管、大输液、生殖健康、天然药物、中成药、医疗器械等领域居于中国领先地位。华润医药的“999”和“东阿阿胶”等品牌被评为“中国500最具价值品牌”。华润医药控股以品牌中药、医药分销、品牌化学普药为核心业务，通过并购重组、业务整合、市场拓展、管理提升及价值链协同，充分利用资本市场，迅速提升企业价值，打造央企医药产业发展平台，成为中国最具竞争力的民族医药企业之一。

(二) 收购标的：江中药业股份有限公司

江中药业股份有限公司(以下简称“江中药业”)系江西省国资委出资监管、江中制药集团控股的国有上市公司，经过多年的发展，现已成为集中成药、保健食品、功能食品研制、生产及销售于一体的大型制药企业。江中药业生产基地——江中药谷生态环境世界一流，车间配有从欧美发达国家引进的世界先进生产线，拥有全国知名的江中牌健胃消食片、江中牌复方草珊瑚含片、江中亮嗓、初元牌氨基酸口服液等主导产品。江中药业是国家 GMP 认证企业、ISO9001、ISO14001 及 OHSAS18001 体系认证企业，国家级重点高新技术企业和国家级创新型试点企业，在江西首家创建“企业博士后科研工作站”，并与中国军事医学科学院、江西中医学院等联合建立“中药固体制剂制造技术国家工程中心”“蛋白质药物国家工程研究中心”和“军科江中新药研究中心”，共同研究开发拥有自主知识产权，具备国际竞争力的创新药物。

二、收购事件一览

- 2018 年 5 月 17 日，华润医药与江西省国资委签署《华润医药集团有限公司战略重组江中集团合作协议》。
- 2018 年 7 月 10 日，《江中集团战略重组总体方案》经江西省国资委 2018 年第九次主任办公会会议审议通过。
- 2018 年 7 月 12 日，江西省国资委对江中集团的审计结果履行备案手续。
- 2018 年 7 月 24 日，《江中集团战略重组总体方案》经江西省国有企业改革领导小组第七次会议审议通过。
- 2018 年 7 月 27 日，江西省国资委对评估结果进行核准批复。
- 2018 年 7 月 30 日，华润医药控股与江西省省属国有企业资产经营(控股)有限公司、江西中医药大学、江中集团 21 名自然人股东及江中集团就江中集团中信证券股份有限公司关于华润医药控股有限公司要约收购江中药业股份有限公司之财务顾问报告增资事项签署《增资协议》。
- 2018 年 9 月 7 日，《江西江中制药(集团)有限责任公司的增资协议书之补充协议》经江西省国资委 2018 年第 15 次主任办公会审议通过。
- 2018 年 9 月 14 日，华润医药控股与大连一方集团有限公司未就江中集团29.28%股权转让事宜达成一致,《增资协议》的签署各方及大连一方集团有限公司根据《增资协议》的约定,就江中集团增资事项签署《江西江中制药(集团)有限责任公司的增资协议书之补充协议》。

- 2018年10月11日,本次交易获中国华润董事会执行委员会批准。
- 2018年10月18日,本次交易获华润医药董事会批准。
- 2018年10月23日,本次交易取得华润医药控股董事会批准。
- 2018年11月12日,《江中集团战略重组方案》获得江西省人民政府批准。
- 2018年11月21日,本次交易通过国家市场监督管理总局反垄断局关于本次交易涉及的经营者集中审查。
- 2019年1月26日,本次交易暨华润医药控股间接受让江中药业控股权事项已获得国务院国资委批准。
- 2019年2月28日,江中药业发布《要约收购报告书》。

三、收购方案

(一) 收购方案简介

本次交易属于要约收购,本次要约收购股份为江中药业除收购人本次间接收购取得的股份以外的其他已上市流通普通股。具体情况如表49所示。

表49 江中药业已上市流通普通股情况

股份种类	要约价格(元/股)	要约收购数量(股)	占江中药业已发行股份的比例
无限售条件流通股	17.56	239 285 676	56.97%

注:此处的无限售条件流通股份不包括处于质押、冻结获其他受限状态的流通股份

本次要约收购的要约价格为17.56元/股。要约收购报告书摘要公告日前30个交易日,江中药业股票的每日加权平均价格的算术平均值为25.027 9元/股。

经综合考虑,收购人确定本次要约收购的要约价格为25.03元/股,2017年末上市公司总股本30 000万股为基数,每10股派送现金4.5元(含税),同时以资本公积向全体股东每10股转增4股。该次利润分配方案已经实施完毕,本次要约价格相应调整为17.56元/股。

（二）收购资金的有关情况

基于要约价格为每股人民币17.56元、收购数量为239 285 676股的前提，本次要约收购所需最高资金总额为人民币4 201 856 470.56元，支付方式为现金支付。本次要约收购所需资金将来源于华润医药控股自有资金，不存在收购资金直接或间接来源于被收购公司或其关联方的情形，亦不存在利用本次收购的股份向银行等金融机构质押取得融资的情形。

（三）要约收购期限

本次要约收购期限共计30个自然日，要约收购期限自2019年3月4日起至2019年4月2日止。本次要约收购期限届满前最后三个交易日，预受股东不得对已接受的要约进行撤回。

四、案例评论

（一）政策所趋：仿制药到期，创新药发展

2012年初，国务院提出仿制药与原研药品质量和疗效一致的原则，国家随后颁布一系列关于仿制药一致性评价工作的相关文件和指南。根据文件内容，2007年10月1日前批准上市的化学药品须重新进行一致性评价，并于2018年底前完成。逾期未通过者，药品生产批件将被注销。据统计，2018年底前需完成的289种仿制药药品，涉及药品生产企业1 800多家，占全部化学药品制剂生产企业的61.7%。

在政策鼓励创新药发展、仿制药一致性评价期限将至等医药大环境下，国内药企开始进入并购期，2018年以来，国内药企持续上演并购大戏。当前被收购的企业主要以拥有创新药和能够满足补充大公司业务板块的企业为主。华润医药这种大的流通企业和制造企业需要预先布局，从业务板块上进行补充，从而超越竞争对手或者至少不被竞争对手甩开。

（二）补短板，促发展

华润医药入主江中药业在业内看来也是补充自身业务板块和零售短板的需

要。华润医药增资江中药业可以通过江中药业在非处方药和保健品领域的优势与华润医药目前业务形成互补。华润医药旗下拥有东阿等保健品品牌，但从目前来看东阿偏向于高端产品，此次增资江中药业可以将其产品收入囊中，布局中低端市场。

在品牌方面，江中药业主营业务分为两大板块，包括江中牌健胃消食片、江中牌乳酸菌素片等非处方药类业务，以及初元和参灵草为代表的保健品及功能食品业务。数据显示，江中药业健胃消食领域的市场占有率达到了约 70%，中成药咽喉含片领域市场占有率约为 25%。在这两个领域，江中药业便可以补充华润医药的产品群。

在渠道能力方面，江中药业非处方药终端为药店，主要采取“经分销商覆盖 + 大型连锁战略合作”的组合营销模式；保健品终端为超市及卖场，主要采取“经分销商覆盖 + 大型商超直营”的组合营销模式；并与全国 1 500 多家经分销商签订合约，构建完成覆盖全国 21 个省、5 个自治区、4 个直辖市的渠道精控体系。因此，本次并购交易将有助于华润医药与江中药业实现优势互补和渠道扩充。

(三) 强化市场布局，打造“华润帝国”

在完成对江中集团的控股后，华润医药将在 A 股市场又添一子。目前已拥有的上市公司包括华润三九医药股份有限公司(以下简称“华润三九”)、华润双鹤药业股份有限公司(以下简称“华润双鹤”)和东阿阿胶股份有限公司(以下简称“东阿阿胶”)。华润医药自身在港交所上市。外延式并购也成为华润医药近几年的战略。

华润医药在上市之初就已经确定将大部分募集资金用于医药行业的并购。具体来说华润医药上市募集而来的资金中，有 45% 用于公司的战略性收购，以扩大制药及医药分销业务。从华润医药目前的成绩表现看，2018 年上半年，华润医药实现整体收入 937.4 亿港元，较上年同期增加 13.3%；实现经营利润 63 亿港元、归母净利润 22.5 亿港元，同比分别增长 22.6%、24.3%。

三家 A 股上市公司的表现各有千秋。华润三九上半年的营收为 64.72 亿元，同比增长 29.49%；净利为 8.27 亿元，同比增长 11.50%。华润双鹤上半年营业收入 40.9 亿元，同比增长 32.89%；归属于上市公司股东的净利润 5.83 亿元，同比增长 11.98%。东阿阿胶上半年则营收 29.8 亿元，同比增 1.76%；上市公司股东应占净利润 8.62 亿元，同比下滑 4.35%。

华润医药的布局也有其逻辑性。从业务分类来看，华润三九主营药品开发、销售、中药材种植等；东阿阿胶是国内阿胶行业的龙头老大，品牌力和市场基础强大；而华润双鹤则是一家化学药生产企业，在降压降糖等慢性病领域构建了自己的全品类产品线。从产业链条来看，华润医药还初步形成了从中药种植到药品制造，再到产品分销的战略布局。此次华润医药收购江中药业是其强化市场布局、打造"华润帝国"的明智之举。

五、市场表现（600750）

江中药业交易前后股价变动情况见图 66。

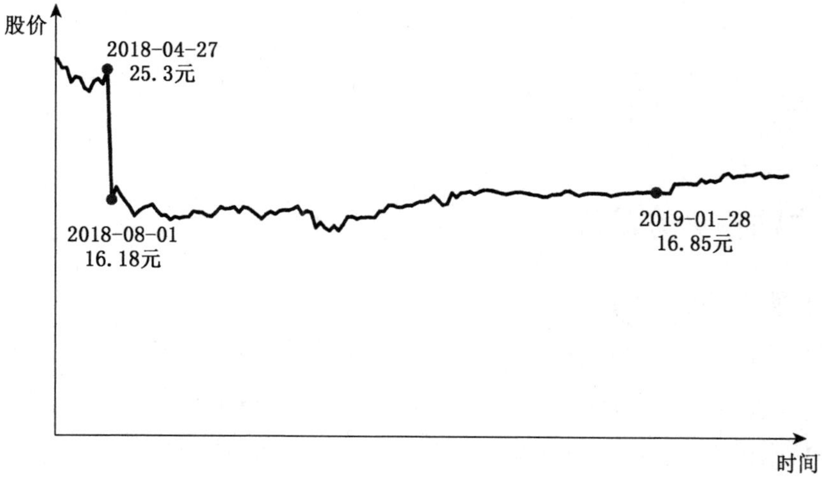

图 66　江中药业交易前后股价走势

600987

航民股份：
收购珠宝龙头，双主业布局齐头并进

一、收购相关方简介

(一) 收购方：浙江航民股份有限公司

浙江航民股份有限公司(以下简称“航民股份”)是由浙江航民实业集团有限公司(以下简称“航民集团”)、万向集团公司、杭州钢铁集团公司、佛山市顺德金纺集团有限公司、上海二纺机股份有限公司、国营邵阳第二纺织机械厂等六家法人单位共同于1998年1月6日发起设立的股份有限公司，设立时注册资本金为20 000万元。2004年7月23日，经中国证监会核准，航民股份公开发行A股8 500万股，每股发行价格为7.20元，本次发行后总股本增至28 500万股。

航民股份位于杭州市萧山东部航民工业园内，自成立以来，依靠制度创新、技术创新和管理创新，不断优化突出主营业务，形成了以印染为主业，热电、织布、非织造布、海运物流配套发展的稳健高效产业链。航民股份的纺织印染等主营业务的各项经济技术指标在同行业中处于领先水平，连续多年在中国印染行业协会“十佳企业”排名中名列前茅。“飞航”牌多种纤维混纺面料、高纺真面料及印花面料等在市场上享有较高的知名度，畅销全国，远销东南亚、中东、北美、欧盟和港澳台等国家和地区。部分产品还通过了 OeKo－Tex Standard 100 绿色环保认证,出口欧洲获准免检。截至目前,航民股份的控股股东为航民集团。

(二) 收购标的: 杭州航民百泰首饰有限公司

杭州航民百泰首饰有限公司(以下简称"航民百泰")坐落于杭州市萧山区,由航民集团与环冠珠宝金饰有限公司(以下简称"环冠珠宝")于 2003 年 2 月 16 日共同设立,二者出资比例分别为 49%和 51%。2015 年 12 月 18 日,环冠珠宝将航民百泰 2%的股份(合计 6 万美元)转让给航民集团,同时二者将账面未分配利润和盈余公积转增资本,航民集团和环冠珠宝的股权比例分别变更为 51%和 49%。

航民百泰是一家专业从事黄金饰品的设计、研发、生产、批发及品牌建设的现代化企业。经过十多年的行业沉淀,航民百泰已经发展成为中国黄金饰品加工行业龙头企业之一,成为中国黄金首饰产业的重要生产基地,同时是上海黄金交易所首批综合类会员、国家首饰专业标准化技术委员会委员、中国黄金协会会员单位。根据中国黄金协会发布的《中国黄金年鉴》,航民百泰黄金首饰加工量近三年来均位居全国第三。航民百泰自主研发的"自动圆珠、橄榄珠磨砂改良工艺"获得中国珠宝玉石首饰行业协会科学技术三等奖,"全自动黄金冷焊制管技术"获得中国黄金协会科学技术三等奖。产品质量在行业内拥有较高的美誉度,长期为老庙黄金、老凤祥、明牌珠宝、曼卡龙等多家国内知名黄金珠宝首饰品牌商提供优质的黄金饰品加工服务。

(三) 关联控股方: 浙江航民实业集团有限公司

浙江航民实业集团有限公司(以下简称"航民集团")地处风景秀丽的钱塘江南岸,前身为萧山市航民实业公司。1997 年 8 月,萧山市航民实业公司改制设立航民集团,注册资本为 32 518 万元。设立时,萧山市航民村资产经营中心持股 94%,萧山市航民实业公司职工持股协会持股 6%。2000 年至 2017 年经历两次股权转让和两次增资的过程,最终航民集团的注册资本达 48 000 万元,航民村资产经营中心持股 82%,杭州萧山航民控股有限公司持股 18%。

航民集团是本次并购交易的交易对方,而且是航民股份的控股股东,因此本次交易构成关联交易。此外本次并购交易完成后,环冠珠宝金饰有限公司(以下简称“环冠珠宝”)将持有航民股份超过5%的股权,根据《上市规则》的相关规定,环冠珠宝将成为航民股份的潜在关联方。因此并购并购交易构成关联交易,关联控股方为航民集团、潜在关联方为环冠珠宝。

本次交易前交易标的方及交易对方的股权结构关系如图67所示。

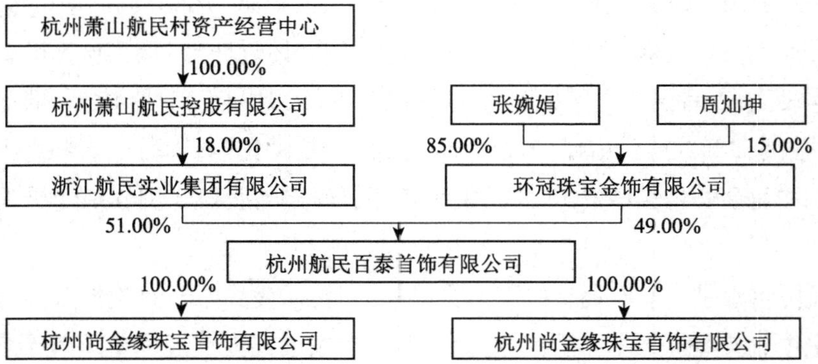

图67　重组前交易标的方及交易对方的股权结构

二、收购事件一览

● 2018年3月5日,航民股份因筹划重大事项开始停牌。

● 2018年5月2日,航民股份第七届董事会第十二次会议(临时会议),审议通过《关于发行股份购买资产暨关联交易方案的议案》《关于〈浙江航民股份有限公司发行股份购买资产暨关联交易报告书(草案)〉及其摘要的议案》《关于提请股东大会授权董事会办理本次重组相关事宜的议案》等相关议案。

● 2018年6月6日,航民股份2018年第一次临时股东大会审议通过《关于发行股份购买资产暨关联交易的议案》《关于提请股东大会批准浙江航民实业集团有限公司免于以要约方式增持股份的议案》等本次重大资产重组相关议案。

● 2018年10月8日,航民股份发布公告,中国证监会核准航民股份本次发行股份购买资产暨关联交易事项。

● 2018年12月14日,航民股份收到中华人民共和国商务部出具的《商务部关于原则同意环冠珠宝金饰有限公司战略投资浙江航民股份有限公司的批复》。

● 2018年12月20日,航民股份本次发行股份购买资产的新增股份登记办理完毕。

● 2018 年 12 月 28 日,航民股份发布公告,披露杭州航民百泰首饰有限公司已由合资企业变更备案为内资企业。

三、收购方案

本次交易属于重大资产重组,同时,本次重组的交易对象之一航民集团为航民股份的控股股东及其关联方,交易对方和交易标的均为收购方航民股份的关联方,因此本次交易构成关联交易。本次重大资产重组主要内容是发行股份支付购买资产交易对价。

本次交易标的资产为航民百泰 100%的股份。在本次交易中,航民股份向航民集团、环冠珠宝两名交易对方发行股份支付交易对价。本次标的资产的评估基准日是 2017 年 12 月 31 日,采用收益法和资产基础法进行评估,最终采用收益法评估结果作为本次评估结论。航民百泰 100%股权的合并口径的净资产价值为 24 075.45万元,母公司口径的净资产价值为 21 043.67 万元,评估价值为 107 056.65 万元,合并口径和母公司口径的增值率分别为 344.67%和 408.74%。交易双方协商后确定航民百泰 100%股权作价 107 000 万元,以发行股份方式支付。

本次发行股份购买资产的定价基准日是第七届董事会第十二次会议决议公告日。经航民股份与重组交易对方协商,充分考虑各方利益,以定价基准日前 20 个交易日公司股票交易均价作为市场参考价,本次购买资产股份发行价格确定为定价基准日前 20 个交易日航民股份股票交易均价的 90%,即 10 元/股。扣除现金股利及相应税费之后,本次交易按照上交所交易规则相应调整股份发行价格为 9.72 元/股。本次向交易对方购买资产发行股份数量为 110 082 304 股,具体发行数量情况如表 50 所示。

表 50　航民股份向交易对方发行股份数量情况

序号	交易对方	出资比例	交易价格(万元)	股份支付(万元)	股份支付(股)
1	航民集团	51%	54 570	54 570	56 141 975
2	环冠珠宝	49%	52 430	52 430	53 940 329
合计		100%	107 000	107 000	110 082 304

交易完成前后,航民股份股权结构变化情况如表 51 所示。

表 51　交易完成前后航民股份股权结构变化情况

序号	股东名称	本次交易前		本次交易后	
		持股数量(股)	持股比例	持股数量(股)	持股比例
1	航民集团	217 627 236	34.26%	273 769 211	36.73%
2	环冠珠宝	—	—	53 940 329	7.24%
3	其他股东	417 682 764	65.74%	417 682 764	56.03%
合计		635 310 000	100%	745 392 304	100%

本次交易完成后，航民股份持有航民百泰 100%的股权，本次交易没有导致航民股份的控股股东和实际控制人发生变更，控股股东仍为航民集团，实际控制人仍为杭州萧山航民村资产经营中心。

四、案例评论

(一) 印染业同行并购承压，另辟蹊径打造双主业布局

在供给侧改革的大环境下，印染行业将面临较大的环境保护监管压力，同业并购也面临着诸多因素的制约，如排污指标严控、地方政府产业布局调整以收缩印染发展空间、行业企业普遍单体规模较小且尚需加大环保投入、产业配套布局与资源循环利用场地受限等，行业并购整合的条件尚且不足。

在这样的制约背景下，航民股份开启了这场跨业并购之役。航民百泰系公司控股股东航民集团多年来精心培育的核心优质资产，在黄金饰品加工行业具有一定的影响力、市场知名度及产品竞争力。航民百泰在 2016 年、2017 年及 2018 年上半年分别实现营业收入 272 686.62 万元、345 127.11 万元、198 814.53 万元，与航民股份同期营业收入占比分别达到 85.47%、98.73%、102.61%；实现净利润分别为 4 405.08 万元、6 009.90万元、4 184.70 万元，与航民股份同期净利润占比分别达到 6.95%、9.07%、12.76%。航民股份的印染纺织业在营业收入中占比超过 78.03%，是公司的核心业务。依此可判断，航民股份购入航民百泰正是布局双龙头产业的关键一步。

(二) 低估值时期购入优质资产，多元化发展分散风险

航民股份的本次重组选在一个熊市股价低估的时间段进行，而且是收购自己控股股东的资产，看上去既对收购方不利，也不符合聚焦理论，甚至可能备受“利益输送”的指责。但是仔细探查之后可以发现，航民百泰的价值并没有被高估。与潮宏基、老凤祥、明牌珠宝、萃华珠宝等与航民百泰的主营业务、产品服务、商业模式

相似的上市公司对比，它们的平均市盈率 39.48，中值为 39.15，而航民百泰的市盈率①仅为 17.81。筛选出同行业可比并购交易，航民百泰的市盈率均低于标的公司航民百泰的市盈率均值(31.91)和中值(26.89)。以上说明本次重组，对航民百泰的收购价格较为公允。

在本次并购前，航民股份经营业务包括纺织业、电力生产业、批发业和交通运输业等，但是纺织业的营业收入占比约为 78%，对公司的盈利产生绝对的影响作用。而航民百泰近三年营业收入与航民股份原纺织业的营业收入相近，多元化经营、双龙头模式有利于分散经营风险，形成多元化的盈利增长点。根据披露数据，本次交易完成后，2018 年 1—6 月航民股份加权平均净资产收益率将由交易前的 7.60% 增长至 8.23%；2017 年航民股份加权平均净资产收益率将由交易前的17.28%增长至17.56%。因此，通过本次交易，航民股份净资产收益率将有所增加。

此外，航民百泰 2018 年、2019 年、2020 年承诺净利润数分别不低于 7 200 万元、8 500 万元、10 200 万元。从 2018 年的上半年表现来看，航民百泰完成业绩指标并没有压力，随着黄金产业进入新一轮的增长周期，以及航民百泰自身生产效率的提升，航民百泰有能力给予股东坚定的信心。

五、市场表现(600987)

航民股份交易前后股价变动情况如图 68 所示。

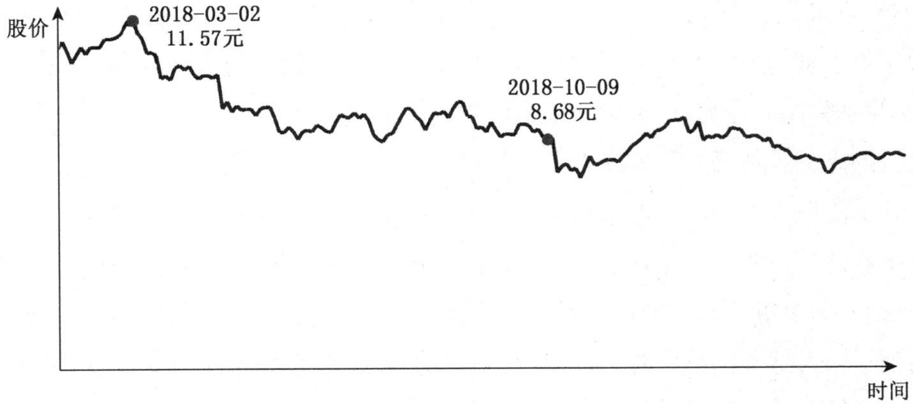

图 68　航民股份交易前后股价走势

① 航民百泰市盈率＝航民百泰 100%股权交易作价/2017 年度归属于母公司股东净利润。

603131

上海沪工：军民融合，全力进军航空航天领域

一、收购相关方简介

（一）收购方：上海沪工焊接集团股份有限公司

上海沪工焊接集团股份有限公司（以下简称"上海沪工"）前身为成立于1995年12月6日的上海大公电气有限责任公司。2011年9月21日，沪工有限股东舒宏瑞、舒振宇、缪莉萍、斯宇投资、曹陈共同签署发起人协议，将上海沪工电焊机（集团）有限公司整体变更为股份有限公司。2016年6月7日，上海沪工发行的人民币普通股股票在上海证券交易所上市。

上海沪工主要从事焊接与切割设备的研发、生产及销售，是国内焊接与切割设备制造行业的龙头企业之一。主要产品包括气体保护焊机、氩弧焊机、手工弧焊机、埋弧焊机等弧焊设备系列产品，以及机器人焊接（切割）系统、激光焊接（切割）设备、大型专机及自动化焊接（切割）成套设备等系列产品，被广泛应用于工业生产的各行各业，包括航空航天器、大型装备、大型风力发电装置、机械和特种装备制造、大型锅炉、大型管道野外施工、石油天然气工程、化工领域和航海造船等多种领域。上海沪工出口创汇量自2013年起连续5年居行业第一，产品出口

到上百个国家和地区。

2017 年 4 月,上海沪工以自有资金 1 404.30 万元收购上海燊星机器人自动化科技有限公司(以下简称“上海燊星”)31%的股权,并以 1 132.50 万元对其增资,上海燊星主要从事机器人自动化科技领域内的技术研究、技术设计及技术服务。收购及增资后,上海沪工持有其 51%的股权。同年 11 月,上海沪工设立江苏太仓全资子公司“沪工智能科技”,主要生产激光设备、机器人柔性生产线、数字化焊接设备和数控切割设备等产品。

(二) 收购标的:北京航天华宇科技有限公司

标的公司北京航天华宇科技有限公司(以下简称“航天华宇”)成立于 2013 年 12 月。航天华宇的主营业务是航天军工产品及相关非标准生产设备的设计和研发,其子公司河北诚航机械制造有限公司(以下简称“河北诚航”)是我国航空航天与国防装备零部件制造商,主营业务是航天军工产品零部件的生产,主要从事航天飞行器结构件和直属件的生产、部分缩比研制型号装配和试验测试服务,是我国多家航天军工单位的装备零部件制造服务商,其生产的零部件应用于航空器、航天器、导弹及火箭等飞行器。此外,河北诚航还是北京地铁车辆装备有限公司的金属管线加工服务的供应商。

(三) 关联控股方:许宝瑞及其一致行动人冯立

本次交易对方许宝瑞等 8 方在本次交易前与上海沪工之间不存在关联关系,本次交易对方许宝瑞及其一致行动人冯立在本次交易完成(不考虑配套融资)后,持有上海沪工的股份比例为 6.95%,将超过 5%。根据现行有效的《上海证券交易所股票上市规则》,许宝瑞及其一致行动人冯立视同上海沪工的关联方。因此上海沪工向许宝瑞等 8 方发行股份及支付现金购买其合计持有的航天华宇 100%股权构成关联交易。

二、收购事件一览

- 2017 年 7 月 3 日,上海沪工因筹划重大事项开始停牌。
- 2017 年 9 月 28 日,上海沪工召开第二届董事会第十三次会议,审议通过本次发行股份及支付现金购买资产并募集配套资金暨关联交易的相关议案。

● 2017 年 9 月 28 日，上海沪工与各标的资产交易对方签订附条件生效的《发行股份及支付现金购买资产协议》及《盈利预测补偿协议》。

● 2017 年 9 月 29 日，国防科工局出具《国防科工局关于河北诚航机械制造有限公司重组上市涉及军工事项审查的意见》（科工计〔2017〕1142 号），原则上同意上海沪工收购河北诚航的股权。

● 2018 年 5 月 30 日，上海沪工召开第三次董事会第四次会议，审议通过本次《发行股份及支付现金购买资产并募集配套资金暨关联交易报告书》及相关议案。

● 2018 年 6 月 19 日，上海沪工召开 2018 年第一次临时股东大会，审议通过本次《发行股份及支付现金购买资产并募集配套资金暨关联交易报告书》及相关议案。

● 2018 年 7 月 30 日，上海沪工召开第三届董事会第五次会议，审议通过《更新本次发行股份及支付现金购买资产并募集配套资金暨关联交易报告书》及相关议案。

● 2018 年 10 月 9 日，上海沪工召开第三届董事会第六次会议，审议通过《更新本次发行股份及支付现金购买资产并募集配套资金暨关联交易报告书》及相关议案。

● 2018 年 10 月 19 日，上海沪工因并购重组委将召开工作会议，对公司本次发行股份及支付现金购买资产并募集配套资金暨关联交易事项进行审核，开始停牌。

● 2018 年 11 月 19 日，中国证监会出具《关于核准上海沪工焊接集团股份有限公司向许宝瑞等发行股份购买资产并募集配套资金的批复》（证监许可〔2018〕1900 号），本次重大资产重组获得中国证监会核准。

● 2018 年 12 月 1 日，本次交易中上海沪工购买的航天华宇 100%股份已经完成相应的工商变更登记。

三、收购方案

本次交易属于重大资产重组，交易对方许宝瑞等 8 方在本次交易前与上海沪工之间不存在关联关系,但本次交易对方许宝瑞及其一致行动人冯立在本次交易完成(不考虑配套融资)后,持有上海沪工的股份比例为6.95%,将超过5%,视同上海沪工的关联方,因此本次交易构成关联交易。本次重大资产重组交易主要由两部分构成:一是发行股份及支付现金购买资产;二是发行股份募集配套资金,且本次发行股份及支付现金购买资产不以募集配套资金的成功实施为前提。

(一) 发行股份及支付现金购买资产

本次交易的标的资产为航天华宇100%的股份。本次交易重组中,拟向许宝瑞、任文波、冯立、陈坤荣、武汉中投华建创业投资基金合伙企业(有限合伙)(以下简称"武汉中投")、北京建华创业投资有限公司(以下简称"北京建华")、辽宁联盟中资创业投资企业(有限合伙)(以下简称"辽宁联盟")、曲水汇鑫茂通高新技术合伙企业(有限合伙)(以下简称"曲水汇鑫")发行股份及支付现金购买其合计持有的航天华宇100%股权。中企华评估以2017年8月31日为原评估基准日,对航天华宇100%股权进行了评估,评估值为58 034.53万元。由于相关评估报告已超过有效期,中企华评估以2017年12月31日为新的评估基准日对航天华宇进行了评估,根据中企华评估出具的《评估报告》,航天华宇100%股权截至评估基准日2017年12月31日的评估价值为59 489.43万元,高于以2017年8月31日为基准日的评估结果,未出现减值情形。本次交易仍选用以2017年8月31日为基准日的评估结果作为定价依据。根据评估结果并经交易各方充分协商,本次交易航天华宇100%股权的最终交易价格确定为58 000万元。本次交易价格中的48 000万元以上海沪工向交易对方发行股份的方式支付,其余10 000万元由上海沪工以现金支付。

本次发行股份购买资产的定价基准日为上海沪工第三届董事会第四次会议决议公告日。经协商,交易各方约定本次发行价格采用定价基准日前120个交易日上海沪工股票交易均价作为市场参考价,并以不低于该市场参考价的90%作为定价依据,最终确定本次发行价格为22.93元/股。鉴于上海沪工2017年度权益分派方案的实施,本次发行股份购买资产的发行价格由原22.93元/股调整为22.82元/股。扣除现金对价后,按此股价发行股份,上海沪工向交易对方合计发行2 093.3275万股。交易对方就本次交易取得的上海沪工股份数量和现金对价情况如表52所示。

表52 上海沪工向交易对方支付的现金与发行股份数量情况

序号	交易对方	出资比例	交易价格(万元)	现金支付(万元)	股份支付(万元)	股份支付(万股)
1	许宝瑞	66.461%	38 547.38	6 646.10	31 901.28	1 391.246 4
2	任文波	8.750%	5 075	875	4 200	183.166 2
3	冯立	6.554%	3 801.32	655.40	3 145.92	137.196 7
4	陈坤荣	5.735%	3 326.30	573.50	2 752.80	120.052 3
5	武汉中投	6.250%	3 625	625	3 000	130.833 0
6	北京建华	3.125%	1 812.50	312.50	1 500	65.416 5
7	辽宁联盟	2.5%	1 450	250	1 200	52.333 2
8	曲水汇鑫	0.625%	362	62.50	300	13.083 3
合计		100%	58 000	10 000	48 000	2 093.327 5

(二)发行股份募集配套资金

上海沪工采用询价方式向不超过10名符合条件的特定对象非公开发行股票募集配套资金,募集配套资金总额不超过14 300万元,发行股份数量不超过4 000万股,不超过标的资产交易价格的100%。本次配套募集资金用于支付本次交易的现金对价和本次交易涉及的税费及中介费用、标的资产在建项目建设等,其中拟支付现金对价的金额为10 000万元。交易完成前后上海沪工股权结构变化情况如表53所示。

表53 交易完成前后上海沪工股权结构变化情况

公司	股东名称	本次交易前		本次交易后			
				募集配套资金前		募集配套资金后	
		持股数量	持股比例	持股数量	持股比例	持股数量	持股比例
上海沪工	舒宏瑞	75 000 000	37.50%	75 000 000	33.93%	75 000 000	28.73%
	舒振宇	45 000 000	22.50%	45 000 000	20.36%	45 000 000	17.24%
	缪莉萍	15 465 000	7.73%	15 465 000	7%	15 465 000	5.92%
	上海斯宇投资咨询有限公司	13 845 000	6.92%	13 845 000	6.26%	13 845 000	5.30%
	曹陈	690 000	0.35%	690 000	0.31%	690 000	0.26%
	胡胜华	477 000	0.24%	477 000	0.22%	477 000	0.18%
	姚海英	435 200	0.22%	435 200	0.20%	435 200	0.17%
	蒋继超	333 500	0.17%	333 500	0.15%	333 500	0.13%
	孙志强	303 200	0.15%	303 200	0.14%	303 200	0.12%
	陈留杭	300 000	0.15%	300 000	0.14%	300 000	0.11%

（续表）

公司	股东名称	本次交易前		本次交易后			
				募集配套资金前		募集配套资金后	
		持股数量	持股比例	持股数量	持股比例	持股数量	持股比例
航天华宇	许宝瑞	—	—	13 979 526	6.32%	13 979 526	5.36%
	任文波	—	—	1 840 490	0.83%	1 840 490	0.71%
	冯立	—	—	1 378 580	0.62%	1 378 580	0.53%
	陈坤荣	—	—	1 206 310	0.55%	1 206 310	0.46%
	武汉中投	—	—	1 314 636	0.59%	1 314 636	0.50%
	北京建华	—	—	657 318	0.30%	657 318	0.25%
	辽宁联盟	—	—	525 854	0.24%	525 854	0.20%
	曲水汇鑫	—	—	131 463	0.06%	131 463	0.05%
配套融资投资者		—	—	—	—	40 000 000	15.32%
其他股东		48 151 100	24.08%	48 151 100	21.78%	48 151 100	18.45%
合计		200 000 000	100%	221 034 177	100%	261 034 177	100%

本次交易完成后，上海沪工将持有航天华宇 100%股权，本次交易没有导致上海沪工的控股股东和实际控制人发生变更，控股股东仍为舒宏瑞，实际控制人仍为舒宏瑞、舒振宇及缪莉萍。

四、案例评论

（一）乘军民融合东风，抓时代发展机遇

近两年，“军民融合”成为政策、产业、投资中的热词之一，高层政策与产业并购动作频频。在我国“去房地产化”的发展进程中，军工产业将成为中国新一轮科技革命的发端。2016 年，国防科工局发布《2016 年国防科工局军民融合专项行动计划》，专项行动包括“强化规划引领，推进政策落实；优化军工结构，深化‘民参军’；推动协同创新，加强资源统筹；发展融合产业，服务稳增长调结构”共 4 大类 32 项具体措施。此外，2016 年 12 月国务院印发的《“十三五”国家战略性新兴产业发展规划》强调：“要显著提升空间进入能力，突破大推力发动机、大直径箭体设计、制造与先进控制等关键技术，发展重型运载火箭，保障未来重大航天任务实施；加快发展新型航天器、加快航空领域关键技术突破和重大产品研发。”随后，2017 年 12 月国家发展改革委、中央军委战略规划办公室印发《经济建设与国防密切相关的建设项目贯彻国防要求管理办法（试行）》的通知。习主席在党的十九大报告中指出，坚持富国和强军相统一，强化统一领导、顶层设计、

改革创新和重大项目落实,深化国防科技工业改革,形成军民融合深度发展格局,构建一体化的国家战略体系和能力。再后,2018 年 10 月习主席主持召开十九届中央军民融合发展委员会第二次会议,强调强化责任担当,狠抓贯彻落实,加快推动军民融合深度发展。

一系列政策的相继出台,推动了中国证券市场 2018 年军民融合的进程。上海沪工收购航天华宇是顺应政策东风的事件,准确把握了时代发展机遇。全球名企谷歌、波音、通用汽车、IBM、通用动力、劳斯莱斯等在各自所在国都是军民融合的高科技企业。当前,从国家战略指引到行业主管部门的配套政策,都对民营资本参与国防工业、促进军民融合给予高度重视和大力支持。长期来看,本次收购不仅将提升上海沪工的社会地位和企业价值,使上海沪工的未来发展之路更加明确,还有助于品牌民企不断发展壮大。

(二)优化业务结构,提高抗风险能力

航空航天工业是我国重点支持的战略性新兴产业之一,是带动我国工业转型升级的关键领域。国家将加大对该行业内企业的资金投入,施行税收激励政策,给予政府补贴和金融支持,推动国际合作和人才建设。此外,大飞机、探月工程、新一代运载火箭、载人航天、北斗卫星导航系统等一批行业重大项目陆续上马并取得突破,我国航空航天工业备受瞩目,前景光明,风险较小。

上海沪工从事焊接与切割设备相关业务,下游客户多属于基础设施建设和制造行业领域,具有顺周期性特征,受经济形势等外部局势波动以及社会固定资产投资规模变动的影响很大。通过本次交易,上海沪工吸收了军工资质齐全、技术先进且客户资源优质的航天华宇,一步踏进发展前景广阔的军工装备领域。从市场层面看,军工与 5G 特高压轨交一样,都是逆周期调节因子,与经济周期的关联度相对较小,且具有科技属性,订单爆发性更强。这不仅可以抵消上海沪工在新业务领域的投资风险,还可以快速延伸产业链,拓宽市场领域,优化上海沪工的业务结构,提高上海沪工的抗风险能力,有助于实现各利益相关主体价值最大化。

(三)协同效应,实现“1+1>2”的利润增长

交易完成后,上海沪工和航天华宇将利用各自的技术优势与科技基础,建立“钢铁有色—焊接切割—航空航天装备零部件制造—航空航天整机”产业链,推

动智能化、自动化焊接切割技术在航空航天装备零部件制造行业中的应用。

上海沪工为航天华宇提供技术保障。在航空航天装备零部件制造行业中，部分企业的焊接切割加工工艺相对落后，自动化和智能化水平均偏低，而并购方上海沪工的产品线齐全、产业链完整，是国内规模较大、从事焊接与切割设备生产较早且具备一定国际竞争力的企业之一，产品质量出众，备受市场认可，其产品广泛运用于汽车制造、海洋工程、电力电站、航空航天、军工、石化装备、管道建设、轨道交通、新能源等行业。因此上海沪工可为航天华宇提供焊接切割设备产品，提高航天华宇生产加工的工艺水平，达到军工产品的超高质量要求，巩固其行业地位。

此外，航天华宇可为上海沪工提供稳定的客户源。航天军工行业进入壁垒较高，客户黏性较大，而航天华宇子公司河北诚航具备齐全的军工科研生产资质，与国内航空航天领域的顶尖研发制造单位建立了长期合作伙伴关系，客户源稳定，订单充足，可直接为军方提供服务。随着航空航天市场需求的扩大，作为产业链上游的上海沪工通过与航天华宇的深度合作，可实现销售和盈利规模的不断提升，实现股东价值的最大化。

五、市场表现(603131)

上海沪工交易前后股价变动情况见图 69。

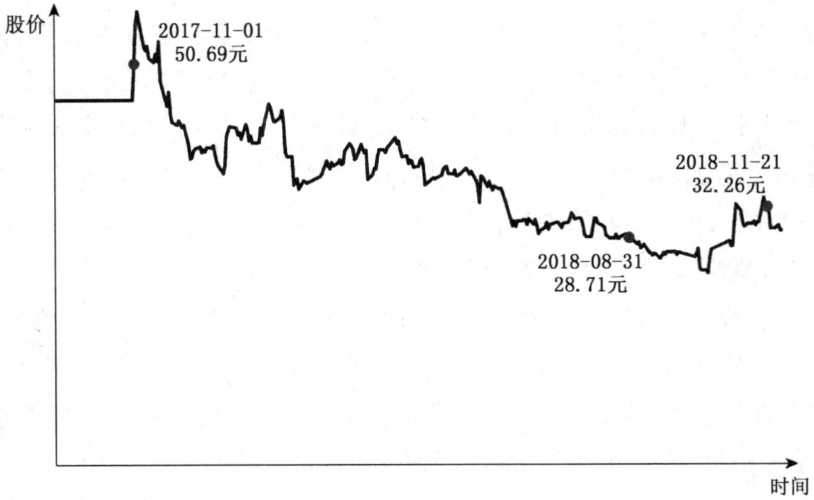

图 69　上海沪工交易前后股价走势

603398

邦宝益智：
借并购快速取得内销渠道，掌握市场信息

一、收购相关方简介

（一）收购方：广东邦宝益智玩具股份有限公司

广东邦宝益智玩具股份有限公司（以下简称“邦宝益智”）的前身是汕头市邦领塑模实业有限公司，于 2003 年 8 月成立，并于 2012 年 5 月完成股份制改革，后于 2015 年 12 月在上海证券交易所上市交易。截至 2018 年底，共同实际控制人吴氏家族四兄妹合计持有邦宝益智 57.96%股份，其中，吴锭延、吴玉娜和吴玉霞通过其控股 75%的汕头市邦领贸易有限公司（以下简称“邦领贸易”）持有邦宝益智 29.47%股份，吴锭辉通过其控股 100%的汕头市邦领国际有限公司（以下简称“邦领国际”）间接持有邦宝益智 28.49%股份。

邦宝益智是从事自主品牌益智玩具的研发、生产和销售的中外合资高新技术企业，其主要收入来源是境内出口型贸易公司和境外经销商，产品面向的终端市场主要在境外，涉及欧美、中东、东亚等多个国家和地区。邦宝益智创造了老少咸宜的积木玩具产品，开发了教育系列、科普系列及市场各类热门 IP 授权产品如“史努比”“小猪佩奇”“炮炮兵”，共 20 多个系列、200 多款热销产品。

(二) 收购标的：广东美奇林互动科技股份有限公司

广东美奇林互动科技股份有限公司(以下简称“美奇林”)成立于 2004 年 6 月 8 日,当时公司名称为“广州市美奇林玩具礼品有限公司”。2015 年 12 月,美奇林整体变更为股份有限公司,并于次年 5 月在全国中小企业股份转让系统挂牌公开转让。美奇林的控股股东为郑泳麟,实际控制人为郑泳麟和赵祎,郑泳麟与赵祎为夫妻关系,为一致行动人,二人合计可支配的表决权总数占美奇林表决权总数的 82.45%。近三年美奇林的控股权未发生变动,也未发生重大资产重组。

美奇林为全国性的玩具运营商,有着丰富的多品类玩具运营经验,其销售的产品涉及益智玩具、电子类玩具、角色玩具和家居玩具等十多个类别。通过其成熟的国内直销渠道,美奇林可以高效地收集、利用市场信息指导销售策略,具备快速的市场反应能力。

二、收购事件一览

- 2018 年 2 月 5 日,邦宝益智因筹划重大事项开始停牌。
- 2018 年 5 月 3 日,邦宝益智召开第二届董事会第二十一次会议,审议通过本次重大资产购买的相关议案。
- 2018 年 5 月 3 日,美奇林召开第一届董事会第二十四次会议,审议通过本次重大资产购买的相关议案。
- 2018 年 6 月 13 日,美奇林召开 2018 年第四次临时股东大会,审议通过本次重大资产购买的相关议案。
- 2018 年 6 月 14 日,邦宝益智召开 2018 年第一次临时股东大会,审议通过本次重大资产购买的相关议案。
- 2018 年 7 月 10 日,美奇林终止在全国股转系统挂牌。
- 2018 年 8 月 3 日,美奇林将公司类型由股份有限公司变更为有限责任公司的工商变更登记手续已办理完成。
- 2018 年 8 月 29 日,邦宝益智与美奇林已办理完成工商变更登记手续。
- 2018 年 8 月 31 日,邦宝益智、美奇林全体股东及美奇林共同签署《交割协议》,确认了本次重大资产重组所涉标的资产的交割事宜。

三、收购方案

邦宝益智拟以支付现金方式购买美奇林100%股权，交易作价4.4亿元。本次从收购方案大体可分为现金支付方式及资金筹措计划两大类。

（一）支付方式及进度安排

邦宝益智以上海东洲资产评估有限公司出具的资产评估报告为依据，最终采用收益法评估结果作为评估结论。评估基准日为2017年12月31日，评估值为44 200万元，较账面值增值35 252.37万元，增值率393.99%，最终本次并购交易金额确定为44 000万元。邦宝益智向交易对方支付的交易对价全部以现金方式进行支付，并按照各交易对方所持美奇林的股份比例，实施同比例支付。

《收购协议》约定：本次并购交易支付实施分期支付形式。首先在协议生效之日起10个工作日内，邦宝益智应当与交易对方共同于交易对方指定的监管银行以郑泳麟名义申请开立第三方资金监管账户；随后在不影响邦宝益智正常经营的前提下首期支付总价款的60%，剩余的40%价款的支付时间在协议签署之日起两年内完成，具体以邦宝益智资金到位时间为准。

（二）收购资金筹措计划及其安排

邦宝益智第二届董事会第二十一次会议审议通过《广东邦宝益智玩具股份有限公司非公开发行股票预案》。该预案明确了本次非公开发行股票募集项目的目的之一是为公司收购美奇林100%股权提供资金支持。如果本次非公开发行中募集资金净额少于应当募集的金额，那么邦宝益智将根据实际募集资金数额，按照募投项目的轻重缓急，对募集资金投入的先后顺序进行调整，以合理配置募集资金的使用计划。此外，如若募集资金仍然不足，那么不足的部分将由邦宝益智的自有资金或通过其他融资手段的方式解决；或若募集资金到位时间与募投项目实施进度不一致，邦宝益智则会根据实际需要另行筹措资金先行投入，待募集资金到位后予以全额置换。

四、案例评论

(一) 中国或将成全球最大玩具市场

随着中国经济的不断发展、人均可支配收入不断提高、国家生育政策放开、玩具内销市场的不断完善和规范以及现代父母综合学历水平的提高,越来越多的家庭开始重视儿童的娱乐早教问题。我国玩具产业也将因此进入一个快速发展的黄金期,玩具市场的需求潜力将逐步转变为现实购买力。

据 Euromonitor 统计,2017 年全球玩具行业市场销售额达 851.46 亿美元,增长率为 3.5%,而 2017 年中国玩具市场销售额达 110.12 亿美元,增长率为 7.4%,相当于全球平均增速的两倍。其次,2017 年中国市场儿童人均玩具消费额仅为 45.3 美元(306 元),不足美国同期的 1/8,成长空间非常大。预计未来 3 年,中国玩具市场将保持 6%至 8%的增速,持续领跑全球市场。德信管理咨询公司预测,到 2022 年,中国的玩具市场容量将超美国,成为全球最大的玩具市场。

在这样的行业背景下,原先以出口为主的邦宝益智若能抓住机会,增强市场竞争力,快速扩大国内市场份额,必将实现业绩的突破,有助于公司及股东的利益最大化目标的实现。

(二) 借助美奇林成熟的销售网络,高效入侵国内市场

美奇林是全国性的玩具运营商,拥有以华南为核心,覆盖全中国的销售网络,具备渠道优势,目前已与 KA 渠道、百货公司、玩具连锁店、母婴连锁店、校园店、社区店等各类型的零售渠道建立了合作关系,其中包括大润发、华润万家、卜蜂莲花、沃尔玛、永旺和爱婴岛等。截至 2017 年 12 月 31 日与美奇林合作的各类零售渠道门店数量已超过 2 000 家,遍布全国主要区域。广泛且高质量的线下网点带来的高铺货率,不仅与媒体广告共同形成正面效应,还能为线上交易量带来增益。线上渠道方面,美林奇通过供货第三方电商 + 自建自媒体“熊孩岛互动平台”吸粉引流,实现立体销售模式。邦宝益智的产品在境内市场的占有率不高,全国性的销售渠道尚处于布局初期,若借助美奇林成熟的渠道网络,可快速完善境内销售渠道,得到客户的青睐,大大节省重新开辟销售渠道的费用,降低风险,高效率进军国内市场。

(三) 获取完备的市场信息,高质量入侵国内市场

在瞬息万变的市场中,信息的全面、精准把握是成功的关键。标的公司美林奇与美泰、奥飞娱乐、实丰文化、新乐新、世纪华文、雅得、泰盛和小白龙等多家品牌商建立了合作关系,可实时掌握多品类的玩具特点及其市场表现,便捷地获取多维度市场动态信息,从而做出合理的决策,给出优秀的产品方案。邦宝益智初入国内市场,经验不足,而美奇林的优秀产品方案综合了商品组合、价格策略、商品陈列、奖励政策、促销方案等维度,不仅能够增加销量,提升动销率,还能够延长产品的生命周期,大大缩短摸索市场供求特征的时间和成本,顺利进军国内市场。

(四) 助力从单一品类玩具到多品类玩具的扩展

邦宝益智自创立以来始终集中力量专注于塑料积木单一品类益智玩具的生产,未来将以此为基础逐步向其他玩具品类扩展,以丰富产品线、增强市场综合竞争力。标的公司美奇林以多品类玩具运营为主营业务,其销售的产品有益智玩具、电子类玩具、角色玩具和家居玩具等十多个类别,代理各大品牌并长年跟踪玩具制造商新产品研发情况、各大展会玩具样品展示情况、市场需求情况,对各类型的玩具都很了解。此次交易是与邦宝益智未来发展方向相符的强强联合,有助于降低邦宝益智开发新品类玩具的风险,为邦宝益智向生产非积木类产品转型打下基础。

(五) 美奇林的经营压力不容小视

此次交易双方签署的《业绩承诺补偿协议》中,业绩承诺方郑泳麟确认并承诺,美奇林2018年度、2019年度和2020年度的净利润(以扣除非经常性损益前后孰低者为准)分别不低于3 300万元、3 960万元和4 750万元。2017年美奇林营业收入为1.81亿元,净利润为2 627.08万元,净利润增长率为129.66%,主要由2017年度标的公司毛利升高以及期间费用率下降所致,现阶段来看,美奇林2018年实现业绩承诺的压力并不大。值得关注的是,美奇林的应收账款水平较高,2017年末应收账款高达9 529.69万元。此外,美奇林2016年度和2017年度的经营活动现金流分别为−2 175.07万元和79.76万元,经营活动现金流较为紧张。美奇林在报告期内营收与净利润都有大幅增长,但无法掩盖其面临着

较大经营压力的事实，能否完成业绩承诺值得市场持续关注。

五、市场表现(603398)

邦宝益智交易前后股价变动情况见图 70。

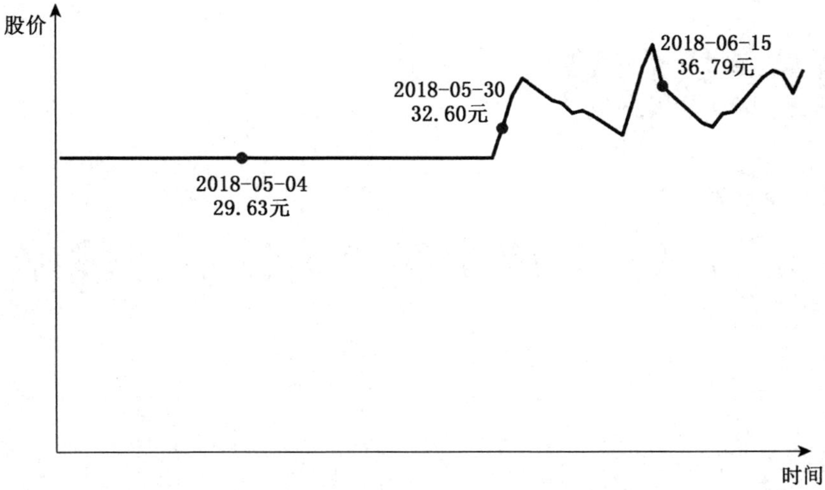

图 70　邦宝益智交易前后股价走势

603508

思维列控：

“三高”并购，分两步实现高铁业务战略

一、收购相关方简介

（一）收购方：河南思维自动化设备股份有限公司

河南思维自动化设备股份有限公司(以下简称“思维列控”)的前身是河南思维自动化设备有限公司(以下简称“思维有限”)，成立于 1998 年 4 月，注册资本 300 万元。2009 年 5 月，思维有限注册资本增至 3 000 万元。2011 年，思维有限整体变更设立股份公司，公司名称也由“河南思维自动化设备有限公司”变更为“河南思维自动化设备股份有限公司”，并于 2015 年首次公开发行股票上市。

思维列控是我国铁路机车列控系统先驱，具备强势的市场竞争地位，为铁路运输事业的发展做出了突出贡献，是中国铁路行车安全控制整体解决方案的专业供应商。自成立以来，思维列控的主营业务为列车运行控制系统的研发、升级、产业化及技术支持，向客户提供适用于我国铁路复杂运营条件和高负荷运输特点的列车运行控制系统、行车安全监测系统、LKJ 安全管理及信息化系统等整体解决方案。二十多年来，思维列控通过坚持不懈地对我国铁路技术装备、行车组织状况、运营管理模式的摸索和对未来发展的前瞻分析，研制了我国拥有自主

知识产权,以控制模式、车载数据和可扩展结构等核心技术为支撑的 LKJ 系列列车运行控制系统,助力我国铁路系统打造以 LKJ 系统为核心的行车安全应用管理体系,形成了我国的列车运行安全保障系统。

(二) 收购标的: 河南蓝信科技有限责任公司 49%股份、51%股份

河南蓝信科技有限责任公司(以下简称"蓝信科技")位于河南省郑州市,成立于 2006 年 2 月,于 2015 年 2 月整体变更为股份有限公司,IPO 被否后,于 2018 年 4 月改制为有限责任公司。本次收购前,蓝信科技的控股股东为赵建州,持股比例为 46.04%。

蓝信科技专业从事高速铁路运行监测与信息管理,包括动车组列车运行状态、列车系统运行状态、动车组安全操控信息、高速铁路线路环境等全方面的实时状态监测、智能分析和大数据信息管理。

此次收购事件已是蓝信科技三度冲刺资本市场。蓝信科技曾为筹划在境外上市而搭建了返程投资架构并通过 VIE 协议控制境内运营公司。2011 年,蓝信科技放弃并终止了境外上市计划,拆除了 VIE 协议控制架构。2018 年,蓝信科技的 IPO 申请未获发审委通过,证监会于 3 月 14 日下发不予核准决定。

(三) 关联控股方: 河南思维自动化设备股份有限公司、赵建州

1. 河南思维自动化设备股份有限公司

思维列控对蓝信科技 100%股权的收购事件分为两步。2018 年 4 月,蓝信科技召开股东会,统一股东 Success Fortune Management Limited(以下简称"SFML")、北京南车华盛创业投资企业(有限合伙)(以下简称"南车华盛")、张华以及赵建州将其合计持有的蓝信科技 49%股权转让给思维列控,并完成工商登记。第一次股权转让完成后,思维列控持有蓝信科技 49%股权,且向蓝信科技委派一名董事。因此在第二步收购中,思维列控对蓝信科技具有重大影响,蓝信科技属于思维列控的关联法人。

2. 赵建州

在第一次收购发生前,赵建州持有蓝信科技 46.04%股权,是最大的股东。2018 年 4 月,股权转让后,赵建州持有蓝信科技 43%股权。

根据《上市规则》的相关规定,因与思维列控或者其关联人签署协议或者作

出安排，在协议或安排生效后，或者在未来十二个月内，具有与《上市规则》所列举的关联方规定情形之一的，可被视为思维列控的关联人。本次交易完成后，交易对方之一赵建州持有的思维列控股份比例将超过5%。同时，根据交易双方签署的《发行股份及支付现金购买资产协议》，本次交易完成后，交易双方同意由交易对方向思维列控推荐赵建州作为董事候选人，待思维列控股东大会选举通过后，赵建州将正式担任公司董事，故赵建州应被视为思维列控的关联方。

二、收购事件一览

（一）思维列控收购蓝信科技49%股权

- 2018年2月28日，思维列控因筹划重大事项开始停牌。
- 2018年3月7日，思维列控召开第三届董事会第二次会议，审议通过本次收购的议案。
- 2018年4月13日，思维列控召开2018年第二次临时股东大会，审议通过《关于公司以现金方式收购蓝信科技49%股权的议案》。
- 2018年4月27日，本次交易中思维列控购买的蓝信科技49%股份已经完成相应的工商变更登记，思维列控成为蓝信科技第一大股东。

（二）思维列控收购蓝信科技51%股权

- 2018年3月14日，思维列控因筹划重大事项继续停牌。
- 2018年3月30日，思维列控发布重大资产重组继续停牌暨延期复牌的公告。
- 2018年5月25日，西藏蓝信投资有限公司（以下简称“西藏蓝信”）召开股东会，审议通过了向思维列控转让其所持有蓝信科技股权的相关事宜。
- 2018年5月25日，蓝信科技召开股东会审议通过赵建州、西藏蓝信向思维列控转让其所持蓝信科技51%股权的相关议案。
- 2018年5月26日，思维列控召开第三届董事会第五次会议，审议通过本次《发行股份及支付现金购买资产并募集配套资金暨关联交易预案》等相关议案。同日，思维列控与交易对方赵建州、西藏蓝信签署附生效条件的《发行股份及支付现金购买资产协议》以及《发行股份及支付现金购买资产利润补偿协议》。

● 2018 年 7 月 13 日，思维列控召开第三届董事会第六次会议，审议通过本次《发行股份及支付现金购买资产并募集配套资金暨关联交易报告书(草案)》等相关议案。

● 2018 年 7 月 30 日，思维列控召开 2018 年第三次临时股东大会会议，审议通过本次《发行股份及支付现金购买资产并募集配套资金暨关联交易报告书(草案)》等相关议案。

● 2018 年 11 月 30 日，公司取得中国证监会证监许可〔2018〕1979 号《关于核准河南思维自动化设备股份有限公司向赵建州等发行股份购买资产并募集配套资金的批复》。

● 2018 年 12 月 28 日，本次交易思维列控购买的蓝信科技 51%股份已经完成相应的工商变更登记。

三、收购方案

(一) 思维列控收购蓝信科技 49%股权

本次交易不属于重大资产重组，也不构成关联交易。思维列控与交易各方签署了股权转让意向书，以现金方式收购蓝信科技股东赵建州先生、SFML、南车华盛及张华女士分别持有的蓝信科技 3.04%、26.17%、11.51%、8.28%的股权。思维列控拟以支付现金方式购买蓝信科技 49%股权，交易作价 882 000 024.83 元。本次交易估值采用市场法，交易估值参考国内同行业上市公司并购科技型公司的估值水平，经交易各方协商确定蓝信科技 100%的股权估值为人民币 18 亿元，49%股权对应的价格为 8.82 亿元。

(二) 思维列控收购蓝信科技 51%股权

本次交易属于重大资产重组。思维列控完成对蓝信科技 49%的工商变更登记后，思维列控已向蓝信科技委派一名股东，因此思维列控对蓝信科技具有重大影响，蓝信科技属于思维列控的关联法人，且赵建州是思维列控关联方，因此本次交易也构成关联交易。本次重大资产重组交易主要由两部分构成，一是发行股份及支付现金购买资产；二是发行股份募集配套资金，且本次发行股份及支付现金购买资产不以募集配套资金的成功实施为前提。

1. 发行股份及支付现金购买资产

本次交易的标的资产为蓝信科技51%的股份。本次交易重组中，拟向赵建州和西藏蓝信这2名交易对方发行股份及支付现金购买其合计持有的蓝信科技51%股权。本次标的资产的评估基准日为2018年3月31日，采用收益法进行评估，蓝信科技净资产账面价值为56 502.16万元，100%股权的评估价值为300 355.22万元，蓝信科技51%股权的净资产价值为28 816.1016万元，评估值为153 181.1622万元，增值率为431.58%。根据发行股份购买资产协议，经各方协商确认，交易标的价格确定为15.30亿元。思维列控将以发行股份以及支付现金的方式向交易对方支付收购对价，其中支付现金对价占比为35.82%，支付股份对价占比为64.18%。

本次发行股份及支付现金购买资产的定价基准日为思维列控第三届董事会第五次会议决议公告日。思维列控在与交易对方进行充分、平等协商的基础上，充分考虑各方利益，确定发行价格为32.22元/股，不低于定价基准日前20个交易日思维列控股票交易均价的90%。2018年5月22日，思维列控公告拟实施每股派0.312 5元现金(含税)的权益分派事项，除权(息)日为2018年5月28日。本次利润分配实施完毕后，思维列控本次发行股份及支付现金购买资产(募集配套资金除外)的发行价格相应调整为31.91元/股，拟发行A股股票数量合计为30 774 051股。交易对方就本次交易取得的思维列控股份数量和现金对价情况如表54所示。

表54 思维列控向交易对方支付的现金与发行股份数量情况

序号	交易对方	出资比例	交易价格(万元)	现金支付(万元)	股份支付(万元)	股份支付(股)
1	赵建州	43%	129 000	50 000	79 000	24 757 130
2	西藏蓝信	8%	24 000	4 800	19 200	6 016 921
合计		51%	153 000	54 800	98 200	30 744 051

2. 发行股份募集配套资金

思维列控采用询价方式向不超过10名符合条件的特定对象非公开发行股票募集配套资金，拟募集资金总额不超过9.80亿元，占拟购买资产交易价格的

64.05%，占拟以发行股份方式购买资产交易价格的 99.80%，不超过本次拟购买资产交易价格的 100%。最终发行价格及发行数量将在本次发行获得中国证监会核准后，由思维列控董事会根据股东大会的授权，按照相关法律、行政法规及规范性文件的规定，依据发行对象申购报价的情况确定。在本次交易中募集配套资金的用途如表 55 所示。

表 55 思维列控发行股份募集配套资金的用途

序号	项目	金额(万元)
1	支付本次交易中的现金对价	54 799.99
2	支付本次交易相关中介机构费用	4 708.61
3	铁路人车物一体化安全防护系统项目	14 622.00
4	应答器传输系统研发及产业化项目	14 399.00
5	高铁移动视频综合应用平台项目	9 470.40
合计		98 000.00

本次交易完成后，思维列控将持有蓝信科技 100%股权，本次交易没有导致思维列控的控股股东和实际控制人发生变更，蓝信科技控股股东仍为思维列控，实际控制人仍为郭洁、李欣和王卫平。

四、案例评论

(一) 助力上市公司快速实现高铁业务战略落地

作为我国近十年的壮举之一，自 2008 年中国高铁开通以来，高铁客运量占整体铁路客运量的比重持续提升，客运量比例从 0.5%提升至 56.8%。截至 2018 年底，我国已建成高速铁路 2.9 万多公里，平均每年增加 3 000 至 4 000 公里左右，从“四纵四横”大步迈入“八纵八横”。根据铁路建设“十三五”规划，到 2020 年，我国将基本建成布局合理、覆盖广泛、高效便捷、功能完善、世界上最现代化的铁路网和高铁网，并与其他交通方式实现有机衔接和深度融合。全国铁路营业里程达到 15 万公里，基本保障覆盖 20 万人口以上的城市，其中高铁 3 万公里左右，覆盖 80%以上的大城市，高铁占比达到 20%，且预计实际进展将超越规划预期。根据规划，2025 年，我国铁路网规模将达 17.5 万公里，其中高铁 3.8

万公里左右,高铁占比达 21.7%;2030 年,我国铁路网规模达到 20 万公里,其中高铁 4.5 万公里左右,高铁占比达 22.5%。随着高铁营业里程的不断增加,相应的全国动车保有量也将相应同步增长。2017 年底,全国动车保有量已达 2 935 标准组(每组八节车厢),平均每年增加 300—400 标准组。

中国高铁凭借“造价低、速度快、性价比高”的优势代表中国走向世界,而随着“一带一路”倡议及“高铁外交”等政策的实施,中国高铁将获取更多海外市场,并带动铁路行车安全系统产业走向世界,开拓海外市场。国家层面的高度重视以及欣欣向荣的高铁事业,使高铁板块充满了无限的商机。

上市公司思维列控深耕于普速铁路领域,现有业务聚焦于“既有线 + 控制”,其产品核心功能为“列车运行的控制”,但缺乏相应的高铁产品,而蓝信科技立足于高铁领域,业务集中于“高铁 + 监测”,其产品核心功能为“列车运行状态的监测”,专业从事高速铁路运行监测与信息管理,包括动车组列车运行状态、列控系统运行状态、动车组安全操控信息、高速铁路线路环境等全方面的实时状态监测、智能分析和大数据信息管理。2017 年底,蓝信科技与铁路总公司及 18 个铁路局合作,建立起地面数据中心,该中心已成为中国高速铁路动车组运行综合信息数据平台。

收购蓝信科技,有利于思维列控高铁业务战略的落地,高速铁路运行监测与信息管理相关产品将成为思维列控主营业务的重要构成,思维列控将会形成“普速 + 高速”和“列控 + 监测”双领域开花的丰富业态体系,把握时代赋予的商机。

(二) 三度冲刺资本市场,“曲线救国”终获成功

本次收购事件,已经是蓝信科技第三次冲刺资本市场了。

蓝信科技第一次尝试进入资本市场时,瞄准了海外上市。根据蓝信科技招股说明书(申报稿)披露,2010 年 9 月,为实施蓝信科技的境外上市计划,蓝信科技部分股东将其持有的出资额进行了代持及转让。此外,2011 年初,蓝信科技还搭建了返程投资架构并通过 VIE 协议控制境内运营公司。之后,由于 7・23 动车事故后市场波动存在不确定性,加之境外资本市场中概股整体行情呈走低趋势、中国企业赴美上市遇冷等原因,其商业计划相应发生了变更,蓝信科技于 2011 年底放弃并终止境外上市计划,并拆除了 VIE 协议控制架构。

蓝信科技二度向资本市场冲击则选择了 A 股 IPO。2015 年 9 月 2 日,蓝信科技向证监会提交首发上市申请并进行预披露;2018 年 1 月 5 日,证监会网站公告蓝信科技预披露更新材料;2018 年 1 月 24 日,证监会十七届发行审核委员会 2018 年第 21 次发审委会议对蓝信科技首发申请进行审核,蓝信科技 IPO 申请未获得审核通过;最终,证监会于 3 月 14 日下发不予核准决定,被否原因主要是企业规范性问题。

在经历了前两次直接冲击资本市场失败后,蓝信科技三度冲刺的方式选择了"曲线救国"路径——被上市公司收购。在 IPO 被否后不久,蓝信科技便转投同地区、同行业且已上市的思维列控,终获成功。

(三) 分步收购标的资产,且两次交易时间相近

2018 年 3 月 7 日,思维列控召开董事会审议通过了收购蓝信科技 49%股权的议案,而在 3 月 14 日,思维列控公告称因筹划重大事项继续停牌,启动继续收购标的公司剩余股东赵建州、西藏蓝信持有的蓝信科技的部分股权的程序。

第一次收购事件仅占半数以下股权,不构成重大资产重组。蓝信科技于 2018 年 3 月 IPO 被否,而证监会于 3 月初发布新规,对于重组上市类交易,企业在 IPO 被否决后至少应运行 3 年后才可筹划重组上市(该规定于 2018 年 10 月已修改为 6 个月)。因此,思维列控若立即采用重大资产重组的方式收购蓝信科技 100%股权可能触碰到处于严格状态下的监管审核"红线",无法通过证监会审核的可能性非常大。此外,分两步进行收购也给予了蓝信科技更多的时间对被否原因进行整改,从而满足被收购条件,保障交易成功率。

思维列控在回复问询函时表示,从两次收购的停牌和信息披露时点分析,两次收购时间独立,第一次收购公告前交易各方未就剩余股权收购事宜达成意向,且两次事件不互为前提,两次交易是独立的。

(四) 高溢价下的高商誉隐患,且第二次估值是第一次的近 2 倍

2018 年 2 月 28 日,思维列控停牌筹划重大事项,并在 3 月 8 日披露拟支付现金 8.82 亿元收购蓝信科技 49%的股权,此次收购蓝信科技整体估值约 18 亿元。在仅仅四个交易日后,思维列控再次发布公告宣布进入重大资产重组程序,继续停牌,拟继续收购蓝信科技剩余的 51%股权。4 月底,第一次收购完成,而

5 月底的关联交易收购预案中，蓝信科技的估值高达 30.06 亿元，思维列控拟以约 15.30 亿元收购标的公司 51%的股权。

在短短的两个月里，蓝信科技经历了 IPO 被否，整体估值 18 亿元，再到 30.06亿元的整体估值飞跃。尤其是在第二步收购中，拟收购价格较标的资产账面净资产增值了近五倍，溢价率惊人，意味着该笔交易将形成数十亿的商誉，埋下了因商誉减值导致业绩爆雷的隐患。

思维列控的资产总额约为 27.63 亿元，净资产约为 25.45 亿元，在停盘的前一交易日(即 2 月 27 日)，其市值约为 57.70 亿元。标的公司蓝信科技的资产总额约为 6.14 亿元，净资产约为 5.30 亿元。蓝信科技的净资产是思维列控的五分之一左右，但两次收购的总价格高达 24.12 亿元，甚至与思维列控有的一比。

高估值的由来之一是高业绩承诺，蓝信科技在承诺期 2019 年至 2021 年内的扣非后净利润分别为 16 900 万元、21 125 万元和 25 350 万元，后两年在 2019 年的基础上分别增长 25%和 50%。

对于收购事件“三高”情况引发的质疑，思维列控表示：前次收购的股权持有者，包括 SFML、张华、南车华盛以及赵建州，分别持有蓝信股权的 26.17%、11.51%、8.28%、3.04%。在蓝信科技 2018 年 1 月 IPO 申请未获得审核通过的大背景下，SFML、南车华盛属于财务投资者，张华已过了退休年龄，综合当时资本市场审核政策、市场行情、投资回报等因素，他们都希望尽快找到合适机会转让手中持有的蓝信科技全部股权，赵建州则因个人资金周转需要，转让部分股权，且均倾向于采用现金支付方式，不愿承担股份锁定、业绩承诺及补偿等义务。第二次收购中，股权持有人为蓝信科技实际控制人赵建州及蓝信员工持股平台西藏蓝信，分别持股 43%和 8%。此次收购是一种战略合作，出于对思维列控和蓝信科技的协同互补，实现资源整合，提高综合竞争力。本次交易定价包含控制权转让的价格考虑因素，同时，亦包含业绩承诺、业绩补充及股份锁定等约定，采用的评估方法为收益法。综上所述，两次交易估值存在较大差异，是由多方面因素综合造成的，具有合理性。

(五) 多维度形成产业协同，节省大量资金

思维列控和蓝信科技的业务都属于铁路安全领域，双方在产品和技术等方面都积累了丰富的经验，形成产业协同，主要体现在市场与产品协同、战略协同、

技术研发协同、营销与服务协同、智能制造协同五个方面，若效应显著，预计未来5年双方战略合作产生的协同效益约10亿元。

在市场与产品协同上，双方可互相利用对方的市场和产品资质优势，拓展新的产品和市场空间。以BTM、调车防护系统、GYK－BTM和MITS为例，这四个协同产品未来5年可形成协同效益共7.06亿元，且产品间可形成搭配销售形式。

在战略协同上，蓝信科技长期从事高铁列控系统的运行监测和信息管理，掌握包括应答器报文在内的各类列控系统数据核心技术，广受高铁用户认可。而进入高铁领域则一直是思维列控的战略发展目标。因此，蓝信科技可助力思维列控CTCS－2列控系统的研发及产业化，促进高铁战略的开展。此外，数据资源是铁路安全管理的基础性战略资源，双方依托原有产品的多年应用，各自积累了丰富的铁路运行安全信息、状态信息、监测信息等车载设备及地面系统的数据资源，这些数据资源覆盖了所有的机车、动车组及CTCS各等级列控系统。未来，双方将探索不同业务部门信息化管理平台之间的功能融合、优势互补和数据分享，共同利用这些数据，使其发挥更大的价值，提高铁路运输安全管理水平。

在技术研发协同上，双方在安全计算机、卫星精准定位、车地信息传输、音视频记录与分析、系统可靠性设计和大数据处理等方面有着基本一致的研发需求，针对这些重复性研发项目，可形成合作，统筹开发。此外，研发人员具有较强的共通性，可进行优化配置，带来节约隐性成本的效益。

在营销与服务协同上，双方可整合彼此的销售及服务网络，共享培训资源和服务资源，搭建横跨铁路机务、电务部门以及既有机车、高铁动车组的营销和运维服务网络，增加铁路运维服务领域的综合实力，从而使管理成本降低，运营效率提升。

在智能制造协同上，本次交易后，蓝信科技不再保留生产业务，而是专注研发，所有生产相关环节全部交由思维精工利用剩余产能完成。一方面，思维精工全面、专业的制造能力，可以帮助蓝信科技优化生产流程、控制生产成本、提升订单交付能力、加强产成品的安全性和可靠性，另一方面，思维精工的生产资源可以更好地发挥其价值。

五、市场表现(603508)

思维列控交易前后股价变动情况见图 71。

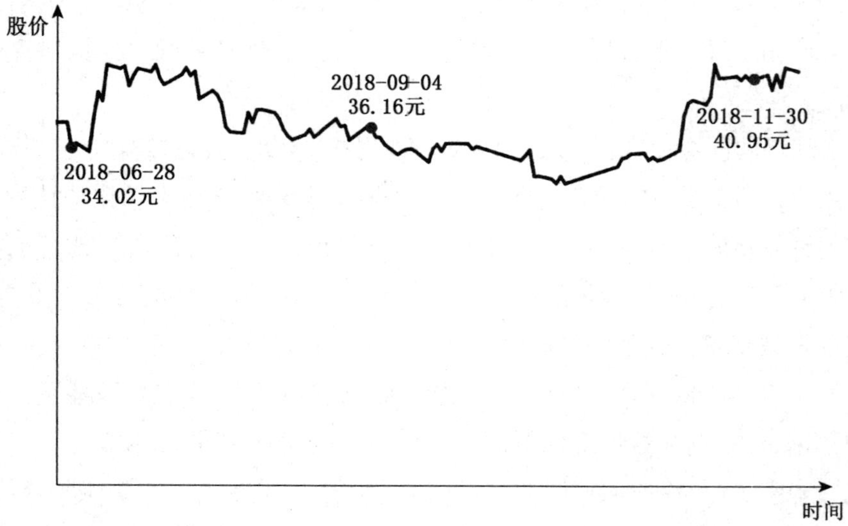

图 71　思维列控交易前后股价走势